国家出版基金項目
NATIONAL PUBLICATION FOUNDATION
四川省巴蜀文化研究中心重點科研項目
巴蜀文化研究大家系列

〔清〕劉沅◎著

總主編◎譚繼和
總策劃◎施維
箋解　譚繼和　祁和暉

十三經恒解
箋解本

卷之八

《周官恒解》

巴蜀書社

圖書在版編目（CIP）數據

十三經恒解（箋解本）／（清）劉沅著；譚繼和、祁和暉箋解
—成都：巴蜀書社，2016.1
ISBN 978-7-5531-0569-7

Ⅰ.①十… Ⅱ.①劉… ②譚… Ⅲ.①經學②《十三經》-注釋 Ⅳ.①Z126.2

中國版本圖書館 CIP 數據核字（2015）第 175942 號

十三經恒解（箋解本）

（清）劉 沅 **著**
譚繼和 祁和暉 **箋解**

出品人	林 建 侯安國
策劃編輯	施 維
責任編輯	張照華 張亮亮 肖 靜 封 龍 張紅義 王群栗 趙邦媛 童際鵬
出 版	巴蜀書社 地址：成都槐樹街 2 號 郵編：610031 總編室電話：（028）86259397
網 址	www.bsbook.com
發 行	巴蜀書社 發行科電話：（028）86259422 86259423
經 銷	新華書店
印 刷	四川省南方印務有限公司
版 次	2016 年 1 月第 1 版
印 次	2016 年 1 月第 1 次印刷
成品尺寸	210mm×290mm
印 張	218.5
書 號	ISBN 978-7-5531-0569-7
定 價	2000.00 元（全 10 卷）

目　録

周官恒解

十三經恒解

箋解本

卷之八

周官恒解

康聰斌　朱兆虎◎整理

序[①]

天道不言，而萬物生生化化，流衍於無窮者，何也？一元之氣無終無始，其流行於品物而大著於人倫者，各安其所，各有其宜。聖人本此而立爲治道，是以裁成輔相，俾天地之功用不虚，而民生之性命各正。蓋自羲皇以來，聖神遞興，法制漸備，至周而乃集其大成矣。秦皇肆虐，古制蕩然。漢購遺經，《周官》最爲晚出，疑之者頗多，然皆未得乎聖人之德，而第即文字以相衡者也。夫人爲萬物之靈、天地之心，聖人全人道而通天道，故無一念不合乎天，即無一事不當乎理。而由是推己及人，盡性參贊，自郊廟朝廷以暨於民生日用，無不爲之制節，使歸中和。唐虞三代之隆，未有不由此者也。特養立而後教行，正己而後物正，故大學之道無上下，尊卑同之。聖學不明，則所以正心修身者無其本，而徒求之文法，曷怪其紛紜而錯謬哉。王莽篡亂，安石虚誣，乃欲假此以欺當時。而宇文氏之徒，亦欲彷佛。是豈知萬理統於一誠，綱常必先自立，寤寐所懷慚，即海隅所共見乎？朱子以此書爲運用天理爛熟，程子亦言有睢麟之意，然後可行《周官》，蓋皆有以見於其難矣。而自買賣民田，貧富不均，刑名相襲，禮樂既無其本，則此書所言，已幾同於畫餅。我朝聖聖相承，心法治法，悉侔往聖。純皇帝欽定《義疏》，廣大精微，誠千古所未有也。第卷帙浩繁，初學驟難研覽。沅稍通其説，間與門人商確，遂筆記之，不覺久而成書，然荒陋實多，不敢問世也。

① 校本：民國十六年致福樓重刊本《周官恒解》、《續修四庫全書》影印上海圖書館藏清刻後印本《周官恒解》、《欽定周官義疏》文淵閣四庫全書本、《周禮注解》中華書局1987年影印《十三經注疏》阮刻本。底本：民國二十年西充鮮于氏特園藏本。

同學喜其便讀，遂傳抄焉。禁之不可，思之有愧，大雅君子，其垂教而原宥之乎？

道光十九年陽月穀旦　雙流劉沅識

《周官》疑義尤多，先生悉為釐正。不使無本之學藉口讀者，其盡心焉。

受業李受恒志①

① 按：李受恒題記原載於《槐軒雜著》卷一本序末。

凡例

一、王者代天理物，凡一切制度，必準天心天理以安人物。唐虞建官惟百，孔子稱其成功文章，巍巍焕乎，則凡養教之法，悉已備矣。三代因之，隨時損益，微有不同，其大經大法，固已在前聖範圍之中。周公成文武之德，制禮作樂，折衷前代，適合乎中。因恐聖王之法，久而漸敝，後人無所折衷，故命史臣輯爲此書，其名曰《周官》，明其爲周之官制也。至修身齊家，禮節樂和，一切之事，皆倡之自上，率之自下，君相師儒，同歸此道，亦各盡其道，所以道一風同，仁義禮樂之事，人人習爲固然。後世正心誠意本原之學不講，僅區區於法制之間，詳爲經營，即董威亦弗能正，故此書所云，僅爲故紙而已。欲行此書之政者，其必從事大學之道而後可。

一、漢武帝求遺書，得《周官》五篇，司空職亡，漢人以《考工記》補之，然其義不全，不得名爲冬官也。宋元明諸儒又分割五官以當之，尤非。

一、《周官》有古文、今文，蓋劉向已校之，本爲今文，舊爲古文。然其違異者特一二字句耳，於義無損，故今概從今文解之。

一、治天下不外養教二字。安民居，利民生，而後可以立教。周制比閭族黨之法至詳善，所以易興禮樂。後世田不均，養不贍，則教民也難，而誠正修齊之道又無其本，則上之人無以作之則而善其施矣。觀此書養教之法者，當思何以端其本焉。

一、《周官》大宰之職最重，然必聖王在上，德修而知人，乃能選用大賢，如堯得舜，舜得禹、皋陶，統制百官輔成郅治。後世無正身之學，所任非人，百弊叢生，故冢宰之職，或專任之而敗，或弗任之而亦敗。讀此書者，其詳求其本焉。

一、《周官》晚出，劉歆、王安石以匪人而仿用之，至於敗壞。於是人多指摘其書，程子、張子亦謂有漢儒增入者。然考其文義，殊不然也。因意義之未通，遂并其書而斥之，愚不敢然。

一、周家官制，公、卿、大夫、士而已。自公而外，其餘皆以上中下爲等。《周官》所稱各職，其重要者必慎選其人，其餘或官不必備，一人而兼攝數事。至職稱人者，不過民間隨地居止之人爲之，如今制書吏差役保正等人，非官也。歐陽公疑《周官》設官太多，蓋未知此義。

一、非周禮者，自臨孝存、何休以來，不下數十家。然皆未知聖人之心即天地之心，其立法之意悉準天理，非天理爛熟，固無以知之也。凡篇中後人指摘者必詳正之，庶聖人之心不没掩於庸衆人之口。

一、王安石襲王莽之弊政，而假託於《周官》，御纂《義疏》總辨甚明。康成之注及諸儒訓解，實多有未安者，今擇別其是非而述之。其或有竄易原注字句者，或句中有疵，或以便文義之順，悉無成心焉，識者鑒之。

雙流劉沅識

周官恒解卷一

天官冢宰序官

惟王建國，辨方正位，體國經野，設官分職，以爲民極。

辨，本亦作辯，平勉反。

建，立也。建國，統指王畿及諸侯之國而言。辨方，辨其天時地利之所宜。正位，正其南面聽政之位。體，形體。體國經野，以國爲體，既正其宫寢朝市等處，而遂經畫郊野以爲鄉，遂都鄙徑略溝洫之屬。爲民極，爲民標準，四方望以取正也。

乃立天官冢宰，使帥其屬而掌邦治，以佐王均邦國。

帥，所聿反。治，直吏反，下治官同。

天官以其德總御衆，猶天道統理萬物也。冢宰、大宰，宰有專制調和之義，其屬見下文。邦治，王畿之治。均，平也。邦國，兼内外大小諸侯而言。

治官之屬：大宰，卿一人；小宰，中大夫二人；宰夫，下大夫四人，上士八人，中士十有六人，旅下士三十有二人，府六人，史十有二人，胥十有二人，徒百有二十人。

大，音泰，又如字。有，音又。胥，思餘反。

鄭康成曰：變冢言大者，百官總焉則謂之冢，列職於王則稱大。冢，大之上也。山頂曰冢。旅，衆也。下士，治衆事者。自大宰以下，轉相副貳，皆王臣也。王之卿六命，其大夫四命，士以三命而下爲差。府，治藏。史，掌書者。凡府史皆其官長所自辟除。胥、徒，民給役者。胥讀如諝，謂其才知爲什長。陳氏友仁曰：天地春秋四官，自卿至旅下士，凡六十三人，而府史胥徒止百五十人，蓋吏役如是足也。吏省則禄易給，有禄則知自愛。漢猶倣此意，吏皆自重，賢人君子往往出其間。王氏志長曰：周制下士與庶人在官者同祿，官與吏無甚異。西漢去古未遠，公卿大夫多出胥吏，而儒雅賢厚之人亦多出於吏，博士弟子之明經者多補太守卒史。東漢流品漸分，然胡廣爲郡散吏，袁安世傳易學，爲縣功曹。應奉讀書，五行并下，而爲郡決曹吏。王充、徐穉皆爲從事功曹，不以爲屈。無他，始有祿以養其廉，後有功名之途以盡其用。然則《周官》之史胥不以卑冗限其終身可知矣。

宮正，上士二人，中士四人，下士八人，府二人，史四人，胥四人，徒四十人。宮伯，中士二人，下士四人，府一人，史二人，胥二人，徒二十人。

正，取其正宮中之官屬而名也。伯，長也，副宮正而爲衆官之長。蓋合宮府之地職事諸官，辨其賢否，而告大宰以黜陟之者，宮正也。統宮中給衣服飲食宿衛之官，而時其糾率者，宮伯也。二人之下，又共有九十五人以供使令，乃足以糾察多人也。

膳夫，上士二人，中士四人，下士八人，府二人，史四人，胥十有二人，徒百有二十人。庖人，中士四人，下士八人，府二人，史四人，賈八人，胥四人，徒四十人。內饔，中士四人，下士八人，府二人，史四人，胥十人，徒百人。外饔，中士四人，下士八人，府二人，史四人，胥十人，徒百人。亨人，下士四人，府一人，史二人，胥五人，徒五十人。

膳，市演反。庖，蒲肴反。賈，音嫁，徐音古，下同。饔，於貿反，下同。亨，普庚反。

膳之言善也，味之美者也。膳夫辨之，庖人製之。熟食曰饔，味至多而以穀食爲主，故以饔名官。內主王及后、世子之食，外主外祭祀及邦饗之類。亨人，工於亨者。蓋物品有宜於亨者，庖人或不盡治，故又爲此官。蓋養生重事，天子爲天地人神之主，安可不慎？然皆以士爲之，與後世視爲賤役者異矣。

甸師，下士二人，府一人，史二人，胥三十人，徒三百人。

鄭康成曰：郊外曰甸，師猶長也，主供野物官之長。愚按：主天子藉田及宮府穀食之屬，故重之。而言師，非待主供野物也，天子藉田千畝，及公田之屬亦多，必三百人乃給也。

獸人，中士四人，下士八人，府二人，史四人，胥四人，徒四十人。

賈氏公彦曰：掌罟田獸以共膳羞。獸非常用常得之物，故其屬較寡。

𩈘人，中士二人，下士四人，府二人，史四人，胥三十人，徒三百人。鼈人，下士四人，府二人，史二人，徒十有六人。

𩈘，本作魚，亦作䱷。鼈，卑列反。

魚必養而後用，苑囿池沼，其地不一，故人較多。鄭氏鍔曰：龜蜃之類，莫不有甲，名官特以鼈者，龜以卜，蜃以飾器，不專於食，有甲之美而食者衆，無如鼈。

腊人，下士四人，府二人，史二人，徒二十人。

腊，音夕。

腊，乾肉也。經夕而成，故云腊。

醫師，上士二人，下士四人，府二人，史二人，徒二十人。食醫，中士二人。疾醫，中士八人。瘍醫，下士八人。

食，如字。瘍，音羊。

醫師，眾醫之長。食醫，和調飲食。疾醫，治疾。瘍醫，治創瘫。人在天地氣化之內，不能無感於沴戾。醫師蓋深明乎陰陽之義者，故總其成。食醫治病於未然，疾醫、瘍醫治病於已然，所以調護君身，故統於大宰也。

獸醫，下士四人。

牛羊犬豕之屬，或供上用，馬以載輦，故亦有醫。

酒正，中士四人，下士八人，府二人，史八人，胥八人，徒八十人。酒人，奄十人，女酒三十人，奚三百人。

奄，平仄兩音。奚，如字，又胡禮反。

酒以供祭祀、賓客，其製不異，固必精潔，尤戒淫酗，故設酒正，而佐以中士、下士，其府史胥徒，皆辨其物而防其弊者也。酒人以下，則製酒之人。奄，宦人。女酒，女之善治酒者。奚，宮女之賤者。蓋酒正百一十人，特辨酒品味，及分給用酒之事於外；酒人三百四十人，則製酒於內。

漿人，奄五人，女漿十有五人，奚百有五十人。

漿，子良反。古無茶，飲每用漿，其制不一，亦宮女等掌之。

凌人，下士二人，府二人，史二人，胥八人，徒八十人。

凌，吏應反，字從冰，或力升反。

凌人，掌納冰、出冰，及祭祀饔膳用冰之事。

籩人，奄一人，女籩十人，奚二十人。

籩，竹器，容四升，其實果穀魚監餌餈之屬。

醢人，奄一人，女醢二十人，奚四十人。醯人，奄二人，女醯二十人，奚四十人。鹽人，奄二人，女鹽二十人，奚四十人。

醢，呼改反。醯，本又作醓，呼西反。

醢，肉醬。莝乾肉，雜以粱麴及鹽，漬以美酒，塗置瓶中，百日則成。醯，酢味也。鹽，所以調和食物。醯醢鹽，皆所以調和飲食，輔養王躬，故重其事，而皆以奄人及女宦爲之。

冪人，奄一人，女冪十人，奚二十人。

冪，莫繹反。冪，以巾覆飲食之物也。

宮人，中士四人，下士八人，府二人，史四人，胥八人，徒八十人。掌舍，下士四人，府二人，史四人，徒四十人。幕人，下士一人，府二人，史二人，徒四十人。掌次，下士四人，府四人，史二人，徒八十人。

幕，模鄂反。舍，去聲。

宮人，安息王身。幕人，掌帷幕。鄭氏鍔曰：舍者久留之辭，次者暫止之義。出而會同，則或留之久，故有掌舍以爲衛；出而祭祀，暫止而已，故有掌次以爲儀。

大府，下大夫二人，上士四人，下士八人，府四人，史八人，賈十有六人，胥八人，徒八十人。

大府之大，音泰，又如字。

鄭康成曰：大府爲治藏之長，若今司農。賈氏公彦曰：有賈人，府官有市買，須知物貨善惡也。

玉府，上士二人，中士四人，府二人，史二人，工八人，賈八人，胥四人，徒四十有八人。

凡玩好貨賄器用之物，掌之以待天子賞賜群臣。諸物惟玉爲難得，故名以玉府也。

內府，中士二人，府一人，史二人，徒十人。外府，中士二人，府一人，史二人，徒十人。

御案：內府掌受九貢九賦九工之貨賄，此皆生於天時，產於地利，成於人功，所謂財用之大源，下之所以共上也。外府掌邦布之入出，以馭輕重，以均貴賤，以通有無，所謂財用之大權，上之所以制下也。自外而藏諸內，故曰內府。自內而布諸外，故曰外府。

司會，中大夫二人，下大夫四人，上士八人，中士十有六人，府四人，史八人，胥五人，徒五十人。

會，古外反，凡要會、會計之字，皆放此。

會，計也。總計天下財賄之所入，而稽其用度。凡王及冢宰所布之治，皆得攷覈焉。

司書，上士二人，中士四人，府二人，史四人，徒八人。職內，上士二人，中士四人，府四人，史四人，徒二十人。職歲，上士四人，中士八人，府四人，史八人，徒二十人。

內，音納。

司書，主會計之藉。職內，主入。職歲，主出。　御案：不曰職出而曰職歲者，歲有豐凶，所出一以歲爲準也。

職幣，上士二人，中士四人，府二人，史四人，賈四人，胥二人，徒二十人。司裘，中士二人，下士四人，府二人，史四人，徒四十人。掌皮，下士四人，府二人，史四人，徒四十人。

陳氏傅良曰：古者禮贄皆以皮幣爲主，出入之數，大較與貨賄相敵，故亦屬於大宰，皆司會爲之長。

內宰，下大夫二人，上士四人，中士八人，府四人，史八人，胥八人，徒八十人。內小臣，奄上士四人，史二人，徒八人。

內宰，凡宮中奄豎與諸嬪御皆統治之，而正其禮儀，然其官屬皆在外廷。內小臣則近內廷，而又擇奄之賢者四人，便易糾察宮內。

閽人，王宮每門四人，囿游亦如之。寺人，王之正內五人。內豎，倍寺人之數。

閽，音昏。囿，音又。游，本亦作斿，音由。寺，石異反。豎，蜀羽反。

鄭康成曰：閽人，司晨昏。囿，御苑。游，離宮。寺之言侍也。正內，路寢。豎，未冠者之官名。王昭禹曰：門守尤宜於昏，故曰閽人。愚按：奄昏寺，皆宦官也，以其精氣閉藏，名曰閽寺，又以其職而名之。門囿游皆指宮內，非外廷也。故閽守之寺人邇王躬，故別之以示重。

九嬪，世婦。女御。

嬪，皮因反。

嬪，婦人之美稱。婦，服也，服事於夫也。御，猶侍也。愚按：天子有后，有夫人，有嬪。后與君敵體；夫人亞於后，而可以正位乎內；嬪亦有德，可以相君者。其世婦及女御，雖非無德，然次於后、夫人、嬪矣。《昏義》云：古者天子后立六宮、三夫人、九嬪、二十七世婦、八十一御妻，以聽天下之內治，以明章婦順。言天子之后立六宮之官如此耳。先儒誤會，以爲備天子之御如此，豈不謬哉。此惟嬪言九，而他不聞其數，則《昏義》所云亦未必實也。

女祝四人，奚八人。女史八人，奚十有六人。

祝，之六反。

典婦功，中士三人，下士四人，府二人，史四人，工四人，賈四人，徒二十人。典絲，下士二人，府二人，史二人，賈四人，徒十有二人。典枲，下士二人，府二人，史二人，徒二十人。

枲，絲里反。

鄭康成曰：典婦功，主婦人絲枲功官之長。賈氏公彥曰：絲枲有善惡貴賤，故須賈。　御案：典婦功爲布帛之總司，則布帛之入尚有當整治者，故有工四人，典絲枲則不煩設工也。王氏昭禹曰：一蠶所吐爲忽，五忽爲系，二系爲絲，絲所以爲帛。陳氏傅良曰：此三職悉用士人，先王以是爲奢儉所係，內治所關，非士大夫爲之，恐害國政。惟與內宮相關通，如內司服、縫人之類，必不得已乃用奄耳。布之美惡易辨，故不設賈。

內司服，奄一人，女御二人，奚八人。縫人，奄二人，女御八人，女工八十人，奚三十人。

縫，扶容反。

鄭康成曰：司服，主宮中裁縫官之長。賈氏公彥曰：衣服事多，須男子兼掌。以與婦人共職，故用奄。女御即上文女御，擇其中二人爲內司服，非別一項也。此二職皆內人爲之。

染人，下士二人，府二人，史二人，徒二十人。追師，下士二人，府一人，史二人，工二人，徒四人。屨人，下士二人，府一人，史一人，工八人，徒四人。夏采，下士四人，史一人，徒四人。

染，日艷反，又日掩反。追，都隈反。屨，九裕反。夏，戶瓦反。采，此海反。

王氏應電曰：染人，司嬪婦染練之事。追，治玉石之名，蓋以爲飾者。賈氏公彥曰：屨人，掌王及后之屨舄者。鄭氏康成曰：《禹貢》徐州貢夏翟，有虞氏以爲緌，後世或無，故染鳥羽，象而用之，謂之夏采。

天官冢宰

大宰之職，掌建邦之六典，以佐王治邦國。

六典，見下文。典定於天子，而云大宰建之者，任總群職，非有德則將廢矣。邦，王國。邦國兼侯國言，而官府萬民在其中。

一曰治典，以經邦國，以治官府，以紀萬民。二曰教典，以安邦國，以教官府，以擾萬民。三曰禮典，以和邦國，以統百官，以諧萬民。四曰政典，以平邦國，以正百官，以均萬民。五曰刑典，以詰邦國，以刑百官，以糾萬民。六曰事典，以富邦國，以任百官，以生萬民。

教官府之教，平聲。擾，日杳反。諧，戶皆反。詰，起一反。

治典，一切制度法令之事。經，猶治絲而分其條理。治有所遵，經不敢越，紀各安職業而不紊。教典，教民之事。邦國各能教民則安。官府萬民，良楛不齊，教之則馴而易治。禮典，五禮之事。因人情而爲之節文，情文浹洽故和。統，范而操縱之。諧，合而歡悅之。政典，隨時政事。時勢情事，不無變易，隨時經紀而布政，不平者平，不正不均者正。刑典，刑罰之事。邦國不遵王制，及百官萬民有罰過者，請之刑之糾之。事典，農桑器用等事。以其自民爲之，故曰事。任百官，百官董勸，各任其事也。此六典大概，言治天下有此六典，非謂六官也。前人分屬六官，盍思教禮政刑，豈能獨用？即六官所屬，無非交相輔濟，非謂各事其事，此外不相關涉也。即以治典屬冢宰核之，大宰建邦之六典矣，而又獨任治典，其所職按之多不合，他放此。弊由不知聖人本身作則，治天下如運掌之義，故分配而實不通，明者辨之。

以八法治官府：一曰官屬，以舉邦治。二曰官職，以辨邦治。三曰官聯，以會官治。四曰官常，以聽官治。五曰官成，以經邦治。六曰官法，以正邦治。七曰官刑，以糾邦治。八曰官計，以弊邦治。

鄭氏鍔曰：官其所命之名，府則官之所居。官府者，治之所由出，法不行於官府，民不可得而治矣。故別立八法以致治，必自此始也。官屬，官各有所屬，分任而後政舉。官職，各有所職，各盡其職而得失可辨。官聯，有當眾任之大事，會而稽其善否。官常，各官皆有其所當常行之事，聽核而治之。官成，各官所職之事必成而後裨國濟民，一定之理，故曰經。官法，各職所主之法度，不可違越，故曰正。官刑，壞法亂紀則罪之，糾正其邪也。官計，即三年大計。弊，斷也，綜其績之美惡而斷之。

以八則治都鄙：一曰祭祀，以馭其神。二曰法則，以馭其官。三曰廢置，以馭其吏。四曰禄位，以馭其士。五曰賦貢，以馭其用。六曰禮俗，以馭其民。七曰刑賞，以馭其威。八曰田役，以馭其衆。

馭，魚慮反。

則，猶法也。都鄙，公卿大夫之采邑，及王子所食之邑，以其有邑都焉，則謂之都；以其在王國之鄙，則謂之鄙。馭，猶馬之在馭，使無僭差也。鄭康成曰：祭祀，其先君、社稷、五祀。法則，其官之制度。賈氏曰：宫室車旗衣服之等，皆不得僭也。吏，府史胥徒之屬，廢其不賢者，置其賢者。士，俊選也。由論秀而洊升之，任之以禄。取下曰賦，供上曰貢，時其豐歉而酌其盈虛。禮俗，風俗不同，因其俗而節文之以中禮。刑賞必本於至公至正，雖貴不私，然後人知畏敬，故曰馭其威。田役，簡閱教令之，使民知尊君親上之義。

以八柄詔王馭群臣：一曰爵，以馭其貴。二曰禄，以馭其富。三曰予，以馭其幸。四曰置，以馭其行。五曰生，以馭其福。六曰奪，以馭其貧。七曰廢，以馭其罪。八曰誅，以馭其過。

行，下孟反。

權操於此而機應於彼，若器之有柄，八者皆王所以操縱天下之權也。然且有時自用而失中，故大宰詔王焉。爵以待有德，德尊則爵益尊而貴。禄以待有功，功多則禄益厚而富。予，賜予，言行有善則賜予之。出於常禄之外，故曰幸，幸其蒙賞，益勉於善也。置，置之於位。行，賢行。生，謂寃抑者幾死而蒙昭雪也。奪，不稱職而奪其禄。鄭康成曰：廢猶放也。誅，責讓也。王氏曰：誅言其意，殺言其事。

以八統詔王馭萬民：一曰親親，二曰敬故，三曰進賢，四曰使能，五曰保庸，六曰尊貴，七曰達吏，八曰禮賓。

統猶率也，王時行以率民，又統率之而使不涣也。親，一本九族之親。故，故舊。賢，有德者。能，有才者。庸，有功者。貴，朝廷所命者。吏，列職於下者。八者自天子以至於庶人，皆當爲之，上之人既躬行矣，而令民皆如此，則賢才無滯，禮讓成俗。

以九職任萬民：一曰三農，生九穀。二曰園圃，毓草木。三曰虞衡，作山澤之材。四曰藪牧，養蕃鳥獸。五曰百工，飭化八材。六曰商賈，阜通貨賄。七曰嬪婦，化治絲枲。八曰臣妾，聚斂疏材。九曰閒[1]民，無常職，轉移執事。

① 閒，底本作間，據致福樓本改，劉沅自注亦作閒民。

圃，邦古反，音布。毓，古育字。藪，速苟反。牧，目、茂兩音。蕃，扶元反。飭，音勅。賈，音古。斂，去聲。

職，業也。任，力之所能勝也。人人有所居之分位，即有當爲之事業，故曰職。鄭氏衆曰：三農，平地山澤也。九穀，黍稷秫稻麻大小豆大小麥。鄭康成曰：樹果蓏曰圃，園其樊也。王氏昭禹曰：毓者，順其性而養之。賈氏公彦曰：掌山澤之官曰虞，掌川林之官曰衡。王氏昭禹曰：作，爲之起之之謂也，蓋非特順其天性，又加栽培壅溉之功，使各遂其生，各適其用。鄭康成曰：澤無水曰藪。牧，牧田，在遠郊，皆畜牧之地。　御案：放飼得宜曰養，胎卵滋生曰蕃。鳥獸皆謂家畜。飭，致其力。化，易其形。八材，金石珠玉木革羽象也。行曰商，處曰賈。聚而盈之曰阜，遷就不遺曰通，自然之質曰貨，人工所爲曰賄。嬪婦，人之美稱。化，變其質。治，治爲材。王氏曰：絲，繭之已繅者。枲，麻之未績者。臣妾，對天子而言，凡男女之無位者皆是。聚斂，蓄積也。疏材，蕉葛可布，草根不實可食者。　御案：轉移，如今之擔夫、騾夫、車戶、船戶皆是。自此輸彼，以物之多寡、路之遠近而受其庸直，此等亦勢所必需，自當有不受田者爲之，以其在前八者之外，故曰閒民。

以九賦斂財賄：一曰邦中之賦，二曰四郊之賦，三曰邦甸之賦，四曰家削之賦，五曰邦縣之賦，六曰邦都之賦，七曰關市之賦，八曰山澤之賦，九曰弊餘之賦。

削，本亦作稍，又作鄁，所教反。幣，必藝反，又必世反。

上取於下曰賦。財賄，猶貨賄也。邦中，六卿之地。四郊，六遂之地，去國二百里。邦甸，公邑之田所在，去國二百里。家削，家邑之田所在，去國三百里。邦縣，小都之地，去國四百里。邦都，大都之地，去國五百里。以上即載師任土之法，皆以時而徵其賦。關市山澤，則在田都之外。幣餘，給公事會計之羨餘本所，故有既出之而復入之，故亦稱賦焉。李氏叔寶曰：以九賦繼九職，任之而後可以斂之也。愚案：此言凡賦統於大宰，大約有此九等，至各賦自有專官也。

以九式均節材用：一曰祭祀之式，二曰賓客之式，三曰喪荒之式，四曰羞服之式，五曰工事之式，六曰幣帛之式，七曰芻秣之式，八曰匪頒之式，九曰好用之式。

芻，楚紆反。頒，音班。好，呼報反。

式，猶準則也。均之使各給，節之使不過。亦言大宰總其法耳，其各式互見各官。荒，凶年。羞，飲食。服，衣服。工，治器用者。草曰芻，穀曰秣，養馬牛者。匪，分也；頒，賜也，謂不時之賞賜。好用，燕好所賜予。

以九貢致邦國之用：一曰祀貢，二曰嬪貢，三曰器貢，四曰幣貢，五曰材貢，六曰貨貢，七曰服貢，八曰斿貢，九曰物貢。

斿，音游。

祀貢，祭祀所需，若包茅之屬。嬪貢，絲枲也。器貢，凡器用之屬。幣，皮幣之屬。材，卉木竹箭之屬。貨貢，金貝之屬。服，絺紵織縞之屬。斿，羽毛之屬。物，雜物，國用必不可少者。此歲貢之常致，因其所有而致之，不責以所無也。

以九兩繫邦國之民：一曰牧，以地得民。二曰長，以貴得民。三曰師，以賢得民。四曰儒，以道得民。五曰宗，以族得民。六曰主，以利得民。七曰吏，以治得民。八曰友，以任得民。九曰藪，以富得民。

繫，音計。

兩兩相繫屬也，彼此相須而後聯屬有情之謂。牧，謂卿大夫以下有牧民之責者，各有分邑，以地賦民，民亦賴其地以宅身。長，若鄉遂大夫之屬，爲一鄉所貴，民尊其貴，己亦以貴臨馭之也。師儒無權，而賢，有德者，儒，有道者，民自尊而屬之。宗，大宗小宗，爲一族之尊，己亦須正身以率，而民始尊之也。主，公卿大夫，其家臣等奉以爲主，蒙其利以生，而上亦以利繫屬之也。吏，閭師旅師及都鄙邑宰之屬，能治其民，民亦繫屬之也。友，同井同學者皆是，彼此相任，而情誼以篤。藪，材物所聚，民取資焉。其官云繫者，皆言民身心有所繫屬而不渙散之意。

正月之吉，始和布治於邦國都鄙，乃縣治象之灋於象魏，使萬民觀治象，挾日而斂之。

縣，音懸。挾，子協反，字又作浹。

正月，周建子之月。吉，朔日。始和，一陽初生，其氣始和也。布治，以一年所當行之事頒於邦國都鄙，其王國則縣治象之法於魏闕，使民觀之，而侯國則必告朔而後縣之也。挾日，十日。斂，斂象魏所縣之法。魏闕縣象，故曰象魏，亦曰觀。蓋古者無文牒方策以紀事，而每年所行治法則，天子於歲前頒之，諸侯受而藏之，告朔而後以示民。蓋大經大法，永久弗易，而每年民事隨時變通者不同，故如此也。若後世則歷書通行，不必然矣。

乃施典於邦國，而建其牧，立其監，設其參，傅其伍，陳其殷，置其輔。乃施則於都鄙，而建其長，立其兩，設其伍，陳其殷，置其輔。乃施灋於官府，而建其正，立其貳，設其攷，陳其殷，置其輔。

監，平聲。參、三同。傅，音附。

鄭康成曰：乃者，更申勑之。蓋建牧立監等事，早已於封建時定之，而每歲更申勑之也。牧，九州之牧，謂諸侯也。監，命卿，命自天子爲諸侯監也。鄭康成曰：參，三卿。伍，五大夫。殷，衆也，謂衆士。輔，府史，庶人在官者。長，公卿大夫食采邑者。立兩卿，不足於諸侯。正，謂冢宰、司徒、司馬之屬。貳，謂小宰、小司徒之屬。攷，成也，佐成事者，謂宰夫、鄉[1]師、肆師之屬。　愚按：都鄙小於邦國，故言則。官府守法，而後能盡其職。鄭氏鍔曰：牧、長、正皆以建言之，如建國之建，不可得而動搖意。監、兩、貳皆以立言之，如有所立，不可得而傾仆意。參、

① 鄉：底本作卿，據《欽定周官義疏》改。

伍、攷皆謂之設，布置之之意。獨邦國之伍以傳言之，蓋大國既設三卿矣，五大夫又附於三卿之下，使有所依附之意。殷曰陳，謂其衆也。輔曰置，謂其賤也。爵有尊卑，辭有輕重以別之。

凡治，以典待邦國之治，以則待都鄙之治，以灋待官府之治，以官成待萬民之治，以禮待賓客之治。

總承上文而言典則法等，大宰特總其成耳。鄧氏元錫曰：待謂法具於此，待事至而應之也。

祀五帝，則掌百官之誓戒，與其具修。前期十日，帥執事而卜日，遂戒。及執事，眡滌濯。及納亨，贊王牲事。及祀之日，贊玉幣爵之事。祀大神示亦如之。享先王亦如之。贊玉幾玉爵。

帥、率同。眡、視同。示，祇同。各職俱放此。

五帝，五行之精，分司五方之氣、五時者，順時令以宣化，則各於其時其方祭之。鄭康成曰：誓戒，要之以刑，重失禮也。具，所當共。修，掃除糞灑。前期，前所諏之日。十日，散齋七日，致齋三日。執事，宗伯、大卜之屬。既卜，遂戒百官以始齋。及執事，及將祭而各任其事之時，大宰則眡滌濯器具之人潔否。及納牲，將告殺時，則贊君牽牲。玉幣，所以禮神。爵，所以獻齊酒。大神祇，天地也。玉几，所以依神。如之，如祀五帝也。

大朝覲會同，贊玉幣、玉獻、玉几、玉爵。大喪，贊贈玉、含玉。作大事，則戒於百官，贊王命。王眡治朝，則贊聽治。眡四方之聽朝，亦如之。

含，本又作唅，户暗反。

朝覲會同，兼常朝及王巡方言。鄭康成曰：玉幣，諸侯享幣。玉獻，獻國珍異，亦執玉以致之。玉几，王所依也，立而設，以優尊者。玉爵，王禮諸侯之酢爵。王朝諸侯，立依前，南面，其禮之於阼階上。贊，助嗣王爲之。贈玉，既窆，所以送先王。含玉，死者口實。　御案：作大事、大封、大役、大冠、大烖，皆當戒百官而贊王命也。命辭雖内史爲之，而大宰必佐王定謀申警也。鄭康成曰：治朝在路門外。四方之聽朝，王巡守在外時。　愚案：贊聽治者，亦王有失誤，以時補救之也。

凡邦之小治，則冢宰聽之。待四方之賓客之小治。歲終，則令百官府各正其治，受其會，聽其致事，而詔王廢置。三歲則大計群吏之治而誅賞之。

鄭康成曰：大事決於王，小事冢宰專平。歲終，周季冬月也。會，計也。　御案：正其治，正其所當爲之事。聽其致事，聽其所已爲之事。廢，退不職者。置，使居職任事。每歲終已有廢置矣，三歲又綜計其功罪而誅賞之。吕氏祖謙曰：冢宰大計群吏之治，而小司徒先自考其屬，正其要會而致事，小司寇命其屬入會而治事，下至宫正、醫師，亦會其行事，稽其行事。又設司會以執其總以鉤考，而詔王及冢宰廢置。可見成周各考於一職之長，而後考於一官之長。考於一官之長，始盡考於司會，而後達於冢宰。蓋考其屬於下，則詳而難欺，提其綱於上，則簡而易見。而又俱考於司會，則參互而徧察，無所容其抵冒矣。

小宰之職，掌建邦之宮刑，以治王宮之政令，凡[1]宮之糾察。

凡言建者，司其事而審定以施之。宮刑，王宮中之刑。政令，宮正、宮伯所掌，及膳夫以下凡有職業者皆是。糾禁，已發則糾斷之，未發則禁飭之。葉氏時曰：小宰貳大宰，首王宮之刑禁。蓋待御僕從一有不正，皆足蠱君上，而生心害政。故宮刑雖王宮之禁，而實以格君心之非。

掌邦之六典、六灋、八則之貳，以逆邦國、都鄙、官府之治。執邦之九貢、九賦、九式之貳，以均財節邦用。

逆，賈氏曰：迎受勾考之，使知功過所在。鄭氏鍔曰：典、法、則者，治之本也，從則治，違則亂。待其已違，則亂已生，攷之不亦晚乎？小宰故逆而攷之。大宰以典、法、則總治體，小宰則察其奉行之實；大宰以貢、賦，式制國用，小宰則察其均節之宜，故曰貳也。

以官府之六敘正群吏：一曰以敘正其位，二曰以敘進其治，三曰以敘作其事，四曰以敘制其食，五曰以敘受其會，六曰以敘聽其情。

敘，秩次也。群吏，六官之屬。位，班位。治，功狀。王氏應電曰：復逆白事，有輕重緩急，不得攙越。作其事，各官職事有大小遲速，當率作申戒。制其食，攷其勤惰工拙，爲之下上其食。受其會，即下文受群吏之要，贊冢宰受歲會也。聽其情，凡公私啟白，以次第聽，而察其是否。

以官府之六屬舉邦治：一曰天官，其屬六十，掌邦治，大事[2]則從其長，小事則專達。二曰地官，其屬六十，掌邦教，大事則從其長，小事則專達。三曰春官，其屬六十，掌邦禮，大事則從其長，小事則專達。四曰夏官，其屬六十，掌邦政，大事則從其長，小事則專達。五曰秋官，其屬六十，掌邦刑，大事則從其長，小事則專達。六曰冬官，其屬六十，掌邦事，大事則從其長，小事則專達。

長，知丈反。

官盛任使，故有屬然後治可以舉。六十，舉其成數概言之。大事從其長，則體尊；小事得專決，則職盡。不然尊者繁而插者懈矣。

以官府之六職辨邦治：一曰治職，以平邦國，以均萬民，以節財用。二曰教職，以安邦國，以寧萬民，以懷賓客。三曰禮職，以和邦國，以諧萬民，以事鬼神。四曰政職，以服邦國，以正萬民，以聚百物。五曰刑職，以詰邦國，以糾萬民，以除盜賊。六曰事職，以富邦國，以養萬民，以生百物。

官各有職，盡其職而後事治。大宰建之，小宰核之也。治職，治之使不亂。平，

---

① 凡，底本作後，據《欽定周官義疏》改。

② 大事下底本衍舉，據續修四庫本及《欽定周官義疏》刪。

各安其治。均，各得其願。節，各守其節。教職，以教化爲職，率教則安，馴教則寍，咸悦故懷。禮職，修明禮度，循禮則邦國與民和諧，鬼神亦以有禮福之。政職，修舉政令。凡政令足以使人感畏，故服；無敢越畔，故民正；無苛擾，故物聚。刑職，不率者罰之，詰察其奸，糾正其失，除去其害。事職，該一切瑣細之事而言，工聚則富，利興則得其養，法立則遂其生。此六職，即大宰所建之六典。前人分配六官，然六官之職互相爲用，政教禮刑，非判然而不相爲用，斤斤分配，於義反多不安，故弗從之也。

以官府之六聯合邦治：一曰祭祀之聯事，二曰賓客之聯事，三曰喪荒之聯事，四曰軍旅之聯事，五曰田役之聯事，六曰斂弛之聯事。凡小事皆有聯。

弛，仄聲。

聯，會合而成事也。　　御案：朝廷之有百官，猶人身之有百體，臂動而指隨，肱行而踵舉，右有所事，左必繼之，耳之所聞，目亦注之，運動屈伸，不假指揮，而無不如意，則官聯之謂也。祭祀賓客六者，其事尤繁，必各贊襄以成事。而凡小事皆有聯，則六者特舉其大者言之耳。

以官府之八成經邦治：一曰聽政役以比居，二曰聽師田以簡稽，三曰聽閭里以版圖，四曰聽稱責以傅別，五曰聽禄位以禮命，六曰聽取予以書契，七曰聽賣買以質劑，八曰聽出入以要會。

政，音征。比，毘志反。責，側賣反。傅，音附。别，彼列反。質，如字。劑，津私反。會，古外反。

賈氏曰：八者皆舊法成事，依時行之，以經紀政治。政，賦也。役，起徒役。比居，伍籍也。師所以用衆，田所以簡衆。簡猶閲也，稽猶計也。合計其卒伍，閲其兵器，爲之要簿也。在鄉爲閭，在遂爲里。版，户籍。圖，地圖。稱謂稱貸，責謂債負。二者以傅别之，券聽之。傅附之於書，若今契也。别，叛之爲两，若今合同契也。禮有數，命有等，禄位視此以制。取予，謂官物也。凡有所予取，爲之書契以稽質，質其事屬用也。《質人》云：大市以質，小市以劑。大市，人民、牛馬之屬，用長券；小市，兵器、珍異之物，用短券。蓋賣買易欺僞，有以質之而劑之，乃平。出以給用，入以貯藏。月計曰要，歲計曰會。上取予以一物言，此出入以總數言也。李景齊曰：周公制作，凡所爲纖悉委曲者，不獨爲一時言，實爲後世慮。教化之孚者，誠不待要約之圖。而後世誠信已薄，則文籍之可稽，猶足以濟治道之窮。春秋諸侯僭竊，猶知惡其籍，則簡書之可畏，亦足以維持人心。周公可謂長慮者矣。

以聽官府之六計，弊群吏之治：一曰廉善，二曰廉能，三曰廉敬，四曰廉正，五曰廉灋，六曰廉辨。

弊，必藝反。

鄭康成曰：聽，平治也。弊，斷也。賈氏曰：計其功過多少，計而聽斷之。

御案：官府上群吏之治狀，而小宰聽之，斷以六計也。善，有德。能，有才。敬，不懈。正，無邪曲。法，精於法。辨，明於是非。

以灋掌祭祀，朝覲、會同、賓客之戒具，軍旅、田役、喪荒亦如之。七事者，令百官府共其財用，治其施舍，聽其治訟。凡祭祀，贊王幣爵之事，祼將之事。凡賓客，贊祼，凡受爵之事，凡受幣之事。喪荒，受其含、襚、幣、玉之事。

祼，古亂反。襚，音遂。

祼，以鬱鬯之酒灌地，以求神也。惟祭天地用秬鬯，而不灌其他。王以圭瓚酌鬱鬯獻尸，尸皆受，以灌地降神。王薦玉幣爵，而小宰贊之，王酌鬱鬯以祼，而小宰將之。將，送也。贊執以授王，使薦獻不失其節，將奉以受尸。大宰無祼將之事，其所贊者主祀五帝言之。天神不祼也，惟人道宗廟有之。然宗廟之祼，大宰贊王亦不將送，其將者小宰也。賓贊祼，諸侯來朝，朝享既畢，王禮之，有此祼酢之禮。受爵，諸侯酢王，王受之。受幣①，廟中行三享時之幣，璧以帛、琮以錦之類。贊，贊王也。喪，王喪，諸侯諸臣有致含襚幣玉之事。荒，凶年，諸侯亦有致幣玉之事。口實曰含，衣服曰襚。

月終，則以官府之敘，受群吏之要，贊冢宰受歲會。歲終，則令群吏致事。正歲，帥治官之屬，而觀治象之灋，徇以木鐸，曰：不用灋者，國有常刑。乃退，以宮刑憲禁於王宮。令於百官府曰：各修乃職，攷乃灋，待乃事，以聽王命。其有不共，則國有大刑。

於每月之終，使官府以其尊卑之敘，致其簿書之要，以助大宰歲計之會。於一歲之終，使群吏致其一年之功狀，以待大宰之考。正歲，建寅之月。大宰既縣象矣，小宰則帥所屬以觀之，振木鐸以警之。既退獨，以宮中之刑，縣禁於王宮，使治事於王宮者共喻焉。鐸皆以金爲之，以木爲舌曰木鐸，宣文教。以金爲舌日金鐸，宣武教。

宰夫之職，掌治朝之灋，以正王及三公、六卿、大夫、群吏之位，掌其禁令。敘群吏之治，以待賓客之令，諸臣之復，萬民之逆。

治朝，在路門外。法謂其事當聽於治朝者，其進呈取旨皆有法度。掌其禁令，糾正之也。群吏，自士而下言之。治，職事也。諸臣受命來報者曰復，下臣攄情入告者曰逆。　御案：諸臣萬民之復逆，王與冢宰聽斷之，其事施行必下於群吏，故敘群吏之治以待之。諸臣舉復，萬民舉逆，互文也。諸臣復多逆少，萬民復少逆多，各以多言之。

掌百官府之徵令，辨其八職：一曰正，掌官灋以治要。二曰師，掌官成以治凡。三曰司，掌官灋以治目。四曰旅，掌官常以治數。五曰府，掌官契以治藏。六曰史，掌官書以贊治。七曰胥，掌官敘以治敘。八曰徒，掌官令以徵令。

---

① 弊，底本作爵，據《欽定周官義疏》改。

藏，才浪反。

徵有其人，令使承其事也。王有徵召命令於百官府，宰夫則辨別於八職，以分屬其人也。正，六官之長，即大宰所謂建其正者也。要，綱領也。師，六官之貳，爲衆職所效法之名，所謂立其貳者也。凡，謂事之約略。司，各司其職事，即所謂設其攷者也。目，謂事之科條。旅，兼上中下士，所謂陳其殷者也。數，謂事之多寡。府，主蓄藏者。史，起文書草者。胥，爲什伯之長。徒，供奔走之役。皆大宰所謂置其輔者也。　御案：正與司同日官法者，法之定，則正下於司以布之；法之行，則司報於正以質之，無二法也。師則掌已成之科條，所以佐正之不逮，而分其任也。旅則舉其常數而已。契以爲質，則庫藏無侵冒之弊；書以記事，則政治無遺闕之虞。事有次敘之先後，政有使令之緩急，以官敘治之則不紛，以官令徵之則不怠。

掌治灋以攷百官府、群都、縣、鄙之治，乘其財用之出入。凡失財用物辟名者，以官刑詔冢宰而誅之。其足用、長財、善物者，賞之。

辟，匆益反，又弼肄反。長，知丈反。

鄭康成曰：群都，諸采邑也。六遂五百家爲鄙，五鄙爲縣。言縣鄙而六鄉州黨亦存焉。乘猶計也。辟名，詐爲文書，以空作見。賈氏曰：宰夫，勾考之官。冢宰制國用。故宰夫計財用以核其實而誅賞之。失財謂貨賄，失物謂器物，失用謂濫用。所用不乏爲足，有餘爲長，物無虧損爲善物。　御案：長財，不虧折也，非多收少給、入重出輕以圖盈。

以式灋掌祭祀之戒具，與其薦羞，從大宰而眂滌濯。

小宰以法掌祭祀之戒具矣，而宰夫復覈其詳，果如式法否。薦，脯醢也。羞，庶羞、內羞也。

凡禮事，贊小宰比官府之具。凡朝覲、會同、賓客，以牢禮之灋，掌其牢禮、委積、膳獻、飲食、賓賜之飧牽，與其陳數。

比，必里反。委，於偽反。積，子賜反。此二字相連皆同。食，音嗣。飧，音孫。

鄭康成曰：比，校次也。　御案：凡禮事，即小宰職之七事，其具小宰以法掌之，宰夫則贊而比其善惡是否。鄭康成曰：牢禮之法，多少之差及其時也。牛羊豕三牲具爲一牢。委積，謂牢米薪芻給賓客道用也。膳獻，禽羞修俶獻。飲食，燕饗。飧，客始至所致禮。賓賜，有司所賓，天子所賜。陳數，所陳多寡之數也。

凡邦之弔事，掌其戒令，與其幣、器、財用，凡所共者。

鄭康成曰：弔事，弔諸侯、諸臣。幣，所用賻也。器，所致明器也。弔事，凡喪，始死弔而含襚，葬而賵贈，其間加恩厚，則有賻焉。

大喪、小喪，掌小官之戒令，帥執事而治之。三公六卿之喪，與職[1]喪帥官

① 職，底本及《欽定周官義疏》作執，據《周禮注疏》改。

有司而治之。凡諸大夫之喪，使其旅帥有司而治之。

鄭康成曰：大喪，王及后、世子。小喪，夫人以下。小官，士也。治，謂共辨。旅，謂下士。愚按：大喪、小喪，皆謂王屬。小官任治，而宰夫又掌其戒，并躬率執事以治之。其他則或帥官有司治之，或使其旅帥有司治之。蓋喪禮繁重，周尤重之，必使其盡誠盡禮也。

歲終，則令群吏正歲會。月終，則令正月要。旬終，則令正日成，而以攷其治。治不以時舉者，以告而誅之。正歲，則以灋警戒群吏，令修宫中之職事，書其能者與其良者，而以告於上。

鄭康成曰：歲終，周季冬也。正猶定也。旬，十日。不時舉，慢令失時者，以告於大宰。正歲，建寅之月。能，有才。良，有德者也。

宫正，掌王宫之戒令、糾禁。以時比宫中之官府、次舍之衆寡，爲之版以待。夕繫柝而比之。國有故則令宿，其比亦如之。

比，必里反。舍，试夜反。柝，他郝反。

宫正，宫中宿衛之長，承小宰所布之政而親爲戒令、糾禁。王氏曰：戒其怠忽，令其有爲，糾其緩散禁其勿爲是也。比，校也。鄭康成曰：校次其人之在否。官府之在宫中者，膳夫、玉府、内宰、内史之屬。次，諸吏直宿之所。舍，退息之處。版，其人之名籍。待，待戒令及比也。柝，戒行者所擊。比之恐其有解惰，故非常也。

御案：平時當直者番更代有故則盡入宿衛。

辨外内而時禁，稽其功緒，糾其德行，幾其出入，均其稍食，去其淫怠與其奇衺之民，會其什伍而教之道藝。月終，則會其稍食。歲終，則會其行事。

行，下孟反。稍，所孝反。去，起吕反。幾，同譏。奇，音羈。衺，亦作邪。

外内以地言，辨其爲在内在外之人，而禁其非時出入。功緒，職業之條理。德行，品詣，幾察其出入，分給其禄餼。淫，放濫。怠，解慢也。民，宫中吏之家人。吏在宫，其家人或因緣爲不正，故禁去之。五人爲伍，二伍爲什，會合之使常相識相習學。道，義理，藝，六藝，教之使皆爲正人。會其稍食，視其工拙勞逸而上下之。會其行事，綜其賢否而賞罰之。

凡邦之大事，令於王宫之官府次舍，無去守而聽政令。春秋，以木鐸修火禁。凡邦之事，蹕宫中、廟中，則執燭。大[①]喪，則授廬舍，辨其親疏貴賤之居。

蹕，音畢。

大事，謂祀與戎。使居其處以聽所使。凡食必待火熟，養生尤重之，故四時改火必異其物，以順天時。修火禁者以此，而一切戒備火災之事亦具焉。必於春秋者，火星以春入，以秋入亦順其時也。邦事，朝祭之事。王出入有蹕，宫正則司執燭也。

---

① 大，底本作火，據《續修四庫全書》本及致福樓本改。

廬，倚廬，在路門外東壁。舍，堊室，兩下爲之，與廬異。親者貴者居倚廬，疏者賤者居堊室。

宮伯，掌王宮之士庶子，凡在版者。掌其政令，行其秩敘，作其徒役之事，授八次八舍之職事。若邦有大事作宮衆，則令之。月終則均秩，歲終則均敘。以時頒其衣裘，掌其誅賞。

伯，長也。宮伯，宮正之貳。士，衛士也。庶子，國子之倅及公卿大夫之庶子。凡在王宮之版籍者，宮伯皆得掌之也。掌其政令，使更番輪值之有常。行其秩敘，使資格歲月之有等。作其徒役，使徼巡奔走之不倦。次，宿衛之所。舍，休沐之地。八者，王宮之四角與四中也。職事，衛士應有之職事。大事，謂寇戎。作，起也。月終均其祿秩，宮正即據之以會稍食。歲終均其能否，宮正即據之以會行事。夏有衣，冬有裘。惰有誅，勤有賞。誅，罰也。陳氏傅良曰：環衛有二等，一是公卿大夫之子弟，分置八隅，宮伯領之。一是官府凡在宮庭諸徒役，錯置於士庶子八次八舍之間，周列環衛，宮正領之。二者皆總於冢宰。至人主切身侍衛僕從，則掌於大僕。

膳夫，掌王之食飲膳羞，以養王及后、世子。凡王之饋，食用六穀，膳用六牲，飲用六清，羞用百有二十品，珍用八物，醬用百有二十甕。王日一舉，鼎十有二，物皆有俎。以樂侑食，膳夫授祭，品嘗食，王乃食。卒食，以樂徹於造。王齊，日三舉。大喪則不舉，大荒則不舉，大札則不舉，天地有裁則不舉，邦有大故則不舉。

膳，市演反。食，音嗣。造，作早反。齊，側皆反。札，側八反。

膳夫，食官之長。食，飯。飲，酒漿。膳，牲肉。羞，有滋味者。王尊，而后妃、王世子爲天下本，故兼養之。進物於尊者曰饋。六穀，稻粱菽麥黍稷。六牲，馬牛羊雞犬豕。六清，水漿醴涼醫酏也。羞以牲禽。珍謂淳熬、淳母、炮豚、炮牂、擣珍、漬、熬、肝膋。醬，醯醢也。品物甕之多，蓋備豫之，非一日而并及之也。殺牲盛饌曰舉。日每二食，惟朝食則舉，日中而餕以朝之餘。鼎十有二，牢鼎九，陪鼎三也。其物先儒雖縷言之，然未必確，蓋此特言其概耳。物皆有俎，凡物皆以俎盛之也。侑，勸也。侑食以樂，養其和平，飲食乃有益也。祭，飲食每種各出少許，置之豆間之地，以祭先代始爲飲食之人，不忘本也。授祭，優至尊，免再興再坐之勞。品嘗食，先各品食之，而後王食，防有毒也。食卒，徹歸故處，亦奏。祭日三舉，朝食、日中及夕，皆用新潔之物，不似平日餕朝餘也。加至三者，養其氣以備勞也。大荒，凶年。大札，疫癘。天裁，日星諸變。地裁，山川虧竭諸變。大故，寇戎之事。不舉，示省懼也。

王燕食，則奉膳贊祭。凡王祭祀、賓客食，則徹王之胙俎。凡王之稍事，設薦脯醢。王燕飲酒，則爲獻主。

食，如字。

郑康成曰：燕食，日中、夕食。奉膳，奉朝之餘膳。贊祭，夕食王祭牢肉，則贊之也。祭與燕饗，王與尸賓相答胙，有胙俎，膳夫親徹之，其餘俎則其屬徹之。稍食，非正食而稍爲飲食之事，故直有脯醢。燕飲群臣，膳夫爲獻主，俾得盡歡，臣不敢與君抗禮也。

掌后及世子之膳羞。凡肉脩之頒賜，皆掌之。凡祭祀之致福者，受而膳之。以摯見者，亦如之。歲終則會，唯王及后、世子之膳不會。

會，古外反。

后、世子之膳羞統於王，掌其饌而不饋。脩，脯也，加薑桂鍛治者爲修。致福，諸臣祭祀，歸胙於王。受之，受於祭僕及司士而以膳於王。不會，不計其多少。

御案：不會，非凡用皆不會也，蓋品味有常，不敢以異物共之，無所用其會，非恣其欲而不爲之限也。愚按：此經言不會者五，皆衣食細事，然其各職所掌，具有成式與戒令，則所謂不會者，特不以區區計算等至尊於臣下耳。何前人乃誤解之以禍國？

庖人，掌共六畜、六獸、六禽，辨其名物。凡其死生鱻薧之物，以共王之膳，與其薦羞之物，及后、世子之膳羞。

畜，丑六反，又許又反。鱻，悉然反。薧，古老反。

鄭康成曰：六畜，六牲也。始養之曰畜，將用之曰牲。《春秋傳》：卜日曰牲。六獸、六禽，即六畜而概推言之，古今食尚各殊，不必定求其物以實之。辨其名物，雖可食而防有毒，而不貴異物之義亦寓矣。畜物掌之獸人，獸人送之庖人以供用，故曰掌共。凡，計數之也。薦，亦進也。備品物曰薦，致滋味乃爲羞。王言薦者，味以不褻爲尊。鱻謂生肉，薧謂乾肉。劉氏執中曰：死謂不可以生致者，生謂不可以死致者，鱻謂不可以薧致者，薧謂不可以鮮致者。

共祭祀之好羞，共喪紀之庶羞，賓客之禽獻。凡令禽獻，以灋授之，其出入亦如之。

好，呼報反。

好羞，人人所好，亦謂平常食物尤嗜者也，非屈到嗜芰之列。喪禮繁必得其敘，故曰紀。庶羞，葬後祭禮所用。禽獻，賈疏：若《掌客》上公乘禽日九十雙之類。令禽獸，賓客至，庖人乃令獸人取之，必以法校之，毋濫取濫予也。入，謂入於庖人。出，庖人付使者也。

凡用禽獸，春行羔豚，膳膏香；夏行腒鱐，膳膏臊；秋行犢麛，膳膏腥；冬行鱻羽，膳膏羶。歲終則會，唯王及后之膳禽不會。

香，《内則》作薌。腒，其居反。鱐，師優反。臊，素刀反。麛，音迷。羶，書然反。會，古外反。

鄭康成曰：用謂煎和之以獻王。行猶用也。史氏曰：羔，稚羊。豚，稚豕。方春草生，羔豚美，故用之。腒，乾雉。鱐，乾魚。方夏暑盛，物易腐，故用之。秋時草物實，犢麛食之而肥，故用之。冬時大魚潛雁性定而肥，故用之。膏香，牛脂。膏臊，犬脂。膏腥，雞脂。膏羶，羊脂。犢，牛子。麛，鹿子。各以其物之所便而調和之。《月令》所用，順時令也；庖人所行，順物性也。

內饔，掌王及后、世子膳羞之割亨煎和之事，辨體名肉物，辨百品味之物。王舉，則陳其鼎俎，以牲體實之。選百羞、醬物、珍物，以俟饋。

和，胡臥反。

調和熟食曰饔。內，所主在內也。鄭成康曰：割，肆解肉也。亨，煮也。煎和，齊以五味。體名，脊脅肩臂臑之屬。肉物，胾燔之屬。百品味，庶羞之屬，言百舉成數。牲體實之，取於鑊以實鼎，取於鼎以實俎，實鼎曰脅，實俎曰載。選，先進食之時，選擇其中御者。俟饋，俟膳夫之饋也。食以養生，品類有宜否，不可不慎，故內饔掌之。

共后及世子之膳羞。辨腥臊羶香之不可食者。牛夜鳴則庮。羊泠毛而毳，羶。犬赤股而躁，臊。鳥皫色而沙鳴，貍。豕盲眡而交睫[①]，腥。馬黑脊而般臂，螻。

庮，音由。泠，音零。躁，側到反。皫，一作犥，匹表反。沙，如字。貍，當作鬱。盲眡，當爲望視，睫，音接。般，音班。螻，當作漏。

膳夫於王親饋，后居深宮，世子學於虎門，皆別有饋者，故內饔止共其膳羞。言共不言饋，降於王也。腥臊羶香本可食，辨者別其臭味惡者也。庮謂惡臭。泠毛，毛長總結。赤股，股裏無毛。躁[②]，疾走也。皫色，色不澤美。沙鳴，鳴聲澌滯。鬱，謂腐臭。盲眡，揚視。交睫，目睫交毛。腥，肉有如米者是。般臂，臂毛有文。螻，螻蛄臭也。

凡宗廟之祭祀，掌割亨之事。凡燕飲食亦如之。凡掌共羞、脩、刑、膴、胖、骨、鱐，以待共膳。凡王之好賜肉脩，則饔人共之。

掌共之共，當作具，下如字。膴，火烏反。胖，普半反。

言宗廟之祭祀，明內饔不掌外神。燕飲食，王及后、世子自飲食也。羞，庶羞。脩，鍛脯。刑，鉶羹也。膴，魚肉之大臠者。胖，脯之未乾而腥者。骨，牲體。皆具之以待共膳也。好賜，王所善而賜者。肉脩，王膳脩之餘也。

外饔，掌外祭祀之割亨，共其脯、脩、刑、膴，陳其鼎俎，實之牲體、魚、腊。凡賓客之飧饔、饗食之事，亦如之。

食，音嗣。

外饔者，所主在外也，外祭天地社稷山川五祀，凡外神。內饔不言魚腊，此不言胖骨鱐，文互見也。飧，客始至之禮。饔，既將幣之禮。饗禮以飲爲主，《行人》所謂饗[③]禮九獻之類是。食以食爲主，《行人》所謂食禮九舉之類是。

邦饗耆老、孤子，則掌其割亨之事。饗士、庶子亦如之。師役，則掌共其獻

---

① 睫，底本作暁，據《續修四庫全書》本及致福樓本改。
② 躁，底本作臊，據《續修四庫全書》本及致福樓本改。
③ 饗，底本作饔，據《續修四庫全書》本及致福樓本改。

賜脯肉之事。凡小喪紀，陳其鼎俎而實之。

耆老，凡六十以上及死事者之祖、父。孤子，死事者之子。士、庶子，衛王宫者。勞將帥曰獻，犒兵眾曰賜。小喪紀，兵士死事者之喪，皆特恩以勸忠孝也。

亨人，掌共鼎鑊，以給水火之齊。職外内饔之爨亨煮，辨膳羞之物。祭祀共大羹、鉶羹。賓客亦如之。

亨，普庚反。鑊，胡郭反。齊，才細反。爨，七玩反。大，音泰。

亨人，主爲内外饔煮肉者。鑊，煮肉之器，既熟乃晉於鼎。齊，量也。水有多寡，火有緩急，劑之使無過不及。爨，今之竈。大羹，不致五味，盛於登。鉶羹，加鹽菜者，盛之鉶。皆陪鼎也。鄭氏鍔曰：大古茹毛飲血，所謂羹者血湆而已。中古漸文，則加滋味。聖人懼人縱口腹之欲，故祭祀、賓客，薦大羹，以示反本之意。

甸師，掌帥其屬而耕耨王藉，以時入之，共齍盛。祭祀，共蕭[①]茅，共野果蓏之薦。

甸，弟硯反。耨，乃豆反。齍，音資。蓏，力果反。

王藉田在野，故以甸名官。有教民之義，故稱師。藉田者，借民以經之也。王躬耕帝藉，三推之後，甸師帥其屬而耕耨。犁地曰耕，耘草曰耨。以時入，麥夏熟，禾黍秋熟之類。在穀曰齍，在器曰盛。蕭，香蒿，既奠，爇之使陽臭達於牆屋。茅以縮酒。野即藉田所在。果桃李之屬。蓏，瓜瓞之屬。蓋不能稼之地，則樹果蓏也。

喪事，代王受眚裁。王之同姓有辠，則死刑焉。帥其徒以薪蒸，役外内饔之事。

眚，王景反。

人過曰眚，天降曰裁。國有裁眚，王當祗畏修省，因有喪事，故甸師代王請命於神祇，以粢盛不潔，自引咎也。王之同姓有罪，不欲暴其惡於眾人，故就甸師刑焉。甸師在疆埸，多隱僻屋舍也。木大曰薪，小曰蒸。采薪蒸以共外内饔之用，蓋亦祭祀所用，若常用，非甸師所能給也。

獸人，掌罟田獸，辨其名物。冬獻狼，夏獻麋，春秋獻獸物。

罟，罔也。辨其名物，無害於稼者則不罟，不足以共祭祀喪紀賓客膳羞則不獻也。狼麋皆可爲膏，仲冬陰極陽生，仲夏陽極陰生，獻狼麋以順陰陽之性，助王膳羞，養其和也。春秋獻獸物，亦彷此意爲之。

時田，則守罟。及弊田，令禽注於虞中。凡祭祀、喪紀、賓客，共其死獸生獸。凡獸入於臘人，皮毛筋角入於玉府。凡田獸者，掌其政令。

弊，必藝反。

時田，四時田獵。守罟，防獸觸攫。弊田，鄭氏眾曰：春火弊，夏車弊，秋羅弊，冬徒弊，守所弊之處以防禽逸。虞，虞人所植之旗，令獲禽者咸歸注於此，以課

① 蕭，底本作肅，據《續修四庫全書》本改。

多寡也。共死獸生獸於庖人，當乾者入於腊人，入玉府者以備器物之材。凡田獸，謂百姓之獵者。政令，取之有時，致之有法也。

𩶕人，掌以時𩶕爲梁。春獻王鮪。辨魚物，爲鱻薧，以共王膳羞。凡祭祀、賓客、喪紀、共其魚之鱻薧。凡𩶕者，掌其政令。凡𩶕征，入於玉府。

𩶕，魚同。鮪，雲壘反。薧，本又作槁，若老反。

以時魚，苦獺祭魚，然後入澤梁，季春薦鮪之類。爲梁，偃水两畔，中央通水爲闕孔，以笱承而取之。王鮪鮪之大者。鱻，生也。薧，乾也。共於膳夫以共王也。祭祀、賓客、喪紀，則共於內外饔。凡𩶕者，百姓之𩶕者。政令，見上《獸人》。𩶕征，非凡𩶕者皆征之，有非常之魚，其骨鬚可飾器物者，則征之，以入玉府。

鼈人，掌取互物，以時簎魚鼈龜蜃，凡貍物。春獻鼈蜃，秋獻龜魚。祭祀，共蠯嬴蚳，以授醢人。掌凡邦之簎事。

簎，尺角反。蜃，市軫反。貍，音埋。蠯，音牌。嬴，郎戈反。蚳，直其反。

鄭氏衆曰：互物，有甲之物。簎，以杈刺泥中搏取之。貍，物自貍藏於泥中者。鄭康成曰：蜃，大蛤。貍物，刀魚蜯之屬。春秋獻，出在淺處可得之時。蠯，蜯也。蚳，蛾子，取自者以爲醢。三者皆可以爲醢。　御案：獨舉祭祀者，鱗互之物以共膳羞者爲多，豆實則主於祭祀，而後及其餘。授醢人，百日前授之。王氏應電曰：凡有取於水中，若金珠玉石或異物，及有所遺失，以鼈人善於簎事，故兼掌之。

腊人，掌乾肉，凡田獸之脯、腊、膴、胖之事。凡祭祀，共豆脯、薦脯、膴、胖，凡腊物。賓客、喪紀，共其脯腊，凡乾肉之事。

腊之爲言夕也，必經夕而後乾也。史氏曰：腊有骨，脯無骨，膴全體，胖半體。禽獸之形有大小，小而全薧，大而半薧，取其易乾。豆當爲羞。祭祀、賓客、喪紀皆用乾物。或不得以時取者，則用乾也。

醫師，掌醫之政令，聚毒藥以共醫事。凡邦之有疾病者，有疕瘍者，造焉，則使醫分而治之。歲終，則稽其醫事，以制其食。十全爲上，十失一次之，十失二次之，十失三次之，十失四爲下。

疕，匹婢反。瘍，音羊。造，七報反。

劉氏彝曰：政令，謂物産之宜，采取之候，治鍊之方，攻燎之制，皆必預知之。毒藥，去毒之藥也。人身陰陽不和，其疾皆爲毒。藥物或有毒，或無毒，皆以攻人身之毒，故曰毒藥。鄭康成曰：疕，頭瘍，亦曰秃。身傷曰瘍。食，禄也。全，猶愈也。程子曰：十全非謂十人皆愈，但知可治與不可治，證治分明，十人皆中，即爲上。

食醫，掌和王之六食、六飲、六膳、百羞、百醬、八珍之齊。凡食齊眡春時，羹齊眡夏時，醬齊眡秋時，飲齊眡冬時。凡和，春多酸，夏多苦，秋多辛，冬多鹹，調以滑甘。凡會膳食之宜，牛宜稌，羊宜黍，豕宜稷，犬宜粱，鴈宜麥，魚宜苽。凡君子之食恒放焉。

六食之食，音嗣，下食齊，膳食同。齊，才細反。和，胡臥反。會，如字。苽，音孤。稌，音杜。放，甫往反。

飲食所以養生，失宜亦可以致疾，故食醫和飲食，以防疾於未然。齊者，調和其味，使多寡厚薄各適其節也。　御案：食飲膳羞醬珍，制作有常法，而食醫和其齊者，酌天時與王氣體之所宜也。賈氏公彦曰：眡猶比也。言飯之齊和，四時常溫，比於春時。羹齊四時常熱，比於夏時。醬齊四時常凉，比於秋時。飲齊四時常寒，比於冬時。鄭康成曰：四時各尚其時味，而甘以成之，猶木火金水之載於土。《內則》棗栗飴密以甘之，堇荁枌榆免薧滫瀡以滑之。史氏曰：非謂四時各專一味，就五味中使一味勝焉，以養其氣也。鄭氏鍔曰：膳食各有相宜者，又當會而合之，使氣味相成。牛，土畜，稌，稻也，澤中所生，與土畜相宜。羊，火畜，黍，高燥所生，與火畜相宜。豕，水畜，稷，北方之穀，與水畜相宜。犬，金獸，粱，西方之穀，與金畜相宜。鴈，陽物也，麥，秋種而夏熟，得陽氣爲多，與鴈相宜。魚，水物也，苽，米之生於水者，與魚相宜。王氏昭禹曰：君子與王，貴賤之分不同，而養生之理弗異，故得以放王而自養焉。

疾醫，掌養萬民之疾病。四時有癘疾，春時有痟首疾，夏時有痒疥疾，秋時有瘧寒疾，冬時有嗽上氣疾。以五味五穀五藥養其病，以五氣五聲五色眡其死生。兩之以九竅之變，參之以九藏之動。凡民之有疾病者，分而治之。死終，則各書其所以，而入於醫師。

癘，音厲。痟，音消。痒，平聲。疥，音介。嗽，西侯反。上，上聲。竅，乞叫反。藏，去聲。

賈氏公彦曰：療病必須將養，故以養言之。言養萬民者，以其德施之於萬民，而使之各得其養也。癘，四時不正之氣。人身內養不足，元氣虛而癘氣乘之，發於四時者不同，寒熱偏勝之端不同也。痟，骨之腫痛。痒，氣鬱而腫硬。疥，癢痛。瘧，寒熱交作。嗽欬也，上氣喘逆。五味，酸苦辛鹹甘。五穀，麻麥稷稻豆。五藥，草木蟲石穀。養，猶治也。氣聲色，疾之見乎外者，問而知其氣，望而知其色，聞而知其聲。兩之參之，診視非一處；其變其動，病情非一端，則切之謂也。望聞問切，交盡其術，而察其生死，分而治之。蓋古之醫者，皆明於陰陽造化之理，達於人情物理之全，而後神明其術，此疾醫所以能養萬民也。少曰死，老曰終。書其所以，而入於醫師，恐其有誤治者，以爲罰懲也。

瘍醫，掌腫瘍、潰瘍、金瘍、折瘍之祝藥劀殺之齊。凡療瘍，以五毒攻之，以五氣養之，以五藥療之，以五味節之。凡藥，以酸養骨，以辛養筋，以鹹養脈，以苦養氣，以甘養肉，以滑養竅。凡有瘍者，受其藥焉。

折，時設反。祝、咒同。劀，音刮。齊，才細反。

瘍醫，主治瘡毒者。凡瘡皆謂之瘍。腫則其勢將成，潰則其勢已消。瘡雖外疾，亦血氣不和，寒火逼壅而成，初腫宜散，既腫宜潰，既潰宜清毒而培補。金瘍，刀創。折瘍，跌損。或有邪祟[1]乘其衰而爲災，則祝之。又以藥附之。劀，或割且刮之。殺，去其敗肉。四者皆治瘍之法，審其疾而治之得其宜，所謂齊也。五毒，五毒之藥瘍多有毒，以毒攻毒也。五氣，審其五臟之氣何者受毒，既去其毒，當以其氣所宜之物養之也。五藥、五味，見上。復言此者，明瘍疾與内疾等。攻之養之療之節之，必審其宜而後可免誤治也。又言藥之養人，必與陰陽五行之氣相配，必得其宜，則凡有瘍者，受其藥而愈焉，非謂瘍者受藥於醫也。

獸醫，掌療獸病、療獸瘍。凡療獸病，灌而行之以節之，以動其氣，觀其所發而養之。凡療獸瘍，灌而劀之以發其惡，然後藥之養之食之。凡獸之有病者，有瘍者，使療之，死則計其數，以進退之。

食，音嗣。

鄭康成曰：節，趨驟之節。氣，脈氣。灌藥而行之，以疏動其氣，然多行又恐病劇，又當節以止之。其當割者則劀之，以去其毒，然後外附藥，内服藥以養其氣，又用芻秣以食之。進退，據功過以予奪其禄也。

酒正，掌酒之政令，以式灋授酒材。凡爲公酒者，亦如之。辨五齊之名，一曰泛齊，二曰醴齊，三曰盎齊，四曰緹齊，五曰沈齊。辨三酒之物，一曰事酒，二曰昔酒，三曰清酒。辨四飲之物，一曰清，二曰醫，三曰漿，四曰酏。

齊，才細反。緹，音體。醫，音倚。酏，音移。

酒正，酒官之長。式法，作酒之法式，如《月令》所記秫稻必齊，麴櫱必時之類。酒材，米麴之屬。公酒，以公事作酒者。齊，劑同。五齊，治酒調和之法也。酒之爲味不一，由其制造之法不同，大約有此五等。泛，其滓浮泛。醴，汁滓相兼。盎，氣蒸蒸而白。緹，其汁成赤黑色。沈，則滓沈汁清矣。既成酒，則有三酒之别。事酒，隨時應用，各事之酒不必盡佳。昔酒，則經夕久釀之酒。清酒，又其醇且久者也。齊亦酒，但未如三酒之既成且久。飲，渴之所需。清者無滓，醫者微有滓。漿，米汁相載。酏，則粥之汁耳。古無茗，渴及漱皆用漿，以米及他物爲之。酒正特辨其名物，不自造也。

掌其厚薄之齊，以共王之四飲三酒之饌，及后、世子之飲與其酒。凡祭祀，以灋共五齊、三酒，以實八尊。大祭三貳，中祭再貳，小祭壹貳，皆有酌數。唯齊酒不貳，皆有器量。共賓客之禮酒，共后之致飲于賓客之禮醫酏糟，皆使其士奉之。凡王之燕飲酒，共其計，酒正奉之。凡饗士庶子，饗耆老孤子，皆共其酒，無酌數。掌酒之賜頒，皆有灋以行之，凡有秩酒者，以書契授之。酒正之出，日入其成，月入其要，小宰聽之。歲終則會，唯王及后之飲酒不會。以酒式誅賞。

① 祟，底本作崇，據《續修四庫全書》本及致福樓本改。

此乃申言酒正所掌，而上文所言，非區區口腹之計明矣。王及后、世子尊，雖酒人、漿人爲之，而酒正必掌其厚薄之齊，恐不精潔。祭祀，齊與酒兼用，以神道事之，亦以人道養之也。五齊三酒共八尊。大祭，郊社禘祫之類。中祭，日月星辰山川之類。小祭，五祀祈祀之類。貳，益之以酢也。齊酒尚未成酒，故不貳。器量，盛酒之器，其量不一也。鄭康成曰：禮酒，王所致祭也。王致酒，后致飲，夫婦之義。士，酒正之屬士也。計，獻酬多少有度，不得過也。士、庶子、耆老、孤子，恩養之，不限以酌數。賜頒，以酒頒賜群臣。有法無私恩濫予也。有秩酒者，應常得酒之人，以書契授之，使執以取酒。出，謂授酒材及用酒多少也。酒正日計其成，月計其要，聽於小宰，毖酒之意可見。王及后之飲酒，或王與后共飲，或自飲，則不計其多寡。若與群下飲，則又有法矣。誅賞，或典守耗敗，出入多寡，違式者有誅，否則有賞。

酒人，掌爲五齊三酒，祭祀則共奉之，以役世婦，共賓客之禮酒、飲酒而奉之。凡事，共酒而入於酒府。凡祭祀，共酒以往。賓客之陳酒亦如之。

酒人，主造酒者。爲，作也。世婦，《天官．內宰》世婦與九嬪爲列者也。役世婦，聽役於世婦。禮酒，饗燕之酒。飲酒，食時滌口之酒。凡事，凡有需酒之事，共而入於酒正之府，以待其稽計。凡祭祀，小祭祀，共酒以待，自有奉之者往，待其令而已。陳酒，陳設於堂東者，亦共酒以往，掌其事者自有掌客。

漿人，掌共王之六飲，水漿醴涼醫酏，入於酒府。共賓客之稍禮。共夫人致飲於賓客之禮，清醴醫酏糟，而奉之。凡飲共之。

漿人，主造漿者。涼，暑日所用，蓋水之和以冰者。　御案：水涼無齊可辨，故酒正所辨惟四飲，而此則并共之。稍飲，日常稍用之之謂，飲非常用者也。夫人，謂三夫人，助王養賓，亦致於客館。清醴，醴之泲者。醫、酏，不泲者。凡飲，非特饋食共之，凡王及后、夫人用飲，皆共之也。

凌人，掌冰，正歲十有二月，令斬冰，三其凌。春始治鑑。凡外內饔之膳羞，鑑焉。凡酒漿之酒醴亦如之。祭祀，共冰鑑；賓客，共冰；大喪，共夷槃冰。夏頒冰，掌事。秋，刷。

凌，力應反，又力升反。刷，所刮反。

凌，冰室也。正歲，夏正。夏令季冬，大寒，冰盛之時，故斬冰而三其冰室，以多納冰。鑑，今之甕也，以盛冰。膳羞酒醴得溫氣而味失，故以冰養之。祭祀亦然。賓客不以鑑往，嫌使停膳羞也。夷，傷也，取哀傷之意。以夷槃盛冰，置於尸牀之下，以涼尸也。頒冰，王頒賜群臣。掌事，主其得冰多少可否之事。刷，刷除冰室，以待納新冰也。人在天地氣化之中，陰陽之氣一有不和，則爲疾。暑令陰火爍陽，故以冰禦之，使陰陽得其平而體安。次凌人於酒食之後，太宰主之，所以調爕而衞王躬者至矣。

籩人，掌四籩之實。朝事之籩，其實麷、蕡、白、黑、形鹽、膴、鮑魚、鱐

鱐。饋食之籩，其實棗、㮚、桃、乾藤，榛實。加籩之實，蔆[①]、芡、㮚、脯，蔆、茨、㮚、脯。羞籩之實，糗餌、粉餈。

麷，音豐。蕡，音文。膴，音胡。鱐，音修。㮚，古栗字。藤，音老。榛，側巾反。蔆，音陵。芡，音儉。糗，去九反。餌，而志反。餈，音慈。

籩，竹豆，籩人，主實籩者。四籩朝事、饋食、加籩、羞籩也。王薦腥，后亞獻，於是薦朝事之籩。熬麥曰麷，麻曰蕡，稻曰白，黍曰黑。形鹽，筑鹽以爲虎形。牒大臠以爲膴，糗乾以爲鮑，折乾以爲鱐。王獻熟，后亞獻，於是薦饋食之籩。乾藤，乾梅。榛，似栗而小。王酳尸，后於是薦加籩。蔆，芰也。芡，雞頭也。重言之者，以四物爲八籩也。既酳尸，於是薦羞籩。合蒸曰餌，餅之曰餈。二物皆粉稻米黍米爲之。糗，熬之。粉，粉之。二者皆然，互文相足也。祭祀之禮，事死如生。朝事象朝時所進，饋食象食時所進，加籩象饋食之有加，羞籩象養之有羞也。

凡祭祀，共其籩薦羞之實。喪事及賓客之事，共其薦籩羞籩。爲王及后、世子共其内羞。凡籩事，掌之。

鄭康成曰：薦羞，皆進也。未食未飲曰薦，既食既飲曰羞。内羞，房中之羞也。王氏應電曰：凡籩事，若饗耆老、孤子、士庶子師役稍事。

醢人，掌四豆之實。朝事之豆，其實韭菹、醓醢，昌本、麋臡、菁菹、鹿臡，茆菹、麇臡。饋食之豆，其實葵菹、蠃醢，脾析、蠯醢，蜃、蚳醢，豚拍、魚醢。加豆之實，芹菹、兔醢，深蒲、醓醢，箈菹、雁醢，筍菹、魚醢。羞豆之實，酏食、糝食。

韭，音久。菹，莊魚反。醓，音坦。臡，音泥。菁，音精。茆，音卯。麇，音均。蠃，音螺。脾，音皮。析，星歷反。蠯，蒲皆反。蜃，市軫反。拍，音搏。箈，音追，爾雅作簑。筍，息尹反。食，音嗣。糝，素感反。

醢，肉醬也。有骨爲臡，無骨爲醢。四豆與四籩同時并設。菹，生釀之以爲酢菜。作醢者，必膊乾其肉，乃莝之，雜以粱麹及鹽，浸以美酒，塗置瓶中百日而成。醓醢，醢之多汁者。昌本，昌蒲根。菁，蔓菁。茆，鳧葵也。蠃，螔蝓。蜃，大蛤。蚳，蛾子。拍，脅肉。深蒲，深水中初生之苗。箈，箭萌。筍，竹萌。酏，《内則》所謂餰。糝，亦見《内則》。

凡祭祀，共薦羞之豆實，賓客、喪紀亦如之。爲王及后、世子共其内羞。王舉，則共醢六十罋，以五齊、七醢、七菹、三臡實之。賓客之禮，共醢五十罋，凡事，共醢。

齊，音齏。

鄭康成曰：凡醢醬所和，細切爲齏，全物若牒爲菹。齏菹可以通稱菜肉。五齊、七醢、七菹，三臡，即上文所云，此總言之。王舉，則共醢六十罋，以此等物實之。

---

① 蔆，唯見於此，劉沅注作菱，另據中華書局《周禮正義》，亦作菱。

致饔飧於賓客時，亦共醢。凡事，凡有用醢之事，皆共之。蓋古人食必用醢，如今人食必用鹽，以調和品味，故多其品，以便臨食自便也。

醯人，掌共五齊、七菹，凡醯物，以共祭祀之齊菹，凡醯醬之物。賓客亦如之。王舉，則共齊菹醯物六十罋，共后及世子之醬齊菹。賓客之禮，共醯五十罋。凡事，共醯。

以共至之物，爲一句。

醯，醋也。醬須醯成味者，醯人并掌之。造醯醢各有專職，而其用每相兼，故其共亦略同。其五六十罋，則備豫之而已，非一日而盡食之也。

鹽人，掌鹽之政令，以共百事之鹽。祭祀，共其苦鹽、散鹽。賓客，共其形鹽、散鹽。王之膳羞，共飴鹽，后及世子亦如之。凡齊事，鬻盬以待戒令。

齊，才細反。鬻，同煮。盬，音古。

古人無榷鹽之政，大概採之以備用，其食味則以醯醢爲主。但採之入官，必有政令爲之約禁。百事，下文所言諸事。苦鹽，未鍊者。散鹽，已鍊者。形鹽，積鹵成形者。飴鹽，味之恬者。凡有和五味之事，則煮鹽以待戒令。蓋鹽之產所不同，有刮於地而得者，有風於池而凝者，有積於鹵而結者，有取海水、汲井泉而煮者。鹽人受其鹽而煮以待用，不似後世皆取民間已成之鹽而用之也。

幂人，掌共巾幂。祭祀，以疏布巾幂八尊，以畫布巾幂六彝。凡王巾，皆黼。

幂，莫繹反。

巾以覆物爲幂，專用之以拭，則爲巾。八尊，五齊三酒所實之八尊。以粗布幂之，尚質也。六彝，雞彝、鳥彝、斝彝、黄彝、虎彝、蜼彝。畫布，尚文也。祭祀，半用神道，半用人道，故文質兼用之。王巾，王所用以拭覆者。黼，白與黑爲斧[1]文也，取斷割之義。

宮人，掌王之六寢之修，爲其井匽，除其不蠲，去其惡臭。共王之沐浴。凡寢中之事，埽除、執燭、共爐炭，凡勞事。四方之舍事亦如之。

匽，於建反，亦音偃。蠲，音圭，又古淵反。去，起吕反。埽，素奥反。

六寢，大寢一小寢五。大寢聽政在前，小寢釋服燕息在後。朱子謂：小寢一寢居中，四寢在四隅，四時各居其方。理或然也。井非汲水之井，鄭康成謂漏井，受水潦而洩之者也。匽，障水使不泛濫而歸於井者。蠲，猶潔也。王氏應電曰：寢中之事，枕席床笫唾壺虎子之屬。鄭氏康成曰：勞事，勞褻之事。四方舍事，有故而適四方，宮人隨行，舍中掌事亦如在國。

掌舍，掌王之會同之舍。設梐枑再重。設車宮、轅門。爲壇壝宮，棘門。爲帷宮，設旌門。無宮則共人門。凡舍事，則掌之。

---

① 斧，底本作虎，據《周禮注疏》改。

舍，試夜反。梐，弼禮反。枑，戶故反。重，平聲。壝，音位。

舍，止息之所，通謂會同，與其舍也。梐枑，行馬也。以周衞有內外之别，故两重設之。王宿險阻，則列車爲宫，而以轅表門。王宿平陸，則築壇以土爲宫，而以戟表門。張帷爲宫，則立旌表門。若但遊觀偶往，則兩旁以人排立如門，而空其前以出入。

幕人，掌帷幕幄帟綬之事。凡朝覲、會同、軍旅、田役、祭祀，共其帷幕帷帟綬。大喪，共帷幕帟綬。三公及卿大夫之喪，共其帟。

幕，模鄂反。幄，烏剝反。帟，音亦。

鄭康成曰：王出宫則有是事。在旁曰帷，在上曰幕。幕或在地，展陳於上。皆以布爲之。四合象宫室曰幄，王所居之帳也。帟，承塵。皆以繒[①]爲之。凡四物者，以綬連繫焉。大喪共之，爲賓客飾也。帷以帷堂，或與幕張之於庭。帟在柩上。惟士無帟，王有惠則賜之。

掌次，掌王次之灋，以待張事。王大旅上帝，則張氈案，設皇邸。朝日，祀五帝，則張大次小次，設重帟重案。合諸侯亦如之。師田，則張幕，設重帟重案。諸侯朝覲會同，則張大次小次。師田，則張幕設案。孤卿有邦事，則張幕設案。

邸，典禮反。

居曰舍，止曰次。王出宫，則幕人以帷幕諸物送至次所，掌次則張之，故云以待張事。法，大小丈尺。旅上帝，國有故而祈上帝，非郊祭之常也。氈案，設案爲床，氈其上以坐。邸，後版也，爲大方版於坐後，畫爲斧文，染羽象鳳凰色覆於版上。行在無扆，以此代之，而别名皇邸。朝日，春分拜日於東門之外，祀五帝於四郊。次，幄也。大次以行禮，小次以息勞。合諸侯而爲壇於國外，亦與王同。上師田，王師田。下師田，諸侯因朝覲會同而來從王師田也。有邦事，以王事出。諸侯及孤卿之幕案，不必王使人設之，此概及之耳。

凡喪，王則張帟三重，諸侯再重，孤卿大夫不重。凡祭祀，張其旅幕，張尸次。射則張耦次。掌凡邦之張事。

鄭康成曰：張帟，柩上承塵。諸侯，凡王朝卿士秩視諸侯者，或朝覲會同而卒者。旅幕，賓旅所次之處。尸次，尸所居更衣處。射耦之次在洗東。凡邦之張事皆掌之，不獨如上文所云也。

大府，掌九貢九賦九功之貳，以受其貨賄之入，頒其貨於受藏之府，頒其賄於受用之府。凡官府都鄙之吏，及執事者，受財用焉。

大，音泰。藏，才浪反。

九貢，諸侯九貢。九賦，畿內九賦。九功，即九職，據成功言則曰功。貳，副大

---

① 繒，底本作繪，據《周禮注疏》改。

宰也。自然曰貨，人爲曰賄。藏，儲蓄之。藏者以爲受之地，此互文。概言之，蓋大府雖有府，仍分置於衆府，或頒於受藏之府，或頒於受用之府，皆大府掌之。而凡官府及都鄙之吏，或爲官掌事，須用官物者，皆於大府受財用焉。　御案：財用有臨事受書契於大府，而取之於所司者；有經式夙具，本存於其地者；有分貯於所司者，凡此皆受文書於大府。貢賦者，各以財物入焉，至月終歲終，然後入要會於大府，司會以聽鈎攷。

凡頒財，以式灋授之。關市之賦以待王之膳服，邦中之賦以待賓客，四郊之賦以待稍秣，家削之賦以待匪頒，邦甸之賦以待工事，邦縣之賦以待幣帛，邦都之賦以待祭祀，山澤之賦以待喪紀，幣餘之賦以待賜予。凡邦國之貢，以待弔用。凡萬民之貢，以充府庫。凡式貢之餘財，以供玩好之用。凡邦之賦用，取具焉。歲終，則以貨賄之入出會之。

削，音稍。會，古外反。　御案：式法，禮之隆殺，事之大小，費之多寡，物之良苦，時候之遲早，輸將之遠近皆具，俾諸侯必按式灋而後出之，故既受大府之式灋，而臨時又受式灋於職歲也。待，待來而給之也。古者關幾而不征，市廛而不征，凶荒札喪則關門無征，其歲入至薄，以此待膳服，見先王薄於自奉。邦中之賦，城郭内外、廛里場圃之地，物產最多，以待賓客，見先王厚於待人。四郊於國爲近者，可使輸重，故以待稍秣。邦縣於國爲遠者，可使輸輕，故邦縣之賦以待幣帛。家削、邦甸，比四郊爲遠，比邦縣爲近。匪頒、工事，雜出遠近之物，故賦以待之。邦都，其地尤遠，公卿王子弟之采地。祭祀致遠物，且使親貴者得盡其誠。喪紀所用，葦蒲蜃物荼葛木材之屬，出於山澤爲多。幣餘，常賦所餘，以待賜予。蓋不以賜予之故，耗其當用者也。邦國之貢，其物不一，弔用恤典之事，以貢物示隆恩，非常物比也。萬民之貢，非常賦也。山澤間田民有爲工商牧事及雜業者，自以其貨物貢於上，則充府庫以待用，非强征之也。式貢之餘財，九賦九式及萬民之貢，應用之餘財，乃以供玩好。若無餘，則不供也。玩好，非供耳目之玩也，宗廟之鎮器、天府之守器、諸侯之分器，不常有，亦不常用，以其可玩，故曰玩好。凡邦之賦用，兼上文而言。取具，取足於大府也。入出會之，量入爲出也。以上列敘其式如此，然事有相通，用有相濟者，非判然不相爲用也。大概言用財節制之灋如此，王者無得私藏濫予耳。

玉府，掌王之金玉玩好兵器，凡良貨賄之藏。共王之服玉、佩玉、珠玉。王齊，則共食玉。大喪，共含玉、復衣裳、角枕、角柶。掌王之燕衣服、衽席、床第，凡褻器。若合諸侯，則共珠槃、玉敦。凡王之獻金玉、兵器、文織、良貨賄之物，受而藏之。凡王之好賜，共其貨賄。

齊，側皆反。第，阻史反。敦，音對。

玉府，以玉爲主，而凡精異之物亦掌之。良，善也。兵，若兑戈和弓垂竹矢之屬。器，若赤刀宏璧之屬。良貨賄，質之自然而美者也。服玉，若玉瑱玉琪玉笄之屬。佩玉，佩於帶上者。珠玉琢玉，爲珠以飾冕弁。食玉，食玉屑也，蓋致其精明之意。北齊李預常得食玉之瀍，及其死也，形全而不穢。含玉，見《大宰》。復招魂也。復衣裳用冕服，死者之上服也。招魂冀其復，故曰復。玉府主作之，而典瑞共之。角柶，角七也，揳齒令可飯含。燕衣服，巾絮寢衣袍澤之屬。非禮服，故掌於玉府而不掌於司服。衽，單席。第，簀也。褻器，清器虎子之屬。　御案：燕衣服皆掌於玉府，則冢宰小宰得檢察，雖以良貨賄爲之。而毋敢作淫巧以蕩上心矣。敦槃類以珠玉爲飾，合諸侯必割牛耳，取其血歃之以盟。槃，盛牛耳。敦，盛血。王之獻，諸臣覲享或出聘反命所獻，可共王之服用者。　御案：四方幣獻入於内府，内府又取其中玉府之用者入之也。好賜，恩賚群臣者。

内府，掌受九貢、九賦、九功之貨賄，良兵良器，以待邦之大用。凡四方之幣獻之金玉齒革兵器，凡良貨賄入焉。凡適四方使者，共其所受之物而奉之。凡王及冢宰之好賜予，則共之。

内府，主内之藏者。兵器言良，則貨賄可知矣；貨賄言良，則他亦可知，互文以見義也。大用，謂非常之役。蓋藏於内府者，不等外府之常取給也。所受之物，受於四方所獻者，遣使之時，視其地之所無，取於内府以報其禮。王及冢宰好賜予之物，近取諸内府，亦不常也。

外府，掌邦布之入出，以共百物，而待邦之用凡有瀍者。共王及后、世子之衣服之用。凡祭祀、賓客、喪紀、會同、軍旅，共其財用之幣齎、賜予之財用。凡邦之小用，皆受焉。歲終則會，唯王及后之服不會。

齎，音咨，後皆同，又祖係反。

鄭氏鍔曰：周之泉布，今之錢。自其出之有源言之，則曰泉；自其布散不滯，則曰布。鄭康成曰：共百物，或作之，或買之。待，猶給也。有法，法當用者。王、后、世子衣服，有待泉布而成者。幣齎，行道之齎費。小用，外府所納泉布，所積既少，有小用則給之，若大用則他取。蓋周時財用，多是穀粟布帛，天產人工所成，其以錢交易者絕少，故外府所掌惟此。王及后服須泉布成者少，故不必會也。

司會，掌邦之六典、八瀍、八則之貳，以逆邦國、都鄙官府之治。

鄭康成曰：逆受而鉤考之。自大府至掌皮，皆掌財賦之官，而司會以中大夫爲之，則其職至重。蓋自王、后六宮、世子與宰相大臣卿大夫士，其用度不當，皆得鉤考糾正之。其必掌典法則之貳者，職會計者，不顧國政之是非，民情之疢弊，或傷於仁，或害於禮，皆不可。故必知六典八法八則爲治之本，而後有傷於國，有蠹乎民者，得以裁成之也。

以九貢之瀍，致邦國之財用。以九賦之瀍，令田野之財用。以九功之瀍，令民職之財用。以九式之瀍，均邦之財用。

生財之術悉稟於大宰，司會用其法以令下，故爲掌其貳也。九貢者，諸侯之歲貢。九功者，國中及四郊之民所入。九賦，廛里及畺地之有田至於都鄙者之賦。

掌國之官府郊野縣都之百物財用凡在書契版圖者之貳，以逆群吏之治，而聽其會計。

御案：此以百物財用賦貢之本數，及成貯出用者而言也。財用之在官府者，若內府外府玉府職幣之類。郊野縣都各貯百物財用，以共賓祭待賜予賑恤給斂賒。職內貳都鄙財入之數，職歲貳都鄙之財出賜之數是也。云郊野縣都，則邦中可知。司書掌其正，故司會掌其貳。逆爲會計之，則生齒之息耗，四野之蕪闢，百物之盈歉，出入之有節，皆不可得而掩。

以參互攷日成，以月要攷月成，以歲會攷歲成。以周知四國之治，以詔王及冢宰廢置。

用財之事不同，其出納亦異，必參以攷之。掌財用之官亦不一，必互以攷之。日月歲皆攷之，然後周知其盈歉當否之實，而其不當者則詔王及冢宰廢置。

司書，掌邦之六典、八灋、八則、九職、九正、九事，邦中之版，土地之圖，以周知入出百物，以敘其財，受其幣，使入於職幣。

正，如字。

九正，九賦九貢之正稅。九事，即九式，以其成法言曰式，以其用財以治事曰事。敘，次第書於版圖。受其幣，受其幣之數而書之，其幣則入於職幣也。

凡上之用財用，必攷於司會。三歲則大計群吏之治，以知民之財器械之數，以知田野夫家六畜之數，以知山林川澤之數，以逆群吏之徵令。

畜，許六反。

上謂王、后、世子、冢宰。王及后、世子不會矣，而茲又必攷於司會者，蓋王尊用財不斥計其多寡，而其數則亦必書以計之，無濫與也。冢宰則不得同科。大計者，民之財也器也械也，田野夫家六畜也，皆自其親民之官上其數於司書。司書三歲則計之，以知財用多少，及群吏有無侵冒之弊。逆，鉤攷之。逆徵令，攷其徵令於民當否也。

凡稅斂，掌事者受灋焉，及事成，則入要貳焉。凡邦治，攷焉。

稅斂即九職九功之事。法猶數也。每歲財用所入，盈歉不一，掌稅斂事者受其法於司書，事畢則書其要以致諸朝，存其貳以爲鉤攷之證，要若今之正本，貳若今之副本。凡邦治關係財賦者，必於司書攷之，而後知其數。

職內，掌邦之賦入，辨其財用之物，而執其總。以貳官府都鄙之財入之數，以逆邦國之賦用。凡受財者，受其貳令而書之。及會，以逆職歲與官府財用之出，而敘其財，以待邦之移用。

內，音納。

職內，主邦賦之入者。總，謂稅入之大凡。貳，副本也。執，堅執意，執其財入之總數。凡官府都鄙之財所入之數，或分貯各處者，職內皆有副本，執其總數，乃可鉤攷邦國之賦用。凡受財，受大府頒而藏之者，若玉府內府外府，外至都鄙之吏受財用者，皆是大府以其令之貳下職內，故受而書之。及歲終，會計以鉤攷官府財用所出之數，而敍其餘財，以時轉移濟用。　御案：財入之數并言都鄙官府爲，財用之出獨言官府者，以守藏言，則官府都鄙異所，不可以無别；以出用言，則都鄙之財亦官府出而用之也。

職歲，掌邦之賦出，以貳官府都鄙之財出賜之數，以待會計而攷之。凡官府都鄙群吏之出財用，受式灋於職歲。凡上之賜予，以敍與職幣授之。及會，以式灋贊逆會。

職歲，主歲計之出者。以貳，亦如職内書其貳令而編存之。　御案：九貢九賦九功之入，或藏於官府，以待王朝之用；或貯於都鄙，以待畿内之用。式灋，九式有經制者。賜予，用幣餘之賦。敍謂尊卑多寡之數。受式灋不於大府而於職歲者，廪人以歲之上下數邦用，若食不能人二鬴，則詔王殺邦用，故九式雖有常經，而其豐其省，則與歲上下，故必於職歲受之。職歲之式灋，蓋即大宰與大府之式法，而臨時斟酌變通之。職歲以上於大宰大府，大宰定之而後授大府，下於職歲而行之。司會會計之時，則以其出之數贊而鉤攷之。

職幣，掌式灋以斂官府都鄙與凡用邦財者之幣，振掌事者之餘財，皆辨其物而奠其錄，以書楬之，以詔上之小用賜予。歲終，則會其出。凡邦之會事，以式灋贊之。

楬，其列反。予，去聲。

職幣，主財賦之餘者。財賦支用有餘者，則歸於職幣，式灋者不於自有餘之外更求也。官府都鄙凡用邦財者，每歲支用之外，餘財歸於職幣，明歲乃可更收貢賦也。振，收也。掌事或王命有所作爲，寬以給之，事畢，其餘財則職幣收之，辨其物之善否，而定其錄籍，以待上之小用賜予。歲終，則計其出之數，贊司會之計也。

司裘，掌爲大裘，以共王祀天之服。中秋獻良裘，王乃行羽物。季秋獻功裘，以待頒賜。

中，音仲。

司裘，主王裘服者。黑羔裘，服以祀天，尚質也。以其祭天，故稱大服裘，而被以衮也。凡裘之材，以取於冬寒者爲上，以鳥獸氄毛細而温也。故《月令》曰：孟冬天子始裘。仲秋鳩化爲鷹，肅殺之時，蓋冬取而今乃獻之。良裘，裘之美者。行羽物以賜群吏也。功裘，卿大夫所服，别於上用，故言人功所爲耳，非功裘無良者也。

王大射，則共虎侯、熊侯、豹侯，設其鵠。諸侯，則共熊侯、豹侯。卿大夫，則共麋侯。皆設其鵠。大喪，廞裘，飾皮車。凡邦之皮事掌之。歲終則會，唯王之裘與其皮事不會。

鵠，姑篤反。廞，喜飲反，又許金反。

大射，天子諸侯與其群臣飲酒而習射也。别於賓射、燕射，故曰大。凡射以服禽獸，禽獸服然後得其皮以爲裘，故司裘共侯焉。侯，古文作医，象矢集於布之形。棲布爲侯，中畫小鳥，曰鵠。鵠，鳱鵠也。小鳥飛疾而難中，故取象焉。亦取鵠之言較，較者直也，射所以直己志。用虎熊豹麋之屬，示服猛討迷惑者也。虎尤猛，故王共之。麻者，興也，若《詩》之興，謂象生時而用之。皮車，遣車以裘飾之也。王服裘有制，無多取，故不會。

掌皮，掌秋斂皮，冬斂革，春獻之，遂以式灋頒皮革於百工。共其毳毛爲氈，以待邦事。歲終，則會其財齎。

毳，此芮反。齎，或爲資。

連毛者曰皮，去毛者曰革，湅治之曰韋。鳥獸毛毨之時其皮善，故秋斂之。革須治，用功深，故冬斂之。踰歲乾久，乃獻其良者於王，以入司裘給王用。式灋，作物所用多少定式。百工，若裘氏、韋氏、函人之類用皮者。毳毛之細縟者，緝而爲氈，貴其溫。易氏曰：邦事，自祭祀以至喪紀無不用，故掌皮皆有以待之。王詔禹曰：泉布謂之財，行費謂之齎。斂之則用財，斂而行之則有行費。

内宰，掌書版圖之灋，以治王内之政令，均其稍食。分其人民以居之。以陰禮教六宮，以陰禮教九嬪，以婦職之灋教九御，使各有屬，以作二事，正其服，禁其奇衺，展其功緒。

稍，所孝反。衺，似嗟反，亦作邪。

劉氏彝曰：宮内百職之名氏皆載於版，宮寢内外之廬舍皆畫於圖。王内，王之北宮。　御案：凡宮正宮伯所掌者，王宮之群吏庶子，或布周廬，或次宮内，不與嬪婦相接者也。内宰所治，奄奚之屬，與嬪婦時接者也。小宰兼掌之，故統之曰王宮。内宰分掌之，故別之曰王内。人民，則女酒、女漿、奚之屬，凡稱女宮者亦存焉。鄭康成曰：六宮，謂后也。不敢斥言，謂之六宮。婦人稱寢曰宮。宮，隱蔽之義。后象王，七世婦分屬九嬪、三夫人，分掌六宮，不言，省文也。后之陰禮，所以佐王成德者。九嬪等之陰禮，所以修飭婦儀者。婦職，織纴組紃縫線之事。有屬，屬於九嬪。二事，絲枲之事。正其服，禁踰侈。奇，怪而不常。衺，僻而不正。展，錄也。緒，業也。　愚按：天子正身修德以齊家，爲治國之本。凡上所言，固非專恃内宰教之也。而設此宮以從之者，蓋恐王有不克正其内者，以如是之灋匡之，而其原則自王也。宮庭燕私之地，亦有人以匡救之，其亦聖人不得已之心歟？

大祭祀，后祼獻，則贊，瑤爵亦如之。正后之服位，而詔其禮樂之儀。贊九嬪之禮事。凡賓客之祼獻、瑤爵，皆贊。致后之賓客之禮。凡喪事，佐后使治外内命婦，正其服位。

大祭祀，祭宗廟也。王祼，后從祼。后祼時以璋瓚授后，獻時以玉爵授后。亞王而酳尸，以瑤爵授后，皆贊之也。服立，鄭氏鍔曰：后之服六，而祭祀之服所用不同；祭各有位，而后之位所立各異。如祭先王則褘衣，祭先公褕狄，祭群小祀闕狄，是正其服；君在阼，夫人在房，君西酌犧象，夫人東酌罍尊，是正其位。王氏昭禹曰：禮交動乎上，樂交應乎下，詔其儀，使其容比於禮，其節比於樂。九嬪，贊后薦徹豆籩。係后行禮之得失，故亦贊之。賓客女賓客内外命婦之屬，贊其祼獻瑤爵，而致其禮。喪事，佐后治其事，而正其服位。

凡建國，佐后立市，設其次，置其敘，正其肆，陳其貨賄，出其度量淳制，祭之以陰禮。

淳，平仄二音。

建國必面朝后市，王立朝，后立市，陰陽相成之義次，市師、胥師所涖之位。敘，其地布列之敘。肆，陳物之肆。陳，陳列。度，丈尺也。量，豆區之屬。淳，幅廣也。制，謂匹長二尺四寸也。陰禮，婦人之祭禮。柯氏尚遷曰：此不過建國之初，后掌其禮，既立市，則后便不得與其事，故《司市》夫人過市有罰也。

中春，詔后帥外内命婦始蠶於北郊，以爲祭服。歲終，則會内人之稍食，稽其功事。佐后而受獻功者，比其小大與其[1]麤良而賞罰之。會内宫之財用。

中，音仲。

中春，始蠶之時。北郊，婦人以純陰爲尊。内人，謂九御。前既均其稍食，展其功緒，故歲終則會之稽之。獻功者，九御之屬各陳其絲枲之功也。小大以所成之物言，麤良小大之中，各有美惡者，賞罰於稍事中上下之也。内宫，謂夫人以下，其一歲所用財皆會計之。

正歲，均其稍食，施其功事，憲禁令於王之北宫而糾其守。上春，詔王后帥六宫之人，而生穜稑之種，而獻之於王。

穜，直龍反，或作重，音同。稑，音六，又作穋。

正歲，建寅之月，一歲之始。一歲之功事，始施不均其廩稍，則終焉不敢責其成效，故上文已言會内人之稍食，而此又均之。北宫，后之六宫。王宫在南，后在北。用王之禁令以令之，后從王者也。上春，即正歲，以春事將興，故云上春。先種後熟曰穜，後種先熟曰稑。使后宫藏種，以其有生生不窮之理，且使知稼穡之艱難也。

内小臣，掌王后之命，正其服位。后出入，則前驅。若有祭祀、賓客、喪紀，則擯，詔后之禮事，相九擯之禮事，正内人之禮事，徹后之俎。

内小臣，奄人共后之使令者。内宰正服位，謂大祭祀，此則在宫之常儀也。前驅，導之也。擯，爲后傳辭，有所求爲。詔者，先事告之。相者，助其不及。正者，糾其違慢。皆擯也。尊卑異，故别其辭。俎，后受尸酢，飲於房中所設之俎。

后有好事於四方，則使往。有好令於卿大夫，則亦如之。掌王之陰事、陰令。

好事，以物問遺。好令，以言問勞也。陰事，群妃御見之事。陰令，王所求爲於北宫者。　御案：必典章素諳，而後能正后之服位；必儀文備悉，而後能詔六宫之禮事；必言語謹信，而後可通好事、好令；必性行端慤，而後可掌陰事、陰令。故群奄中，惟内小臣爲上士。聶氏曰：先王之時，宦者不過數十人，内小臣四人，寺人、

[1] 與其下，底本衍獻，據《續修四庫全書》本及《欽定周官義疏》删。

內豎各五人，閽人每門四人而已，不若後世之多。既總於內宰，而內宰又屬於冢宰，上下相統，得以進退用舍之，則不賢自不容於其間。愚按：又有修德正身之主在上，乃爲清源之道也。

閽人，掌守王宮之中門之禁，喪服、凶器不入宮，潛服、賊器不入宮，奇服、怪民不入宮。凡內人、公器、賓客，無帥則幾其出入。以時啟閉。凡外內命夫命婦出入，則爲之闢。

帥，所聿反。爲，去聲。闢，又作辟。

王五門，外曰皋門，二庫門，三雉門，四應門，五路門。中門，雉門也。外朝在庫門外，群吏衆庶皆可得而入。若雉門之內，則應門路門，非臣民可得而入，故於此有禁，而皋門、庫門不以奄守之可見矣。喪服，衰絰。凶器，明器。潛服，若衷甲者。賊器，盜賊之器。奇服，非常服。怪民，狂易者。公器，分冢當用之器。賓客，內人之賓客。雖本屬應用，而出入無率之者，則必幾察之。以時，晨昏不爽。闢，辟除餘人，使無干也。

掌埽門庭。大祭祀、喪紀之事，設門燎，蹕宮門、廟門。凡賓客亦如之。

埽，四奧反。

鄭康成曰：門庭，門相當之地。燎，地燭也。蹕，止行者。廟在中門之外。賈氏公彥曰：惟中門外之庭掌埽，若餘門庭，則各有守門者埽之。喪紀，大喪以下朝廟及出葬時，賓客若饗食在廟，燕在寢，皆設門燎及蹕止行人。

寺人，掌王之內人，及女宮之戒令，相道其出入之事而糾之。若有喪紀、賓客、祭祀之事，則帥女宮而致於有司，佐世婦治禮事。

相，息亮反。道，去聲。

寺之言侍也。內人，女御也。女宮，民間婦女服公事於宮中者。戒，所當禁之事；令，所當修之職。有司，春官宮卿之屬。

掌內人之禁令，凡內人弔臨於外，則帥而往，立於其前，而詔相之。

上文禁令，在宮之戒令，此則禁其非禮事不得妄出也。弔臨，從世婦往弔，或哭其族親。帥之以往，詔相其禮，非立於其前，不可以詔相禮事也。

內豎，掌內外之通令，凡小事。若有祭祀、賓客、喪紀之事，則爲內人蹕。王后之喪遷於宮中，則前蹕。及葬，執褻器以從遣車。

豎，蜀羽反。爲，去聲。

內，后六宮。外，卿大夫。所通獨小事之命耳。給小事，以其無與爲禮，出入便疾。內人從世婦出，爲之蹕，使無干也。喪遷者，將葬而朝於廟。褻器，振飾頮沐之器。遣車，載牲體者，死者所憑依，故執器以從之。

九嬪，掌婦學之灋，以教九御婦德、婦言、婦容、婦功，各帥其屬而以時御敘於王所。凡祭祀，贊玉齍，贊后薦徹豆籩。若有賓客，則從后。大喪，帥敘哭者亦如之。

帥，所聿反。齍，音咨。

嬪，有德而可賓者之稱。德，兼内外言。言，中禮之言。容，禮讓修飾。功，操作勤慎。九御於王親邇，教先於此，而使帥其屬以時御敘。御，進也，勸也。敘，不凌不瀆也。　御案：王齊喪及大荒、大札、天地有烖、國有大故皆出，故曰以時御敘，明非時則不御也。愚按：王者修身蓄德，不以女寵爲事，以時御敘，有許多慎戒之意。而鄭康成誤以爲當夕者若干，致晦經義，決不可從也。王齍，玉敦盛黍稷器。賈氏曰：后無外事，惟有宗廟之祭。祭時男子設俎，婦人設豆籩簠簋。執而授后，后設之。其薦與徹，皆九嬪贊之也。賓客，唯諸侯來朝，王饗之於廟，后當助王饗，九嬪從后往。敘哭，后哭，衆乃次敘哭，亦九嬪帥之也。

世婦，掌祭祀、賓客、喪紀之事。帥女宫而濯摡，爲齍盛。及祭之日，涖陳女宫之具，凡内羞之物。

摡，古愛反。

執箕帚以事人者謂之婦。婦人有廣嗣之義，故曰世婦，與春官世婦別。賈氏公彦曰：所掌祭祀謂祭宗廟，賓客謂饗諸侯於廟，喪紀謂大喪朝廟，設祖奠與大遣奠時。摡，拭也。爲，差擇之。女宫之具，凡女酒、女籩、女醯、女醢、女鹽、女冪、女府、女史以及女饎，凡有職於陳饋之事者所爲，皆謂之内羞。鄭氏鍔曰：濯溉以致潔，差擇以致精，先王之置世婦，豈徒奉左右以爲悦哉？其所掌者重矣。劉氏執中曰：王與后之賓客、祭祀、喪紀外有百執事，各帥其屬盡職，非不可以備物致誠也。必使九嬪、世婦躬從其事，又俾女御從而觀焉，蓋所以使知事上之道，盡誠盡禮之爲。此《關雎》之后妃、《召南》之夫人立教於前，而《周官》所以帥而習之於後。

掌弔臨于卿大夫之喪。

王后所不親弔，則使世婦往。卿大夫之喪，蓋勳舊懿親之屬。

女御，掌御敘于王之燕寢。以歲時獻功事。凡祭祀，贊世婦。大喪，掌沐浴。后之喪，持翣。從世婦而弔于卿大夫之喪。

翣，所甲反。

燕寢，王不就后宫息時。帷薄之間，聖賢修身立命，即基於此。王者至尊，自不能限以常制，然必有愼戒之讓，如齊喪凶荒烖疾及寒暑厲氣風雨震電之類，皆當修省戒避，此女御所以有御敘之職也。功事，絲枲成功之事。贊世婦，助其帥涖女宫。大喪，后喪也。沐，用潘。浴，用湯。始死，沐浴之於南牖下。翣，棺飾也。持之，持而坐於柩車，象生時侍從。從世婦弔，若使者之介也。

女祝，掌王后之内祭祀，凡内禱祠之事。掌以時招、梗、襘、禳之事。以除疾殃。

梗，古猛反。襘，古外反。禳，如羊反。

鄭康成曰：内祭祀，六宫之中竈、門、戶。禱，疾病求瘳也。祠，報福。招，招至。梗，不通。人或非禮，誤犯鬼神，以致疾殃，若自招之而使爲梗也，則有襘禳之事。禬，如刮去之。禳，解釋之也。蓋人在天地氣化之中，鬼神體物而不可遺，即圣人未嘗謂我德已修，非天地鬼神所能禍福也。但修其在己，不求福而已。若謂必可免禍，則無是心。常人德未必如聖人，言行動静誤有觸犯，亦或有之，况女流乎？故聖人立女祝以掌其事，而凡非禮之祀亦必禁之矣。

女史，掌王后之禮職，掌内治之貳，以詔后治内政。逆内宫，書内令。凡后之事，以禮從。

劉氏執中曰：女史，蓋擇嬪御之賢者爲之。鄭氏鍔曰：天子有史官，左記言，右記動。后與王同體，言動不謹，則無以舉天下之内治，故有女史。王氏昭禹曰：王后之禮，各有所職，如祭祀則有薦徹，賓客則有獻酬之禮，女史掌之，庶王后非禮不動。鄭康成曰：内治之灋本在内宰，書而貳之。逆，鈎攷六宫之計。賈氏公彦曰：書令，書而宣布於六宫。以禮從，執禮書以從。

典婦功，掌婦式之灋，以授嬪婦及内人女功之事齎。凡授嬪婦功，及秋獻功，辨其苦良，比其小大而賈之，物書而楬之，以共王及后之用，頒之于内府。

齎，音咨。苦，音古。賈，音嫁。楬，其謁反。

典婦功，猶今之司織造者。婦人無事則易逸樂驕淫，故督以婦功。婦式，婦事之模範。灋，用財之舊數。嬪婦，民人之任女事者，外工也。内人，内工也。事齎，治事之費。賈謂計其直，楬謂書其實。頒于内府，其成於内人者，則以共其王及后之用，成於外工者，則以共邦之用。

典絲，掌絲入，而辨其物，以其賈楬之。掌其藏與其出，以待興功之時。頒絲于外内工，皆以物授之。凡上之賜予，亦如之。及獻功，則受良功而藏之，辨其物而書其數，以待有司之政令，上之賜予。

后宫所蠶之絲，后宫用爲祭服，其歲貢若兖州漆絲、青州絲枲，則入典絲。楬其賈，將以爲授宫獻功之程。興功之時，若温煖宜縑帛，清凉宜文繡。外工，外嬪婦。内工，内人。以物授之，若縑帛則授以素絲，文繡則授以綵絲。賜予，貴賤不同，亦皆以其物授之。良功，功之美者。有司有當用絲者，上有所賜予，皆於是取之。

凡祭祀，共黼畫組就之物。喪紀，共其絲纊組文之物。凡飾邦器者，受文織絲組焉。歲終，則各以其物會之。

纊，音曠。

白與黑色爲黼，雜飾五色爲畫。就者，采色一成。物者，絲之物色。黼畫以爲衣服，組就以爲冕旒。絲纊，絲絮，以俟絶氣。組文，青赤色，所以繫屨也。邦器，如茵席旂旗之屬。文織，以文爲織。絲組，以絲爲組。會者，各以其所飾之物，别而計之，載於簿。

典枲，掌布緦縷紵之麻草之物，以待時頒功而授齎。及獻功，受苦功，以其賈楬[1]而藏之，以待時頒。頒衣服，授之。賜予亦如之。歲終，則各以其物會之。

縷，力羽反。紵，音佇。

緦，麻細如絲之名。縷，綫也。古布皆以麻爲之。紵，白而細者。麻非一類。草，葛蕡之屬，亦非一類。授齎，授其所爲功之資。苦，非謂苦惡也，指麻草所成者爲苦，以見出於絲者爲良。楬其賈者，物有等差。時頒，若冬裘夏葛，不可紊也。亦如之，亦以其物授之。會之，計其出納之數也。

內司服，掌王后之六服，褘衣、闕狄、鞠衣、展衣、緣衣，素沙。辨外內命婦之服，鞠衣，展衣，緣衣，素沙。

褘，音暉。揄，音遙。鞠，居六反。展，張彥反。緣，或作褖。

內司服，宮中裁縫之長。天子之服九，取乎陽數之極；王后之服六，取乎陰數之中。狄當爲翟，雉名。伊雒而南，素質，五色皆備成章曰翟。江淮而南，青質，五色皆備成章曰搖。褘衣畫翬，揄狄畫翟，闕翟具翟形而不畫。三者皆祭服，從王祀先王則服褘，祭先公則服揄狄，祭群小祀則服闕翟。鞠衣，黃色告桑。展，一爲襢，以禮見王及賓客之服。緣衣即褖衣，色黑，燕居之服。其制皆衣裳相連如袍。素沙，六服皆以素沙爲裏。婦人以正潔爲體，故用素白之沙也。鄭康成曰：內命婦之服，九嬪鞠衣，世婦展衣，女御緣衣。外命婦，其夫孤則服鞠衣，其夫卿大夫則服展衣，其夫士則服緣衣。愚按：鄭說亦大概言之。以司服之例推之，上公九命，其服九章，至再命受服而止，則其妻之服亦當各異。衛侯爵也，而《詩》云：夫人服翟服展。魯亦侯爵也，而《明堂位》言夫人副褘。蓋古制不可盡考矣。

凡祭祀、賓客，共后之衣服，及九嬪世婦凡命婦，共其衣服。共喪衰亦如之。后之喪，共其衣服，凡內具之物。

衰，七雷反。

共后之衣服者，祭祀共三翟，賓客共展衣。九嬪世婦，謂助后祭祀賓客時。凡命婦，兼內外命婦言。喪衰，外命婦爲王服齊衰，於后無服。若九嬪以下及女御，於王服斬衰，於后服齊衰也。后喪所共衣服，襲時十二稱，小斂十九稱，大斂百二十稱。內具，紛帨線纊鞶袠之屬。

縫人，掌王宮之縫綫之事，以役女御，以縫王及后之衣服。喪，縫棺飾焉，衣翣柳之材。掌凡內之縫事。

綫，私見反。衣，去聲。

綫，縷也。女御裁縫王及后之衣服，而縫人爲役助之。役女御，爲女所役也。此與內司服之女御，蓋即於八十一人中選充之，既成而分入於玉府及外內司服以共也。棺飾，若存時之帷幕。翣，方扇。柳，帷荒也。二者皆木材，以綵繒衣纏，乃后張飾

① 楬，中華書局《周禮正義》作揭，北大本《周禮注疏》作楬。

於其上。棺飾，若《喪大記》君龍帷之類。凡内之縫事，不獨王與后之衣服也。

染人，掌染絲帛。凡染，春暴練，夏纁玄，秋染夏，冬獻功。掌凡染事。

暴，步卜反。夏，上聲。

染人，主嬪婦染湅之事，屬典婦功，其他染事屬冬官。染而後織爲染絲，織而後染爲染帛。暴練，春時陽氣燥達，故暴曬其練，欲其白而受彩。纁，絳色。夏時熱潤，纁元[1]二色易成。夏，翟也，染五色謂之夏。秋氣收而不散，染五色皆宜。獻功纁元與夏，至冬功乃成，并獻之。掌凡染事，不特絲帛而已。

追師，掌王后之首服，爲副編次，追衡笄。爲九嬪及外内命婦之首服，以待祭祀、賓客。喪紀，共笄绖，亦如之。

追，都隈反。編，卑煙反，亦讀上聲。

追，治玉石之名。副之言覆，所以覆首其象，若今步繇，服之以從王祭祀。編，編髮爲之，若今假紒，服之以桑。次，次第髮長短爲之，即髲髢，服之以見王。王后之燕居，亦纚笄總而已。衡，垂於副之兩旁，以充耳。笄以約髮。王后二者皆以玉爲之。外内命婦助后祭祀、賓客，則衣鞠衣襢衣者服編，衣緣衣者服次，自於其家則降焉。喪笄則榛笄而又加之以绖。亦如之，亦追師掌之也。

屨人，掌王及后之服屨。爲赤舄、黑舄、赤繶、黄繶，青句，素屨，葛屨。辨外内命夫命婦之命屨、功屨、散屨。凡四時之祭祀，以宜服之。

屨，九裕反。舄，西益反。繶，衣亟反。句，音劬。

屨人，爲屨者。連言服者，明服各有屨也。復底曰舄，單底曰屨。繶，底縫之飾。句，當爲絇，頭上之飾。舄屨皆有之，經不言分屬，省文也。赤舄，王；黑舄，后也。赤繶黄繶，赤舄之飾。青句，黑舄之飾也。或言繶，或言句，互文以概之耳。素屨，非純吉，有凶去飾時所著。葛屨，夏用之。命屨，隨其命而命之，有制不得越也。功屨，屨之精者。散屨，功之粗者。以上各屨，屨人預爲之，以隨其時與事之宜而服之，若夏則葛，冬則皮。吉祭則赤黑舄，功屨，喪凶則素屨，散屨也。

夏采，掌大喪以冕服復于大祖，以乘車建綏復于四郊。

夏，上聲。大祖之大，音泰。乘，去聲。綏作緌，如追反。　御案：夏，即《染人》秋染夏之義，謂以鳥羽飾旌旗之橦也。夏采所掌，凡以鳥羽飾物，如全羽爲旞，析羽爲旌之類，皆當掌之。王巡守、會同、祭祀，必有所共之事，郊射或共其獲，旌非專掌復也。然則掌字下蓋有脱文，大喪以下特其後語耳。未有以偶然一見之事，而專設一官者。王之宫寢内外起居，無一不關於冢宰，直至君之身終，而師保之責猶無已焉，此天官之屬所以終於夏采歟。

---

① 元，即玄，避康熙帝諱，下同。

總　論

人主一身，天下所視爲安危也，而輔君成德，責在冢宰。《大學》意誠、心正、身修矣，而齊治均平各有其要，復詳言之，其言平天下，同好惡矣。而理財之外，尤重用一个臣。蓋與君同體，朝夕相依，凡人君起居動靜必與知之。此天官設官，所以佐之以賢士，自朝廷之上，以及於宮寢之地，飲食服用之微，皆以官治之。而其官之賢否，則冢宰進退之。是以人主不失安富尊榮之素，而亦不得有縱情恣欲之爲。所以慎防於幾微者，制綦詳而意極周矣。而其本原，則自諭教之時，師保凝承，所以導之中正，而養其至德者，非一朝夕然後臨御，以後能擇大賢而爲冢宰。又能尊信不惑，宮府內外官屬，惟其所謂賢否而去取之。主臣一德一心，此唐虞三代所以身修家齊而平治天下者也。周公慮後世人主之自肆自怠，而明此設官之義以垂教。然若無正本清源之學，則雖如此經所言以設官，亦不能致治也。又況毁此成瀍，以便其私乎？然則大臣專擅，小臣便佞，宮寢荒娛，歷代變亂之由，豈不以君德不明之故哉？計此書者，其必思正心修身，如何豫立其誠而後可也。

周官恒解卷二

地官司徒序官[1]

徒者，民也。掌土地人民養教之事，故曰司徒。

惟王建國，辨方正位，體國經野，設官分職，以爲民極。乃立地官司徒，使帥其屬而掌邦教，以佐王安擾邦國。

邦教，下文所言皆是。擾，順也。養教，民生所賴也。順民性而安之，故曰安擾。　御案：曰成均所教，秀民而已，土地人民皆隸於地官，而親民之吏屬焉，必地官掌教，乃能盡天下而無人不教。

教官之屬：大司徒，卿一人；小司徒，中大夫二人；鄉師，下大夫四人，上士八人，中士十有六人，旅下士三十有二人，府六人，史十有二人，胥十有二人，徒百有二十人。

教官之屬，統下六十官而言。大司徒以下，則主天下六鄉之官也。師，德行可爲一鄉之師長者。旅府史胥徒，分佐其事。

鄉老，二鄉則公一人；鄉大夫，每鄉卿一人；州長，每州中大夫一人；黨正，每黨下大夫一人；族師，每族上士一人；閭胥，每閭中士一人；比長，五家下士一人。

比，毗志反。

鄭康成曰：百里内爲六鄉，外爲六遂。老，尊稱也。公即三公。一公掌二鄉，不

① 《地官司徒序官》底本原闕，據致福樓本補。

列其職掌，蓋以道倡率一鄉，地優體尊，不煩以事也。卿即六卿。《王制》曰諸侯之上大夫卿，則卿固可謂之大夫。六卿兼鄉官。凡軍旅田役，皆鄉官令其屬帥民而致，與《大司馬》軍將皆命卿相合。王氏應電曰：《周官》之灋，在朝則爲六官，在國則兼鄉遂之官及都鄙之君。故平居則六卿各教其所治民，不必別立守令；國有大事而致民，則六卿各率其鄉遂之民而至，不必別有徵召；國有大故，則六卿各糾其民而守，不必別有長帥；其有會同、師役而用衆，則六卿各帥其都家所統之民而往，不必別爲之將。觀《夏書·甘誓》乃召六卿，即六事之人，則此灋自古已然。其族師而下，皆使民自推擇其長，因而秩之耳。故曰使民興賢，出使長之；使民興能，入使治之也。薛氏衡曰：以公卿之尊，下領六鄉之治，重教事也。三公不列職，明道德在躬，無往而非教也。以六卿爲六鄉之大夫，明治禮刑政事，皆所以爲教也。六官之屬，各有府史胥徒，而鄉則無之。鄉大夫受教灋而頒之於鄉吏，凡群吏之周旋於鄉，以行教事，大抵皆身親之。且鄉師爲教官之攷，府史胥徒具列文書，調度不患無人也。

封人，中士四人，下士八人，府二人，史四人，胥六人，徒六十人。

聚土曰封。封其四疆以畫界，胥徒多以畿封事廣也。

鼓人，中士六人，府二人，史二人，徒二十人。

祭祀、軍旅、田役、喪紀、災祲、夜鼜，及田灋習戰之節制，皆用鼓。

舞師，下士二人，胥四人，舞徒四十人。

主教野人之舞，習民於禮樂。

牧人，下士六人，府一人，史二人，徒六十人。

養牲於野田者。其職止芻牧之事，故官下士。

牛人，中士二人，下士四人，府二人，史四人，胥二十人，徒二百人。

養公家之牛。雖主一牲，而牢禮膳犒會同軍旅行役任載皆用之，故官爲中士。

充人，下士二人，史二人，胥四人，徒四十人。

充猶肥也。諸官以堪入祭祀者，送付牧人，至祭前三月，選入充人，芻之使肥。

載師，上士二人，中士四人，府二人，史四人，胥六人，徒六十人。

載師、閭師、縣師、遺人，均人之長，蓋熟知地利，量其地而爲之制，使無曠無過。

閭師，中士二人，史二人，徒二十人。

同居一巷之門曰閭。閭師周知民之盈歉情僞，故使之徵稅。其賦貢入太府，穀入倉人。

縣師，上士二人，中士四人，府二人，史四人，胥八人，徒八十人。

主稍縣都軍賦之事。縣居稍與都之間，故以名官。

遺人，中士二人，下士四人，府二人，史四人，胥四人，徒四十人。

遺，俞季反。

遺，饋遺也。主施惠振救之事。

均人，中士二人，下士四人，府二人，史四人，胥四人，徒四十人。

鄭氏康成曰：均，平也。主平土地之力政者。

師氏，中大夫一人，上士二人，府二人，史二人，胥十有二人，徒百有二十人。

鄭氏康成曰：教人以道者之稱。賈氏公彦曰：以教國子，故使中大夫爲之。國子眾，使役處眾，故其徒多。

保氏，下大夫一人，中士二人，府二人，史二人，胥六人，徒六十人。

鄭氏康成曰：保，安也，以道安人者也。賈氏公彦曰：與師氏同教國子，官與府史別者，以其教國子雖同，館舍別所，故置官有異。

司諫，中士二人，史二人，徒二十人。司救，中士二人，史二人，徒二十人。

鄭康成曰：諫猶正也，以道正人之行。救猶禁也，以禮禁人之過。　愚按：既立師保以教民，又有司諫、司救以匡其失，蓋獎勸罰懲皆在其中矣。

調人，下士二人，史二人，徒十人。媒氏，下士二人，史二人，徒十人。

民相爭，則調人剖其是非，而和合之。媒氏和合婚姻，以成六禮。皆禮讓之要事。

司市，下大夫二人，上士四人，中士八人，下士十有六人，府四人，史八人，胥十有二人，徒百有二十人。質人，中士二人，下士四人，府二人，史四人，胥二人，徒二十人。廛人，中士二人，下士四人，府二人，史四人，胥二人，徒二十人。

質，如字。

司市，市官之長。統下質人至肆長諸官。市易爭易僞，故司市掌其政。而質人則使交易者兩相宜、兩相悦，而己爲之質也。廛，市中空地，爲舍以棲交易者。其地本官地，故以廛人掌之，而不如灋者則征其布。

胥師，二十肆則一人，皆二史。賈師，二十肆則一人，皆二史。司虣十肆則一人。司稽，五肆則一人。胥，二肆則一人。肆長，每肆則一人。

胥師以下非官也，皆司市所自辟除之人，蓋即以其地之人爲之。胥者，有才智之稱。師，長也。肆謂行列。賈師，知物價者。司虣，主在市虣亂之人。司稽，主稽察市中來去者。皆給傜役於司市。

泉府，上士四人，中士八人，下士十有六人，府四人，史八人，賈八人，徒八十人。

泉，或作錢。以其掌市之征布，故列於地官，與外府屬天官者異。薛氏衡曰：市民情僞易滋，董以司市，質人質其成，廛人斂其布，各以士爲之，大綱舉矣。猶慮不足以盡防，使精於伺察者爲胥師，明於物價者爲賈師，司虣禁鬥囂，司稽執盜賊，曲爲之防。尤慮商賈有淹沮之虞，齊民有倉卒之需，設爲泉府之官，以廛人之征布而斂散之，以濟市政之窮。所以欺詐不生，而民用無缺也。

司門，下大夫二人，上士四人，中士八人，下士十有六人，府二人，史四人，胥四人，徒四十人。每門下士二人，府一人，史二人，徒四人。司關，上士二人，中士四人，府二人，史四人，胥八人，徒八十人。每關下士二人，府一人，史二人，徒四人。

王城十二門，非位尊權重，管鑰之任，不得而糾詰之，故主之以下大夫。關，界上之門①。由門而出者，必至關；由關而入者，必至門。司關，稽察無節傳及貨賄不物者。故關十有二，每關府一人，史二人，徒四人，已足以待其事，無所用衆也。司啟閉者不過下士，無所用威權也。蓋周制聯衆庶與士庶子爲一體，民即兵，兵即民，平日德政足以結之，灋令足以維持之，不似後世門關之禁日酷，而民與商均受其病也。

掌節，上士二人，中士四人，府二人，史四人，胥二人，徒二十人。

節，符節。行者執以爲信，無者不達。

遂人，中大夫二人。遂師，下大夫四人，上士八人，中士十有六人，旅下士三十有二人，府四人，史十有二人，胥十有二人，徒百有二十人。

六遂，百里至二百里地。遂人通掌縣鄙溝塗形體之灋，所掌穡事爲多，如有天時雨澤水潦等變，當隨時酌其利而爲之。蓋亦就其地之賢能者選以爲之。

遂大夫，每遂中大夫一人。縣正，每縣下大夫一人。鄙師，每鄙上士一人。酇長，每酇中士一人。里宰，每里下士一人。鄰長，五家則一人。

酇，作管反。

縣鄙酇里鄰，皆遂之屬，而以遠近多寡別其名。遂大夫各主一遂，似鄉大夫各主一鄉。但鄉近而遂遠，鄉狹而遂廣，故其官皆卑於鄉官，各減一等。

旅師，中士四人，下士八人，府二人，史四人，胥八人，徒八十人。

旅以羇旅爲名。蓋間有新甿受廛者，擇地安置之，其屋粟、閒粟、耡粟掌之。春耕秋斂，不足則補給之，有餘則收斂之。地廣，故官屬胥徒多。

稍人，下士四人，史二人，徒十有二人。

稍，所教反。

若有會同師田等事，稍人布縣師之令，而備其芻糗等物，故以稍名。

委人，中士二人，下士四人，府二人，史四人，徒四十人。

委，烏僞反。

委人主斂芻薪以共委積，備行旅之用。

土均，上士二人，中士四人，下士八人，府二人，史四人，胥四人，徒四

---

① 門，底本作關，據《周官義疏》及《周禮注疏》改。

十人。

主均平地役。蓋民廛民田之地，肥瘠廣狹不同，均人使無偏畸。

草人，下士四人，史二人，徒十有二人。

田地有草則荒蕪，草人主治之。蓋凡山林藪澤有可耕種之地，皆除其草以待授民。

稻人，上士二人，中士四人，下士八人，府二人，史四人，胥十人，徒百人。

稻人專主稻事。蓋糾察民之稻田治否，及公田所入之稻斂而入於賦。

土訓，中士二人，下士四人，史二人，徒八人。誦訓，中士二人，下士四人，史二人，徒八人。

地利因時或有變易，人工亦或今昔異宜，土訓察土地之美惡，下以訓民，上以告王。誦訓陳說古事，亦下以訓民，上以告王。公劉疆里，太王荒山，後雖推以爲天下瀍，而異宜異俗，豈無損益？此二職之所以設也。

山虞，每大山中士四人，下士八人，府二人，史四人，胥八人，徒八十人；中山下士六人，史二人，胥六人，徒六十人；小山下士二人，史一人，徒二十人。林衡，每大林麓下士十有二人，史四人，胥十有二人，徒百有二十人；中林麓如中山之虞；小林麓如小山之虞。

虞，度也。主山之大小險夷，度其所生及適用之器物，若者可耕可樹，若者宜取宜舍。蓋必使其生不竭，其用不窮，而非時采山入山者有禁，此地利所以有餘，財物所以阜成也。衡，平也。麓，山足也。林不盡在山，材木所出亦多，官以治之，如立山虞之意。

川衡，每大川下士十有二人，史四人，胥十有二人，徒百有二十人；中川下士六人，史二人，胥六人，徒六十人；小川下士二人，史一人，徒二十人。澤虞，每大澤大藪中士四人，下士八人，府二人，史四人，胥八人，徒八十人；中澤中藪如中川之衡；小澤小藪如小川之衡。

川，流水也。川有通行旅與否者，有主財物與否者，别其地，察其奸，均其利，不特巡警而已，故以衡爲名。有水爲澤，無水爲藪。其禁令均利，亦如川衡。而以虞名官者，澤物之利不時有，必度其可否之宜也。以上四職，山虞林衡相輔爲用，或虞之衡之，悉求有益於民，而無害於物。

迹人，中士四人，下士八人，史二人，徒四十人。卝人，中士二人，下士四人，府二人，史二人，胥四人，徒四十人。

卝，音礦。

鄭康成曰：迹之言迹，知禽獸處。卝之言礦也，金玉未成器曰礦。禽獸生於山林，而無害於民，則縱之耳。惟田獵、習武、祭祀，不得不取，故以迹人掌之，當取則有以知其所在，平居則民不得妄取。金玉亦非民所宜常用，以丱人掌之，當用則取之，民亦不得妄取。此皆仁至義盡之事也。

角人，下士二人，府一人，徒八人。羽人，下士二人，府一人，徒八人。

角、羽皆車旗等禮物所需，角人，羽人主之，即細物亦有制不遺不擾也。

掌葛，下士二人，府一人，史一人，胥二人，徒二十人。掌染草，下士二人，府一人，史二人，徒八人。掌炭，下士二人，史二人，徒二十人。掌荼，下士二人，府一人，史一人，徒二十人。掌蜃，下士二人，府一人，史一人，徒八人。

葛以爲絺綌。染草，藍蒨象斗之屬。炭，煆木所成。荼，茗也，以供祭祀。蜃，大蛤，用於祭祀、喪紀。以上諸物瑣屑，而不可無主，以官則有制而不侵擾。

囿人，中士四人，下士八人，府二人，胥八人，徒八十人。場人，每場下士二人，府一人，史一人，徒二十人。

囿若今之苑。場，國之場圃，非農家者也。

廩人，下大夫二人，上士四人，中士八人，下士十有六人，府八人，史十有六人，胥三十人，徒三百人。舍人，上士二人，中士四人，府二人，史四人，胥四人，徒四十人。倉人，中士四人，下士八人，府二人，史四人，胥四人，徒四十人。

藏米曰廩，藏穀曰倉。舍人則掌其出入，平宮中穀米多寡之政也。

司祿，中士四人，下士八人，府二人，史四人，徒四十人。司稼，下士八人，史四人，徒四十人。

司祿職闕，而以祿名官，必掌班米粟之政者。司稼則主巡稼事，而徵斂穀者也。

舂人，奄二人，女舂抌二人，奚五人。饎人，奄二人，女饎八人，奚四十人。槀人，奄八人，女槀，每奄二人，奚五人。

抌，音由，亦音揄。饎，尺志反。槀，苦浩反。抌，杼臼也。　御案：《司厲職》：其奴，男子入於罪隸，女子入於舂槀。則舂槀二職，女奚之外，別有舂槀之婦，以共勞役。饎人，主炊之官。槀，讀爲犒師之犒，主冗食者。

地官司徒

大司徒之職，掌建邦之土地之圖，與其人民之數，以佐王安擾邦國。

土地之圖，若今郡國輿地圖。　御案：必知土地之宜，人民之數，然後可定民居，制民產，以安其身而教擾之。

以天下土地之圖，周知九洲之地域廣輪之數，辨其山林川澤丘陵墳衍原隰之名物，而辨其邦國都鄙之數，制其畿疆而溝封之，設其社稷之壝而樹之田主，各以其野之所宜木，遂以名其社與其野。

壝，俞類反。

周猶遍也。東西爲廣，南北爲輪。積石曰山，竹木曰林。注瀆曰川，水鐘曰澤。土高曰丘，大阜曰陵。水崖曰墳，下平曰衍。高平曰原，下隰曰隰。各物者十等之名與所生之物。邦國，都鄙，合外内而言。畿疆，由王畿以推及於天下，皆各有疆，而溝以界之，封土以記之。社稷之壝，亦由王國推暨於天下。社，土神。稷，穀神。壝，壇外四面之埒。田主，田祖之神。土德生生，其機在木，即木之異宜，可知土宜，故樹木以表社。名其社與野，别爲之名，非必以其木之名也。

以土會之瀍，辨五地之物生。一曰山林，其動物宜毛物，其植物宜皁物，其民毛而方。二曰山澤，其動物宜鱗物，其植物宜膏物，其民黑而津。三曰丘陵，其動物宜羽物，其植物宣覈物，其民專而長。四曰墳衍，其動物宜介物，其植物宣莢物，其民晳而瘠。五曰原隰，其動物宜蠃物，其植物宜叢物，其民豐肉而庳。因此五物者民之常，而施十有二教焉。

會，古外反。皁，音早。膏作櫜。覈，音核。專同團。莢，古協反。晳，音錫。蠃，力果反。叢，才東反。肉，如字。庳，音婢。

會，計也。統計天下之土宜，如下文所云天地生人，五常之性同，而其氣質不同，蓋風士爲之也。故辨之而後因俗制宜，去其偏，祛其蔽，致民於中正之途。五土，大概秉五行之氣，從其多者論之，然亦不可拘論也。鄭康成曰：毛物，貂狐貒貉之屬，縟毛者也。皁物，柞栗之屬。鱗物，魚龍之屬。櫜，蓮芡之屬，有櫜韜。津，潤也。羽物，翟雉之屬。覈物，李梅之屬。專，圜也。介物，龜鱉之屬，水居陸生者。莢物，薺莢王棘之屬。晳，白也。脊，臞也。叢物，萑葦之屬。豐猶厚也。庳猶短也。愚按：物每因地而異，人則靈於物者。上言五者，不過言其大概，而曰民之常者，民無教則囿於其地，習於其俗，而不知變化，反物於物矣。

一曰以祀禮教敬，則民不苟。二曰以陽禮教讓，則民不爭。三曰以陰禮教親，則民不怨。四曰以樂禮教和，則民不乖。五曰以儀辨等，則民不越。六曰以俗教安，則民不偷。七曰以刑教中，則民不虣。八曰以誓教恤，則民不怠。九曰以度教節，則民知足。十曰以世教能，則民不失職。十有一曰以賢制爵，則民慎德。十有二曰以庸制祿，則民興功。

愉，音偷。

祀禮，凡祭祀之禮。敬其先，則篤於孝養追慕；敬神明，則知自束其身心，故民不苟。陽禮，凡朝覲會同賓客周旋之禮，以其眾著，故曰陽禮，主於讓。讓者必敬，故民不爭。陰禮，家人婦子日用事爲之禮，以其在内修齊，不必眾知，故曰陰禮。恩義兼盡，倫常浹洽，故民不怨。人情易於偏戾，以樂教之，去其囂陵之氣，養其性情之和，故民不乖。儀，威儀度數。尊卑貴賤等級明，故民不越。風俗異宜，因其俗而節文之，以適於中，民安而樂從之，則不偷薄。違禮者刑之，使歸於中正，故民不暴亂。誓，久約之意。恤災救患，誓久而不變，故民不怠。度，制節之意。各有其分，各安其制，故民不妄想。世事，民生日用所需之事，凡功業皆是。因其能而教之以利用，故民各有職以自効。賢，有德者。爵之尊卑視賢之大小，則民勉於爲德。庸，功也。禄之厚薄視功之優絀，故民興功。凡此十二教，因其俗，制其宜，該許多政教在內。

以土宜之灋，辨十有二土之名物，以相民宅，而知其利害，以阜人民，以蕃鳥獸，以毓草木，以任土事。辨十有二壤之物，而知其種，以教稼穡樹藝。

相，息亮反。毓，音育。

鄭康成曰：十二土分野十二邦，上繫十二次。各有所宜也。相，占視。阜猶盛也。蕃，蕃息。毓，生也。任，謂就地所生，因民所能。壤亦土也。愚按：以萬物自然吐露則言土，以人耕種成熟則言壤。春稼秋穡，樹木藝黍稷，皆辨其宜而別其種，始易收效也。

以土均之灋，辨五物九等，制天下之地征，以作民職，以令地貢，以斂財賦，以均齊天下之政。

均，平也。五物，五土之物。九等，如《禹貢》所差。征，稅也。均有美惡，必視其所出以制爲賦貢，乃可均平。

以土圭之灋測土深，正日景，以求地中。日南則景短，多暑。日北則景長，多寒。日東則景夕，多風。日西則景朝，多陰。日至之景，尺有五寸，謂之地中，天地之所合也，四時之所交也，風雨之所會也，陰陽之所和也。然則百物阜安，乃建王國焉。制其畿方千里，而封樹之。

深，試蔭反。景，音影。

天體渾圓，地孕於天，而其低昂形勢，蔽日月而異風雨，故萬國風景不同。此但周公制洛邑爲東都，言此以爲後世建國之灋耳。　御案：地中有二，以形而言，天包地如雞卵，地中者乃天中也。此惟赤道之下，二分午中，日表無影之中爲然。以氣而言，必陰陽五行中和會合，乃可謂中。二極之下，晝夜極偏，其地大寒。赤道之下，晝夜常均，其地大暑。中國當赤道北，寒燠溫凉，四序循環無偏勝。而洛邑又其中之中者，以其得天地之中氣，故謂地中。天地之所合者，地之中氣與天之中氣合也。合故四時交而無多暑多寒之患，風雨會而無多風之患，陰陽和而無多陰之患。於洛邑立一表於地上，長八尺，於夏至晝漏之半時，用尺有五寸之土圭，量表之日影，若影與土圭等，即地中也。如影短於土圭，是地於日爲近南；長於土圭，地於日爲近北；如偏東於土圭，如日之將夕，地於日爲近東；偏西於土圭，如日之將朝；地於日爲近西。皆不得中。然此乃當時建都洛邑時所爲，聊示其灋之大概。其實天地間風土氣候有不盡然者，勿泥視可也。

凡建邦國，以土圭土其地而制其域。諸公之地。封疆方五百里，其食者半。諸侯之地，封疆方四百里，其食者參之一。諸伯之地，封疆方三百里，其食者參之一。諸子之地，封疆方二百里，其食者四之一。諸男之地，封疆方百里，其食者四之一。

土其地，正其國都之方位也。方五百里，兼山林川澤閒田附庸之地在內。其實周制公侯皆方百里，子男五十里。其食者半，亦據可耕之地稅賦言耳，他放此。

凡造都鄙，制其地域，而封溝之，以其室數制之。不易之地，家百畮。一易之地，家二百畮。再易之地，家三百畮。

鄭康成曰：都鄙，王子弟公卿大夫[①]采地。城郭之宅曰室。以其室數制之，謂制丘甸之屬。《王制》：凡居民，量地以制邑，度地以居民，地邑民居，必參相得也。鄭氏衆曰：不易之地歲種之，地美，故家百畝。一易之地休一歲乃復種，地薄，故家二百畮。再易之地休二歲乃復種，故家三百畮。

乃分地職，奠地守，制地貢，而頒職事焉，以爲地灋，而待政令。

此總承建國而下言之。地職，其地所當爲之職事。地守，其地當守之禁令。地貢，其地當賦之額數。分之定之制之，而後可頒其職事。地灋，因其地而制之灋，以待朝廷之政令。

以荒政十有二聚萬民：一曰散利，二曰薄征，三曰緩刑，四曰弛力，五曰舍禁，六曰去幾，七曰眚禮，八曰殺哀，九曰蕃樂，十曰多昏，十有一曰索鬼神，十有二曰除盜賊。

人主修德承天，養教備至，民耕九餘三，家有蓋藏，陰陽和而風雨時，雖水旱不爲災，萬一凶災饑饉，又以荒政十二濟之。民遇災則易離散，故曰聚也。散利，發府庫之餘財及貸種等類。薄征，減租稅。緩刑，出輕罪，緩死罪，恐有冤濫，以此答天心也。弛力，息徭役。舍禁，凡有利之事，與民共之無禁。去幾，關市去其稅。眚禮，殺吉禮。殺哀，省凶禮。蕃樂，蕃讀爲藩，閉藏而不作。多昏，不備禮而娶，使各相依恤。索鬼神，徧告神祇以引咎。凶年盜賊或等乘時攘竊，除之以安民。

以保息六養萬民：一曰慈幼，二曰養老，三曰振窮，四曰恤貧，五曰寬疾，六曰安富。

鄭康成曰：保息，謂安之使蕃息。慈幼，如產子三人與之母，二人與之餼，十四以下不從政。養老，七十養於鄉，五十異粻之屬。窮，鰥寡孤獨者。貧，遭凶喪至匱無財業者。恤，稟貸之。寬疾，不勞役之。先王之世，民皆有業，而獨有富者，勤儉知計過人，積而使然，平其徭役，不過取以安之，使得行周恤之事。

以本俗六安萬民：一曰孅宮室，二曰族墳墓，三曰聯兄弟，四曰聯師儒，五曰聯朋友，六曰同衣服。

魏氏校曰：本俗，禮俗根本所在。鄭康成曰：孅，善也。約椓攻堅，風雨攸除，各有攸宇。族，猶類也。同宗者，生相近，死相迫。聯，猶合也。兄弟，昏姻嫁娶。

---

① 夫，底本作失，據《續修四庫全書》本改。

師儒，鄉里教以道藝者。同師曰朋，同志曰友。同衣服，各以其貴賤而爲之，服無新異。鄧氏元錫曰：保息、本俗，與八統、九雨，其事相爲表裏，太宰之爲民治，司徒掌之爲民教，皆所以約民於人道。

正月之吉，始和布教於邦國都鄙，乃縣教象之灋於象魏，使萬民觀教象，挾日而斂之。

正月之吉；兼周正月朔日及正歲而言。教象，即下文六德六行等。事本舊章，至此又懸其象，使民熟觀洞曉，十日乃收斂之。

乃施教灋於邦國都鄙，使之各以教其所治民。令五家爲比，使之相保。五比爲閭，使之相受。四閭爲族，使之相葬。五族爲黨，使之相救。五黨爲州，使之相賙。五州爲鄉，使之相賓。

比，毗志反，下同。

使之，謂立其長而教令使之。五家爲比，其居甚近，非特同其休戚，亦可察其奇袤，故使之相保。閭，二十五家，則①居足以相容，故使之相受。受，宅舍相寄託也。族，百家，葬事力眾易舉，故使之相葬。黨，五百家，大患難非百家可禦，故使黨相救。州，二千五百家，水旱凶荒又非五百家所能辦，故使州相賙。五州，萬二千五百家，使相賓興其賢能者。王氏昭禹曰：鄉遂之制，始於五家之寡，終於萬有二千五百家之眾。居雖異而輯睦若一家，人雖眾而和合若一心，司徒擾之則相爲仁讓，司馬用之則相爲憂患焉。

頒職事十有二於邦國都鄙，使以登萬民：一曰稼穡，二曰樹藝，三曰作材，四曰阜蕃，五曰飭材，六曰通財，七曰化材，八曰斂材，九曰生材，十曰學藝，十有一曰世事，十有二曰服事。

職事，民所職之事。登者，載之於籍也。稼穡，即三農生九穀。樹藝，即園圃毓草木。作材，即虞衡作山澤之材。阜蕃，即藪牧養蕃鳥獸。飭材，即百工飭化八材。通財，即商賈阜通貨財。化材，即嬪婦化治絲枲。斂材，即臣妾聚斂疏材。生材，即閒民轉移執事，大宰主之，而司徒頒之。學藝，講習道藝。世事，巫醫卜筮之屬世守其事者，與前世事教能不同。服，服役公家之事，若府史胥徒，庶人在官者。冢宰治國，用以九職任民財賦所從出也。司徒頒教，則又有三者不可缺也。

以鄉三物教萬民，而賓興之。一曰六德，知仁聖義忠和。二曰六行，孝友睦婣任恤。三曰六藝，禮樂射御書數。

知，音智。行，下孟反。婣，音因。

物猶事也。曰鄉者，德行道藝必成於家，而先著於鄉，然後以漸達朝廷也。興猶舉也。賓興，鄉大夫以飲酒之禮賓客之，定其賢者，然後獻其書於王。德行藝相爲表裏者也，第人材質學業不能一致，則所造不同，故分爲三。三者之中又分爲六，苟其

① 則，底本作受，據《周官義疏》改。

有一得者，皆不遺焉。若全而備之，則聖賢之徒，其任以大位明矣。知，明於理。仁，慈於物。聖，内外明通。義，裁制得宜。忠，不欺。和，不戾。六德必由誠意正心修身而得之於身以爲德。分之則有六，合之乃爲賢，别其名使人以是課德也，非但有一端之謂。六行，本六德而出者，則爲大醇，其質之美，學之偏，而各具一端者亦有焉。善事父母爲孝，善待兄弟爲友。睦，親於九族。婣，親於外親。任，信於友而可倚任。恤，振濟貧者。禮樂有全體大用，此但以其儀文而言，則禮樂五禮六樂之儀節也。射，五射之灋。御，五御之節。書，六書之品。數，九數之計。詳見《保氏》。朱子曰：先王之世，教民而賓興之灋如此，雖欲人才不成，風俗不厚，蓋亦不可得矣。正使士之賢者或不免於外慕，有司之不明者或不足以得人，然其所以相求者，蓋猶出修身謹行之意，一得其人，則其灋固萬世不易之良灋也。愚按：君相以此教人，必先以此修己，己德修而後教令行，若但以些灋取人，而上之人無以作之率，其弊轉滋，故修身爲治世之本也。

以鄉八刑糾萬民：一曰不孝之刑，二曰不睦之刑，三曰不婣之刑，四曰不弟之刑，五曰不任之刑，六曰不恤之刑，七曰造言之刑，八曰亂民之刑。

刑亦言鄉者，是非之公，由鄉而起也。糾，察也。賈氏公彦曰：惟六行設刑者，德藝在身，行乃施之於人者，恐有愆負，故刑以防之。鄭康成曰：造言，訛言惑衆。亂民，執左道以亂政也。

以五禮防萬民之僞而教之中，以六樂防萬民之情而教之和。

此乃總結上文，以明司徒之教不外乎中和，教之之要不外乎禮樂也。五禮，吉凶軍賓嘉。六樂，雲門、咸池、大韶、大夏、大濩、大武。有偏私則不中，有暴戾則不和，以禮樂節文其性情，而涵養其中和，内有存養省察之功，外有敬慎威儀之道，此上文一切教灋，所以皆禮樂之事也。

凡萬民之不服教而有獄訟者，與有地治者聽而斷之，其附於刑者歸于士。

斷，丁亂反。

不服教，不遵行禮樂。訟，相爭辯。獄，則致人於灋也。與，猶授也。有地治者，六鄉六遂及公邑都鄙之吏。聽斷，聽而治其是非。士，司寇士師之屬。言此明司徒專務敷教禮樂，爲清刑之原也。

祀五帝，奉牛牲，羞其肆。享先王亦如之。大賓客，令野修道、委積。大喪，帥六鄉之衆庶，屬其六引，而治其政令。大軍旅，大田役，以旗致萬民，而治其徒庶之政令。

肆，如字。屬，之屋反。

五帝分司五行，以調四時，祀之而司徒親奉牛牲，進其豚解之牲以薦腥，進其體解之牲以薦熟，教民敬也。大賓客，令遺人修道具共委積，教民禮讓也。大喪、大軍旅、田役，教民忠也。羞，進也。肆，陳也。豚解爲七體，肱二股二脊一脅二。牛羊體解爲二十一，而升於神俎者十有一。肱三，曰肩臂臑。股三，曰髀膊骼。脊三，曰正脊、脡脊，横脊。脅三，曰短脅、正脅、代脅。合左右肱股脅并脊，爲二十一。以神俎用右不用左，且髀不升，故十有一也。大賓客，諸侯来朝。六引，引喪車索也。在棺曰紼，在道曰引。帥衆庶引柩，使致其如喪考妣之誠。以能虎之旗致徒庶，使盡其效命同仇之志。聽於司馬則曰卒伍。致於司徒則曰徒庶。

若國有大故，則致萬民于王門，令無節者不行于天下。大荒、大札，則令邦國移民、通財、舍禁、弛力、薄征、緩刑。

大故，王崩及寇兵也。變起非常，恐有奸細。王門本有宿衛，此則致萬民守王門之外。節，六節。無節者不得行防姦也。大荒，大凶年。大札，大疫病也。荒移民者，避災；札移民者，避地氣之惡。有不可移者，則通之財。荒政十二，此獨舉其四者，四者爲要，大司徒尤加之意也。

歲終，則令教官正治而致事。正歲，令於教官曰：各共爾職，修乃事，以聽王命。其有不正，則國有常刑。

歲終，周季冬。正治致事，正其所治之事，而治之於上。正歲，夏正月朔日，則申令之。爾、乃皆汝也。地官所掌者地，所司者徒，故其所治皆土地人民之事，而大要以教爲主，以禮樂爲綱。

小司徒之職，掌建邦之教灋，以稽國中及四郊都鄙之夫家九比之數，以辨其貴賤、老幼、廢疾，凡征役之施舍，與其祭祀、飲食、喪紀之禁令。

比，必里反。

賈氏公彦曰：言建者，非但副貳大司徒，亦得專其事。九比，如《禹貢》灋以三等九則言之，謂夫家高下有此九等。役，謂徭役。施，當爲弛，謂免其徭役。夫家爲男女配耦者，弛舍則貴賤、老幼、單丁、未娶、女戶、餘夫皆免之也。禁令，祭祀以下皆有禁令，不使失禮。

乃頒比灋于六鄉之大夫，使各登其鄉之衆寡、六畜、車輦，辨其物，以歲時入其數，以施政教，行徵令。及三年則大比。大比則受邦國之比要。

畜，許六反，後六畜皆同。輦，音璉。

比灋，即五家爲保，五相賙相恤之灋。登，載之於籍。六畜、車輦，或備國用，或民自資，辨其物之美。數書其數以知民之豐歉勤惰。政教，若鄉射讀法之類。徵令，軍旅田役。蓋養立而後教可行，民富而後易使。三年大比，則受邦國之比籍，而稽其得失。

乃會萬民之卒伍而用之。五人爲伍，五伍爲兩，四兩爲卒，五卒爲旅，五旅爲師，五師爲軍，以起軍旅，以作田役，以比追胥，以令貢賦。

六軍之士出自六鄉，必司徒平日教之有灋，而後可用，故云乃會卒伍而用之，即下文軍旅等也。五家爲比，家出一人，在軍爲伍，五比爲閭，在軍五伍爲兩。四閭爲族，在軍四兩爲卒。五族爲黨，在軍五卒爲旅。五黨爲州，在軍五旅爲師。五州爲鄉，在軍五師爲軍。無事則爲民，有事則爲兵。人相習，誼相關，服色形聲相識別，此先王寓兵於農家之良灋也。鄭康成曰：作，爲也。役，功力之事。追，逐寇也。胥伺捕盗贼也。

乃均土地，以稽其人民，而周知其數。上地家七人，可任也者家三人；中地家六人，可任也者二家五人；下地家五人，可任也者家二人。凡起徒役，毋過家一人，以其餘爲羡，惟田與追胥竭作。凡用衆庶，則掌其政教，與其戒禁，聽其辭訟，施其賞罰，誅其犯命者。凡國之大事致民，大故致餘子。

均，平也。周猶徧也。一家受田百畝，七口授以上田，可役者家三人；六口授以中田，可役者二家五人；五口授以下田，可役者每家二人。惟一人爲正卒，其餘皆爲羡卒，不過役也。若田取禽獸，逐伺盜賊，則具事不出鄉閭，爲時亦不久，任民或多人爲之，不限以制。衆庶，謂六鄉之民。政教，軍旅田役皆有灋。禁戒，如偷惰欺慢等弊。命，上之命。誅，以重型責之之名。大事，戎事。大故，災寇。餘子，卿大夫之子。致民以備警，致餘子以宿衛王宫。

乃經土地，而井牧其田野。九夫爲井，四井爲邑，四邑爲丘，四丘爲甸，四甸爲縣，四縣爲都，以任地事，而令貢賦，凡稅斂之事。

經，經畫。井，井田。牧不可爲井。則以其地爲牧畜之地也。井邑北甸縣都，計其田數，以定貢賦之灋。貢，貢其財用。賦，出車徒，給傜役。斂，斂公田什一之灋。

乃分地域而辨其守，施其職而平其政。

分地域，凡建邦國，造都鄙，制鄉遂，及山林山澤閒田，皆各爲之界。地不同，守之者亦不同，各有其職施之，使盡其職而無浸濫之弊，是所以平其政也。

凡小祭祀，奉牛牲，羞其肆。小賓客，令野修道、委積。大軍旅，帥其衆庶。小軍旅，巡役，治其政令。大喪，帥邦役，治其政教。凡建邦國，立其社稷，正其畿疆之封。凡民訟，以地比正之；地訟，以圖正之。

肆，如字。委，烏僞反。積，子賜反。帥，音率。比，毗志反，亦音皮。

小祭祀，天神風師雨師之屬，地祇墳衍林澤之屬。羞肆，見前。小賓客，諸侯之使臣。令，令遺人也。帥，帥而致於大司徒。巡役，小力役則巡行之。此皆謂六鄉之衆庶而已。喪役，如正棺引窆之類。立與正皆謂示以灋度，不親往也。民訟，爭是非，以其比鄰察斷之。地訟，爭疆界，以邦國本圖核正之。

歲終，則攷其屬官之治成而誅賞，令群吏正要會而致事。正歲，則帥其屬而觀教灋之象，徇以木鐸，曰：不用灋者，國有常刑。令群吏憲禁令，修灋，糾職，以待邦治。及大比，六鄉四郊之吏，平教治，正政事，攷夫屋及其衆寡、六畜、兵器，以待政令。

會，古外反。比，必里反。

屬官，教官之屬。群吏，則鄉遂公卿之吏，及家稍縣都私邑之吏。屬於司徒者，則攷其所治職事之狀而誅賞之；不屬於司徒者，則令群吏正其要會而致其事，將以達於治官。正歲，帥其屬而觀象灋，徇以木鐸矣，又令群吏皆懸禁令於其所治。憲，表懸也。灋不修則廢墜，職不糾則怠荒。吏，在鄉郊之內主民事者。教治，所主在教，若十二教之屬。政事，所主在事，若土地之政之屬。夫三爲屋，屋三爲井。　御案：大司徒頒士農工賈之職，定比閭族黨之制，未言其所以稽而登之者若何也。小司徒則遂頒比灋，以時入其數，至三年而復受其要。則凡九比之內，其家之貧富，民之賢否，戶口之眾寡，畜產器用之豐歉，皆犁然於胸中。而政教徵令施行於軍旅田役者，斟酌調劑，靡不詳盡矣。

鄉師之職，各掌其所治鄉之教，而聽其治。

賈氏公彥曰：鄉師四人，二人共主三鄉，故言各掌。聽共治者，鄉大夫，其於教則正歲頒之，鄉吏，其於治則歲終令群吏會正致事而已，獄訟有所不暇，故聽之鄉師。

以國比之灋，以時稽其夫家眾寡，辨其老幼貴賤、廢疾、馬牛之物，辨其可任者，與其施舍者，掌其戒令糾禁，聽其獄訟。

比，必里反。施，式氏反。

國比，即前之九比受於小司徒者。小司徒稽之辨之，通國中及四郊都鄙，而鄉師則各比其鄉。項安世曰：此所謂聽其治也，然清其源以消欺罔之萌，即所以爲教。

大役，則帥民徒而至，治其政令。既役，則受州里之役要，以攷司空之辟，以逆其役事。凡邦事，令作秩敘。

辟，音壁，陸婢亦反。

大役，築作隄防城郭等。至，至役所而爲之部曲。役要，受役之民數。辟，灋也。營作司空之事，而民數則登於司徒，故考司空之灋，以鉤考民之役事。《詩》曰：乃召司空，乃召司徒，俾立室家，即其事也。秩，常也。敘，猶次也。凡邦事，則不惟沒事，即以役事言，徵發之地有遠近，番代之歲有凶豐，皆有常次。

大祭祀，羞牛牲，共茅蒩。

蒩，子都反，一子餘反。

牛與茅蒩皆出於各鄉，故鄉師羞共之，而大司徒更羞之也。

大軍旅、會同，正治其徒役，與其輂輦，戮其犯命者。

輂，九玉反。輦，里演反，音璉。

徒役與輂輦自鄉具之，故鄉師正治之，而戮其不用命者。馬駕以載輜重爲輂，人輓之行以載任器爲輦。

大喪用役，則帥其民而至，遂治之。及葬，執纛以與匠師御匶，而治役。及窆，執斧以涖匠師。

纛，桃報反，一音毒。匶，音舊，柩同。窆，彼驗反。

治，監督其事。纛，羽葆幢也，以指揮輓柩之役，正其行列進退。窆，葬下棺也。涖，臨視也。匠師，主豐碑之事，斲大木爲碑，前後兩傍各一。用六繂，以千人分置繫之，背碑負引下棺，擊鼓以爲縱舍之節。鄉師涖之，執斧以爲威戒飭之。

凡四時之田，前期，出田灋于州里，簡其鼓鐸、旗物、兵器，修其卒伍。及期，以司徒之大旗致衆庶，而陳之以旗物，辨鄉邑而治其政令刑禁，巡其前後之屯，而戮其犯命者，斷其爭禽之訟。

斷，丁亂反。

四時田灋，詳在《大司馬》。先期，出田灋於六鄉，簡其器物，恐有朽敝，修其卒伍，恐有不整。大旗，熊虎之旗，大司徒在軍所建。衆庶，不特六鄉，亦有分邑之民。各以其所在名旗，辨别之以免雜揉。政令刑禁，以防躐陵。前後屯，《大司馬》所謂前後有屯百步也。始焉戒之有素，使民無倉卒失事之咎；終焉治之有灋，使民無紛紜爭鬥之患。此所以寓講武之灋於田也。

凡四時之徵令有常者，以木鐸徇於市朝。以歲時巡國及野，而賙萬民之囏阨，以王命施惠。

囏，古艱字。

有常，每時舊法徵令之事。官之治所皆曰朝。徇之使衆曉歲時，隨時也。囏阨隨時皆有，鄉師親邇隨時巡察之，而以王命施惠，然後奏報也。國及野，包六鄉之內外言。

歲終，則攷六鄉之治，以詔廢置。

詔廢置，告於司徒，達於王與冢宰廢置之。

正歲，稽其鄉器，比共吉凶二服，閭共祭器，族共喪器，黨共射器，州共賓器，鄉共吉凶禮樂之器。若國大比，則攷教、察辭、稽器、展事，以詔誅賞。

比，必里反。

鄉器，下文諸器。周雖以十月爲朔首，而民事仍從夏正，故於正歲稽鄉器、吉凶之服，與祭時等器。官事則用官物，非官事則用鄉物。蓋先王之世，習民於禮，凡喪祭賓射吉凶之事，皆别其器，辨其禮。器不具則禮不成，故稽之使備豫。合衆財以爲之，而各量其所能具者具之，使民耳聞目見，熟習於禮樂之事，是以民安其教而風俗淳也。吉凶，吊祭之服。祭器，簠簋鼎俎之屬。喪器，夷槃輁軸之屬。此三者出於民者也。射器，弓矢旌鼓侯布之屬。賓器，尊俎琴瑟之屬。此者出於公者也。蓋公事之小者，私家所爲，公事之大者，非私家所能辦。又言鄉共者，或有不給，彼此移用相補，則無廢事而禮可成。六鄉之吏各主其鄉之教，至大比時，書其教以達於上，鄉師攷其所教之實，與所書之辭相稱否。稽器，即上文禮樂諸器。既攷其吏之教辭矣，又稽民閒之器，省視所行禮樂之事果實踐否，而詔司徒與冢宰誅賞之，蓋核實詳密如此。

鄉大夫之職，各掌其鄉之政教禁令。

萬二千五百家爲鄉。鄉大夫，六卿也，以其分主六鄉之事，故以其職名之爲鄉大夫。用其體望，以統六鄉。而治民之事，則州長、黨正爲之。鄉師各掌其所治鄉之教，而聽其治。遂大夫則兼聽治訟，以無王朝之事也。

正月之吉，受教灋於司徒，退而頒之於其鄉吏，使各以教其所治，以攷其德行，察其道藝。

行，下孟反。

鄉吏，州長以下。攷察互言之，蓋各鄉之吏書其事以上，而復細攷察之也。

以歲時登其夫家之眾寡，辨其可任者。國中自七尺以及六十，野自六尺以及六十有五，皆征之。其舍者，國中貴者、賢者、能者、服公事者、老者、疾者，皆舍。以歲時入其書。

國中，城郭中。七尺，年二十。六尺，年十五。黄氏度曰：不言歲而言尺者，歲雖登而身不及，若㛪短侏儒，則舍之也。征之，給公役。國中服役者少，而役事又多，所以征宜遲而舍宜早。野之服役者多，而役事又少，所以征宜早而舍宜遲。舍者，免役也。賢能雖無職，亦免役以勸。服公事，胥徒庶人在官者之屬。入其書，入于大司徒也。

三年則大比，攷其德行、道藝，而興賢者、能者。鄉老及鄉大夫帥其吏與其眾寡，以禮禮賓之。厥明，鄉老及鄉大夫群吏獻賢能之書於王，王拜受之，登于天府，內史貳之。

比，必里反。

大比，大考校也。賢，德行有道者。能，有藝者。興猶舉也。其吏，州長以下。眾寡，六鄉之中與於賓興之禮者，或鄉多，或鄉寡，故云眾寡也。禮，鄉飲酒之禮。賓，禮而賓客之。厥明，賓興之明日。天府，掌祖廟之寶藏者，登於此，重賢如寶也。內史書副本，以待王爵祿之。

退而以鄉射之禮五物詢眾庶：一曰和，二曰容，三曰主皮，四曰和容，五曰興舞。

退，畢事之名。既賓興賢能矣，又常以鄉射禮求眾庶之賢者，蓋非一時一次也。射禮揖讓相先不爭，故和。容儀容修飭。主皮，期於必中。和容，既射勝者不矜，負者不忿。興舞，節奏比於樂。此五者所以觀德。

此謂使民興賢，出使長之；使民興能，入使治之。

長，知丈反。

人之賢否，惟鄉人知之甚詳，上文鄉飲鄉射，所以合鄉人爲之，使民共舉其賢。有德者出，而入于成均，升於司馬。其有能者，德未必賢，還入於州黨，爲主治之吏。

歲終，則令六鄉之吏皆會政致事。正歲，令群吏攷灋于司徒，以退，各憲之于其所治。

會，古外反。

會，計也。計其教政之功狀，致之於鄉大人夫，鄉大夫致於司徒。正歲，則令群吏詣司徒，以聽其攷察。攷，即攷歲終所致之政事也。既攷其舊政，又頒新政，而各懸之於其所治。

國大詢于眾庶，則各帥其鄉之眾寡而致于朝。國有大故，則令民各守其閭，以待政令。以旌節輔令，則達之。

鄭康成曰：大詢，詢國危，詢國遷，詢立君。鄭氏眾曰：所謂謀及庶民也。朝，外朝，三槐九棘之所。大故，災變寇戎之等。守其閭，以待靜鎮也。以旌節輔令，防姦也。

州長，各掌其州之教治政令之灋。正月之吉，各屬其州之民而讀灋，以攷其德行道藝而勸之，以糾其過惡而戒之。若以歲時祭祀州社，則屬其民而讀灋，亦如之。春秋以禮會民，而射于州序。

長，知丈反。屬，音燭。行，下孟反。會，如字。

鄉大夫掌政教禁令，然第執其總以率屬而已，其灋則州長掌之。屬猶合也。讀灋，即所掌之教灋，勸之戒之，皆讀灋時之事。祭祀州社時亦讀灋，如前。又于春秋二時，以鄉飲酒之禮合其民，而射于州序。序，州學之名。

凡州之大祭祀、大喪，皆涖其事。若國作民而師田行役之事，則帥而致之，掌其戒令與其賞罰。

鄭康成曰：大祭祀，州社稷。大喪，鄉老、鄉大夫於是卒者。涖，臨也。師，征伐。田，田獵。行，巡狩。役，役作。致之，致之于司徒。戒令賞罰，未致於司徒則己專之，既致於司徒，則奉司徒命治之。

歲終，則會其州之政令。正歲，則讀教灋如初。三年大比，則大攷州里，以贊鄉大夫廢興。

會，古外反。

會計黨正以下政令文書，以待攷課也。賈氏公彥曰：年年攷訖，至三年則大攷之。言大者，以有黜陟廢興也。興，興賢能於朝。廢，移郊移遂之類。

黨正，各掌其黨之政令教治。及四時之孟月吉日，則屬民而讀邦灋，以糾戒之。春秋祭禜，亦如之。國索鬼神而祭祀，則以禮屬民而飲酒於序，以正齒位：壹[①]命齒於鄉里，再命齒於父族，三命而不齒。

禜，榮禁反。

黨正，奉州長之灋以施於其黨。主乎禮教而言，則曰教灋，兼政令禁戒而言，則曰邦灋。黨正彌親於民，故凡所以導之善而禁之惡者，尤切尤數，故云糾戒之也。禜，雩祭水旱之神，亦爲壇位，如祭社稷。索鬼神而祭祀，歲十二月蜡祭也。禮，鄉飲酒之禮。正齒位，《鄉飲酒義》所謂六十者坐，五十者立侍。六十者三豆，七十者

① 壹，底本作灋，據《續修四庫全書》本改。

四豆，八十者五豆，九十者六豆也。一命，天子之下士，公侯伯之上士，子男之上士。再命，天子之中士，公侯伯之大夫，子男之卿。三命，天子之上士，公侯伯之卿。不齒者，别有專席，非加於其上，若族有七十者，雖三命不敢先。愚按：孝弟始於鄉里，孔子於鄉黨恂恂如也。將教民以尚齒，而以貴傲族可乎？蓋此謂族，乃同姓，五服之外者，非伯叔父兄儔也。貴貴所以尊君，尚齒所以尊親。貴貴與尊齒并行，則既不使齒者失其尊，亦不使貴者失其貴。而未就席之前，必有遜讓於父兄宗族之禮，然後可以别就專席而坐。但禮經亡缺，不可考矣。

凡其黨之祭祀、喪紀、昏冠、飲酒，教其禮事，掌其戒禁。凡作民而師田、行役，則以其灋治其政事。

冠，古玩反。

戒禁，戒其必如禮，而禁其不如禮也。師田行役之灋，皆素以教民，至作民時，即以之治其政事。師或黨正不爲之帥，則第於作民時治之而已。

歲終，則會其黨政，帥其吏而致事。正歲，屬民讀灋，而書其德行道藝。以歲時涖校比。及大比，亦如之。

會，古外反。比，必里反。

黨政，一黨之政。吏，族師以下之吏。致事，致所掌之事于州長也。六鄉之吏皆致事，而惟黨正云然者，州長掌教士察吏之灋，無事之可致，而族師以下之事，皆致於黨正，故黨正致於鄉大夫，以上致於大司徒。書，記也。黨正與民近，習知其賢否，故書之以待州攷。至校比之事，黨正第往蒞之而已。

族師，各掌其族之戒令、政事。月吉，則屬民而讀邦灋，書其孝弟睦婣有學者。春秋祭酺，亦如之。

屬，音燭。酺，音步。

六鄉之官無非掌教，獨於族以師名者，以一族僅百家，其於民甚近而易感率，必其人可爲一族之師者，乃有以端其本也。六德六行六藝，皆邦灋也，而獨書孝弟睦婣者，德行藴於身心，不可以揭名，孝弟睦婣驗諸事而可指。有學，即該六德六藝在内。酺，祭災害之神鬼。族無鄉飲之禮，固酺祭而合衆以酬獻，亦讀邦灋。

以邦比之灋，帥四閭之吏，以時屬民而校登其族之夫家衆寡，辨其貴賤、老幼、廢疾、可任者，及其六畜、車輦。五家爲比，十家爲聯；五人爲伍，十人爲聯四閭爲族，八閭爲聯，使之相保相受，刑罰慶賞相及相共，以受邦職，以役國事，以相葬埋。若作民而師田行役，則合其卒伍，簡其兵器，以鼓鐸旗物帥而至，掌其治令、戒禁、刑罰。歲終，則會政致事。

邦比，必里反，下毗志反。會，古外反。

民之可任與否，六畜、車輦可用與否，每閲時而異，故以時屬民而校登之，民之材力各有所任，如可田可師而不可供雜役之類，比之聯之，總欲其相保固，相授受，以致其諧睦，共勉於道藝。有慶賞則共以爲榮，有刑罰則共以爲辱，無非相勉於善之意。非一人有罪，眾皆連坐之說也。邦職、國事同効其忠勤，葬埋同致其憂恤。帥而至，帥之至於鄉師，以致於司徒也。致事，致於黨正。

閭胥，各掌其閭之徵令。以歲時各數其閭之眾寡，辨其施舍。凡春秋之祭祀、役政、喪紀之數聚眾庶，既比則讀灋，書其敬敏任恤者。凡事，掌其比觵撻罰之事。

數，色主反。比，必里反。觵，古横反。撻，吐達反。

有所取曰徵，有所使曰令。閭，胥所轄，止二十五家。連井同巷，呼召甚易，纖細周知，故掌其徵令，及數其人之眾寡。祭祀役政喪紀，即上文州長，黨正所掌諸事。先須閭胥聚其人以應。比[①]謂聚集之後，讀灋亦如上。書敬敏任恤者，凡德行道藝，未有不本於敬與敏者，而任恤則仁慈之意，尤爲善之本，故閭胥所書雖止此，而異日德行道藝之選，必由此而成也。掌其比，凡事皆攷其勤惰敬肆。觵，罰酒，以兕角爲爵。撻，扑也，《書》曰朴作教刑。

御案：既舉祭祀役政喪紀，而又曰凡事掌其比者，上該軍旅徵發，下該民間相受相葬相救相賙，及合耦興勸移民稼穡之事。

比長，各掌其比之治。五家相受、相和親，有辠奇衺，則相及。徙於國中及郊，則從而授之。若徙於他，則爲之旌節而行之。若無授無節，則唯圜土内之。

比，毗志反。辠，本亦作罪。衺，似嗟反。内，音納。

比，相親之義。五家至少，亦有長以帥之，蓋即其中之賢者爲之，治灋亦司徒之法也。相受，相容納。相和親，不乖離。奇，反常。衺，不正。相及，相警察之。徙國中及郊，或出徙於郊，或自郊入國。授，授所在之吏以安置之，此不出六鄉者也。若出六鄉而徙於他處，則授之旌節以行。若不由比長安付，及無節而出入者，則爲逃亂之民，内之圜土，告上治之。圜土，圍墻居之，如獄城。

封人，掌設王之社壝，爲畿封而樹之。凡封國設其社稷之壝，封其四疆。造都邑之封域者，亦如之。令社稷之職。

聚土曰封。此封人專主畿内之封域，而凡侯國亦有封人矣。社稷有壇，外有壝，言社以該稷，言壝以該壇也。王國四面五百里，各置畿限，畿上皆爲溝塹，其土在外而爲封，樹木以爲表。封國、造都邑皆然。社稷之職，有職事於社稷者，將祭之時，封人令之，蓋修築灑埽之類。

凡祭祀，飾其牛牲，設其楅衡，置其絼，共其水稾。歌舞牲及毛炮之豚。凡喪紀、賓客、軍旅、大盟，則飾其牛牲。

楅，音福。絼，本又作紖，持忍反。稾，古老反。炮，薄交反。

飾其牲，飾以文繡。楅設於角，衡設於鼻，以防其觸也。絼，著牛鼻之繩。水以

---

① 比，底本作此，據《續修四庫全書》本及致福樓本改。

洗牲，稾所以薦牲。歌舞，贊詠牛之肥腯也。薦毛炮時，亦歌舞之。炮，爓去其毛而炮之，與八珍之毛炮異。喪紀有奠牛，賓客有牲牢，軍旅有犒牛，大盟有載書之牛，皆封人飾之也。大盟者，天子會同諸侯約誓之，與《春秋》之盟不同。

鼓人，掌教六鼓、四金之音聲，以節聲樂，以和軍旅，以正田役。教爲鼓而辯其聲用。以雷鼓鼓神祀，以靈鼓鼓社祭，以路鼓鼓鬼享，以鼖鼓鼓軍事，以鼛鼓鼓役事，以晉鼓鼓金奏。以金錞和鼓，以金鐲節鼓，以金鐃止鼓，以金鐸通鼓。

鼖，扶云反。鼛，音羔。錞，音淳。鐲，直角反。鐃，女交反。

六鼓，四金，見下文。單出曰聲，雜比曰音。王朝祭祀賓客之樂舞，皆大司樂之屬教之，此乃教民間祭祀師田等事用之耳。節之乃成音，和則不干律，正則各正其所。爲鼓，擊鼓者也。聲用各有所宜，故辯之。鄭康成曰：神祀，祀天神。社祭，祭地示。鬼享，享宗廟。鼖鼓，大鼓也，長八尺。鼛鼓，長丈二尺。晉鼓，長六尺六寸。金奏，謂樂作擊編鐘。天主乎陽，雷乃陽氣之發越，故曰雷鼓。地主乎陰，神之靈者雖陰而未嘗不陽，故曰靈鼓。路，大也。人有道而不朽，乃享血食，其道如路，凡人皆可以行，故曰路鼓。鼖，大也，國之大事莫大於戎。鼛，緩也，其聲亦緩，以鼓役事，恤民之力。樂作方進而未已，故曰晉鼓。錞，錞于也，圜如碓頭，大上小下，樂作鳴之，與鼓相和，軍事亦或用之。鐲，鉦也，以其聲濁謂之濁，軍行鳴之，以爲鼓節。鐃如鈴，無舌有秉，執而鳴之，以止擊鼓。進軍時擊鼓，退軍時鳴鐃。鐸，大鈴也，以金爲舌。司馬振鐸，軍將以下即擊鼓，故云通鼓。　御案：金鼓之節，大司馬於四仲月之蒐狩教之矣。此鼓人掌之而屬於司徒者，不肄之於平時，則臨事倉卒失措，故使田野之民皆習之而知其節也。

凡祭祀百物之神，鼓兵舞，帗舞者。凡軍旅，夜鼓鼜。軍動，則鼓其衆。田役亦如之。救日月，則詔王鼓。大喪，則詔大僕鼓。

帗，音弗。鼜，七到反，又七歷反。大僕，音泰。

兵，干戚。帗，列五采繒爲之。執之以舞。祭百物之神，六鄉中春祈秋報及蜡祭之類，教鼓之者以法。鼜戒夜之鼓。《司馬灋》：昏鼓四通爲大鼜，夜半三通爲晨戒，旦明五通爲發晌。軍動，臨陣之時，詔王鼓。救日月，王必親擊鼓也。大喪，如崩及窆時，詔大僕警衆使敬事。

舞師，掌教兵舞，帥而舞山川之祭祀。教帗舞，帥而舞社稷之祭祀。教羽舞，帥而舞四方之祭祀。教皇舞，帥而舞旱暵之事。凡野舞，則皆教之。凡小祭祀，則不興舞。

暵，呼侃反，又可旰反。

兵舞用干戚，武舞也。帗舞，五采繒爲之。羽舞，白羽爲之。皇舞，五色羽爲之。皆文舞也。兵舞有捍衛之義，帗舞有祓除之義，羽舞有翳蔽之義，皇舞有陰陽調劑之義。野舞，非舞士而欲學舞者，皆教之以待其闕。舞以象功德，小祭祀不足以形容功德者，則不舞。興，作也。

牧人，掌牧六牲，而阜蕃其物，以共祭祀之牲牷。凡陽祀，用騂牲毛之；陰祀，用黝牲毛之；望祀，各以其方之色牲毛之。凡時祀之牲，必用牷物。凡外祭、毁事，用尨可也。

黝，音幽。尨，模江反。

六牲，牛馬羊豕雞犬。牷，體完具也。阜，盛也。蕃，息也。多畜之以待擇，牛人、羊人、豕人、犬人，各以純毛之物供牧人，牧人又共與充人，芻之三月以祭祀。騂，赤色。黝，黑色。陽祀，祀天神。陰祀，祀地示人鬼。毛之，取純毛也。周尚赤，則騂可概用之，但不多得，則陽祀、陰祀、望祀大概分類如此。故下文又言凡時祀之牲，即毛色難純，亦必用牷物。至外祭，如表貉及王行所過山川，毁事，或禳除殃咎之事，則用雜色之牷亦可矣。

凡祭祀共其犧牲，以授充人繫之。凡牲不繫者，共奉之。

分言之則牛亦牲，犧牲并言，則犧牛而牲犬豕也。充人繫而殊養之，以致敬。不繫者，非時而祭祀，則共奉之。

牛人，掌養國之公牛，以待國之政令。凡祭祀，共其享牛、求牛，以援職人而芻之。凡賓客之事，共其牢禮積膳之牛。饗食賓射，共其膳羞之牛。軍事，共其犒牛。喪事，共其奠牛。

職，如字。積，子賜反。食，音祠。犒，苦報反。

公猶官也。待政令，如下文所云。享，獻也，獻神之牛。求，索也。求牛，備牛或損傷，則索之於此牛中以用。職人猶言有司。牢禮，飧饔也。積，所以給賓客之用。饗者，享大牢以飲賓。食者，亦享大牢以食。皆於廟以速賓。射，謂大射及與賓客射於朝。天子諸侯射，先行燕禮，皆有殽俎，故用牛。犒牛，犒師之牛。奠牛，喪未葬以前，奠無牲體，唯祖奠遣奠時有牲體。

凡會同、軍旅、行役，共其兵車之牛，與其牽傍，以載公任器。凡祭祀，共其牛牲之互，與其盆簝，以待事。

傍，薄浪反。互，音護，簝，音老。

會同軍旅兼言行役，王行巡守皆六軍從也。兵車駕四馬之外，别有兩轅駕牛以載公家輜重，亦謂之兵車。牽傍，有車重者駕轅而外，又有居其前、居其旁者。互，若今屠家懸肉格。始解體未薦時懸於互，待解訖乃薦之。盆以盛血。簝，受肉之籠。

充人，掌繫祭祀之牲牷。祀五帝，則繫於牢，芻之三月。享先王亦如之。凡散祭祀之牲，繫於國門，使養之。展牲，則告牷。碩牲，則贊。

受牛人牧人之牲而繫之。牢，閑也，防其觸觢之故。養牛羊曰芻。散祭祀，司中、司命、山川之屬。國門，城門司門之官。使守門者養之。蓋爲時不久即當用之者。展牲，祭前夕視牲之時，告以體全無傷。碩牲，牲肥大者，力猛，防觸觢，則助持其紖。

載師，掌任土之灋，以物地事，授地職，而待其政令。

載，事也。掌任土之事，土德厚載，因以爲名。任土，見下文。物，物色之以知其土宜。授地職，授鄉遂公邑之吏，家稍縣都之長也。待政令，待賦稅之令。

以廛里任國中之地，以場圃任園地，以宅田、士田、賈田任近郊之地，以官田、牛田、賞田、牧田任遠郊之地，以公邑之田任甸地，以家邑之田任稍地，以小都之田任縣地，以大都之田任畺地。

賈，音古。畺，居良反。

廛，市城中空地。里，居也。場圃，附郭宅畔之餘地，在農田之外者。宅田，所謂二畝半在邑之田也。士田，其先人有功德而子爲士者。賈田，賈人所受。按周制民皆受田百畝，而世族之子或賈人之子，或不習耕作，故又有田以給之。近郊、遠郊，就王畿言之，而侯國亦視此矣。官田，大夫士有故而去，三年不收其田里之田。牛田、牧田，牛人、牧人所受之田。賞田，國君賞賜之田。公邑之田，六遂餘地。家邑之田，大夫采邑。小都，卿之采邑。大都，公及王親子弟之采邑。二百里曰甸，三百里曰稍，四百里曰縣，五百里曰畺。任者，地之形勢不同，受田邑者，遠近不得盡如制，其所生育賦貢，取正於是也。

凡任地，國宅無征，園廛二十而一，近郊十一，遠郊二十三，甸稍縣都皆無過十二，惟其漆林之征二十而五。

漆，本又作桼，音七。

此言任地之法，無取横征也。貢賦之法，以什爲準，有地治之吏徵之外，如國中之宅，無征。園廛間有征者，不過二十而一耳。近郊之園廛取用時多，十分取一。遠郊及甸稍縣都聽民利之，去國益遠，則取用時少，或近郊不足而取之遠地，則不過二十而三，且無過十二也。惟漆林需漆之事頗多，而民用時少，其利又出於自然，不由人工，則二十而五也。前人以近郊數句爲征稅誤。

凡宅不毛者，有里布；凡田不耕者，出屋粟；凡民無職事者，出夫家之征。以時徵其賦。

宅不毛，不樹桑麻也。里，謂所居之宅也。有宅而不毛，罰令出里布。布，泉也。有田而不耕，罰令出屋粟。夫婦具而不勤職業，罰令出一夫力役之征。皆所以警游惰也。徵其賦即三者之征，非謂田賦也。

閭師，掌國中及四郊之人民、六畜之數，以任其力，以待其政令，以時徵其賦。

畜，許六反，下同。

六畜，或贍農事。或備車徒，或備養老，閭師掌之，任其力，不廢其能，不強其所不能也。政令，司徒之政令。徵其賦，斂之而各歸於所司，如九穀入於廩人，布帛入於典婦功，貨物入於玉府、內府，鳥獸入於膳夫、庖人，器物入於冬官之類。

凡任民，任農以耕事，貢九穀；任圃以樹事，貢草木；任工以飭材事，貢器物；任商以市事，貢貨賄；任牧以畜事，貢鳥獸；任嬪以女事，貢布帛；任衡以山事，貢其物；任虞以澤事，貢其物。

申上文任民力之事。蓋閭師於民最近，任民以農圃等事，使之勤執業而備貢賦。或常用，或不常用，預儲之，非閭師時徵而貢之也。

凡無職者，出夫布。凡庶民不畜者，祭無牲；不耕者，祭無盛；不樹者，無椁；不蠶者，不帛；不績者，不衰。

衰，七回反。

此亦警游惰之事也。無職者，所謂閒民無常職，轉移執事者。無常職者以轉移執事爲職，而或不受轉移之職，則罰令出一夫之布。不畜以下五事，亦因其所曠之職而即罰以難供之物，使之不能備禮。蓋大司徒以禮樂興民，民不能備禮，即無由得興，罰之而民始勸，不然安於惰廢，禮教隳矣。

縣師，掌邦國都鄙稍甸郊里之地域，而辨其夫家人民田萊之數，及其六畜車輦之稽。三年大比，則以攷群吏而以詔廢置。

比，毗志反，後放此。

王國百里之外爲六遂，又其外爲小都大都尚有餘地未封人者，則爲公邑。天子使吏治之，其地名曰縣，其官名曰師。縣師專主公邑之地，但公邑外連邦國家稍，內連郊里，其間有犬牙相錯之之公邑，故通邦國郊里與甸之地域言之。夫家，成戶者也。民人，兼及餘口也。萊，休不耕者。辨稽者掌其圖籍，及大比，則以攷家稍縣都之群吏，而詔司徒廢置。

若將有軍旅、會同、田役之戒，則受灋於司馬，以作其眾庶及馬牛車輦，會其車人之卒伍，使皆備旗鼓、兵器，以帥而至。

受法於司馬者，如用眾庶若干，馬牛車輦旗鼓兵器若干也。帥而至，至於司馬，至則名有將帥率之矣。

凡造都邑，量其地，辨其物，而制其域。以歲時徵野之賦貢。

量，音良。

都，大都小都。邑，家邑。量其地，大都百里，小都五十里，家邑二十五里，皆度其山川原隰夷險多寡之數，而後建置之。物，其地所出之物，辨之而後可以宜民。域，界也。野，即都家之地，以歲時徵其賦貢而入於其長。

遺人，掌邦之委積，以待施惠。鄉里之委積，以恤民之囏阨；門關之委積，以養老孤；郊里之委積，以待賓客；野鄙之委積，以待羇旅；縣都之委積，以待凶荒。

遺，欲季反。積，子賜反。施，式豉反。囏，古艱字。羇，吉漪反。

遺，饋也。少曰委，多曰積。待者，待鄉師司救司稼之屬，以王命施之。民即鄉里之民，雖同居此鄉里，而忽有喪疾困厄者，即以其地委積恤之。門關委積，以老孤之人，或在外不得入，在內不得出，則以養之。郊里，遠郊之里，賓客至即與之廩饟。野鄙更遠矣，羇旅留滯而不能行者，以此待之。縣四百里，都五百里，凶荒則所需更多，縣都之委積亦多，以此待之。

凡賓客、會同、師役，掌其道路之委積。凡國野之道，十里有廬，廬有飲食；三十里有宿，宿有路室，路室有委；五十里有市，市有候館，候館有積。凡委積之事，巡而比之，以時頒之。

比，必里反。

此申上文未盡之意。凡賓客、會同、師役，遺人皆掌其委積。而委積之所，則如國野之道，十里有廬，暫憇之所，備飲食。三十里有宿，止宿之所，備人畜之用。五十里有市，市有候館，可多憇息，且市之貨物，可備增益其所不足也。凡委積之事，其地不一，如上文所云，遺人則時巡而考校之，且頒其乏。

均人，掌均地政，均地守，均地職，均人民牛馬車輦之力政。

政，如字。

均人，凡畿內鄉遂及公邑皆有之，蓋即以其地之人爲之。地政，兼下三者而言。地守，山川要隘原隰有守之者，情勢繁簡勞逸不同，地職所承職事，有常職，有隨時征令之職，皆均之使平。師役用人民牛馬車輦，亦均之使無偏枯。鄭氏以政爲征，不知經意本以爲用民之力，皆政所宜然，非苛求於民也。

凡均力政，以歲上下。豐年則公旬用三日焉，中年則公旬用二日焉，無年則公旬用一日焉。凶札則無力政，無財賦，不收地守、地職，不均地政。三年大比，則大均。

比，必里反。

申言均力政之事，以用民力尤上之所重也。公旬，公家當直之日。公家不能不需民力，而必視其年之豐殺以爲節。若凶札則民困矣，故不用其力，不用其財賦。地守、地職有當稅者，亦不收之，即尋常所均地政，亦從其畧，以凶札則民困，必不能均也。大均者，總計三年中地守、地職、地政果悉均否也。

師氏，掌以媺詔王。以三德教國子：一曰至德，以爲道本；二曰敏德，以爲行本；三曰孝德，以知逆惡。教三行：一曰孝行，以親父母；二曰友行，以尊賢良；三曰順行，以事師長。居虎門之左，司王朝。掌國中失之事，以教國子弟。凡國之貴游子弟學焉。

媺與美同。行，下孟反。

師氏，賢有德行者。以媺詔王，凡一切善事隨時詔王，無定名也。理具於心曰德，見諸行事曰行。三德、三行，撮其要言之。國子，王太子、王子、公卿大夫元士之適子皆是。至德，存心養性，事天立命之學。道則統萬事萬物之理而言。萬事皆本於心，而心有人心、道心，滌盡人心，純乎道心，則性全矣。由是而措諸萬事無不宜，故曰至德以爲道本也。德非易成，必有勤敏之志，然後能深造自得，可實見諸事爲，故曰以爲行本也。德兼萬善，而孝爲本根，仁敬之念，於此篤實深造，則凡一念之動，逆於理而流爲惡者，皆毫髮不能自欺，故知逆惡。此三者皆藴於中而獨自知者，故爲德也。三行即本是而見諸行事。孝行不獨有其心，而必實踐其事，盡誠盡敬盡禮，莫非所以親愛父母也。友，愛也。凡賢良之人，則愛而敬之，乃能集衆善而益身心。順，順於禮也。既奉爲師長，即當順受訓教，勉爲聖賢。此三者皆日用動靜間，須臾不可離者。本三德以踐六行，萬善由此而基矣。虎門，路寢門也，畫虎以明猛守之意。王視朝於此，則師氏居焉。蓋王以師氏教國子，而亦自檢其身心，使師氏居此，以糾己慝，故曰司王朝。國中失之事，先朝及現在不合之事，教國子弟使知戒懲。蓋理必驗諸於事，知失即知得，而異日然後可以施諸於事。以上師氏所教，蓋成人入大學者。

凡祭祀，賓客、會同、喪紀、軍旅，王舉則從。聽治亦如之。使其屬帥四夷之隸，各以其兵服守王之門外，且蹕。朝在野外，則守内列。

從，如字。蹕，音畢。

舉，舉其禮從之，以便救其失禮。王所在皆有朝以聽治，亦從之也。四夷之隸恐不習於禮，故師氏之屬帥之，令各以其地之兵與服守王門外。屬，上士二人，府史胥徒之等。蹕，四夷之隸禁止行人勿迫王宫，非師氏蹕也。内列，蕃營之在内者。守，師四夷之隸守之。

保氏，掌諫王惡。而養國子以道。乃教之六藝：一曰五禮，二曰六樂，三曰五射，四曰五馭，五曰六書，六曰九數。乃教之六儀：一曰祭祀之容，二曰賓客之容，三曰朝廷之容，四曰喪紀之容，五曰軍旅之容，六曰車馬之容。

諫者，以禮義正之。反乎媺即爲惡。師氏詔媺，而保氏諫惡，互相成也。道，即上德行之事。下言六藝、六儀，道之緒餘也，然習爲其事，則莊敬和樂之心日熟，有不覺日進於道而不知矣，故曰養。鄭康成曰：五禮，吉凶軍賓嘉。六樂，雲門、大咸、大韶、大夏、大濩、大武也。鄭氏衆曰：五射，白矢，參連剡注、襄尺、井儀也。五馭，鳴和鸞、逐水曲、過君表、舞交衢、逐禽左也。六書，象形、會意、轉注、處事、假借、諧聲也。九數，一方田，以御田疇界域；二粟米，以御質劑變易；三差分，以御貴賤廩税；四少廣，以御積冪方圓；五商功，以御功程積實；六均輸，以御遠近勞費；七方程，以御錯糅正負；八嬴不足，以御隱雜互見；九句股，以御高深廣遠。六儀惟喪祀主於哀，余皆以敬爲主，而誠與讓隨時協宜，先儒鑿鑿求之轉隘。

凡祭祀，賓客、會同、喪紀、軍旅，王舉則從。聽治亦如之。使其屬守王闈。

從王，亦與師氏同，而守王闈特異。　御案：師氏胥十有二人，徒百有二十人，信於保氏，以王門外守者衆多，用四夷之隸，故多其徒董之；保氏守宫中之闈，則第用其半足矣。

司諫，掌糾萬民之德而勸之朋友，正其行而强之道藝，巡問而觀察之，以時書其德行道藝，辨其能而可任於國事者。以攷鄉里之治，以詔廢置，以行赦宥。

行，下孟反。強，如字。行赦宥，行，如字。

糾，矯而正之之辭。萬民之德，自州長以及族師，無時不以德行教民矣，而又有司諫、司救時巡而糾正之。朋，同道相聚。友則親愛之名。勸之朋以博採從長，勸之友[①]以親賢近仁。或有不正者，則正之使強於道藝。巡問，巡訪。觀察，細爲考驗。以時書其德行道藝，辨其能者，以此攷鄉里之治。詔廢置，詔鄉師若遂師也。赦宥，改過自新者宥之。古者鄉舉里選，自閭師以達於州長、鄉大夫，而司諫又時巡察之如此，故賢否無由混淆，積行無不上達也。

司救，掌萬民之衺惡過失而誅讓之，以禮防禁而救之。凡民之有衺惡者，三讓而罰，三罰而士加明刑，恥諸嘉石，役諸司空。其有過失者，三讓而罰，三罰而歸於圜土。凡歲時有天患民病，則以節巡國中及郊野，而以王命施惠。

衺，邪同。

衺，悖於正。惡，反乎善。過失，無心之誤。誅、讓，皆責也，而誅重於讓。以禮防禁，申明禮義，使其父兄師保及有司防禁之。讓，責教之，至於三而不改，則加之罰，三罰而猶不悛，則歸諸士，加以明刑。明[②]刑，鞭朴之類，衆所共見也，故曰明。嘉石，朝士所掌，書其衺惡於石，以恥辱之。雖曰恥之，亦望其改過從善也，故名曰嘉石。役諸司空，役以官府力作之事。過失本出無心，然三讓而不改，則必罰，三罰而不悛，則歸於圜土，圜禁之使速改。加明刑、歸圜土皆司寇之事，此特究竟言之。天患，烖害也。節，旌節。施惠，賙恤之。既懲其過，亦恤其災，此所以爲司救也。

調人，掌司萬民之難而諧和之。凡過而殺傷人者，以民成之。鳥獸亦如之。

難，乃旦反，下同。

鄭康成曰：難，相與爲仇讎。諧，猶調也。過，非本意也。成，平也。殺傷人，未死者也。以民成，合鄉民以共議其償而平其事。鳥獸，過失殺傷人之畜產，亦衆議償其值而平其事。

凡和難，父子讎辟諸海外，兄弟之讎辟諸千里之外，從父兄弟之讎不同國，君之讎眂父，師長之讎眂兄弟，主友之讎眂從父兄弟。弗辟，則與之瑞節而以執之。

辟，音避。從，才用反。

此所謂讎，皆過失殺傷者也。過失殺傷，法所可宥，其子弟之心，則不以爲可忘

---

① 友，底本作文，據《續修四庫全書》本改。

② 明，底本作朋，據《續修四庫全書》本改。

也，必常思報復之。圣人開人民自新之路，而又未嘗不伸人子孝弟之情，故有此和難之法，使其所讎者遠避之。君，大夫士其家臣以爲君。主友，至友，而己所依以爲主者，若其人堅執己意，必思復讎，而弗避則亂民矣。調人與避者以瑞節，如其來讎，則執之以歸於官。然古人用法至平，毫髮無失，然後此法可行。至於殺人至死，則必以官法治之，而死者不至含寃，生者亦無從尚思復讎矣。前人於此多誤，蓋由未達經意。

凡殺人有反殺者，使邦國交讎之。凡殺人而義者，不同國，令勿讎，讎之則死。

反，復也。殺其人，復殺其子弟，恐與己爲讎，此至凶殘者也，必寘之於法。其或逃匿，則使邦國交讎之，群捕之也。殺人而義者，其所殺之人罪本應死，而有司未及察之，既爲讎者所殺，是有司不明，而殺者有可原之罪矣，則引咎自責，令其人與讎殺者異國而居，使勿再讎，蓋罪已平而怨可釋矣。若更相讎，則殺之以止亂。夫殺人者死，天下之公義也。然有可死之罪，而官不及治之，其子弟挾天性之憤以殺之，其必已鳴於官，而官不治，或阻於徒隸而不得上達，然後其寃不伸，憤而讎殺，爲上者宜審其所讎之由，及有司之罪而平之，此調人所以特設之故也。後世議復讎者多欠分明，不可不察。

凡有鬥怒者，成之；不可成者，則書之，先動者誅之。

鬥怒，辯訟也。成，平也。平之使息爭。有不可成者，書其姓名及其事於版，若有先動爲鬥訟者，則誅之。夫鬥怒而平之，必其本可平者也。而有不可成者，是梗化之民也，何以不遽誅而書之。蓋恐其怒未即平，寬以俟之，久而不解，則誠不可不誅矣，此仁義兼盡之道也。

媒氏，掌萬民之判。凡男女自成名以上，皆書年月日名焉。令男三十而娶，女二十而嫁。

上，市養反。

判，半也。男女兩家各有願欲，媒氏必先就各家盡其情，而審其毫無乖異，然後合之也。成名，子生三月，父名之，後以其年月日及名達媒氏。男子三十、女子二十始壯，而後娶嫁，使民養其血氣而壽也。

凡娶判妻入子者，皆書之。

御案：判妻，謂出婦。入子，以他人之子爲子。娶，娶妻也。判妻必有不得已之故，書其事以俟其悔過。復合入子以承宗祧，與己自生子同，故亦書之。

中春之月，令會男女。於是時也，奔者不禁。若無故而不用令者，罰之。司男女之無夫家者而會之。

中，音仲。會，如字。

會，合也。會男女即嫁娶男女也。古昏嫁必中春，以應中和之天氣。前人誤以爲期會之會。奔，六禮不備也。是時有貧而不能具禮者，聽其適時，不禁責之。若非貧困有故，而托於此以婚嫁，則罰。司男女之無夫家者而會之，正解奔之義也。無夫家，男女無親族可依者。

凡嫁子娶妻，入幣純帛，無過五两。禁遷葬者與嫁殤者。

純，如字。

入幣，納幣。純衣，絲衣而緇者也。五两，十端也。古者制幣丈八尺，此則每端以二丈整數爲之，两端相向卷之，共爲一两。蓋庶人納幣之數也，詳於禮而儉於物，所以爲中道。鄭康成曰：遷葬，生非夫婦，死既葬，遷之使相從也。殤，十九以下。生不以禮相接，死而合之，是亦亂人倫也。

凡男女之陰訟，聽之於勝國之社；其附於刑者，歸之於士。

鄭康成曰：陰訟，爭中冓之事以觸法者。勝國，亡國也。亡國之社，奄其上而棧其下，使無所通。聽其訟於此，不欲宣露之也。罪不可赦宥者，歸於士以刑之。士，司寇之屬。赦宥者媒氏聽之。

司市，掌市之治教政刑量度禁令。以次敘分地而經市，以陳肆辨物而平市，以政令禁物靡而均市，以商賈阜貨而行布，以量度成賈而徵儥，以質劑結信而止訟，以賈民禁僞而除詐，以刑罰禁虣而去盜，以泉府同貨而斂賒。

賈，價同。儥，音育。劑，津私反。商賈、賈民[①]，賈，音古。虣，薄報反。去，起呂反。賒，傷蛇反。

鄉遂公邑稍縣都皆有市，此司市國中之官司，其餘皆視此矣。治之使不亂，教之使不爭，正之使不欺，刑其盜賊姦僞者。量，以五量定穀米之平。度，以五度定布帛之制。禁之使勿爲，令之使爲。八者其大經也。次，吏所治舍。敘[②]，肆行列也。司市之次居中，每二十肆則爲胥師、賈師之次，《内宰》所謂設其次也。其餘邸肆各有行列，《内宰》所謂置其敘也。次敘定，而後市中之事有統緒而不亂。陳，列也。辨物，物異肆。物同列於一區，則美惡相校易辨，而市價自平。靡，侈靡。尚侈靡，則質樸者反賤，故禁之而云均市。阜，盛也。商通而賈居積，取之不匱曰阜，流通不滯則行。同量度者，朝廷之制準以成，賈買者自多，如徵召之也。質劑，两書一札而别之，結其誠信以止爭訟。賈民，胥師、賈師之屬。皆就其地通曉物價者爲之，僞詐乃可禁除。虣，強暴。盜，攘竊也。同，共也。民貨不售，則爲斂而買之；民無貨，則賒貰而與之，以備不給。

大市日昃而市，百族爲主。朝市朝時而市，商賈爲主。夕市夕時而市，販夫販婦爲主。凡市入，則胥執鞭度守門，市之群吏平肆展成奠賈，上旌於思次以令市。市師涖焉，而聽大治、大訟；胥師、賈師涖於介次，而聽小治、小訟。凡萬民之期於市者，辟布者、量度者、刑戮者，各於其地之敘。凡得貨

---

① 民上底本缺賈字，據《續修四庫》本補。

② 敘，底本缺，據《周官義疏》及《周禮注疏》補。

賄六畜者，亦如之，三日而舉之。

昃，音側，又作戾。上，時掌反。思作司。辟、擘同。

大市，以百物交易之所。日昃，午後也。百族，即百物之主，以類相聚，故曰百族。物衆人亦衆，遠近畢至，故日昃而市。朝市，商賈所居積，崇朝可得。夕市，販夫販婦所求朝夕需用之物。此大概別言之。市入，民入市者也。胥，守闕以防姦詐。執鞭以威衆，執度以正度也。群吏，胥師以下。平肆，平其行列。展，布也。奠，定也。展布其所成之貨物，定其貨物之價值。上旌，懸旌也。思次，若今市亭。懸旌以令衆，使遵平市之令。市師涖焉，民覩旌而知有官志乃戢也。治訟之大者，市師聽之，小者胥師、賈師聽之，別尊卑。介次，副舍。期，約也。辟布，擘而買之，蓋民別有需用，不必爲衣者。言辟布，而凡買布者視此矣。各於其地之敘，而後不淆雜。得，得遺物也。亦如之，各置於其地，以待其主之求。三日無來求者，則官舉其物而登記之，使踰時而求者皆可得。

凡治市之貨賄、六畜、珍異，亡者使有，利者使阜，害者使亡，靡者使微。凡通貨賄，以璽節出入之。國凶荒札喪，則市無征，而作布。

亡，音無。

亡，乏缺。利，利賴。害，害俗。靡，侈靡。益民之物，必使有而且盛；害俗之物，必使亡而且微，所以備財用而厚風俗也。貨賄有餘而出，不足而入，皆以璽節付之。　御案：征，即《廛人職》之廛布也。無征，即所謂法而不廛也。無征以恤商，作布以平賈，自是两事。鄭康成曰：爲民困乏，故不征。金銅無凶年，因物貴，大鑄泉以饒民。吕祖謙曰：農桑衣食，財貨之本；錢布流行，權一時之宜而已。三代之前用錢幣者甚少，漢武帝有事四夷，立告緡之法，以括責天下，自是而錢始重，古意失矣。

凡市僞飾之禁，在民者十有二，在商者十有二，在賈者十有一，在工者十有二。市刑，小刑憲罰，中刑徇罰，大刑扑罰，其附於刑者歸於士。國君過市則刑人赦，夫人過市罰一幕，世子過市罰一帟，命夫過市罰一蓋，命婦過市罰一帷。凡會同師役，市司帥賈師而從，治其市政，掌其賣儥之事。

賈，音古。

僞飾，以假爲真。鄭氏衆曰：禁謂工不得作，賈不得粥，商不得資，民不得畜。十有二，十之中有二，即當防其漸，禁之也。憲，表其過。徇，示於衆。扑[①]，撻也。皆所以發其恥而使之改過。若不改，則拘以歸於士而治之。市交利行刑之所，非君與貴者所宜干預，即一過而必有罰焉，以防趨利褻慢之漸也。君不可罰，則赦刑人，刑人即市人犯憲徇扑之刑者，若曰君爲施惠而來也。幕、帟、蓋、帷，皆障蔽之物，若曰無以自蔽也。尊貴非刑罰所加，故以禮示罰。不敢斥言王，故舉國君爲況。會同師

① 扑，底本作朴，據《周禮》原文改。

役皆須財用。市司即司市。價，買也。賈師知物價，司市帥之以從，價既可平，亦治市政而免爭亂。

質人，掌成市之貨賄、人民、牛馬、兵器、珍異。凡賣價者質劑焉，大市以質，小市以劑。掌稽市之書契，同其度量，壹其淳制，巡而考之，犯禁者舉而罰之。

質，如字。淳，章純反。

王氏應電曰：質之義爲平爲信，物以取平，人以取信也。成，平也。　御案：人民，臣妾，意盜賊之子女，罪隸舂槀之外，或以賜群臣，故士大夫家間亦有之。《記》稱：子碩請鬻庶弟之母。又曰：買妾不知其姓，則卜之。或士大夫家亦有以所畜臣妾相易者歟？質劑，券也。長曰質，短曰劑。大小，以其物之貴賤而別。言市之書契，則民人自相立券者也。稽之以察知其情，預防其爭。淳當爲純，謂幅廣。制謂匹長也。皆當如法。舉，書其所犯於冊罰之，又書之以戒再犯也。

凡治質劑者，國中一旬，郊二旬，野三旬，都三月，邦國朞。期內聽，期外不聽。

市中爭訟，無非爲交易之事，因地遠近爲之限期。期內則治，期外則不治，以其事至細，且以社民好訟，且息文書也。

廛人，掌斂市絘布、總布、質布、罰布、廛布，而入於[1]泉府。

絘，音次，本或作次。

絘，《說文》：績所緝也。總，總領之名。總布，蓋布之佳者。質布，布成質而未加文飾者。罰布，犯市令者所罰之布。廛布，市邸所征之廛布。皆謂布，非錢也。絘布、總布、質布，蓋購斂之；罰布、廛布，則民應輸官者。皆廛人經理斂之，而入於泉府也。前人沿鄭氏以布爲錢，又以爲皆罰民所取，悉誤。

凡屠者，斂其皮肉筋骨，入於玉府。凡珍異之有滯者，斂而入於膳府。

皮肉筋骨有中於國用者，必就屠者而後求之，即得斂之，亦購而斂之，非徒取諸民也。珍異原非國之所貴，第今既滯而不售，久且廢壞，故廛人亦購斂之，而入於膳府。蓋廛人皆各以其地之人爲之，故能悉知此等，而以時購斂之。以此與上條合參之，而前人之誤解可識矣。

胥師，各掌其次之政令，而平其貨賄，憲刑禁焉。察其詐僞飾、行價慝者而誅罰之。聽其小治小訟而斷之。

憲，懸亦也。胥師每肆一人，刑禁，市中之刑，上文所謂憲徇樸也。詐僞飾，以僞作真，飾賤爲貴。行價慝，民受其欺，其僞得行也。價，買也。慝，惡也。見於事曰慝者，謂其藏惡以導民也。

賈師，各掌其次之貨賄之治，辨其物而均平之，展其成而奠其賈，然後

① 於，底本缺，據《周官義疏》補。

令市。

賈，音古。

賈師肆各一人，故云“各掌其次之治”。賈師知物價，故辨其物之良苦，使各有差等而得其平。　御案：自質人至司稽，皆各有專治之事，而不主於貨賄，惟賈師治貨賄。

凡天患，禁貴價者，使有恒賈。四時之珍異亦如之。凡國之賣價，各帥其屬而嗣掌其月。凡師役會同亦如之。

賈，音價。

鄭康成曰：恒，常也。若储米穀棺木，遇久雨疫病貴賣之，因災善阨民，使之重困。四時珍異，如薦宗廟之物。　御案：三代圣王所以恤民惠商之法曲備。又穀物隨在皆有，故遇天患，可禁貴價者，後世救荒則以增價招商爲善，時勢各有宜也。國家公用不時賣價者，各次賈師更代值月，司其事以免匱乏。師役會同，市司亦帥賈師而從也。

司虣，掌憲市之禁令，禁其鬥囂者與其虣亂者，出入相陵犯者，以屬游飲食於市者。若不可禁，則搏而戮之。

虣，薄報反。囂，許驕反。

十肆設司虣。憲，表示，貳胥師憲之也。鬥，以力爭。囂，以口爭。虣亂，不徇公理者。相陵犯，欺侮侵越。游，游戲。游飲食非不可，市非其地，且以屬，尤生亂也。不可禁，違犯上令矣，故執而戮之。搏，執也。戮，或刑，或眾辱之也。

司稽，掌巡市，而察其犯禁者與其不物者而搏之。掌執事之盜賊以徇，且刑之。

五肆設司稽，佐司虣者，貳司虣察之也。不物，異言異服及不如式之物。盜，竊盜。賊，惡匪。徇，徇於眾刑，撲罰。大罪則歸於士矣。

胥，各掌其所治之政，執鞭度而巡其前，掌其坐作出入之禁令，襲其不正者。凡有罪者，撻戮而罰之。

二肆胥一人，又以貳司稽也。司市已有執鞭度守門之胥，此則執鞭度以巡市者。前，市前。坐作出入應聽民自便，而有禁令者，防姦細僞詐乘人眾而亂市法。不正者即其人也，乘眾爲姦，掩其不備而執之。又云凡有罪者，察其不正而襲執之。訊其果有罪，則撻辱而罰之。文相承也，非二事也。

肆長，各掌其肆之政令，陳其貨賄，名相近者相遠也，實相近者相爾也，而平正之。斂其總布，掌其戒禁。

爾亦近也。名相近而美惡貴賤不同，則令相遠陳之，勿混於美者，實相近則同是美者，令其相近而陳，免混於惡者。物之美惡別，而市價乃平。總布，布之佳者，以時購買之，入于廛人，以備官用。

泉府，掌以市之征布，斂市之不售貨之滯於民用者，以其賈買之，物楬而書之，以待不時而買者。買者各從其抵，都鄙從其主，國人、郊人從其有司，然後予之。

賈、價同。楬，音竭。抵，作柢，音帝。

征布，錢也。官税于民，或以錢抵物，存諸市以備用者。不售之貨，民滯而不行，則如其所值之價買之。物物爲楬書其賈，以待民不時而買。其買也，仍如原價，不多取柢本也。楊龜山曰：斂其不售，所以便商，非利其賤而買之，待不時之買，所以便民，非以其貴而賣之。主，都鄙之大夫。有司，鄉遂之吏。必其主與有司有符信，然後予之者，官收滯貨本以利民，然商賈逐利而求買，反售其欺，無益於民也。

凡賒者，祭祀無過旬日，喪紀無過三月。凡民之貸者，與其有司辨而授之，以國服爲之息。

賒，貰也。貸，假也。賒者暫用，貸者久用。民取官物，吉事不過旬日而償，喪紀寬至三月，各以其事之繁簡，别爲限期也。服，事也。國事，猶言公事。爲之息，以當息也。有司，所在臨民之吏。辨之，恐其物不堪用，民貸官物，則辨其物而授之，不苟付也。以國服爲之息，民償官物之候，令服役官事若干日，以此爲息，此外不復取息。蓋使民得盡其忠敬之誠，亦不徒用官物，是即所以教也。

凡國事之財用取具焉。歲終，則會其出入，而納其餘。

會，古外反。

國事，或上需用，或民事當用者，皆取具於泉府。會，計也。納，入也。

司門，掌授管鍵，以啟閉國門。幾出入不物者，正其貨賄，凡財物犯禁者舉之，以其財養死政之老與其孤。

管，鑰也。鍵，閉也。晨啟則授管，昏閉則授鍵。正貨賄，正其不如法者勿得入國門。犯禁，即不正者也。舉之，罰之也。門關原有委積，并此所罰之物，并以養死國事者之父母與其子。鄭氏讀正爲征，然孟子謂古之爲關也。將以禦暴，則征商固非聖王之制矣。

祭祀之牛牲繫焉，監門養之。凡歲時之門，受其餘。凡四方之賓客造焉，則以告。

繫，音計。監，吉御反。造，七到反。

監門，門徒也。城隍多隙地，牛牲繫焉，易於牧養。每門史二人，徒四人，可有餘力。祀五帝、享先王之牲，則不繫於此，以致嚴也。餘，祭門之餘。每歲秋祭門，九門磔禳與禜門祈報之祭。祭餘之牛牲，聽其取受，所以償其養牲之功也。告，告於王而止客以俟逆。

司關，掌國貨之節，以聯門市。司貨賄之出入者，掌其治禁與其征廛。

關，王畿境内之關，諸國亦視此。國貨，本國所出之貨。貨賄，則通指客貨而言。節，符璽也。國貨自内而出，則以節通之，泯欺僞也。聯門市，貨由門出入而集於市，司市、司門咸有節以相證驗，可知貨賄出入必由關，司之者使流通，勿居奇病民也。治禁之事，見下文。征廛，關有邸舍，如市之廛，商賈居之，則征其稅。

凡貨不出于關者，舉其貨，罰其人。凡所達貨賄者，則以節傳出之。國凶札，則無關門之征，猶幾。凡四方之賓客敂關，則爲之告。有外內之送令，則以節傳出內之。

傳，張戀反。敂，音叩。出內之內，音納。

不出於關，必有奇巧詐僞之弊，故舉其貨而幾之，去其奇巧僞飾者，非盡汜入其貨也。罰其人，或罰以刑，罰以布。以節傳出之，鄭康成曰：商取貨民間，無璽節者至關，關爲之璽節及傳以出之。其有璽節者亦爲之傳。傳，如今移過文書。王氏昭禹曰：節以達其物，傳以書其數也。凶，年荒。札，疾疫。關門之征，皆謂廛征，非征貨稅也。猶幾，猶幾察姦僞。賓客，朝聘者也。敂關，謁關人。《國語》曰：關尹以告，行理以節逆之。送令，奉貢獻及文書，以常事往來者。

掌節，掌守邦節而辨其用，以輔王命。守邦國者用玉節，守都鄙者用角節。

鄭康成曰：邦節，珍圭、牙璋、穀圭、琬圭、琰圭也。辨其用，《典瑞》所云，珍圭以徵守，恤凶荒，牙璋以起軍旅之類。輔王命，王有命，奉之以行，執節以爲信。守邦國，通天子以下而言。　御案：天子諸侯皆君道也，故於其國中用玉節，而但有大小之差。都鄙臣道也，然其所治必有節，故用角節以別之。連氏曰：用玉欲其比德，用角欲其觸邪也。

凡邦國之使節，山國用虎節，土國用人節，澤國用龍節，皆金也，以英蕩輔之。門關用符節，貨賄用璽節，道路用旌節，皆有期以反節。凡通達于天下者，必有節，以傳輔之。無節者，有幾則不達。

使，所吏反。蕩，吐黨反。干氏作簜。

使節，使人所執之信。土，平地也。虎人龍，各以其地之所宜也。皆鑄金象象之，而以英蕩爲函輔之，使不壞。門關，司門、司關也。符以竹爲之，璽以玉爲之，旌析羽爲之。有期，有限期，事畢則反其節也。又總結上意而言，凡通達於天下者，必有節，以傳輔之。或有節，或有傳，皆可通達，無則被幾不得達也。云通達于天下，則知符節以爲行遠之信，若近境則無之，不然是擾民矣。

遂人，掌邦之野。以土地之圖經田野，造縣鄙形體之灋。五家爲鄰，五鄰爲里，四里爲酇，五酇爲鄙，五鄙爲縣，五縣爲遂，皆有地域，溝樹之，使各掌其政令刑禁，以歲時稽其人民，而授之田野，簡其兵器，教之稼穡。

酇，作管反。

遂人，主六遂者。郊外從二百里至五百里皆名野，不曰遂，而曰野者，以造縣鄙形體等法，通乎畿內。又兼掌四等公邑，即六鄉之比閭族黨，亦未著其城邑之形體，於此遂人著之，以見公邑稍縣畺皆同此法也。　御案：造城邑，必因山川原隰之面勢，規疆潦藪牧之便宜，度道路溝渠之支湊，故必以土地之圖經田野，然後城野之形體可定。鄰里酇鄙縣遂，猶郊內比閭族黨州鄉也。其家數相同，別其地而以溝樹識之。各掌，如五家則鄰長，五鄰則里宰也。稽其人民，亦各掌之。授之田野，若下文夫一廛，田百畝。簡其兵器，若《鄭長》旗鼓兵革。教之稼穡，古士與兵皆出於農，以力稼爲本業也。

凡治野，以下劑致甿，以田里安甿，以樂昏擾甿，以土宜教甿稼穡，以興耡利甿，以時器勸甿，以彊[1]予任甿。

劑，津利反。甿，莫亨反，又音忙。樂，音洛。耡，音助，又音鉏。彊，奇陽反。予，余吕反。

治野言凡者，明自國中而外，由鄉郊以達於畿，皆同此法也。下放此。甿，民也，無知之貌。下劑，下等之地。致甿，起徒役也。凡起徒役，無論上地中地，總以下等地爲率，以一爲正卒，餘爲羨卒。擾，順也。樂昏，勸其昏姻，如媒氏會男女，是室家定而人民樂業。土宜，十二壤之宜。興耡，使相助共成其利。時器，耒耜錢鎛之屬。《詩》曰：庤乃錢鎛。彊予，有彊力者，額外多予之田，以其能任事，不負其能也。

以土均平政，辨其野之土，上地、中地、下地，以頒田里。上地，夫一廛，田百晦，萊五十晦，餘夫亦如之；中地，夫一廛，田百晦，萊百晦，餘夫亦如之；下地，夫一廛，田面晦，萊二百晦，餘夫亦如之。

政，如字。

均地政，量其地之美惡以授民，下文申言之，非謂征之也。上地、中地、下地，以頒田里，外此山林藪澤不與，可知上地易種多收，故萊僅五十畝，中下地難種少收，故萊各加倍。餘夫，年已壯而無室家，如鰥孤獨等，亦各於其地酌授以田與萊。此不言授田若干，則孟子所謂餘夫二十五畝者也。授田廛以安之，不使失所。廛，民居也，在田在邑皆有之，孟子所謂五畝之宅也。

凡治野，夫間有遂，遂上有徑；十夫有溝，溝上有畛；百夫有洫，洫上有涂；千夫有澮，澮上有道；萬夫有川，川上有路，以達于畿。

畛，之引反，亦音真。洫，虚域反。涂，同吾反。會，古外反。

遂溝洫澮，皆所以通水於川也。周家井地之法通行天下，然實止今北五省中原平廣之地耳。其間引水灌溉不易得，故遂人治溝洫等法，使田盡可耕，而疆界正，道里通。鄭氏云：遂廣深各二尺，溝倍之，洫倍溝，澮廣二尋，深二仞。愚謂：此亦大概因其淺深而異其名，當各因其地勢水情爲之，不可拘也。徑容牛馬，畛容大車，涂容乘車，道容二軌，路容三軌亦然。此五者皆於田外爲之。至田間有畎，畎廣深各一尺，經不言及，以畎在畝間，不另占地也。田十夫一井之地，實則耕田止九夫，《匠人》云，方十里爲成，即此。千夫之地，方百里爲同，即此。萬夫之地，舉其成數言之，故曰十千百萬耳。周公立法言其大概如此，而其實水道田畝，因山川原隰地勢爲之，

---

[1] 彊，底本作疆，據《續修四庫全書》本及致福樓本改。

不可刻舟求劍。第方百里而井，井積而廣其法，不外此耳，必區區尺寸規限求之則非。

以歲時登其夫家之衆寡，及其六畜、車輦，辨其老幼、廢疾與其施舍者，以頒職作事，以令貢賦，以令師田，以起政役。若起野役，則令各帥其所治之民而致，以遂之大旗致之，其不用命者誅之。

施，式氏反。

登，記於冊。必歲時計之者，閱歲則有增損也。夫家，猶男女。施舍，免其役。職，即九職事，九職之事。政役，不曰征而曰政，明役民必政之所當然，而後可也。起野役，合一邑而共爲其事。令者，令縣正以下各帥其民而至。大旗，即鄉師所建司徒之大旗。

凡國祭祀，共野牲令野職。凡賓客，令修野道而委積。大喪，帥六遂之役而致之，掌其政令。及葬，帥而屬六綍。及窆，陳役。凡事致野役，而師田作野民，帥而至，掌其政治禁令。

屬，音燭。綍，音弗。窆，彼驗反。　御案：祭祀，蓋山川因國前哲令德之祭祀。在野者野共其牲，其執事之人，則遂人令之。曰國祭祀者，以別扢禜酺蜡社。脩道路者，守涂地之人，而令之者野廬氏。掌委積者遺人，遂人令之者，臨時申令之耳。致，致役於司徒。遂人主六遂之事，其民人皆有屬籍。大喪，則令稍人帥以致於司徒，其政令亦頒之，即帥也掌也。及葬以下四句，申明致及政令之事。綍，舉棺索。在道曰引，在棺曰綍。殯及啟朝時，六鄉主其事；載道及下窆時，六遂主其事。陳役，下棺時陳列其執役之人耳。又言凡事致野役，以明遂人專主鄉以外之事，去國益遠，而遂人①致其民，與近郊無異。政治禁令，一同王制也。作，起也。

遂師，各掌其遂之政令戒禁，以時登其夫家之衆寡，六畜、車輦，辨其施舍，與其可任者。經牧其田野，辨其可食者，周知其數而任之，以征財征。作役事則聽其治訟。巡其稼穡，而移用其民，以救其時事。

施，式氏反。

遂師，猶六鄉之鄉師，二人共主三遂。彼言稽而此不言稽者，以有遂大夫稽之。不言老幼貴賤廢疾，與鄉師互見爲義。井牧田野，小司徒已然，遂師蓋分任之也。辨其可食者，五穀之外有可資民食者，皆令種之。數，田野與民人數相當，而後任之，能盡其利也。財，田野所出，據其數以征之，有常額。役，力作，亦以其數役之，有常期。財征役事，人多規避，故聽其治訟。田土肥瘠不一，耕穫異宜，雨暘氣候不齊，事勢各有緩急，移用其民，以相助救。

凡國祭祀，審其誓戒，共其野牲。入野職、野賦于玉府。賓客，則巡其道修，庀其委積。大喪，使帥其屬以幄帟先，道野役；及窆，抱磨，共丘籠及

① 人下原衍一人字，據《續修四庫全書》本刪。

蜃車之役。軍旅、田獵，平野民，掌其禁令，比敘其事而賞罰。

庀，匹爾反，又作庇。磿，音浮，亦音褒，與掊捊同。籠，魯孔反。蜃，市軫反。

國祭祀，祭祀之在野者。審，酌也。誓戒掌於宰，遂師承之，以行於野之祭祀。有不必用者，故酌之共野牲。遂人令之，而遂師則親共之也。野職、野賦，所入貨賄，有當於九職九賦者，則徑入於玉府。庀，具也。道路委積，亦受遂人之令而巡之庀之。幄帟掌於幕人，而在道將之以先者，遂師使其屬爲之。道，引導也。野役，喪在道之役事。抱，引取也。磿，石也。窆時，捊取餘石。共丘籠，共爲丘之土籠。蜃車，喪車，四輪迫地而行，有似于蜃，因取名焉。以上皆野役之事。平，正其行列部伍也。比敘，校比次敘。　御案：遂人辨上地中地下地之等，而遂師則周知其數。遂人令貢賦，而遂師徵財征。遂人起征役，而遂師作役事。遂人令師田，而遂師掌軍旅田獵之政令。一舉其綱，一詳其事也。

遂大夫，各掌其遂之政令，以歲時稽其夫家之衆寡、六畜、田野，辨其可任者與其可施舍者，以教稼穡，以稽功事，掌其政令、戒禁，聽其治訟。

施，式氏反。

遂大夫，猶六鄉之有鄉大夫。李氏嘉會曰：遂師曰登，遂大夫曰稽，遂大夫稽之，而後遂師登之。朱氏申曰：遂師言車輦，此言田野，蓋互見也。功事，農功九職之事。遂師、遂大夫皆遂官之長，但遂大夫稽而辨之，遂師乃登之，畧不同也。

令爲邑者，歲終則會政致事。正歲，簡稼器，修稼政。三歲大比，則帥其吏而興甿，明其有功者，屬其地治者。凡爲邑者，以四達戒其功事，而誅賞廢興之。

比，必里反。屬，音燭。

鄭康成曰：不言其遂之吏，而言爲邑，蓋公邑之政令，遂大夫亦施焉。簡，閱也。稼器，來耜鎡基之屬。稼政，《月令》所云修封疆，審端徑術[①]，善相邱陵阪險原隰土地所宜，五穀所殖，以教道民之類。興猶舉也。興甿，舉民之賢者能者，如六鄉。屬猶聚也。又舉吏治有功者，屬而勅之，以行賞罰。四達猶言四境。合四境以戒其功事，考其得失而誅賞之也。六遂之法與六鄉畧同，故其職互見，而詳畧不同。

縣正，各掌其縣之政令徵比，以頒田里，以分職事。掌其治訟，趨其稼事而賞罰之。若將用野民師田、行役、移執事，則帥而至，治其政令。既役，則稽功會事而誅賞。

比，必里反。趨，本又作趣，音促，亦如字，下并同。會，古外反。

徵，徵召。比，案比。頒田里，如夫一廛，田百畝。職事，即九職之事。稽功，分考其功程。會事，合計其功事。王氏應電曰：縣正猶鄉之州長，其事亦互見。

---

① 術，底本作遂，據《周官義疏》及《周禮注疏》改。

鄙師，各掌其鄙之政令、祭祀。凡作民，則掌其戒令。以時數其衆庶，而察其嬍惡而誅賞。歲終，則會其鄙之政而致事。

鄙師，猶鄉之黨正。祭祀，祀禜也。作民，起役也。數其衆庶而察其嬍惡，以助大夫興甿也。遂人以歲時稽其人民，遂師以時登其夫家之衆寡，遂大夫以時稽其夫家之衆寡。稽者稽其數，登者定諸籍，以所治者衆也。若鄙止五百家，故其民可得而數。會者，計一鄙之政，帥酇長而下致事於縣正，上下轉相承也。

酇長，各掌其酇之政令，以時校登其夫家，比其衆寡，以治其喪紀、祭祀之事。若作其民而用之，則以旗鼓兵革帥而至。若歲時簡器，與有司數之。凡歲時之戒令皆聽之，趨其耕耨，稽其女功。

趨，音促。

四里爲酇，猶鄉之四閭爲族，其職事與族師互文見義。校，數也。校登，校之而後可登之也。喪紀，與《族師》言葬埋同。祭祀不言何神，蓋社稷之類，遂鄉互見義也。作民而用之，與《族師》作民而至同，皆寓兵於農之義，無事則爲民之師，有事則爲民之帥也。聽之，受而行之。簡器，兼稼器、兵器。有司，遂大夫所委屬吏。女功，絲枲之事。酇長彌近民，故稽之使震動恪恭於吏治而不敢慢，其他嚚凌詬誶之事亦免矣。

里宰，掌比其邑之衆寡，與其六畜，兵器，治其政令。以歲時合耦于耡，以治稼穡，趨其耕耨，行其秩敘，以待有司之政令，而徵斂其財賦。

比，必里反。

鄭康成曰：邑猶里也。《考工記》：耜廣五寸，二耜爲耦。此言兩人耦而耕也。耡，里宰治處，漢名街彈，今名申明亭，於此合耦，使相佐助，因放而爲名。《月令》季冬之月令農師計耦耕事，修耒耜，具田器。是其歲時歟？合人耦則牛耦可知。秩敘，相佐助之次第。待有司之政令，而徵斂者，歲之豐凶，地之肥瘠不等，里宰各治其里，於耕穫時上其狀於遂師、遂人等，待其政令，而後徵斂也。

鄰長，掌相糾相受。凡邑中之政相贊。徙於他邑，則從而授之。

五家爲鄰，相糾，相舉察。相受，相任恤。相贊，有貢賦稅斂，則相與助其財；師田行役，則相與助其力。從，隨也。授之，付以旌節也。

旅師，掌聚野之耡粟、屋粟、閒粟，而用之，以質劑致民，平頒其興積，施其惠，散其利，而均其政令。凡用粟，春頒而秋斂之。

耡，音助，又音鋤。劑，津私反。　御案：耡粟，即助耕公田之稅粟，每夫百晦之田，什一而稅者也。其粟入於廩人、舍人、倉人、而旅師亦分聚於縣鄙諸所，與屋粟、閒粟同，備施惠之用。鄭康成曰：屋粟，民有田不耕，所罰三夫之稅粟。閒粟，閒民無執事者所出一夫之稅粟。質劑，券也。將於秋斂之，故有券。興積，發其積粟也。民之不足者，差等不同，各因其多寡而頒之使平。施惠，甚貧者不責以償也。散利，能償者則春頒而秋斂也。

凡新甿之治皆聽之，使無征役，以地之嬍惡爲之等。

新甿，或自他國來此，或擇里新來者。治，有所求乞。使無征役，復之也。等，復除久暫之等。

稍人，掌令丘乘之政令。若有會同師田行役之事，則以縣師之灋，作其同徒輂輦，帥而以至，治其政令，以聽于司馬。大喪，帥蜃車與其役以至，掌其政令，以聽于司徒。

乘，去聲。輂，居錄反。

丘乘，四丘出一乘之政令。其地有司掌之，稍人則掌令之。縣師受法于司馬，稍人又受法于縣師。一乘之卒皆平昔相保相受者，故云同徒。作，起也。作其衆及馬牛車輦，使皆備其旗鼓兵器，以帥而至。大喪，蜃車及役，遂人共之。稍人有野監之責，故亦帥而至。治者專聽斷；掌者掌其事，以待上之聽斷也。凡師至合軍誓衆以後，至至建旗令鼓以後，然後司馬治之。方其作民布至，則司徒治之，故聽于司徒。

委人，掌斂野之賦，斂薪芻，凡疏材、木材，凡畜聚之物。以稍聚待賓客，以甸聚待羈旅，凡其余聚以待頒賜。

余，當爲餘。

野之賦，園圃山澤之賦也。疏材，草木之有實者。聚，即薪芻疏材木材，隨地儲偫之。稍廣，其聚待賓客，可以備禮。甸小於稍。委人所斂，惟縣畺中公邑之賦耳，則其待賓客羈旅，亦謂偶至其地有不給者，與遺人所掌委積不同。餘聚，用有餘者。

以式灋共祭祀之薪蒸、木材，賓客，共其芻薪，喪紀，共其薪蒸、木材，軍旅，共其委積薪芻凡疏材，共野委兵器，與其野囿財用。凡軍旅之賓客，館焉。

式法，故事多少之成法。言式法者有定式，無濫苛也。麤爲薪，細爲蒸。木材，給張幕之事。委積薪芻，委積之薪芻也。野委兵器，委積在野，須有兵器守之。野囿財用，竹木蒲葦魚鱉之屬。以上各物，蓋皆必其地之所有而後共之，委人所在不一，此總舉其凡，非一處而備共之也。軍旅之賓客，王朝徵召助征討者。歷其地則館焉，而共其地之所有，如上文所云。

土均，掌平土地之政，以均地守，以均地事，以均地貢。以和邦國都鄙之政令刑禁與其施舍禮俗喪紀祭祀，皆以地嬍惡爲輕重之灋而行之，掌其禁令。

政，下文所云。非專指征稅也。六鄉六遂及公邑，均人平之，此謂邦國都鄙也。地守，山澤虞衡之屬。地事，三農園圃之屬。地貢，其地宜貢之物。山川原隰肥瘠，因時而異，則所以守之及事與貢，今昔異宜，故必均平之使平。政令刑禁與禮俗喪祭之紀，皆有一定法，特時勢異宜，故皆以地之嬍惡爲輕重之法。《記》曰五方風氣不齊，民生其間，剛柔輕重遲速異宜。即賴此土均之職均之，以上於司徒，而制其中也。

草人，掌土化之灋以物地，相其宜而爲之種。

相，息亮反。

土化，以糞種化土之瘠者使美也。物地，物與地相宜也。

凡糞種，騂剛用牛，赤緹用羊，墳壤用麋，渴澤用鹿，鹹潟用貆，勃壤用狐，埴壚用豕，彊檃用蕡，輕爂用犬。

緹，音抵，又度溪反。蕈，土里反。墳，音焚，又符粉反。渴，其列反，又如字。潟，音昔，一音鵲。貆，呼丸反，又音丸。埴，時力反，一音職。壚，音廬。彊，其兩反。檃，本又作壂，呼寬反，又音檻。爂，匹妙反。

糞種，煮牛羊等骨汁以浸種，而種於各等之土也。蕡，則燒麻爲灰以漬種。騂剛，赤色剛勁之土。赤緹，縓色。墳壤，土或墳起而壤疏利。渴澤，澤之涸而可耕者。鹹潟，積水已去，地爲鹹鹵。鄭康成曰：勃壤，粉解者。埴壚，黏疏者。彊檃，彊堅者。輕爂，輕脆者。土田大概有此九等，各以其宜漬種種之，則可多獲。

稻人，掌稼下地，以豬畜水，以防止水，以溝蕩水，以遂均水，以列舍水，以澮寫水，以涉揚其芟作田。凡稼澤，夏以水殄草而芟荑之。澤草所生，種之芒種。

畜，敕六反。蕩，如字。列，祿計反，又如字。舍，試夜反。澮，古外反。寫，洗野反。荑，音夷。芒，横昂反。種，章勇反。

下地，低下之地，五穀惟稻宜於下地。稼，種也。豬，畜水之區。防，隄也。溝以通水。遂，田間水道。列，田埂也。澮，瀉水大溝。蓋稻必以水養之，故爲豬畜水，以待用。爲防止水，以節其盈歉。其水有餘，則溝以蕩之。欲其皆給，則遂以均之。以列舍水於田而養苗，以澮寫其餘水，而不過淹。芟，害苗之草。涉，人涉水中去其芟以秀苗，即所以作稻田之法。作，治也。又言凡下澤之地，將以爲稼，必於先一年夏漬水以殄其草而芟夷之。次年乃可稼也。又言凡澤生草之處，即不爲田，亦可稼之芒種。芒種，菱菰之屬。

旱暵，共其雩斂。喪紀，共其葦事。

暵，呼旱反，音罕。斂，力艷反。

雩，夏時因旱而雩。稻尤急水，故雩，則供其應出之物。葦生下地，故喪紀共之。

土訓，掌道地圖，以詔地事。道地慝以辨地物而原其生，以詔地求。王巡守，則夾王車。

道，說也。圖，山川形勢之圖。地事，農圃藪澤之事，如荆揚宜稻，幽并宜麻之類。地慝，地之惡者。地物，土所出者。原其生，究其所生之地。凡非其地所生者，則不求也。夾王車，左圖右書，土訓掌圖，與下誦訓掌書，故夾車而備顧問也。

誦訓，掌道方志，以詔觀事。掌道方慝，以詔辟忌，以知地俗。王巡守，則夾王車。

方志，志四方山川物產，告王觀之而知其事。方慝，四方言語所惡，告王辟忌而不苟於言。夾車，見上。

山虞，掌山林之政令，物爲廣厲而爲之守禁。仲冬斬陽木，仲夏斬陰木。凡服耜，斬季材，以時入之。令萬民時斬材，有期日。凡邦工入山林而掄材，不禁。春秋之斬木，不入禁。凡竊木者，有刑罰。

虞，度也，度山林之政令。而名厲，每物各有蕃界。守之勿犯，禁之勿侵。陽南陰北。仲冬，陽氣孕養之候，仲夏，陰火熾盛之時，互爲斬木，以節宣陰陽之氣。服，車之材。耜，農之器。季猶穉也。二者宜用穉木，尚柔忍也。時斬材，斬材有時。有期日，限日使毋過取。邦工爲王取材，不禁，尊王也。春秋非斬木之時，不入禁，不得入所禁之中斬木也，斬四野之木則可。竊，盜也。

若祭山林，則爲主，而修除且蹕。若大田獵，則萊山田之野，及弊田，植虞旗於中，致禽而珥焉。

弊，便祭反。珥，音耳。

爲主，主當祭事，大田獵，王親行也。萊，除其草萊。弊田，田者止也。植猶樹也。田止樹旗，令獲者致其禽而校其耳，以知獲數。珥者，取禽左耳，以効功也。

林衡，掌巡林麓之禁令，而平其守，以時計林麓而賞罰之。若斬木材，則受灋于山虞，而掌其政令。

麓，《釋文》作菉。

山足曰麓。麓雖連山，而近平地，故山虞不掌，林衡掌之。禁令，與山虞同。平其守，平其蕃界之守。計，計其守之之功也。蓋古授田以井，其附近田之林麓，各令其人守之，恐其恣意取材，故設官以巡平而賞罰其得失。材，大木。山虞法，見上文，受其法而使斬材者遵之。

山衡，掌巡川澤之禁令，而平其守，以時舍其守，犯禁者執而罰之。祭祀、賓客，共川奠。

流水曰川。禁令，不妄取。平其守，見上。以時舍者，令民更番爲守。川奠，籩豆之實，魚鱐蜃蛤之屬。

澤虞，掌國澤之政令，爲之厲禁，使其地之人守其財物，以時入之于玉府，頒其餘于萬民。

國澤，大澤。不可稼者也，但爲之厲禁，以生財物，而仍使其地之人守之，不私以爲官物也。惟有上之所用，非民得有者，則以時入于玉府，其餘頒于萬民。

凡祭祀、賓客，共澤物之奠。喪紀，共其葦蒲之事。若大田獵，則萊澤野，及弊田，植虞旌以屬禽。

奠，亦籩豆之實，芹茆菱芡之屬。屬禽，猶致禽而珥。

迹人，掌邦田之地政，爲之厲禁而守之，凡田獵者受令焉。禁麛卵者，與其毒矢射者。

麛，音迷。卵，力管反。

迹人，踪迹禽獸者。邦田之地，蒐狩之常地，無妨於民而便於講武者。凡田獵者，或王子弟公卿有宗祧之事，而王賜以田；或喪紀、賓客，有司取鮮；或獮狩之後，聽民入獵，麛，麇鹿子。王氏昭禹曰：禁麛卵，生之以其時，禁毒矢，殺之以其禮。

丱人，掌金玉錫石之地，而爲之厲禁以守之。若以時取之，則物其地圖而授之。巡其禁令。

丱，礦也，金玉藏於石者。物地圖，丱人素知金玉所在，故爲圖以授，使毋濫取旁搜。以時取，非有故不得已，弗取也。禁之令之又巡之，總欲其勿輕取妄取。唐權萬紀請鑿山冶銀，而太宗讓之，可以爲萬世法。

角人，掌以時徵齒角凡物于山澤之農，以當邦賦之政令。以度師受之，以共財用。

鄭康成曰：山澤出齒角骨物，大者犀象。　　御案：賦者，田稅也。山澤之農本當有賦，若有齒角骨物入于官，即以代田賦，而不復徵其粟。然或此有彼無，此多彼寡，則仍以粟米足之，所謂政令也。以度量爲準，不多取也。

羽人，掌以時徵羽翮之政于山澤之農，以當邦賦之政令。凡受羽，十羽爲審，百羽爲摶，十摶爲縳。

翮，戶革反。摶，徒完反。縳，除轉反，又古本反。

翮羽本。審、摶、縳，束羽數名也。蓋入於鐘氏，以爲車旗之用。王氏應電曰：羽不可以權度受，故以其數。

掌葛，掌以時徵絺綌之材于山農，凡葛征，徵草貢之材于澤農，以當邦賦之政令。以權度受之。

掌葛徵葛以爲絺綌，亦徵草貢。草，萴苧之屬，以權度，可知輕重長短。

掌染草，掌以春秋斂染草之物，以權量受之，以待時而頒之。

染草，染色之草。春秋斂者，採花葉皮實，各有其實也。

掌炭，掌灰物炭物之徵令，以時入之，以權量受之，以共邦之用，凡炭灰之事。

灰給澣練。炭之所共多。以時入，如季秋草木黄落，乃伐薪爲炭，仲夏令毋燒灰。共邦用之下，又云凡炭灰之事者，炭灰之用廣也。

掌荼，掌以時聚荼，以共喪事。徵野疏材之物，以待邦事，凡畜聚之物。

鄭康成曰：荼，茅秀也。喪事，以著物。荼，疏材之類，因使掌之。徵者，徵於山澤，入於委人。　　御案：荼見於《詩》者三，一苦菜，誰謂荼苦也；一辣荼，以薅荼蓼也；一英荼，有女如荼也。荼乃茅草秀出之花，此掌荼所聚者。

掌蜃，掌斂互物蜃物，以貢闉壙之蜃。祭祀，共蜃器之蜃。共白盛之蜃。

蜃，是忍反。闉，衣巾反。盛，音成。

鄭康成曰：互物，蚌蛤之屬。闉，猶塞也。將井椁，先塞下以蜃禦濕也。蜃器之蜃，飾祭器之屬。盛，猶成也。蜃可飾器令白。

囿人，掌囿游之獸禁，牧百獸。祭祀、喪紀、賓客，共其生獸、死獸之物。

鄭康成曰：囿游，囿之離宮小苑觀處也。禁者，其蕃衛。牧百獸，備養衆物也。王氏應電曰：凡田獵所得，可用而不家畜者，皆於是乎養之，欲用即得，不必求之於曠野也。生物、死物，若麋膚熊蹯之類。王氏應電曰：天官獸人凡所得獸中，殺而宜乾之者，入於腊人，生獲者，入於庖人。未及用而可畜者，入於囿人，地官以牧養爲事。猛獸不可入囿者，養於服不氏，夏官以服猛爲義。至冥氏掌攻猛獸，穴氏掌攻蟄獸，則秋官除惡之義。田獸一事，錯見於天地夏秋四官，義各有當如此。

場人，掌國之場圃，而樹之果蓏珍異之物，以時斂而藏之。凡祭祀、賓客，共其果蓏，享亦如之。

城郭居民之外，以隙地爲公家之圃，場人掌之。果，棗李之屬。蓏，瓜瓠之屬。珍異，蒲桃枇杷之屬。享，饗耆老孤子士庶子之類。王氏昭禹曰：載師以場圃任園地，則場人掌國之場圃，閭師任民之場圃。　御案：天官甸師已共祭祀之果蓏，而復設場人，以其所用多，且以備不熟也。

廩人，掌九穀之數，以待國之匪頒、賙賜、稍食。以歲之上下數邦用，以知足否，以詔穀用，以治年之凶豐。凡萬民之食食者，人四鬴，上也；人三鬴，中也；人二鬴，下也。若食不能人二鬴，則令邦移民就穀，詔王殺邦用。凡邦有會同師役之事，則治其糧與其食。大祭祀，則共其接盛。

數，上聲。食食，下食音嗣。接，如字。

廩人掌米，亦兼主穀。賙賜，王所賜予。稍食，祿廩。以歲入之豐歉，制國用之數，蓋詔於王冢宰而制之。凡萬民以下，言會計民食之法。大概一日食四鬴者爲上。鬴，深尺方尺容六斗四升。古尺於今爲六寸二分半，古一石，今一斗五升二合有奇，古一鬴，今九升七合七勺弱。則上年日食一升三合，中年日食約一升，下年六合有奇。廩人雖掌穀，而言民食食則以米計，非以穀計也。行道曰糧，止居曰食。古師行無饋餉，令道所經，有司共之。治其糧者，廬宿候館，雖有飲食以待賓旅，而亦有不時之需，故必載糒以行也。盛，粢盛。接盛者，粢盛必求豐備，新舊相接而不窮也。

舍人，掌平宮中之政，分其財守，以灋掌其出入。

王宮，宮正均其稍食，后宮，內宰均其稍食，而米出於廩人。平，平其給米多少。財，即米也。納米爲入，分米爲出，并以太宰之式法行之。

凡祭祀，共簠簋，實之，陳之。賓客亦如之，共其禮，車米、筥米、芻禾。喪紀，共飯米、熬穀。以歲時縣穜稑之種，以共王后之春獻種。掌米粟之出入，辨其物。歲終，則會計其政。

筥，姜呂反。飯，上聲。縣，音懸。會，古外反。

方曰簠，圓曰簋，盛黍稷稻粱器。禮，致饔餼之禮。實言其物，陳言其數。　御案：舂人共祭祀之米，饎人爲盛，舍人實之簠簋而陳之。舂人差擇賓客牢禮之米，舍人實之管載之車，故曰共其禮。飯所以實口，不忍虛也。君用粱，大夫用稷，士用粱熬穀，錯於棺旁。縣之者，欲其燥堅也。物，九穀六米別而貯之。政，用穀米之多少。

倉人，掌粟入之藏。辨九穀之物，以待邦用。若穀不足，則止餘灋用，有餘，則藏之，以待凶而頒之。凡國之大事，共道路之穀積、食飲之具。

粟，穀未去米者。閭師、縣師所徵，盡入於此。邦里，匪頒、賙賜、稍食。止，殺。餘法用，君上格外優給者。故穀不足則殺之，若有餘則藏以備荒。大事，喪與戎。食，糗糒。飲，漿酏也。此與廩人蓋相濟爲職。

司祿。

闕。

班祿之制，孟子云諸侯惡其害己而去之，此其所以闕歟?

司稼，掌巡邦野之稼，而辨穜稑之種，周知其名，與其所宜地以爲灋，而縣于邑閭。巡野觀稼，以年之上下出斂灋。掌均萬民之食，而賙其急，而平其興。

大司徒土宜之法，載師之物地事，草人土化之法，皆掌其大凡而已。司稼則親行其地，於百穀之名、五土十二壤所宜周知之，故辨其種，縣其法，使民爲之。天時有旱潦，地壤有高卑，每歲收獲不齊，亦履畝觀之，以均斂法。民居不一，其所收有盈歉，故均其食，急不足者，興有餘者，以有濟無，以多益寡，所謂平也。

舂人，掌共米物。祭祀，共其齍盛之米，賓客，共其牢禮之米。凡饗食，共其食米。掌凡米事。

食，音嗣。

舂人，掌治米成熟者。米物者，美惡精粗非一類也。凡米事，共王后世子之六穀，嬪御之穀用，以及外內朝宂食，饗耆老孤子士庶子等食米也。

饎人，掌凡祭祀共盛。共王及后之六食。凡賓客，共其簠簋之實，饗食亦如之。

饎，同饎，昌志反。

饎人，主炊者，炊而共之。

稾人，掌共外內朝宂食者之食。若饗耆老孤子士庶子，共其食。掌豢祭祀之犬。

稾，苦報反。宂，如勇反。

稾同犒。外朝，司寇斷獄弊訟之朝。內朝，路門外之朝。宂食，外內朝上直諸吏，不歸家食，稾人共之。謂之宂食者，其人自有廩祿，因給事外內朝，不暇自爲食，而官共之也。士庶子，卿大夫之子弟宿衛王宮者。養犬豕曰豢。

總　論

爲國以安民爲主，民之善否，視乎其教。比閭族黨之瀍，一秉司徒禮樂之教而行之。然必授田授職，使各安其居，各樂其生，而後歡欣從上之教。自鄉大夫以下之長，蓋皆就其地之人，擇賢者爲之，而異其品秩，給以祿養。其有善教之士，即由鄉大夫歲時登進，然後列於命數，非比閭族黨皆爲之官也。前人疑《周官》設官太多，蓋未達斯義。司徒所掌養民之事居多，蓋養立而後教興也。先儒疑爲司空錯簡者，非先王之視民也。如家人父子，故自王畿以達於四郊，民各有居，居各有常。征役施舍，以聯上下之情，德行道藝，以爲行習之準。即膳羞祿廩，上人日用所需，皆不敢稍爲恣縱。是以民安其業，服其教，而勉於爲善。後世視養教爲二事，貧富不齊，秀頑雜出，專用刑罰整齊之，而間或施舍周恤，第張皇補救於一時耳。其亦不達於先王之意矣。

周官恒解卷三

春官宗伯序官

惟王建國，辨方正位，體國經野，設官分職，以爲民極。乃立春官宗伯，使帥其屬，而掌邦禮，以佐王和邦國。

人心天理之良，不能自達，則鬱而不暢。禮者，因人性而爲之節文，使暢其天機，如春之和煦萬物，故爲春官。宗，主也，尊也。伯，長也。舜命伯夷典三禮，名曰秩，宗周因之，立春官宗伯。莫尊於禮，故曰宗，特主其事，亦曰宗。和邦國，事得其序，情得其順，則和也。

禮官之屬：大宗伯，卿一人。小宗伯，中大夫二人。肆師，下大夫四人，上士八人，中士十有六人，旅下士三十有二人，府六人，史十有二人，胥十有二人，徒百有二十人。

鄭康成曰：肆，陳也。肆師佐宗伯陳列祭祀之品物。

鬱人，下士二人，府二人，史一人，徒八人。鬯人，下士二人，府一人，史一人，徒八人。

鬱，於物反。鬯，敕亮反。

鬱，鬱金香草。鬯，釀秬黍爲酒。秬亦名秠。一稃二米，以鬱金和鬯，取其香氣。周人尚臭，祭先求諸陰，故以鬱鬯灌地降神。有鬱鬯，有秬鬯，秬鬯無鬱，用於天地社稷等祀，以明神不必香氣而達也。鬱鬯專用之於宗廟。

雞人，下士一人，史一人，徒四人。

賈氏公彦曰：雞屬木，在春，其職共雞牲，又主呼旦，故列職於此。

司尊彝，下士二人，府四人，史二人，胥二人，徒二十人。司几筵，下士二人，府二人，史一人，徒八人。

尊彝皆酒器，但其所陳之地不同。鄭康成曰：筵亦席也。鋪陳曰筵，藉之曰席，單言之則筵席通。几所以優尊者，憑之以爲安也。

天府，上士一人，中士二人，府四人，史二人，胥二人，徒二十人。

物所藏曰府。以其職藏寶器，尊之若天物然。

典瑞，中士二人，府二人，史二人，胥一人，徒十人。典命，中士二人，府二人，史二人，胥一人，徒十人。

鄭康成曰：瑞，節信也。典瑞，若今之符璽郎。命，謂王遷秩群臣之書。瑞以事神頒器賜予，皆恩惠事，故屬春官。

司服，中士二人，府二人，史一人，胥一人，徒十人。典祀，中士二人，下士四人，府二人，史二人，胥四人，徒四十人。守祧，奄八人。女祧，每廟二人，奚四人。

祧，天堯反。

司服，再命以上得命，即得服，故列於典命下。典祀，其職見下。守祧，守廟祧者，言祧則廟可知。疑凡先人之遺器衣服，蓋亦藏於此。而女奄則掌先後之遺者。

世婦，每宫卿二人，下大夫四人，中士八人，女府二人，女史二人，奚十有六人。

世婦，后宫官。王后六宫，每宫卿二人，則十二人，以婦之有德者爲之。　御案：此官非另設，卿二人即以三夫人九嬪爲之，下大夫四人以世婦爲之，中士八人則女御爲之。后之尊擬王，自夫人嬪婦而下，其爵視卿大夫士。平居則統於天官，而從其本稱。有喪紀之事，則總於春官，而被以卿大夫士之爵，所以重禮事也。卿所以十二人，婦人恒有所避，两人僅得一人之用，雖倍之，而不嫌於過。女府、女史，蓋以女官之有才知者爲之。

内宗，凡内女之有爵者。外宗，凡外女之有爵者。

鄭康成曰：内女，王同姓之女。有爵，嫁於大夫及士者。　御案：外宗，王族人之婦，以其異姓之女，故稱外。此中可兼姑姊妹之女，若姑姊妹之女不嫁於王族，則不得稱外宗。陳氏傅良曰：女子生於王族，或乘勢以陵其夫家，故以内外宗列爲禮官之屬。使觀王后之事宗廟，則知所以順舅姑；觀后之享同姓，則知所以和其家人。

冢人，下大夫二人，中士四人，府二人，史四人，胥十有二人，徒百有二十人。墓大夫，下大夫二人，中士八人，府二人，史四人，胥二十人，徒二百人。

山頂曰冢，封土爲邱壟，象冢，故曰冢。墓則葬而其土仍平衍也。二者亦禮事，故列職於此。

職喪，上士二人，中士四人，下士八人，府二人，史四人，胥四人，徒四十人。

職，主也。孝子荒迷中，恐弗能如禮，故設官相之。先王之體群臣至矣。

大司樂，中大夫二人。樂師，下大夫四人，上士八人，下士十有六人，府四人，史八人，胥八人，徒八十人。

大司樂，樂官之長。禮樂相須而行，古人初學即學樂、誦詩、舞勺、舞象，至於教胄，皆必以樂，蓋所以養其心之和平，而蕩滌其邪妄。故孔子曰：興於詩，成於樂也。虎門之教，主於王世子。故師氏一人，其成均則國子弟，貴遊子弟，大夫、元士之適子，國之俊選，諸侯之賢士，皆與焉。故大司樂二人乃能共襄其事，其人必德行優而可爲矜式者。

大胥，中士四人。小胥，下士八人，府二人，史四人，徒四十人。

胥，有才智之稱。大胥，掌敘次所學之事。小胥，掌其徵令。其事相成，故皆別職同官，而府史胥徒共之。凡五官之司旅職業相聯者皆然，所以便事而省役也。

大師，下大夫二人。小師，上士四人。瞽矇，上瞽四十人，中瞽百人，下瞽百有六十人。眡瞭三百人。

大，音泰，又如字。矇，音蒙。眡，音視。瞭，音了。

鄭氏衆曰：無目眹曰鼓，有目眹而無見曰矇，有目無眸子曰瞍。凡樂歌必以瞽矇爲之，大師、小師皆其人也。其用心專，其德性厚，乃能審音知微，以通天地之妙，故古者師多賢人。瞭，目明也。以相瞽者。

典同，中士二人，府一人，史一人，胥二人，徒二十人。

同，陰律也。舉陰以該陽。

磬師，中士四人，下士八人，府四人，史二人，胥四人，徒四十人。鐘師，中士四人，下士八人，府二人，史二人，胥六人，徒六十人。笙師，中士二人，下士四人，府二人，史二人，胥一人，徒十人。

磬師、鐘師，皆專職一業。磬鐘之屬不一也。笙師，掌教吹竽笙塤籥簫篪篴管，舂牘應雅，而獨以笙名師，笙東方之樂，有始事之義故也。

鎛師，中士二人，下士四人，府二人，史二人，胥二人，徒二十人。

鎛，音博，《儀禮·大射篇》作鑮，同。

鎛，如鐘而小特懸者，蓋今之小弔鐘也。

韎師，下士二人，府一人，史一人，舞者十有六人，徒四十人。

韎，莫拜反，亦音妹，音味。

掌四夷之樂。蓋四夷各有樂，雖非中聲，然皆人心之天籟，故設韎師掌之，以節其淫而歸於正。

旄人，下士四人，舞者衆寡無數，府二人，史二人，胥二人，徒二十人。

旄，旄牛尾，舞者所持以指揮。其職凡四方之以舞仕者屬焉，則凡四夷之舞皆隷矣。

籥師，中士四人，府二人，史二人，胥二人，徒二十人。籥章，中士二人，下士四人，府一人，史二人，胥二人，徒二十人。

籥如笛，三孔而短小，舞者吹以節樂。亦有六孔者，則吹詩章。故籥師掌其事，而籥章助其教。

鞮鞻氏，下士四人，府一人，史一人，胥二人，徒二十人。

鞮，丁兮反。鞻，九具反，又力具反。

鞮鞻，無絇之扉也。四夷着之以舞，因取以名官，掌夷舞也。

典庸器，下士四人，府四人，史二人，胥八人，徒八十人。

庸，功也。有功者鑄器以銘其功，祭則陳之，示不忘之義。

司干，下士二人，府二人，史二人，徒二十人。

干，楯也，舞者所持。吕東萊謂：干舞，武舞之别名。籥舞，文舞之别名。萬，二舞之總名。然舞必有干，特其節不同耳，未可强分。

大卜，下大夫二人。卜師，上士四人。卜人，中士八人，下士十有六人，府二人，史二人，胥四人，徒四十人。

大卜，卜筮官之長。卜筮皆假龜蓍以求神，非至誠明察者，莫能决其機。

龜人，中士二人，府二人，史二人，工四人，胥四人，徒四十人。菙氏，下士二人，史一人，徒八人。

菙，時髓反。

鄭康成曰：工，取龜攻龜。燋焌用荆菙之類。取龜攻龜，見下。菙，所以捶笞人，用荆，灼龜亦用荆，因取以名之。

占人，下士八人，府一人，史二人，徒八人。

御案：别立占人，以卜師、筮人致其誠，壹心不可分用。愚按：占人亦或即用卜師、筮人兼之。

簭人，中士二人，府一人，史二人，徒四人。

簭與筮同。

以蓍占《易》，其事較龜卜爲簡，故其人亦寡。

占夢，中士二人，史二人，徒四人。

人心之靈與造化通，平日修德厲行，敬畏天命，則夢或感之，以呈其兆，否則入於妖妄，故聖人設官以重其事。

眡祲，中士二人，史二人，徒四人。

祲，子鴆反。

鄭康成曰：祲，陰陽氣相侵，漸成祥者。日爲陽精，人君之象，陰氣侵則不祥。聖人不言祥瑞，而觀天之變，以自警省，乃體天修德之要，故立眡祲。

大祝，下大夫二人，上士四人。小祝，中士八人，下士十有六人，府二人，史四人，徒四十人。

大祝，凡祝官之長，小祝佐之。祝爲祝詞，以告鬼神，述祭者之誠意。

喪祝，上士二人，中士四人，下士八人，府二人，史二人，胥四人，徒四十人。甸祝，下士二人，府一人，史一人，徒四人。詛祝，下士二人，府一人，史一人，徒四人。

詛，側慮反。

御案：其職事不止於祝而以祝名，不止於喪而以喪名，從所重也。鄭康成曰：甸之言田也，田狩之祝。詛祝，祝之沮敗也。蓋民心天理之良不能盡泯，往往取於欺人，而不敢欺神。且古無刑書律例，其有是非難明者，使盟詛以自白，審其情形，亦可以得其是非。而天良不昧，或有憬然悟者。此聖人仁恕於民之意也。　御案：《吕刑》以覆詛盟爲有苗罪，則隆古已有其事。《小雅》：出此三物，以詛爾斯。蓋理法情勢之窮，有不得不要言於鬼神者。世儒或疑之，誤矣。

司巫，中士二人，府一人，史一人，胥一人，徒十人。男巫無數，女巫無數，其師，中士四人，府二人，史四人，胥四人，徒四十人。

司巫，巫官之長。天人一氣，幽明一理也。人心一動，而鬼神知之，其在人君，爲人神之主，尤有一息不敢苟者。《楚語》曰：古者民之精爽不攜貳者，神明降之，在男曰巫，在女亦曰巫。蓋天命之理，無一息不流行於天壤間；即鬼神之靈，無一息不周於人物內。設司巫以統之，男女巫皆無數，非濫也。無誠明之念者，神不降之，數本難限也。

大史，下士夫二人，上士四人。小史，中士八人，下士十有六人，府四人，史八人，胥四人，徒四十人。

大史，史官之長，主稽天道而藏書辨法，其職重，其人必有德，故下大夫而位從卿。小史與大史别職同官，故共府史。

馮相氏，中士二人，下士四人，府二人，史四人，徒八人。保章氏，中士二人，下士四人，府二人，史四人，徒八人。

馮，音憑。相，去聲。

鄭康成曰：馮，乘也。相，視也。世登高臺以視天文之次序。保，守也。世守天文之變。愚按：鄭云世者，以其言氏也。竊謂大史位尊德重，不必常親視天文及親占之，馮相、保章則親其事者。馮相以其恒登臺而相名之；保章占其變，以章明天道，告王知警，保安社稷而名。天文之學，世業者多精，故以氏名耳。

内史，中大夫一人，下大夫二人，上士四人，中士八人，下士十有六人，府四人，史八人，胥四人，徒四十人。外史，上士四人，中士八人，下士十有六人，胥二人，徒二十人。

内史掌八柄之法，詔王行於冢宰。地親任重，故爵秩高而置官廣。外史在外，廣王耳目，而通壅蔽。魏氏校曰：内史，王之喉舌，唐虞納言，漢尚書，魏晉中書、門下，其始亦内史職，後遂建爲三省宰相。二官名實俱亂，人主疏遠，輔臣退與左右議政，號曰内相，未幾宦官多竊内史之柄，以亂天下。按：黜陟予奪者，人主之大權，而非講求參酌歸於至是，則無以詔大宰而施之。內外史掌八柄之法，而廣其採納，其官隸於宗伯，得以共參定之。不特大宰不能行其私，天子亦集眾論而得其平。　御案：內史中下大夫，外史無大夫，直自上士始，而又無府史，蓋二職同官，而統於內史也。

御史，中士八人，下士有十六人，其史百有二十人，府四人，胥四人，徒四十人。

鄭康成曰：御，猶侍也，進也。按此即左史記言，右史記事者，記王之言動以示儆警，蓋上於大史焉。後世以御史專主諫諍，因記言動之意而廣之也。君有過則諫，諫而改之則不書矣。至於糾察一切之事，皆許陳言，亦無不可。但必有德者爲之，否則藉以傾人，淆亂是非，如明季，可鑒也。

巾車，下大夫二人，上士四人，中士八人，下士十有六人，府二人，史八人，工百人，胥五人，徒五十人。

巾猶衣也。玉金象革等，以衣飾其車。巾車，車官之長。　御案：造車者，輪輿輈等人，當屬冬官。此有工百人者，玉象金革漆飾及蔽茀等事，皆巾車之工爲之。

典路，中士二人，下士四人，府二人，史二人，胥二人，徒二十人。

路，王所乘車。路，大也。典路，掌王及后之車事。

車僕，中士二人，下士四人，府二人，史二人，胥二人，徒二十人。

車僕，掌五戎之萃。蓋天子之車，即戎事亦必有禮儀作則，故與巾車相聯而列春官。

司常，中士二人，下士四人，府二人，史二人，胥四人，徒四十人。

鄭康成曰：司常，主王旌旗。大常，九旂之一，舉以該凡旂。杜氏佑曰：黃帝兵制設五旗五麾，夏奚仲爲車正，建其斿旐，殷因之，周設司常，掌九旗。

都宗人，上士二人，中士四人，府二人，史四人，胥四人，徒四十人。家宗人，如都宗人之數。

都，王子弟所封，及公卿所食邑。宗人其禮官也。家，大夫所食采邑。

凡以神士者無數，以其藝爲之貴賤之等。

士、仕通。

以神仕者，謂巫之屬。蓋幽明雖止一理，而境則懸殊。聖人既欲人知神道不外乎人，亦欲人知道不先於神。巫覡之徒其才知絕人，如《國語》所稱者則貴之，其次者則賤之。要以其能通人神而警民志，故不盡授以職，亦不拘限以數。

春官宗伯

大宗伯之職，掌建邦之天神、人鬼、地示之禮，以佐王建保邦國。

示同祇，下神示、地示皆倣此。

鄭康成曰：建，立也。立天神地示人鬼之禮，謂祭之、祀之、享之，吉禮是也。保，安也。賈氏公彦曰：單言邦，據王。邦國則統侯國言之。按五禮，而獨以天神、地示、人鬼言者，王者代天理物，必體天地之心，以行天地之道。平日仁義周於民物，出於至誠至敬，則天地乃享之。天地無言無爲，神祇者，司天地之功用者也。人鬼則己之祖先，以及先代賢聖，民之祖考。非實體天地之德者，必見棄於其先與衆靈。故特以三者明禮之大，而曰佐王建保邦國也。

以吉禮事邦國之鬼神祇，

鄭康成曰：事，謂祀之、祭之、享之。　御案：吉凶不相干，古者有喪則廢祭。蓋心稍繫於哀戚，則不能致其專一，以交於神明，故唯祭祀謂之吉禮。

以禋祀祀昊天上帝，以實柴祀日月星辰，以槱燎祀司中、司命、飌師、雨師。

禋，音因，又音煙。槱，羊九反。燎，良召反。飌，音風。

賈氏公彦曰：《周語》精意以享謂之禋。天者理氣之宗宰之者曰帝昊，言其浩浩也。上帝至尊，物無以享之，惟致其精意，以踐天理。平日一動一静，顧諟天命，以至於生成養教，無不上合天心。而臨祀又潔誠盡愼，所謂事天如事親者也。實柴，實牛於柴上。日月，陰陽之精，天地生成之功化賴以成。星兼經星緯星言，二十八宿爲經，隨天左旋，五星爲緯，右旋。辰，日月所會十二次。槱燎，積柴而實牲體於上，燔之使煙上升。三台星一名天柱，上台司中，中台司命，下台司禄。人受氣於父母，實受氣於天地。天地之精散爲萬物，而人最靈，其受中以生，得天地太極之理而爲性，司中者此也。所受以生謂之命，司命者此也。其司禄不言者，禄由人致，較中與命之天定自然者有别。祀此使人知受氣成形之不偶然，而事天立命以全其性也。飌雨，節宣陰陽之氣而生成萬物，亦有司之者。前人執言箕畢，非也。不言雷，該於風雨中矣。

以血祭祭社稷、五祀、五嶽，以貍沈祭山林、川澤，以疈辜祭四方百物。

貍，牟皆反，亦音莫蔭反。疈，普逼反，又方麥反。

天，陽也，故天神柴燎以氣達。地，陰也，故地示血質以形求。不言祭地者，地統於天，天包乎地，天地非二物也。上文禋祀已該地在内。然天以一氣育萬物，而成之者地也。地形殊而品物因之以殊，故天一而已，地則各有土宜因之，司其地者亦不一，此五祀、五嶽、山林、川澤各有其示，四方百物各有其氣也。血，陰氣之盛者。社稷之神，古以句龍爲社神稷神。先祀社後祀稷，特中原一區，先有功德於民者，四海内外不盡此也。五祀之説不一，疑天子、諸侯則祀金木水火土五官之神，而大夫以下則祀戸竈門行中霤爲是。五嶽，東岱宗，南衡山，西華山，北恒山，中嵩山也。山林則埋牲，川澤則沈牲，順其性也。疈辜，磔也，披磔牲體。四方百物，賈疏以祀先嗇、貓虎等當之。然四方之神不一，其爲民害之物亦不一，凡物之害民者，必祈神以治之，則經意自渾括而曲盡。蜡祭所云，亦其一耳。

以肆獻祼享先王，以饋食享先王，以祀春享先王，以禴夏享先王，以嘗秋享先王，以烝冬享先王。

肆，如字。食，音嗣。禴，餘若反。祠當爲礿。禴當爲禘。

肆，大也，陳也。獻，獻腥，灌用鬱鬯，灌地以求神。祭禮莫重於祼，獻此舉以該隆備禮之大祭也。饋食，獻黍稷，舉以該殺禮之祭也。四時之祭，或用隆備禮，或用殺禮，此二句統下四句而言，非祭之正名也。四時之祭，春曰礿，夏曰禘，秋曰嘗，冬曰烝。礿、禴同。春時物初生，其祭較薄。禘，帝也，帝德王於夏。嘗，物初成薦新。烝，盛也，冬百物備，合之以享也。此言祠春禴夏，殆傳寫之誤，抑或漢儒所改，蓋禘祭先儒多不得其解故也。四時之祭，夏曰禘，時禘也。五年合群廟之主，以祭太祖，大禘也。大禘即祫。愚於《論語》或問禘章已詳，兹不贅。

以凶禮哀邦國之憂，以喪禮哀死亡，以荒禮哀凶札，以弔禮哀禍烖，以禬禮哀圍敗，以恤禮哀寇亂。

札，如字，一音截。禬，戶外反，又古外反。

凶禮，即下死亡五者是也。人有此則憂，先王哀之而制禮，以同其憂。始死曰死，既葬爲亡焉。喪禮以達其哀戚。荒，饑饉。札，疫癘。荒禮以濟其窮苦。禍，人禍。烖，天災，水火之類。弔禮以慰其失意。禬，會也，會合財物以贈人。圍，被圍困。敗，師敗績。恤，憂也。兵作於外爲寇，作於內爲亂。寇亂之興，必有其由，咎不盡在人，亦不盡在己，故恤之而已，其權宜予奪必有道矣。以上五者，自天子以至庶人，皆有其禮，特自上倡之耳。

以賓禮親邦國，春見曰朝，夏見曰宗，秋見曰覲，冬見曰遇，時見曰會，殷見曰同，時聘曰問，殷頫曰視。

見，賢遍反。朝，直遙反。頫，他弔反。

親謂使之相親附也。諸侯五年一朝，無事自當早至，而或國有大事，其至稍遲，故有四時之不同。朝猶朝也，言其來之早也。宗，尊也，言其尊王，來正當其時也。覲，見也，言其有故遲至，以得見爲幸也。遇，不期而遇，言其國有大故，已不意其來而忽來，如非所期也。四者皆朝之常禮。時見，諸侯有要事，親稟命於王，不時來見。殷見，諸侯同見於王。時聘，不時遣使問王起居，小聘大夫，大聘使卿。殷頫，王室有故，慶弔皆使人來也。

以軍禮同邦國，大師之禮用衆也，大均之禮恤衆也，大田之禮簡衆也，大役之禮任衆也，大封之禮合衆也。

鄭康成曰：同，謂威其不協僭差者。大師，或王親行，或命將出征，用衆得其心得其力，然後能用之也。大均，以地出賦，以民任事，必量其地之美惡，家之上下，以體恤之。大田，四時田獵講武，因以知其賢否勇怯，而簡取之。大役，建都邑築城濬川，使之以時，用之以禮，衆任其事而不怨。大封，或封建國邑，或封以爵命，賞當其功，衆志悅服而和合。

以嘉禮親萬民，以飲食之禮親宗族兄弟，以昏冠之禮親成男女，以賓射之禮親故舊朋友，以饗燕之禮親四方之賓客，以脤膰之禮親兄弟之國，以賀慶之禮親異姓之國。

冠，古亂反。脤，上忍反。膰，音煩。

嘉，善也。秉彝之良，本有相親附之善心，無禮則疏悖，故制嘉禮。天子至尊，宗族兄弟易於疏遠，故制爲飲食之禮以親之。男女怨曠則不親，無禮則淫亂，故以昏冠之禮成其男女。成者，男正位乎外，女正位乎內，有相資無相瀆也。故舊，或老臣，或故交，朋友相習爲道藝者，時以賓禮待之，與之射以親之。四方賓客，來朝聘者，饗於廟，燕於寢，禮有隆殺，無非所以親之。脤，祭社稷之肉。膰，祭宗廟之肉。以賜兄弟之國，同其福祿。其異姓亦或賜之。蓋殊禮，非常制也。賀慶則弔問可知。異姓猶賀慶，則同姓可知。此二句互義，特各以其重言之。

以九儀之命，正邦國之位。一命受職，再命受服，三命受位，四命受器，五命賜則，六命賜官，七命賜國，八命作牧，九命作伯。

命，王命。命有九，儀亦有九，貴賤之位乃正。《春秋傳》所謂名位不同，禮亦異數也。受職，受命於王，他有職者不得與。受服，受元冕之服。　御案：一命亦有服，而必元冕乃得言受服，猶子男亦有卿，而必王朝孤卿立两卿，始得言受官也。受位，鄭康成曰：列國之卿，始有列位於王，爲王之臣。王[①]之上士亦三命。受器，公之孤始得具祭器。則，法也，治國之法則。其人雖未成國，而已有屬邑若干，則賜以法，擬於諸侯。賜[②]使得自置其官治家邑。賜國，則侯伯矣。其子男止五命。牧，侯伯有功德者，加命得專征伐。牧，治也，代天子治人。伯，長也。上公有功德者，加命爲二伯，統馭諸侯。

以玉作六瑞，以等邦國。王執鎭圭，公執桓圭，侯執信圭，伯執躬圭，子執穀璧，男執蒲璧。

信音身。

鄭康成曰：等猶齊也。鎭，安也，所以安四方。長尺有二寸，蓋取四鎭之山爲瑑飾。桓，柱之竪者。宫室得桓楹乃安，天子得上公亦安，以桓爲飾，長九寸。信、躬皆象人形以爲飾。信象人身之信，躬象人身之屈，長七寸。穀所以養人，蒲爲席以安人。璧以二者爲飾，皆徑五寸。不執圭者，未成國也。

以禽作六摯，以等諸臣。孤執皮帛，卿執羔，大夫執雁，士執雉，庶人摯鶩，工商執雞。

鶩，音木。

摯之言至也。執物以至，明非無因而來。自卿以下皆禽，故以其多者言之。帛，

① 王，底本作主，致福樓本同，據《續修四庫全書》本改。
② 賜下疑脱官字。《周官義疏》：鄭康成曰：此王六命之卿賜官者，使得自置其臣治家邑。

束帛。皮，獸皮。羔，小羊，取其能群。雁，陽鳥知時，無則以舒雁代之。雉，取其文明。鶩，不飛遷。雞，知時。古庶人、工商亦有見於天子之時，蓋人品不以資格限也。其自相見，亦同此摯。

以玉作六器，以禮天地四方。以蒼璧禮天，以黄琮禮地，以青圭禮東方，以赤璋禮南方，以白琥禮西方，以玄璜禮北方，皆有牲幣，各放其器之色。

琮，才宗反。璋音章。琥音虎。璜音黄。放，方往反。

作六器，作爲六者之形器，執之以致其敬禮。璧圓象天，蒼象其色。琮方象地，黄象其色。圭鋭象出震。半圭曰璋，象陽氣半升於天。琥爲虎形，象秋氣之猛。半璧曰璜，象陽氣半伏於地。其色則各如其方之色也，牲幣亦然。或疑陰陽遞運，成一歲功，何獨以陽氣言之。不知陰統於陽，夏至陽盡而陰生，冬至陰極而陽生，故惟夏冬用半圭、半璧。圭鋭，陽升之象，璧圓亦象天。其半則天地閉藏之意耳。

以天産作陰德，以中禮防之。以地産作陽德，以和樂防之。以禮樂合天地之化、百物之産，以事鬼神，以諧萬民，以致百物。

此承上而通論禮樂之事，所以能事神人而和上下也。天以一元生化，而屈伸消長則爲陰陽，陰陽相濟而得其中和，天地之所以萬古而不息也。人爲天地之心，實秉中和之德，特陰陽之氣偏勝，則弗肖天地。聖人制禮樂以導中和，即名物象數，皆法陰陽調變之意而爲之。天産，凡得陽氣甚之物，陰不自生，待陽而生，用天産實所以助陰德也。地産，凡得陰氣甚之物，陽不能成，藉陰而成用，地産實所以助陽德也。鬼神，陰陽之靈。萬民備陰陽之理，百物分陰陽之氣。禮以節之，樂以和之，而可以事，可以諧，可以致矣。防者，節其太過不及，如水之有防也。

凡祀大神，享大鬼，祭大示，帥執事而卜日，宿，眂滌濯，涖玉鬯，省牲鑊，奉玉齍，詔大號，治其大禮，詔相王之大禮。

滌，徒歷反。鑊，戶郭反。齍，音咨。相，息亮反。

宿，祭前一宿。滌濯，摡祭器。涖，臨視也。玉，禮神之玉。始涖之，祭又奉之。鑊，亨牲之器。大號，六號之大者，以詔大祝，預爲祝辭。治，簡習也。豫簡習，至祭時以詔相王。詔，未祭時告之。相，及行禮時相之。

若王不與祭祀，則攝位。凡大祭祀，王后不與，則攝而薦豆籩徹。大賓客，則攝而載果。

與，音預。果，音裸。

王不與祭祀，居憂或有疾也。王后不與亦然。冢宰亦有故不得攝，則宗伯攝之。果，酌酒以禮賓也。

朝覲會同，則爲上相，大喪亦如之，王哭諸侯亦如之。王命諸侯，則儐。國有大故，則旅上帝及四望。王大封，則先告後土。乃頒祀于邦國都家鄉邑。

相，息亮反。儐，必刃反。

相，贊禮者。出迎賓曰儐，入詔禮曰相。哭，諸侯薨於其國，天子爲位而哭之。

命，策命之。儐，進也。大故，凶裁。旅，陳也。陳其情事以祈，禮或不如平日之備。四望，五嶽四瀆。大封，封諸侯。授采邑者爲小封。將錫以土，故先告後土。凡有土之屬，皆有宜祀者，故頒其禮。

小宗伯之職，掌建國之神位，右社稷，左宗廟。兆五帝于四郊，四望、四類亦如之。兆山川、丘陵、墳衍，各因其方。

小宗伯，宗伯之副。神位，會諸神而言。地道尚右，故建社稷。人道尚左，故建宗廟。五帝，青黄赤白黑帝，古或以人配之，實不必然也。黄帝與火同方，中央土王於夏也。兆，爲壇之營域。四望，五嶽、四鎮、四瀆。四類，四方之神，有與四望類者，亦於四郊爲之兆。至國之中所有山川、丘陵、墳衍，各因其所在之方，而爲之兆，使民祭之。鄭氏以四類爲日月星辰，風師雨師四字不明。但日月星辰風雨，皆天之功用，當從祀昊天上帝，不得别爲兆域。兆山川句，以爲同在郊外爲位，亦誤。

掌五禮之禁令與其用等。辨廟祧之昭穆。辨吉凶之五服車旗宫室之禁。掌三族之别，以辨親疏。其正室皆謂之門子，掌其政令。

五禮，吉凶軍賓嘉。用等，牲器尊卑之等，不當用者禁之，得用者令之。祧，藏遷主之廟。周公制禮，以文王有穆穆之德，武王有昭昭之功，稱爲昭考穆考。因制爲宗廟之禮，父爲穆則子爲昭，父爲昭則子爲穆。上推祖考，下及子孫，有序而不紊，異位而同安。故孔子稱之曰宗廟之禮，所以序昭穆也。天子七廟，諸侯五廟，大夫三廟。盈其數則遷其最上之主，而别爲廟以位之，亦以昭穆爲别。至五年祫食，則遷廟之主，亦得同享於太祖之廟，此周公達乎天理人情之極而爲之。恐日久或有淆亂，小宗伯時辨之耳。吉服有五，一三五七九章也。凶服有五，斬、齊、大小功、緦麻也。五禮以吉凶該其大概。車旗、宫室，亦舉其大以該凡爲器數。禁，不得上僭下偪也。三族，父族、母族、妻族也。舊以父子孫爲三族，不知父子子孫，服有隆殺，誼原一本，皆親也。母族、妻族，後人徒見外戚專横，力爲擯斥。然因父而及父族，因母而及母族，因重夫婦之禮而及妻族，其誼相屬，其族則疏。若止父子及孫，則一族而已，何云三族，又何云辨親疏耶？正室，主家者也。親族别而禮有隆殺，皆令門子掌其正令，以施之於其族。此可見母妻之族，雖同列於三族，而禮别親疏，不相絶亦不相干也。胡爲不達聖人之意而妄疑乎？

毛六牲，辨其名物，而頒之于五官，使其奉之。辨六齍之名物與其用，使六宫之人共奉之。辨六彝之名物，以待果將。辨六尊之名物，以待祭祀、賓客。

毛，擇毛也。名，六牲皆有名。物，色也，色異而用亦異，若宗廟用騂之等。天官不奉牲，故云五官。牧人已毛之矣，此乃祭時將用之，又毛之而頒之，助王牽入廟。齍讀爲粢，即六穀，稻粱菽麥黍稷也。六宫之人，若世婦掌女宫之宿戒者。六彝，虎彝、鳥彝、斝彝、黄彝、雞彝、蜼彝。果讀爲祼。易氏祓曰：六彝用於祼，實以鬱齊。六尊用於獻，實以五齊三酒。小宗伯辨其名物以待用，然後司尊彝詔其酌，辨其用與其實。言賓客者，在廟饗賓客，亦依祭禮。惟在野外饗不用祭祀之尊，故《春秋傳》云犧象不出門也。

掌衣服車旗宮室之賞賜。掌四時祭祀之序事與其禮。若國大貞則奉玉帛以詔號。

賞賜有功者，所謂車服以庸也。衣服，若司裘衮冕以下。車旗，若巾車金路以下。序事，卜日、省牲、視滌濯饔爨之事。其事有先後之序，其禮有隆殺之別。大貞，卜立君、卜大封也。號，神號、幣號。

大祭祀，省牲，眂滌濯。祭之日，逆齍，省鑊，告時于王，告備于王。凡祭祀、賓客，以時將瓚祼。詔相祭祀之小禮。凡大禮，佐大宗伯。

瓚，才但反。相，息亮反。

充人繫牲，執事者滌濯祭器，饎人共粢盛，亨人亨牲。至祭祀之時，佐大宗伯省之、眂之、逆之，皆以告于王，其專職也。時，薦陳之早晚。備，備具。將，送也，猶奉也。賓客以時奉而授大宗伯。祭祀，或后不與，而大宗伯攝，則亦將之以授大宗伯。若授王，則小宰贊之，無所用小宗伯矣。大宗伯詔相大禮，小宗伯詔相小禮。賈氏公彦曰：言此者以下皆小宗伯專行事，不佐大宗伯，故言之以結上。

賜卿大夫士爵，則儐。小祭祀掌事，如大宗伯之禮。大賓客，受其將幣之齎。若大師，則帥有司而立軍社，奉主車。若軍將有事，則與祭有司將事于四望。若大甸，則帥有司而饁獸于郊，遂頒禽。大裁，及執事禱祠于上下神示。

與，音預。齎，子兮反。甸，音田。饁，于輒反。

賜猶命也。儐之如命諸侯之儀。小祭祀，王元冕所祭事。若大宗伯帥執事而卜日，以至詔大號之類。齎，所齎來貢獻之財物。以禮官掌之，則非禮者不得入矣。大師，王親行征伐。軍行載社主、遷廟之主以行，言立，則非社之石主與廟主，而別爲主，蓋有虛位無實主也。與祭，即祭社主廟主。其四望，則有司將事，己不與也。蓋軍所至處，必望祭其地之山川。大甸，王親田也。饁，饋也。以禽饋四方之神於郊。頒禽，以予群臣。以禮官與軍事、田事者，皆不可以無禮也。大宗伯不行，故小宗伯專之也。大裁，水火旱癘。執事，專司其事者，求福曰禱，得求曰祠。上下神示，靡神不舉也。

王崩，大肆，以秬鬯渳；及執事涖大斂、小斂，帥異族而佐；縣衰冠之式于路門之外；及執事眂葬獻器，遂哭之；卜葬兆，甫竁，亦如之；既葬，詔相喪祭之禮；成葬而祭墓，爲位。

渳，明婢反。縣，音懸。衰，七雷[1]反。竁，昌絹反、昌銳反，又音穿。相，去聲。

---

① 雷，底本作當，據致福樓本及《續修四庫全書》本改。

大肆，大浴也。湑，以秬鬯浴尸。執事，大祝之屬。小斂，衣十九稱。大斂，衣百稱。異族，不必公族也。佐，助斂也。衰冠，精粗貴賤，各有式法，懸之俾百族皆以爲準。執事，蓋梓匠之屬。將葬，獻明器之材。哭，啟殯陳行器，王哭，而小宗伯帥其當哭者亦哭也。兆，墓塋域。甫，始也。窆謂穿壙。亦如之，亦哭也。既葬而虞祭爲喪祭，明日祔於祖父，其禮皆詔相之。蓋未葬以前，不忍異於生，故無尸而設奠，象生時之薦羞也。既葬而虞以安神，男男尸，女女尸，以神事之。對未葬言，則虞爲吉祭，對卒哭言，則虞仍喪祭也。成葬，邱已封也。位，壇位。祭後土之神，以安祐之。

凡王之會同、軍旅、甸役之禱祠，肆儀爲位。國有禍烖，則亦如之。凡天地之大烖，類社稷宗廟，則爲位。凡國之大禮，佐大宗伯；凡小禮，掌事，如大宗伯之儀。

甸，音田。肄，以志反。

禱祠，祈呵護於神。肄，習也。禍烖，水火凶荒厲札。大烖，日月食、星隕、地震、山崩、水涸之類。類非常祭，而類祭禮上經言。大禮、小禮，祭祀之禮也，此則總五禮之大小。

肆師之職，掌立國祀之禮以佐，大宗伯。立大祀，用玉帛牲牷；立次祀，用牲幣；立小祀，用牲。

肆，陳也。陳列祭祀之禮者。別言之，則天神、地示、人鬼曰祀，曰享，曰祭；合言之，通謂之祀。大小祀，自天地嶽瀆社稷宗廟以次而差。幣帛一也，自其質言曰帛，制而用之曰幣。

以歲時序其祭祀，及其祈珥。大祭祀，展犧牲，繫于牢，頒于職人。凡祭祀之卜日，宿爲期，詔相其禮，眡滌濯亦如之。祭之日，表齍盛，告絜；展器陳告備；及果，築鬻。相治小禮，誅其怠慢者。掌兆中、廟中之禁令。凡祭祀禮成，則告事畢。

祈，如字。珥，而志反。相，去聲。果，音裸，鬻，同煮。

序，次其先後，始以其時祭之。祈，祈福。珥同衈，將封割牲，先取耳旁毛以釁，求神欲其聽也。祈珥，凡當祈神珥釁之事。展，省視也。繫于牢，使充人芻之。職人，五官及其屬。宿，先卜祭之夕。詔相告助其卜之威儀，及齋戒之禮。表，徽識也。盛黍稷有蓋，覆之不知其實，故須表顯之。齍，六穀。在器曰盛。陳，陳列。及裸時築鬻。築者，杵鬱金以發其香。鬻，煮秬鬯以發其味。蓋察視鬱人之如法否也。相治小禮，佐小宗伯也。掌禁令，兼平時臨事。告事畢與告潔、告備相終始也。

大賓客，涖筵几，築鬻。贊果將。大朝覲，佐儐，共設匪罋之禮，饗食，授祭。與祝侯禳于畺及郊。

罋，於貢反。食，音嗣。匪作篚。畺同疆。

大賓客，諸侯來朝者。涖筵几，司几筵設之，肆師復臨視之。築鬻所以爲裸將之用，小宗伯職之，而肆師贊之。佐儐，大宗伯朝覲會同爲上相，肆師爲佐儐也。篚，所以實幣。甕，所以實醢。饗，以酒飲賓。食，以食食賓。授祭，以物授賓使祭。祝，小祝，司侯禳之事。侯，候也，迎其祥。禳，去其殃。畺五百里，其地有水旱厲疫，乃侯禳之。肆師必偕者，重其事以急民病也。

大喪，大渳以鬯，則築鬻；令外内命婦序哭；禁外内命男女之衰不中灋者，且授之杖。

中，知仲反。

序哭，以服之輕重爲先後也。此外内命夫婦，與天官屨人不同。彼對王宮言，則外命夫惟公卿大夫士。此則該朝覲之諸侯言，其妻爲外命女。内命女，王之三夫人以下。不中法，違升數與裁制者。

凡師甸用牲于社宗，則爲位。類造上帝，封于大神，祭兵于山川，亦如之。凡師不功，則助牽主車。凡四時之大甸獵，祭表貉，則爲位。

甸，音田。造，七報反。貉，莫駕反，鄭音陌。

師田，因師而田也。社宗，師中軍社，主軍。類、造，皆祭也。聚其神而祭曰類。至其所而祭曰造。大神，方獄。山川，軍所依止。不功，軍敗也。助牽主車，以安神靈。大甸獵，以王命田，或王親田也。貉，師祭也。曰禡於所立表之處祭之，肆師爲之位。

嘗之日，涖卜來歲之芟；獮之日，涖卜來歲之戒；社之日，涖卜來歲之稼。若有大故，則令國人祭，歲時之祭祀亦如之。凡卿大夫之喪，相其禮。

芟，色銜反。獮，思淺反。相，息亮反。

嘗，秋祭也，以嘗新穀而名。芟，去草。卜來歲之芟，祈神相無萊蕪也。獮，秋田也。秋時穀熟，恐獸害稼，故因而田。卜來歲之戒，亦祈神相預戒其侵害也。社祭，土神。卜來歲之稼，祈年也。大故，水旱凶荒。令國人祭，社及禜酺。歲時祭祀亦預戒之，使無闕禮，無淫祀。　御案：職喪以國之喪禮，涖其禁令，卿大夫、士凡有爵者所同。此相其禮，則卿大夫之喪所以異於士者。

凡國之大事，治其禮儀，以佐宗伯。凡國之小事，治其禮儀，而掌其事，如宗伯之禮。

大宗伯、小宗伯、肆師所掌禮事，以次相承。禮之大者，大宗伯掌，或有故，則小宗伯攝之。禮之小者，小宗伯掌之，或有故，則肆師攝之。所以無廢事也。

鬱人，掌祼器。凡祭祀、賓客之祼事，和鬱鬯，以實彝而陳之。凡祼玉，濯之，陳之，以贊祼事。詔祼將之儀與其節。凡祼事，沃盥。

祼器，彝及舟瓚，有司辨其用，而鬱人掌其器。天地不祼，山川及門社等止用鬯，此所言祭祀，惟宗廟耳。祼玉，謂圭瓚璋瓚。節，行事早晏之節。沃盥，王將祼而盥手，鬱人沃以水也。

大喪之渳，共其肆器；及葬，共其祼器，遂貍之。大祭祀，與量人受舉斝之卒爵而飲之。

湃，明婢反。貍，門皆反。斝，古雅反。

肆器，陳夷盤以浴尸也。將葬，遣奠之祼器共之，而遂貍之，示不忍復用也。大祭祀，王酳尸，尸嘏王，其卒爵。舆，受而飲之。明鬱人共鬱鬯神果，受享而分其惠也。

鬯人，掌共秬鬯而飾之。凡祭祀，社壝用大罍，禜門用瓢齎，廟用修，凡山川四方用蜃，凡祼事用概，凡疈事用散。大喪之大湃，設斗，共其釁鬯。凡王之齊事，共其秬鬯。凡王弔臨，共介鬯。

壝，俞癸反。罍，音雷。禜，音詠。瓢，婢遥反。齎，音資。修作卣。疈，普逼反。斗，音主。齊，側皆反。

秬，黑黍也。釀以爲酒曰鬯，不和鬱。飾之，設巾覆之。壝，壇外委土爲之。罍，瓦器，取質畧之意。禜，祭水旱之名。門，國門。瓢齎，甘瓠去柢，以齊爲尊。卣，中尊，犧象之屬。蜃，畫尊爲蜃形。概，黑漆木以爲尊，絡以朱帶。無飾曰散。斗，所以沃尸。釁鬯，以鬯塗尸，使之香美也。齊事共秬鬯，以給淬浴，亦使其香美。王弔臨諸臣，至尊不自舉鬯，介代之。

雞人，掌共雞牲，辨其物。大祭祀，夜嘑旦以嘂百官。凡國之大賓客、會同、軍旅、喪紀，亦如之。凡國事爲期，則告之時。凡祭祀，面禳釁，共其雞牲。

嘑，一作呼，火吳反。嘂，古弔反。禳，如羊反。

物，毛色也。辨之，若陽祀用騂，陰祀用黝之類。夜，雞鳴時。嘑旦，以警起百官。告之時，如春朝朝日，秋暮夕月之類。面禳，四面禳也。釁，釁廟、釁鼓、釁甲兵之屬。

司尊彝，掌六尊、六彝之位，詔其酌，辨其用與其實。

位，所陳之處，若玄酒在室，醴醆在戶之類。酌，泲之使可酌。用，四時祭祀所用不同。實，鬱及醴齊之屬。按：尊，尊也。酒以成禮，所以尊賓，亦使飲者自尊也。彝，法也。飲酒有法使不亂。

春祠夏禴，祼用雞彝、鳥彝，皆有舟；其朝踐用兩獻尊，其再獻用兩象尊，皆有罍，諸臣之所昨也。秋嘗冬烝，祼用斝彝、黄彝，皆有舟；其朝獻用兩著尊，其饋獻用兩壺尊，皆有罍，諸臣之所昨也。凡四時之間祀追享朝享，祼用虎彝、蜼彝，皆有舟；其朝踐用兩大尊，其再獻用兩山尊，皆有罍，諸臣之所昨也。

獻作犧，素何反。昨作酢。著，直略反。朝，音潮。蜼，音誄，又以水反。大，音泰。

雞、鳥，刻爲雞與鳳形。獻，飾以翡翠。象，以象骨飾尊。舟，盛尊彝之器，蓋爲舟形，故名。罍，瓦尊，存質之意。斝讀爲稼，畫禾稼也。黄彝，黄目尊也。《記》

曰：黄者，中也。目者，氣之清明者也。言酌於中而清明於外也。著，著地無足。壺，以壺爲尊。間祀①，禘祫也，以其間於四時之間，故曰間祀。禘即祫也。上追始祖所自出之帝而祀之，非王者不禘，故曰禘。合群廟之主於太祖之廟而祭，故曰祫。先儒分爲二，非也。然此經云追享朝享者，追享，祀太祖所自出之帝；朝享，享太祖也。言祀所自出之帝與太祖，其用彝皆同，非析爲二祀也。古人重朝食，其祭亦然。朝踐即朝獻，再獻即饋食，亦畧爲隆殺。

凡六彝六尊之酌，鬱齊獻酌，醴齊縮酌，盎齊涗酌，凡酒修酌。大喪，存奠彝，大旅亦如之。

齊，才細反。獻，音儀，素何反。涗，舒銳反。修作滌。

酌，泲之使可酌也。齊，和齊之。獻，讀爲摩莎之莎。鬱鬯，煮鬱和秬鬯，以醆酒摩莎泲之，出其香汁。醴齊尤濁，和以明酌，泲之以茅，縮去其滓。盎齊差清，和以清酒，泲之而已。涗拭勺而酌也。凡酒，謂三酒也。滌酌，以水和而泲之。大喪遣奠時，所奠之彝存之不徹，以待貍也。大旅，國有大故之祭，亦存其尊彝不徹，蓋亦將貍之以祈。

司几筵，掌五几五席之名物，辨其用與其位。

五几，玉雕彤漆素。五席，莞藻次蒲熊。其葦萑席，喪用非常器。用位，所設之席及其處。陳氏祥道曰：筵席之制，短不過尋，長不過常，中則九尺。純緣，上不過黼，下不過緇布。王氏應電曰：古席地而坐，鋪迫地者爲筵，加筵上者爲席。筵之言延，所以延神與賓。席，藉也。

凡大朝覲、大饗射，凡封國、命諸侯，王位設黼依，依前南鄉設莞筵紛純，加繅席畫純，加次席黼純，左右玉几。祀先王、昨席亦如之。

黼，音甫。依，於豈反。鄉，許亮反。純，章允反。繅，音早。

依，制如屏風。黼，以絳帛爲質，繡白黑文而爲斧形，以置於依。大朝覲，會同。大饗，廟饗。大射，王將祭，擇士而射於依前。爲王設席，左右有几，優至尊也。莞，細蒲。紛純，以紛帛爲緣。繅，加藻飾。次，桃枝竹席，有次列成文。几，坐而凴以爲安者。古朝覲天子皆立，此几蓋既見而燕息者。昨讀爲酢，謂祭祀及王受酢之席。

諸侯祭祀席，蒲筵繢純，加莞席紛純，右彫几；昨席莞筵紛純，加繅席畫純，筵國賓於牖前亦如之，左彤几。甸役則設熊席，右漆几。

繢，胡内反。甸，音田。

分布采色曰繢，摹成物體曰畫。天子昨席與祭祀同，諸侯昨席與祭祀席異。蓋惟天子至尊，席可與鬼神同，亦由天子之昨用醴齊，與鬼神同尊。諸臣之昨席用罍，與鬼神異尊也。國賓，諸侯來朝，孤卿大夫來聘，皆以賓禮接之。席設於牖前，南鄉，

---

① 祀，底本作記，據致福樓本及《續修四庫全書》本改。

而君在阼階之主位。左彤几，承昨席并言。熊席，王甸有司祭表貉所設席。几有左右，陰事尚右，陽事尚左也。

凡喪事，設葦席，右素几。其柏席用萑黼純，諸侯則紛純，每敦一几。凡吉事變几，凶事仍几。

柏，音迫。萑，音丸。敦，音對。

喪事，謂凡奠也。葦席，凡弔者之坐。柏席，近喪柩之席。用萑較細，以尊死者也。故用黼純。敦，盛黍稷器。每敦一几，如亡者之就食而憑几也。變几，祼於室，饋食於堂，繹於祊，每事易几。凶事，凡奠朝夕仍几①，喪禮畧也。

天府，掌祖廟之守藏與其禁令。凡國之玉鎮、大寶器，藏焉。若有大祭、大喪，則出而陳之；既事，藏之。凡官府鄉州及都鄙之治中，受而②藏之，以詔王察群吏之治。

藏寶材曰府。天，尊之之詞。玉，天球之類，可爲國鎮者。寶器，兑戈和弓之類。歷代所寶者，藏於始祖之廟，重先人所遺，非示觀美也。治中，治職簿書之要。詔王察群吏之治，與冢宰相考覈也。

上春，釁寶鎮及寶器。凡吉凶之事，祖廟之中沃盥，執燭。季冬，陳玉以貞來歲之媺惡。若遷寶，則奉之。若祭天之司民、司祿而獻民數、穀數，則受而藏之。

上春，孟春，與季冬皆夏正也。周雖以十一月爲年節，而凡民事仍用夏令，此可以見。釁，日久而有罅隙者。吉事，四時之祭。凶事，王及后喪朝於祖廟之奠。小祝③與夏官小臣職沃盥，而天府爲之執燭。非祖廟事，則不與執燭也。玉，禮神之玉。大卜問來歲之美惡於龜，則天府爲之陳玉。遷寶玉者，遷都則寶亦遷，奉送於新廟之天府，仍藏之。司民，軒轅角。司祿，文昌第六星。祭司民，然後獻民數；祭司祿，然後獻穀數。獻於王，王以之藏於天府。民爲王者所天，食爲民天也。

典瑞，掌玉瑞、玉器之藏，辨其名物與其用事，設其服飾。

執於人曰瑞，禮神曰器。名物，名與色也。用事，事異而用玉亦異。服飾，服玉之飾，謂繅藉也。

王晉大圭，執鎮圭，繅藉五采五就，以朝日。公執桓圭，侯執信圭，伯執躬圭，繅皆三采三就，子執穀璧，男執蒲璧，繅皆二采再就，以朝覲宗遇會同於王。諸侯相見亦如之。瑑圭璋璧琮，繅皆二采一就，以頫聘。

朝，直遥反。信，音身。瑑，直轉反。頫，他弔反。

晉讀爲搢，插於紳帶之間也。執，手執之。大圭，長三尺，樸素無文，唯近首稍

---

① 几，底本作凡，致福樓本同，據《續修四庫全書》本改。
② 而，底本原闕，致福樓本同，據《續修四庫全書》本補。
③ 祝，底本作祀，諸本同，據《周禮注疏》改。

殺去之。鎮圭，尺有二寸，篆刻四鎮之山。繅藉，織組爲藻飾以藉玉。五采，五色。一行爲一就。蓋圭長尺二寸，廣三寸，木版亦長廣與圭同，用韋衣之，畫其上，作采就。春朝朝日，常禮也。發大政，亦拜日於東門之外。桓、信等義見前。瑑有圻鄂瑑起也。瑑圭璋八寸，璧琮八寸，以頫聘。使臣不得執君之圭璧，故用此。

四圭有邸以祀天、旅上帝。两圭有邸以祀地、旅四望。裸圭有瓚以肆先王，以裸賓客。圭璧以祀日月星辰。璋邸射以祀山川，以造贈賓客。土圭以致四時日月，封國則以土地。

邸，丁禮反。射，食亦反。造，七到反。

邸，本也。四圭各出而同一本，以象四時，故以祀天與上帝。祀天，圜丘之祭。上帝，五帝也。两圭分出而同一本，以象地偶，故以祀地與四望。裸圭，於圭頭爲器，如勺，名曰瓚，可以挹鬯裸祭。肆，大祭也。圭璧，下璧而上琢爲圭。璋邸射，有本而剡其上。至館而致饔曰造，出郊而致餽曰贈。致，考驗也。土地，猶度地也。以土圭度日景，觀分寸長短，以制其封域。

珍圭以徵守，以𠯑凶荒。牙璋以起軍旅，以治兵守。璧羡以起度。駔圭璋璧琮琥璜之渠眉，疏璧琮以斂尸。穀圭以和難，以聘女。琬圭以治德，以結好。琰圭以易行，以除慝。

駔作組。難，乃旦反。琬，於阮反。好，呼報反。剡，以冉反。行，下孟反。

珍圭，當是鎮圭。徵守，召守土之諸侯。恤凶荒，唁問或賑助之。牙璋，瑑以爲牙。牙齒，兵象，故以發兵。守，戍守也。璧羡，璧之不圜者。蓋璧本徑九寸而圜，減旁一寸以益於上下，是縱一尺，横八寸。以縱計之，十寸起度，十尺爲丈，十丈爲引。以横計之，八寸起度，八尺爲尋，倍尋爲常。恐度有時而紊，故以璧羡存諸王府，爲考驗之準。駔讀爲組。圭璋璧琮琥璜六者皆玉名，两頭皆有孔，孔穿如渠，爲渠，玉上两旁稍高爲眉。以組穿渠而繫於眉，用以斂尸。玉能輕身，故斂以六玉，神明其死之意。圭在左，璋在首，琥在右，璜在足，璧在背，琮在腹。璧琮在背腹，恐壓尸體，故疏置之也。朱子疑斂不可用玉，引季孫用玉，孔子言其不可。然用玉乃天子之禮，故孔子非之。若後世發墓之事，乃情理所無，聖人不必預防之而輕其父母也。穀，善也。其飾若粟文然。難，仇讐。和，平其爭。聘女則以納徵。琬圭無鋒芒。故以賜有德，以結諸侯之好。琰圭有鋒芒。易行，改惡行慝罪也。賜諸侯使改惡遷善，蓋先事警戒之。

大祭祀、大旅、凡賓客之事，共其玉器而奉之。大喪，共飯玉、含玉、贈玉。凡玉器出，則共奉之。

玉器，四圭裸圭之屬。飯玉，碎玉以雜米也。含玉，柱左右齻及口中者。贈玉，諸臣之喪，天子賜之以玉。凡玉器，用時出而奉之，事畢則藏之。

典命，掌諸侯之五儀，諸臣之五等之命。上公九命爲伯，其國家、宮室、車旗、衣服、禮儀，皆以九爲節；侯伯七命，其國家、宮室、車旗、衣服、禮儀，皆以七爲節；子男五命，其國家、宫室、車旗、衣服、禮儀，皆以五爲節。王之三公八命，其卿六命，大夫四命。及其出封，皆加一等。其國家、宫室、車旗、衣服、禮儀亦如之。凡諸侯之適子誓于天子，攝其君，則下其君之禮一等；未誓，則以皮帛繼子男。

五儀，公侯伯子男之儀。五等，公孤卿大夫士也。儀，禮儀。命，命之也。上公，王之三公有德者，加命爲二伯。若二王之後，所以優前代，不在此例。九、七、五，陽數也，故以命在外之諸侯。八、六、四，陰數也，故以命在内之公卿大夫。王之公卿大夫，或出外爲諸侯，皆加一等。不言士者，士卑，無出封之理。誓，猶命也。不曰命而曰誓者，命之時當有誓戒之辭。王氏應電曰：周立適，然亦有象賢之意，故諸侯適子必其賢足以繼世，天子乃命爲世子。既誓則成其爲嗣君，故攝君行。禮則執玉而下其君一等，子道也。未誓則不得執玉，而執皮帛，繼於子男之後。

公之孤四命，以皮帛眡小國之君，其卿三命，其大夫再命，其士一命，其宫室、車旗、衣服、禮儀，各眡其命之數。侯伯之卿大夫士亦如之。子男之卿再命，其大夫一命，其士不命，其宫室、車旗、衣服、禮儀，各眡其命之數。

九命之上公，乃得置孤卿一人，故公之孤四命。以皮帛眡小國之君，其出封則爲子男，自非公之孤可比。侯伯之卿大夫亦以是爲差，非謂如其四命也。子男之卿大夫亦再命、一命，重其與君共守土治民也。按此止言命數之常禮，其公侯伯子男之卿大夫亦不盡有命，故管仲不敢當卿禮，晉鞏朔獻捷於周，周讓之，以不使命卿也。

司服，掌王之吉凶衣服，辨其名物與其用事。王之吉服，祀昊天、上帝，則服大裘而冕，祀五帝亦如之。享先王則衮冕，享先公、饗射則鷩冕，祀四望、山川則毳冕，祭社稷、五祀則希冕，祭群小祀則玄冕。凡兵事，韋弁服。眡朝，則皮弁服。凡甸，冠弁服。凡凶事，服弁服。凡弔事，弁經服。

鷩，卑滅反。毳，昌鋭反。希，本又作絺，知倚反。甸，音田。冠，去聲。

大裘，羔裘也。王之吉服六，自衮冕而下皆有章數，惟大裘無章，尚質也。冕，俛也，言當俛以致恭之意。衮，卷龍衣也。天子冕服十二章，《虞書》日月星辰等是也。日月星辰亦畫於旂常，天子以下則不敢服。日月星辰以九爲節。鷩，畫以雉，即華蟲也。先公，後稷之後，大王之前，不窋至諸盩。王氏安石曰：先公非卑於先王也，祭則各以其服授尸，尸服如是，王服衮以臨之，非敬也。饗射殺於朝覲，故不服衮而亦服鷩。毳畫虎蜼，蜼如獮猴而大。希冕，服刺粉米，無畫。玄者，衣無文，裳刺黻而已。以上皆即冕以明衣服亦異。弁本作弁，象两手相合形，其制上鋭，非如冕。韋弁，以韎韋爲之。皮弁，以白鹿皮爲弁，存太古之質，其服用白布衣，積素以爲裳。冠弁服，加皮冠於禮冠之上。謂將田習兵之時，若正田時，則當戎服。凶弔亦服弁，以其素也。其衰服各如其所宜服，而弔則加絰焉。

凡喪，爲天王斬衰，爲王後齊衰。王爲三公六卿錫衰，爲諸侯緦衰，爲大夫士疑衰，其首服皆弁絰。大札、大荒、大烖，素服。

錫，思績反。

君與父等，王后下君一等，故服斬衰、齊衰異。君爲臣無服，直弔服，既葬，除之。喪服自斬衰三升，三升半，齊衰四升五升六升，大功七升八升九升，至小功十一升十二升止矣。至十五升則爲吉布，緦麻用十五升之半，疑衰亦然。疑者，擬也。大夫士降於諸侯，亦如其弔服，故疑之也。所以疑者，大夫士有德，亦可命爲諸侯，是以優之也。其錫與緦之制，錫則濯治其布，而不濯治其縷；緦則濯治其縷，而不濯治其布。凶荒烖素服縞冠，恐懼修省之意。

公之服，自袞冕而下如王之服；侯伯之服，自鷩冕而下如公之服；子男之服，自毳冕而下如侯伯之服。孤之服，自希冕而下如子男之服；卿大夫之服，自玄冕而下如孤之服，其凶服加以大功小功；士之服，自皮弁而下如大夫之服，其凶服亦如之。其齊服有玄端素端。

齊，側皆反。

自袞冕而下如王服有九章，不得如王之十二章也。侯伯自鷩冕而下如公不得服袞冕也。自公之袞以下至卿大夫士之玄冕與皮弁，皆朝聘天子及助祭之服。上得兼下，下不僭上。凶服亦然。加大功小功，總承孤卿大夫而言。天子諸侯乃絶旁期，惟服齊斬。卿大夫加大功小功，而士無降服，則加緦亦可知矣。齊或玄或素，爲札荒有所禱請也。古衣身二幅，袂亦二幅，俱長二尺二寸。袪尺二寸。自腋下至袪圜殺一尺，吉凶禮服皆同。大夫以上袪不殺，亦如其袂，謂之侈袂。

凡大祭祀、大賓客，共其衣服而奉之。大喪，共其復衣服、斂衣服、奠衣服、廞衣服，皆掌其陳序。

廞，虚今反。

大祭祀、大賓客所共衣服，蓋裘冕之屬。奉，送也。小祭祀則不親奉衣服。有藏於玉府者，玉府亦以授司服而共之，故兩職俱共復衣服。復衣服，以招魂。斂衣服，小斂十九稱、大斂百二十稱之服。奠衣服，奠時設之以憑神者，以在殯未有尸故也。若既葬，則遺衣服授守祧藏之，以待祭而授尸矣。廞衣服，明器之衣服，藏於棺中。陳序，陳之有次序也。

典祀，掌外祀之兆守，皆有域，掌其禁令。若以時祭祀，則帥其屬而修除，徵役于司隸而役之。及祭，帥其屬而守其厲禁而蹕之。

外祀，祀於四郊者，皆有兆域，禁人勿妄入。及將祭，則帥其胥徒脩除芟埽之，并召司隸使助工。及祭，清道警蹕，以昭嚴肅。

守祧，掌守先王先公之廟祧，其遺衣服藏焉。若將祭祀，則各以其服授尸。其廟，則有司修除之；其祧，則守祧黝堊之。既祭，則藏其隋與其服。

黝，於糾反。堊，烏路反，或烏洛反。隋，呼規反，又許恚反。

先公，大王以前。遷主所藏曰祧。尸服卒者之上服，以象其生。有司修除，上典祀帥屬等是。黝堊亦有司事，特其事在廟內，守祧涖之，故云然。隋，尸用以祭肺與黍稷之屬。以其爲神所用，故祭後即埋之，服則仍藏之於廟而已。均云藏，埋亦藏也。

世婦，掌女宮之宿戒，及祭祀，比其具，詔王后之禮事，帥六宮之人共齍盛，相外內宗之禮事。大賓客之饗食亦如之。

比，毗志反。齍，音咨。食，音嗣。

女宮，女舂女饎之等，以列職於宮中，故曰女宮。宿戒，夙當戒備之事。比，次第之。世婦左右於后，一切禮儀次第，皆其所詔。共齍盛，臨視整飭之。外內宗，佐后於祭時，世婦相之，使無失禮。后有佐王禮賓之法，世婦亦佐之。

大喪，比外內命婦之朝莫哭，不敬者而苛罰之。凡王后有𢷎事于婦人，則詔相。凡內事有達于外官者，世婦掌之。

莫，音暮。苛，胡何反。𢷎，古拜字。

苛，譴也。肆師令外內命婦序哭，世婦比而察之。拜，拜謝也。王於諸臣有拜，則后於婦人亦有當拜者。達於外官，授內小臣閽寺之屬而使達之。

內宗，掌宗廟之祭祀薦加豆籩，及以樂徹，則佐傳豆籩。賓客之饗食亦如之。王后有事則從。

婦人無外事，惟宗廟祭祀則后與焉。然其薦加豆籩，內宗爲之，后不親薦，禮有殺也。佐傳，佐外宗。有事，謂吉凶之事。

大喪，序哭者。哭諸侯亦如之。凡卿大夫之喪，掌其弔臨。

序哭者，次序當哭之人。哭諸侯，諸侯來朝，薨於王國，王爲之緦衰。或同姓，后宮亦有哭者。王后弔臨諸侯而已，卿大夫則內宗掌之。

外宗，掌宗廟之祭祀佐王后薦玉豆，眡豆籩，及以樂徹亦如之。王后以樂羞齍，則贊。凡王后之獻亦如之。王后不與，則贊宗伯。

與，音預。

眡，視其實。亦如之，亦佐后眡也。羞，進也。齍，黍稷。贊，猶佐也。贊宗伯，后有故不與祭，宗伯攝其事。　御案：內外宗各有專職，有兼事。薦加豆籩，內宗之專職，佐傳豆籩則兼事也。佐后薦玉豆、眡豆籩，外宗之專職，以樂羞齍則贊，其兼事也。內宗，王族之女，故后有事則從。外宗非諸臣之配偶，則子婦也，人數校內宗爲多，故可兼佐宗伯。

小祭祀，掌事。賓客之事亦如之。大喪，則敘外內朝莫哭者。哭諸侯亦如之。

小祭祀在宮中，若門戶竈之屬。外內，外命婦，內則內宗外宗也。

冢人，掌公墓之地，辨其兆域而爲之圖，先王之葬居中，以昭穆爲左右。凡諸侯居左右以前，卿大夫士居後，各以其族。凡死于兵者，不入兆域。凡有功者居前。以爵等爲丘封之度與其樹數。

公，對私而言。圖，畫其地形。　　御案：諸侯，謂王子始封者，如周公葬於畢之類。若畿內諸侯，即卿大夫是矣。其上別無諸侯。居左右以前後，非左右排列也。如文王之子，則皆附於左而爲昭。武王之子，則皆附於右而爲穆。而又於其中分爵等，以相前後。前少進而近於墓道之中央，后少退而遠於中央。各以其族者，繼世之王，以昭穆分左右，凡一王之子孫，皆從葬焉①，過此則別授之。兆如國民之有私兆域矣。諸侯不敢祖天子，尊尊也。葬則可附，親親也。死於兵，王族以罪誅者。有功者居前，居左右之前。壘土爲丘，封固爲封。度與樹數皆有別，以爵等分。

大喪既有日，請度甫竁，遂爲之尸。及竁，以度爲丘隧，共喪之窆器。及葬，言鸞車象人。及窆，執斧以涖，遂入藏凶器。正墓位，蹕墓域，守墓禁。凡祭墓，爲尸。凡諸侯及諸臣葬于墓者，授之兆，爲之蹕，均其禁。

窆，彼驗反。又補鄧反。

日，葬日。度穿土、封穴、隧道，雖有定制，而有因時異宜者，請之以便奉行。甫，始也。爲尸以祭後土。隧，入穴之道。天子曰隧，上有負土。諸侯曰羨，上無負土。窆器，下棺豐碑之屬。鸞車，遣車。象人，芻靈也。皆明器。車以爲死者所乘，束草爲人，以給事死者，欲其如生。故當葬時，以血塗其車及芻靈之口，若使之言也。執斧以涖匠師。凶器，明器。正墓位，預正之，使後之附葬者各以序。蹕，止行人，不得近之。禁，禁制，不得漫入。凡祭墓，未葬時，祭後土；已成墓，復祭後土，皆冢人爲尸也。諸侯及諸臣皆王族，義已見上。其葬時，皆冢人授之兆，爲之蹕，均其禁，而使不得相侵。

墓大夫，掌凡邦墓之地域，爲之圖，令國民族葬，而掌其禁令，正其位，掌其度數，使皆有私地域。凡爭墓地者，聽其獄訟。帥其屬而巡墓厲，居其中之室以守之。

邦中墓地，萬民所葬地。民之葬地，亦設官掌之者，恐其妨可稼之地，且教之親親尊尊也。族葬，各從其親。禁令、位、度數，見上文，其法皆自天子而差。爭，侵越不如法。墓厲，害也。山林禽獸及物怪，或有害於墓者，令民於墓中爲室，使人居守，而墓大夫則帥其屬時巡之也。

職喪，掌諸侯之喪及卿大夫士凡有爵者之喪，以國之喪禮涖其禁令，序其事。

諸侯之喪，來朝而薨於王國者。卿大夫士及有爵，皆謂畿內。喪禮有常典，恐其違越，職喪臨視之。

凡國有司以王命有事焉，則詔贊主人。凡其喪祭，詔其號，治其禮。凡公有司之所共，職喪令之，趣其事。

趣，音促。

---

① 焉，底本作馬，據《續修四庫全書》本改。

凡國之有司，以王命有事於喪禮，職喪詔主人，以禮之所宜，而贊其事。號，牲號、齍號，若柔毛剛鬣嘉薦普淖之類。凡禮當爲公有司所共者，令之使如法，趣之使速共。

大司樂，掌成均之灋，以治建國之學政，而合國之子弟焉。凡有道者有德者，使教焉，死則以爲樂祖，祭于瞽宗。

大司樂，樂官之長。人之德性，以習俗而移。古人幼學，即以樂舞教之，使習於中和，及於大成，不外乎是。故孔子曰，興於詩，成於樂也。成均，大學學宫名。國子弟，王子弟、公卿大夫之適子、國之倅、國之俊選，皆由小學而升於大學，至大學則其於道德已有得矣。故以大司樂之學政，更陶成之。學政，下文樂德等是。古之爲樂師者，多道德之士，其心静而其業專且久，久則習於中和之則，故大學用之。凡有道德者，皆謂瞽師中之良也。奉以爲師，故死則尊爲樂祖，祭之於瞽宗。瞽宗，蓋學宫祭先師處。

以樂德教國子中、和、祗、庸、孝、友。以樂語教國子興、道、諷、誦、言、語。以樂舞教國子舞《雲門》《大卷》《大咸》《大磬》《大夏》《大濩》《大武》。

祗，音支。興，許應反。卷，音權。磬，上昭反。濩，胡故反。

中，不偏倚。和，不乖戾。祗，敬也。庸，有常也。善事父母爲孝。善愛弟爲友，敬兄亦該焉。樂由人心而生，人心邪正之微，樂即傳之。此六德者，盡其道於平時，而養其性於至熟，然後播爲聲樂，合乎中和。以此教國子，其正心誠意之功，服習者有素，而此更勵以隱微存養克治之極功也。樂語者，辭氣本心而出。平日服習於中和，臨時又審於言語。興，即物喻理，如《詩》之因物起興。道讀爲導，以古喻今，引之於善。諷，微語風動之。誦，直誦古人陳言，以曉警之。言，不待問而言其事理。語，答其所問。六者皆當其節，所謂不學《詩》，無以言也。舞者，所以舒暢其筋骸，而發揚其志氣。以六代之樂舞節之，則無囂淩暴厲之氣。《雲門》《大卷》，黄帝之樂。《大咸》即《咸池》，堯樂。《大磬》，舜樂。《大夏》，禹。《大濩》，湯。《大武》，周武樂也。

以六律、六同、五聲、八音、六舞大合樂，以致鬼神示，以和邦國，以諧萬民，以安賓客，以説遠人，以作動物。

説，音悦。

律，法也，法天地陰陽之義。同亦同乎陰陽，陰陽共成其功，而後有氣化也。六同，即六呂。五聲，宫商角徵羽，乃人身自然之天籟，第無以養其本，調其平，則不合於中和，暢之以八音，齊之以六律、六同，而無偏倚駁雜之弊，斯成樂矣。舞義見上。上文言教以樂德、樂語、樂舞，蓋平日講明而服習其情文者已裕，乃大合樂而奏爲小成大成，於是鬼神可致，邦國可和，萬民、遠人、動物皆可以感。蓋天地一元之氣，流行於品物，而無處不有其中和。樂得其中和，則自然相成，有非强合之也。六者侈言其效如此。

乃分樂而序之，以祭，以享，以祀。

分樂而序，如下文所云樂各有所宜，故分而序之。祭，祭天神。享，享人鬼。祀，祀地示。合言之，皆可謂之祭。

乃奏黄鍾，歌大吕，舞《雲門》，以祀天神。乃奏大蔟，歌應鍾，舞《咸池》，以祭地示。乃奏姑洗，歌南吕，舞《大磬》，以祀四望。乃奏蕤賓，歌函鍾，舞《大夏》，以祭山川。乃奏夷則，歌小吕，舞《大濩》，以享先妣。乃奏無射，歌夾鍾，舞《大武》，以享先祖。凡六樂者，文之以五聲，播之以八音。

蔟，七豆反。磬，音韶。蕤，如帷反。函，胡南反。

奏，奏樂而不歌。黄鍾，子月之律，萬物之所從出，故奏以祀天神，符陽氣也。歌，人聲也。大吕，丑月之律。日在子而月在丑，陰陽相合之義。下彷此。黄帝正名，百物以明，民共財，日月星辰，運化照臨，以成天功，故舞《雲門》以配之。月建寅而日在亥，故奏大蔟，歌應鍾。地次於天，而實天功所賴以成。寅月萬象回春，而其機則自亥萌芽之。堯時成功，文章始備，故舞《咸池》以配之。月在辰而日在酉，故奏姑洗，歌南吕。辰月春光明媚。舜紹堯而恭己無爲，故舞《大磬》以配之。四望奠位，以宣天地之化，故以祀之。月在午而日在未，故奏蕤賓，歌函鍾。午未陰壯。山川，地氣之盛而流峙者，故以祀之。大夏，大也。函鍾即林鍾。月在申而日在巳，故奏夷則，歌小吕。濩有救護義，湯救民於水火，故樂名《大濩》。申，秋氣與巳相形。舞以《大濩》，護陽氣也。先妣，姜嫄也。姜嫄誕后稷，不特開周之基[①]，且垂萬世生養之利。秋氣肅殺，實以成物。且金者，天地之元氣也。金至申而生一元之氣，至此而已盛，故以享先妣。月在戌而日在卯，故奏無射，歌夾鍾。陽氣一陽始於子，至卯而旺，至戌而九陽終。先祖，后稷也。用之得當。后稷粒食生民，其功已茂，如中春之旺，至武王有天下，而其功德畢顯，故舞《大武》也。凡此六樂，皆待五聲八音而成文。聲容兼美，分布均平，即中和也。

凡六樂者，一變而致羽物及川澤之示，再變而致鸁物及山林之示，三變而致鱗物及丘陵之示，四變而致毛物及墳衍之示，五變而致介物及土示，六變而致象物及天神。

文猶文飾。播，均布也。盈天地間皆和氣所散布，人爲之主，無能合天地之中和者，則有情亦無情矣。樂極於和，故變而感致諸物。羽物輕疾，川澤通竅，故致之易。鱗介墳衍之屬較遲重，故致之稍難。此亦大概言。凡有情之物皆可致也。象物，龍鳳龜麟也。物之異者與天神，非有德則不能致。

凡樂，圜鍾爲宫，黄鍾爲角，大蔟爲徵，姑洗爲羽，靁鼓靁鼗，孤竹之管，

---

① 基，底本作墓，據致福樓本及《續修四庫全書》本改。

雲和之琴瑟，《雲門》之舞，冬日至，於地上之圜丘奏之，若樂六變，則天神皆降，可得而禮矣。凡樂，函鍾爲宫，大蔟為角，姑洗爲徵，南吕爲羽，靈鼓靈鼗，孫竹之管，空桑之琴瑟，《咸池》之舞，夏日至，於澤中之方丘奏之，若樂八變，則地示皆出，可得而禮矣。凡樂，黄鍾爲宫，大吕爲角，大蔟爲徵，應鍾爲羽，路鼓路鼗，陰竹之管，龍門之琴瑟，《九德》之歌，《九磬》之舞，於宗廟之中奏之，若樂九變，則人鬼可得而禮矣。

圜，于權反。角，如字，古音鹿。大蔟之大，音泰。徵，張里反。靁、雷同。九磬之九，作大。

上文言樂之理備矣，此又言分配天神、地示、人鬼相感召之義。爲宫，以之起調也。圜鍾即夾鍾，卯月之律。黄鍾子律，大蔟寅律，姑洗辰律。一陽生於子而旺於卯，天神陽也，故以祀之。靁鼓，靁鼗，皆八面鼓。懸之曰鼓，有柄曰鼗。雷乃天聲。孤竹，特生，取陽數。雲和、空桑、龍門皆山名。《雲門》，黄帝樂。皆取其類於天。圜丘，自然之丘，圜而象天。六變，自子至午而陽極盛。函鍾即林鍾，六月之律。坤位於西南，故以爲宫而起調。南吕，酉律。萬物受氣於天，而成形於地，土德之大，以其成天之功而生成萬物也。人生於寅，物華於卯，成功於酉。地德育物之始終可見，故以之祀地示。靈鼓、靈鼗，皆六面，六陰數之盛。孫竹，竹根之末生者，象子生孫，生生不窮之義。空桑、《咸池》，皆取其虚而能受也。方丘，取澤中自然之丘，方而象地者。八變，陰數之極。天地本一也，自其成象成形言，則儼然有二。天以陽爲主而施生，生生之氣始於子，故於冬至祀天於南郊，迎陽氣也。而南郊者，陽氣極盛之方。地主乎陰而成物，生成之氣始於南，故於夏至祀地於北郊，迎陰氣也。而北郊者，陰氣極盛之方。陰陽互爲其根，互成其用，而實則一元之氣流行屈伸消長之機耳。人爲天地之主，天子尤人神之主，故德法中和，樂臻盡善，而天神、地示可禮。黄鍾，子月律，大吕丑律，應鍾亥律。天地一元之氣未嘗少息，亥月陰盡木葉脱，而實則新萌已茁，至子月則陽生，歷丑寅而盛矣。人有生必有死，生之氣自子而丑而寅而盛，死之氣至亥而成。然有德者形沒而神存，死而不亡，人鬼則有德而靈者也。即子孫亦不忍死其祖考，故以黄鍾爲宫而起調，寓存而不亡之義。九變者，陽數起於一終於九，天地之數，奇變而偶不變，祭人鬼以此，取變化無窮生生之義。先王之仁也，亦天地自然之理也。其五聲八音，皆必相需而成調，此言律不備其數，各從其所重言之耳。而先儒紛紛議論，皆非也。陰竹，生於山陰者。龍門，水中之山，陰中之陽意。九德，六府三事。《九磬》，舜韶樂。舜立人倫之極，以九德化民，以九磬格天地，以此樂舞祭人鬼，所以勉人承天地而學聖人也。

凡樂事，大祭祀宿縣，遂以聲展之，王出入則令奏《王夏》，尸出入則令奏《肆夏》，牲出入則令奏《昭夏》，帥國子而舞。大饗不入牲，其他皆如祭祀。

縣，音懸。

凡樂事，所該者廣大。祭祀尤重，故又特言之。宿縣，前宿豫縣之。展，叩其聲以審其完好否。王夏三夏肆夏，九夏之三。令，令鍾師也。帥國子，當用舞者，帥以往。大饗有三，饗帝於明堂，祫祭先王，饗諸侯來朝。殺牲於門外，烹之，升鼎乃入，故云不入牲，則亦不奏《昭夏》也。其他皆宿縣展聲帥舞。

大射，王出入，令奏《王夏》；及射，令奏《騶虞》。詔諸侯以弓矢舞。王大食，三[①]侑，皆令奏鍾鼓。王師大獻，則令奏愷樂。

侑，音又。愷，音凱。

大射，王將祭，擇士而射於西郊。虞，庠也。《騶虞》，《召南》之卒章。諸侯來朝將祭，預於大射，則樂師[②]詔以射之舞節，謂執弓挾矢揖讓進退之節也。大食，朔月月半。侑猶勸也。若常食，亦以樂侑食。但樂師令之，不須大司樂也。大獻，獻捷於祖。愷樂，除暴安良，使民愷樂意。

凡日月食，四鎮五嶽崩，大傀異烖，諸侯薨，令去樂。大札、大凶、大烖、大臣死，凡國之大憂，令弛縣。凡建國，禁其淫聲、過聲、凶聲、慢聲。大喪，涖廞樂器。及葬，藏樂器，亦如之。

傀，音怪。去，起呂反。縣，音懸。廞，許金反。

四鎮，山之重大者，爲一方之鎮也。言四鎮五嶽，舉山以該瀆也。大傀，大怪。異烖，爲害於民也。去樂，藏之。札，疫癘。凶，凶年。烖，水火。大臣，畿內孤卿以上。弛，釋下其器，皆儆懼同憂之意。淫聲，若鄭衛之音。過聲，謂失節。凶聲，亡國之音。慢聲，傲僻之音。凡音之起，由人心生，政教和而人心正，乃爲善治，建國將以樂化民，故禁其非者。廞樂器，陳明器之樂器，而大司樂涖之。廞，興也，以其始作而即將藏之，故字從广。藏樂器，即藏此樂器。

樂師，掌國學之政，以教國子小舞。凡舞，有帗舞，有羽舞，有皇舞，有旄舞，有干舞，有人舞。

帗，音拂。

樂師，佐大司樂教其屬者。帗舞六者，皆包大小舞而言。人習其一，謂之小舞。合衆而大衍之，有綴兆行列，進退止齊，節之以聲音，以象其功德，謂之大舞。帗舞，析五采繒爲之。羽舞，析白羽。皇，雜五色羽如鳳皇色。旄舞，氂牛之尾。干舞，持干而舞，兵舞也。人舞，徒手而舞，以袖爲儀。凡此六舞，兼有文武，其雜見於《禮經》者不一，未定其所專屬之事。鄭康成確指其用，亦聊備一說而已。

教樂儀，行以《肆夏》，趨以《采薺》，車亦如之，環拜以鍾鼓爲節。

薺本又作齊，徐私反。

王太子、元子等皆入學，故樂師教以樂儀，非謂爲王時始教之也。《肆夏》《采齊》皆樂名。行與步趨，以之爲節，則舒徐和平。車行有緩急，鸞和之聲，動則應

---

① 三，底本作王，據致福樓本及《續修四庫全書》本改。

② 樂師，《周禮注疏》及《周官義疏》作大司樂。

節。環，旋也。拜，直拜也。按此皆謂行禮及見賓客時而習之有素，則平居無事，亦從容中節，夫子申申、夭夭，是其概也。

凡射，王以《騶虞》爲節，諸侯以《貍首》爲節，大夫以《采蘋》爲節，士以《采蘩》爲節。

射者，必内志正，外體直，其容體比於禮，其節比於樂。《騶虞》數者皆以爲節者，惟《貍首》詩逸，餘皆見《詩》，其義則愚於《射義》已詳。

凡樂，掌其序事，治其樂政。凡國之小事用樂者，令奏鍾鼓，凡樂成，則告備。詔來瞽皋舞，及徹，帥學士而歌徹，令相。

皋，何敖反。相，息亮反。

序事，陳列樂器及作樂次第，序之使不繆。樂政，凡聲音器物之備否，時節之先後，樂舞之謹怠，皆是。小事，小祭祀。成，八音俱作，一曲終也。詔來瞽，詔眡瞭扶瞽者來入也。皋舞，高聲呼當舞者舞。學士，凡入學之士，徹者歌《雍》。令相，令眡瞭扶樂工，兼始終而言。

饗食諸侯，序其樂事，令奏鍾鼓，令相，如祭之儀。燕射，帥射夫以弓矢舞，樂出入，令奏鍾鼓。凡軍大獻，教愷歌，遂倡之。凡喪陳樂器，則帥樂官，及序哭，亦如之。凡樂官掌其政令，聽其治訟。

御案：上經掌其序事，總言凡樂事，此又云序其樂事，見饗食諸侯之禮重也。覆舉序樂、令奏、令相，知饗食之異於祭者，無來瞽皋舞歌徹三事。指言諸侯，則饗食王國之卿大夫及聘卿不必然。燕射，因燕而射。射夫，衆耦也。以弓矢舞，見上。樂出入，謂笙歌有奏衆樂而兼鍾鼓，時有單奏鍾鼓，時隨其事而爲之節。大獻，獻捷於祖廟。愷歌非常用，故臨事始教樂工習之，以便獻捷歌之。倡，道其先也。凡喪，謂國喪。帥樂官而陳器，序其當哭者。凡樂官，謂大胥至司干。其政令及治訟，掌之聽之，不以煩大司樂。

大胥，掌學士之版，以待致諸子。春入學，舍采，合舞；秋頒學，合聲。以六樂之會正舞位，以序出入舞者，比樂官，展樂器。凡祭祀之用樂者，以鼓徵學士。序宫中之事。

舍讀作釋。采，音菜。比，必里反。

學士之版，學於大學者之名籍。諸子，凡鄉學小學之學士，以漸而升於大學，有版則升補可稽。舍采與釋奠異，釋奠迎牲、酌獻、授舞者器，舍采不舞不授器，但以蘋蘩薀藻之類致虔而已。春祭樂祖，因而合舞。秋祭頒所習之業，因而合聲。蓋秋而頒之，春而合之，以觀其能否。皆謂祭先師時，舞聲互言之，非偏舉也。若春秋教以禮樂，秋冬學羽籥，則謂平日講習時，與此不同。合者舞節，與樂聲比也。入，入於綴兆。出，退休也。序，正其行列次第。比，校也，以時校其能否。展，陳也，以時省其備缺。徵，召也祭祀用樂乃以鼓召學士或使供職或使觀禮至饗燕之樂則學士不與以自有樂工優學士而尊其志節也。宫中之事亦樂事，王及后恒食，皆以樂侑食，則序之。

小胥，掌學士之徵令而比之，觵其不敬者。巡舞列而撻其怠慢者。正樂縣之位，王宮縣，諸侯軒縣，卿大夫判縣，士特縣，辨其聲。凡縣鍾磬，半爲堵，全爲肆。

觵，古横字。堵，丁古反。

比，校也。觵，罰爵也。撻猶扶也。陳氏暘曰：大胥正舞位，位則酇也，所以爲綴。此巡舞列，列則佾也，所以爲行。樂縣，鐘磬之屬，懸於筍虡者。宮縣，四面縣，如宫室之四面有牆，故曰宮縣。軒縣三面，其形曲，去其南面，辟王也。判縣左右縣。特縣一面，或東方，或阼階也。　御案：鐘磬在虡，作上下兩列，一列八枚，謂之堵，即半也。合兩列則全而爲肆。全者，全十二律與四清聲也。

大師，掌六律六同，以合陰陽之聲。陽聲：黄鍾、大蔟、姑洗、蕤賓、夷則、無射。陰聲：大吕、應鍾、南吕、函鍾、小吕、夾鍾。皆文之以五聲，宫商角徵羽；皆播之以八音，金石土革絲木匏竹。

凡樂工，皆以瞽矇之賢者爲之師，大師其長也。　御案：六律五聲八音，大司樂既言之，蓋大司樂總其事而序其用，大師則專其職而辨其聲也。天地之道在陰陽，陰陽消長，而萬物生成，其播於四時者，尤顯著也。樂以象天地之和，聖人制律吕以肖十二辰，名義因之。陽左旋，陰右轉，相生相成。以五聲爲主，而八音諧之，得其中和，則天地人一氣相孚而無閒。先儒言隔八相生，以律管長短之數言，推極其理，無不可同，然特氣數之末耳。十二律皆有五聲，而旋相爲宮。八音者，天地所生之物，其聲皆分得天地之氣，故制爲樂器，以宣天地之和也。

教六詩：曰風，曰賦，曰比，曰興，曰雅，曰頌，以六德爲之本，以六律爲之音。

教六詩，教瞽矇及學士也。凡音之起，生於人心，而人心之動，因言以宣，不得其正，則爲害匪淺。以詩爲之樂章，分别其義類，或歌或吹，施之各得其宜，用之各得其正，而性情與聲樂皆和，此所以使人潛移默化其氣質也。風，微言諷動之。賦，直陳其事。比，以他比此。興，借物引起所詠之事。風，民間歌謠，可以觀民風者。雅，正也，朝廷之作，謂其可以正天下之風俗。頌，用於祭祀，美盛德之形容。風雅頌，《詩》之名；比興賦，《詩》之體。分爲六詩言之者，欲人繹其義而求其當也。六德，即大司樂所教中和祗庸孝友。是以六德爲本，然後性情正而偏私除；以六律爲之音，而後中和得而神人格。

大祭祀，帥瞽登歌，命[1]奏擊拊，下管播樂器，令奏鼓朄。大饗亦如之。大射，帥瞽而歌射節。大師，執同律以聽軍聲，而詔吉凶。大喪，帥瞽而廞；作匶，謚。凡國之瞽矇正焉。

① 命，《周禮注疏》及《周官義疏》作令。

拊，音撫。𣞼，音引。廞，希金反，又喜願反。匶，古柩字。

登歌，登堂而歌。拊，樂器，如鼓，以韋爲之，實之以糠。擊拊，瞽乃歌。下管，吹管者在堂下。𣞼，小鼓也。鼓，擊也。分布衆樂器於堂下，先擊小鼓，管乃作。射節，上文《騶虞》等。聽軍聲而詔吉凶者，人爲萬物之靈，其氣與天地相通，心之所專，輒有其驗，況軍行師衆，凶危之事，其氣機必先有兆，大師執同律而聽軍聲，以考衆志之齊一與否。若師曠聽北風南風，是其事也。廞，興也，言王之行。

御案：謚以易名，苟失其實，則欺天地神明，不誠於君父，而見疑於天下後世，故至於南郊，稱天以誄之，非王及公卿大臣所敢專也。大師及群瞽自王爲世子入學之時，而性質言動，聞之已詳，終王之身，師與瞽常在側，且多有道德者，俾各陳王之行跡，而大師取衷焉。蓋天子至尊，所畏者惟天，所懼者惟公議，故定謚於南郊，以示天鑒之甚明；陳言於群瞽，彰人心之公，是所以大爲之防而正君德也。正謂正其得失。

小師，掌教鼓、鼗、柷、敔、塤、簫、管、弦、歌。大祭祀登歌，擊拊，下管，擊應鼓，徹，歌。大饗亦如之。大喪，與廞。凡小祭祀小樂事，鼓𣞼。掌六樂聲音之節與其和。

柷，處郁反。敔，魚吕反。塤，虚鴛反。與，音預。

大師掌律吕音聲之總，小師按器而教之。鼓，大鼓。鼗，小鼓，兩旁有耳，持其柄搖之，旁耳還自擊。柷如漆筩，中有椎，方二尺四寸，深一尺八寸，投椎其中而撞之。敔如木虎，背上有二十七鉏鋙刻，以木長尺櫟之，以止樂。塤，燒土爲之，象秤錘，有六孔。簫，編竹爲之，形象鳥翼，大者二十四管，小者十六管，有底。管，如篴而小，并兩而吹之。弦，琴瑟也。歌，依詠詩也。應，應鼙也，與𣞼皆小鼓。小師亦自有拊擊之，佐大師令奏，小師復爲之倡也。與其事。小祭祀、小樂事，則小師專之，而大師不親之。節，長短節徐。和，相應而不相陵。六樂聲音之節與和，樂工皆知而小師執其總。

瞽矇，掌播鼗、柷、敔、塤、簫、管、弦、歌。諷誦詩，世奠繫，鼓琴瑟。掌《九德》、六詩之歌，以役大師。

用樂時，瞽矇但主弦歌而已，以其知音，故兼肄諸器而審其音。播，發揚其音也。世奠繫，歷代帝王善敗之事，先王定爲册以貽后，如今世系。瞽矇值王暇，時則誦詩、誦此，以著前世之得失，以昭戒王，時或奏琴瑟以養王心之和平。《九德》、六詩，見上。役，爲之使。

眡瞭，掌凡樂事播鼗，擊頌磬、笙磬。掌大師之縣。凡樂事，相瞽。大喪，廞樂器，大旅亦如之。賓射，皆奏其鍾鼓。鼜、愷獻，亦如之。

頌通作鏞。相，息亮反。鼜，音戚，又七到反。

眡瞭以扶瞽者，亦使習樂事，乃能佐瞽者所爲也，故掌凡樂事。縣樂器非有目者不能，故掌大師之縣。廞樂器，興造其樂器。大旅，有大故而祭，亦陳樂器而不作，故曰亦如之。鼜，戒守鼓也，其聲疾數。愷獻，獻功。

典同，掌六律六同之和，以辨天地四方陰陽之聲，以為樂器。

典同主造樂器，必能深識律吕之妙，而後樂器精當，故曰掌六律六同云云也。下申明其義。

凡聲，高聲䃂，正聲緩，下聲肆，陂聲散，險聲斂，達聲贏，微聲韽，回聲衍，侈聲筰，弇聲鬱，薄聲甄，厚聲石。

䃂，古本反，又胡本反。陂，彼義反。韽，音闇。筰，側百反。弇，音掩。甄，音震。

此言凡聲，蓋不止鍾聲，而鍾聲亦在其中。高聲正聲下聲，三聲聲之正也。䃂，聲高而清，有鏗鏘，若出金石，故曰䃂也。正聲，平正之聲，不疾不徐，和平中正。下聲，静細而不高亢。三者該清濁高下之全。陂聲，不正也，散而無根。險聲，不平也，收斂而覺滯礙。達聲，太高也，散越有餘，竟無收斂。微聲，太細也，幽黯而不清揚。回聲，迂曲也，反復相衍而無餘韻。侈，達之甚者，迫促而無含蓄。弇，中央寬也，聲藏於器而不出如鬱。薄，器太薄也，甄如瓦之薄，其聲短脆。厚，器太厚也，扣之如石而無清越之音。此即上文所謂辨之者也。

凡爲樂器，以十有二律爲之數度，以十有二聲爲之齊量。凡和樂亦如之。

齊，音劑。

又總言凡爲樂器，皆十二律之管爲準而齊其器，以十二聲爲諧而適於中和。朱子曰：數度，如黄鍾九寸、林鍾六寸之類。齊量，如磬材有剛柔清濁，音聲有輕重高低，以十二聲齊量斟酌，磨削厚薄，令合節奏。和，謂調其故器。

磬師，掌教擊磬，擊編鍾。教縵樂、燕樂之鍾磬。凡祭祀，奏縵樂。

縵，莫半反。　御案：八音惟石音難調，石聲和則衆音可依之以爲準。《詩》曰：旣和且平，依我磬聲。鄭康成曰：磬亦編，於鍾言之者，鍾有編，有不編，不編者鍾師擊之。　御案：鍾師掌其特縣者也，編鍾與編磬皆衆條理也，故使磬師教之。縵如錦縵之縵，謂雜聲之和樂者。燕樂，房中之樂。凡祭祀，謂小祭祀。申言縵樂可用之祭祀，故必須教其鍾磬也。

鍾師，掌金奏。凡樂事，以鍾鼓奏《九夏》：《王夏》《肆夏》《昭夏》《納夏》《章夏》《齊夏》《族夏》《祴夏》《驁夏》。凡祭祀、饗食，奏燕樂。凡射，王奏《騶虞》，諸侯奏《貍首》，卿大夫奏《采蘋》，士奏《采蘩》。掌鼙，鼓縵樂。

齊，側皆反。祴，音陔。驁，五羔反。食，音嗣。

金奏，擊金以爲奏樂之節也。鍾有特縣者，有編縣者，特縣者大而聲宏，若雜奏於八音之間，衆音易爲所掩，故但於起調畢曲之時擊之，以爲作止之節。又有鎛，差小於鍾，亦特縣。《九夏》，樂章，無考。先儒以《肆夏》《繁遏》《渠》爲《三夏》，謂即《時邁》也，《執競》也，《思文》也，而其他不備。又有謂《九夏》有調而無辭，如笙詩。愚謂《左傳》金奏《肆夏》之三，則《九夏》宜皆有辭，若無辭，則《九夏》之名從何而别，但其辭不可考耳。燕樂亦以鍾鼓。將射而奏樂，以鍾聲之，亦以《騶虞》等詩爲節。鼓，擊也。磬師奏縵樂，鍾師擊鼙以和之，其亦必以鍾諧可知也。

笙師，掌教龡竽、笙、塤、籥、簫、篪、篴、管，舂牘、應、雅，以教祴樂。凡祭祀、饗射，共其鍾笙之樂，燕樂亦如之。大喪，廞其樂器；及葬，奉而藏之。大旅，則陳之。

龡，古吹字。竽，音于。牘，音獨。祴與陔同，工才反。

竽，用竹爲之，長四尺二寸，形參差象鳥翼，三十六管，宫管在中央，竅其管底之側，以薄金葉障之，吹則鼓之而出聲，所謂簧也。笙竽皆列管匏中，施簧管端。大笙十九簧，小者十三簧。篪，以竹爲之，長尺四寸，八孔，一孔上出，名翹，横吹之，小者尺二寸。牘，以竹大五六寸，長七尺，短者一二尺，其端有兩空，髤畫，以兩手築地。應，長六尺五寸，其中有椎。雅，狀如漆筩而弇口，大二圍，長五尺六寸，以羊韋鞔[1]之，有兩紐，疏畫。　御案：塤簫管，小師教之，瞽矇習之矣。笙師又教之者，人氣之器，所用者廣，凡有目無目皆兼習之。笙入三終，爲奏樂之一節，故以有目者爲之，而别使笙師教焉，以瞽矇不便錯雜於兩階也。有時而笙，有時而管，故簫管諸器，笙師兼教之。牘應雅專爲祴樂之用，祴夏上大夫亦用焉。云教祴，則《九夏》無不教矣。鍾笙，與鍾聲相應之笙。廞，作之也，作之即將藏之。陳，奉其所職之樂器，陳於饌處。

鎛師，掌金奏之鼓。凡祭祀，鼓其金奏之樂，饗食、賓射亦如之。軍大獻，則鼓其愷樂。凡軍之夜三鼜，皆鼓之，守鼜亦如之。大喪，廞其樂器，奉而藏之。

鼜，音戚，又七到反。

鄭康成曰：掌金奏之鼓，主擊晉鼓，以奏其鍾鎛也。祭祀、饗食、賓射亦然。守鼜，夜戒守鼓。三鼜，一夜三擊。蓋守鼓不一，鎛師特三擊以導之也。　御案：鎛師所掌，即鼓人所教，而别爲二職者，鼓人所鼓，神祀、社祭、鬼享、軍旅、田役，金奏以及祭祀百物之神，皆用於鄉遂都邑，故屬地官。鎛師所鼓，祭祀、饗食、賓客、大獻，皆用於王朝，故屬禮官。惟鼓鼜二職并列，以其軍旅之所在，而各共其職也。廞其樂器，鼓鎛也。

韎師，掌教韎樂。祭祀則帥其屬而舞之。大饗亦如之。

韎，東夷之樂。四夷各有樂，以韎名其官者，周居西土，東夷至遠，明遠夷皆屬也。得遠人之懽心，以祀先王。大饗，舞之以勵諸侯。

旄人，掌教舞散樂，舞夷樂，凡四方之以舞仕者屬焉。凡祭祀、賓客，舞其

---

① 鞔，底本作輓，據致福樓本及《續修四庫全書》本改。

燕樂。

旄，牛尾，舞者所執以指揮也。散樂，列國之樂。夷樂，雜居中國夷狄之樂。四方各善其鄉之樂者，使仕而隸焉。蓋舞與樂相通，以周知四方之風俗也。祭祀、賓客，舞之義如前。

籥師，掌教國子舞羽歈籥。祭祀則鼓羽籥之舞。賓客饗食，則亦如之。大喪，廞其樂器，奉而藏之。

歈同吹。

舞有文武，持羽吹籥，所謂籥舞，文舞也。不言武，統於文也。鼓，以鼓爲之節。廞樂器，亦以其所職之器。

籥章，掌土鼓豳籥。中春晝擊土鼓，歈《豳詩》以逆暑。中秋夜迎寒，亦如之。

籥章，主吹籥以葉詩章者。土鼓，以瓦爲匡，以革爲两面，可擊也。豳籥，以籥吹《豳詩》。《豳風》言稼穡之事，始於公劉，周公後以戒成王，因令民吹籥以相勸戒。暑，陰火盛而陽氣微。寒，陽氣盛而陰氣微。極暑之日，陰成陽功；極寒之日，陽爲陰主。中春、中秋，陰陽平均之時也。而於此迎之，蓋陽生者必待陰成，陰生者必待陽成，有燮理之妙義焉。

凡國祈年於田祖，歈《豳雅》，擊土鼓，以樂田畯。國祭蜡，則歈《豳頌》，擊土鼓，以息老物。

樂，音洛。

田祖，先教民農者，謂神農也。田畯，古之工於農者。蜡，歲十二月，合聚萬物而索饗之也。詳見《郊特牲》。《豳頌》即《豳詩》，而以雅聲合之。息老物，物至此而老，休息之以寓功成氣蓄之義。故擊土鼓，冬令閉藏，實天地一元之氣蕴蓄而含養也。

鞮鞻氏，掌四夷之樂與其聲歌。祭祀，則歈而歌之，燕亦如之。

鞮鞻，夷人所履之革履也。掌其樂，因以之名官。四夷，四方之夷，其種實繁，中國第以夷蠻戎狄概之。東方曰《韎》，南方曰《任》，西方曰《侏離》，北方曰《禁》，則其樂名人聲，出於天籟，雖異域不殊，故設官以統之。而祭祀與燕，亦歈而歌之，所以示太和被於四方，使人知凡人皆同此心理，所以教導化成之者，不可不自盡也。

典庸器，掌藏樂器、庸器。及祭祀，帥其屬而設筍虡，陳庸器。饗食、賓射亦如之。大喪，廞筍虡。

庸器，先世所寶樂器，若垂之離磬，女媧之笙簧類；又伐國所獲可寶之樂器，及有功所鑄紀功之器，皆傳爲世守者也。設筍虡以陳庸器，祭祀以告先人，示能守。饗食、賓射，以明前人之德。筍虡方廞時，縣之入壙弗用，《檀弓》所謂有鍾磬而無筍虡也。

司干，掌舞器。祭祀，舞者既陳，則授舞器，既舞則受之。賓饗亦如之。大喪，廞舞器，及葬，奉而藏之。

干，盾也。舞者所執舞器，則凡文舞武舞之器授舞者，或親授，或轉相授，其受而藏之，則歸於司干。

大卜，掌三兆之灋，一曰玉兆，二曰瓦兆，三曰原兆。其經兆之體，皆百有二十，其頌皆千有二百。掌三《易》之灋，一曰《連山》，二曰《歸藏》，三曰《周易》。其經卦皆八，其別皆六十有四。掌三夢之灋，一曰致夢，二曰觭夢，三曰咸陟。其經運十，其別九十。

觭，居宜反，又其宜反。

天人一理也，理極於精，則人道即天道，此惟聖人能然。下此則於義理不無是非，故有疑則決諸神明。龜，服氣而壽，四靈之至靜者，故藉以問神。凡卜，先以墨畫其事於龜，而火灼之，以觀其兆。三兆，其大綱也。玉，如玉微有紋。瓦則其坼較粗。原，田也，其坼大裂。卜龜之法，按五行取象，橫者土，直者木，斜曲者水，團結者金，散裂者火，所謂兆體也。百有二十，其頌千有二百，蓋皆有成籍稽而斷之。頌即繇詞，今皆無傳。《洪範》所謂曰雨，曰霽，曰蒙，曰繹；《左氏》所載鳳皇于飛，其鳴鏘鏘之類。同一《易》也，而三代序卦不同，夏曰《連山》，首艮，於方居東北，於干爲丑，於時爲亥，成始而成終之義。殷曰《歸藏》，首坤，於方爲中央，於干爲未，於時爲六月，萬物生成於土之義。周始乾坤，文王所序，天地萬物之父母也。三代卜筮之法，皆以《易》爲主，而取象決疑，用或不同，夏殷之法不傳矣。皆八，謂三代皆以八卦爲經，六十四卦爲別。掌夢法者，人爲萬物之靈，其精神可以無所不至，雖寐中所見聞，容有可占驗者。但非深明陰陽之正理，人道之精微，則反信夢疑夢，致生妖異，故大卜掌其法以決其是非。鄭氏鍔曰：致夢出於有所因，孔子夢周公是也。一仰一俯爲觭，觭夢怪異，趙簡子夢童子倮而轉以歌，魯聲伯夢泣而珠盈懷是也。無心感物謂之咸。陟，升也。精神上與鬼神通。經運及其別，即占夢之法，亦有成籍，而大卜復參決之。舊註以運爲煇，非也。

以邦事作龜之八命，一曰征，二曰象，三曰與，四曰謀，五曰果，六曰至，七曰雨，八曰瘳。以八命者贊三兆、三《易》、三夢之占，以觀國家之吉凶，以詔救政。

邦事，國之大事待占者。以八者爲概而問龜，其筮與夢亦該其中矣。征，征伐之事。象，雲物災變，凡有象者。謀，謀議，是非不決者。果，理所必行，而遲速輕重須酌者。至，問人物之至否。雨，問雨否。瘳，問疾瘳否。贊，相參助之意。龜筮夢，或專卜，或參考，皆以察事幾於未萌，而致其戒慎，善其修爲，則警戒之意深，而非禮之失寡。故曰觀國家之吉凶，且詔王救政也。後世不明其義，廢人事而專恃夢卜，豈非傎乎？

凡國大貞，卜立君，卜大封，則眡高作龜。大祭祀，則眡高命龜。凡小事，涖卜。

卜言貞，凡事必正而後卜也。卜立君，無冢嫡，則擇其賢者，而更卜諸先君以決之。大封，封建諸侯，卜其封域之美惡。眡龜骨之高處可灼者命龜。將灼龜，有命之之詞，如祝。祭祀與上二者皆大事，大卜親之，小事則涖之而已。按《儀禮》：卜人奠龜，宗人視高，及坐，命龜，而後卜人坐，作龜。則命龜非灼龜，葢藉龜以問神，必有詞以宣之，即所謂命龜也。

國大遷、大師，則貞龜。凡旅，陳龜。凡喪事，命龜。

遷都、出征，則正龜於卜位，不親命龜卜。旅祭則但陳之而已。喪事命龜者，重喪禮也。

卜師，掌開龜之四兆，一曰方兆，二曰功兆，三曰義兆，四曰弓兆。凡卜事，眡高，揚火以作龜，致其墨。凡卜，辨龜之上下左右陰陽，以授命龜者而契[1]相之。

相，息亮反。

劉氏彝曰：將卜則開龜之下體，去其外甲，而存其下甲有橫直之文者，以卜也。其下甲有直文者，所以分左右陰陽也。橫有五文分十二位者，象五行與辰次也。其上下不可以爲兆，可開而燋者，左右各二，故曰四兆。方，一定之向。功，可成之業。義，當爲之事。弓，張弛之義。揚猶熾也。致其墨，先以墨畫其所問之事於龜，乃灼之，龜之上下左右陰陽，反覆視之，以正其處。授命龜者，俟命之之後，再開而作之也，契相，彼此意見相合，相爲贊助。葢恐一毫有誤，致所占不靈，愼重之意也。不言命龜者，還授卜師省文也。

龜人，掌六龜之屬，各有名物。天龜曰靈屬，地龜曰繹屬，東龜曰果屬，西龜曰靁屬，南龜曰獵屬，北龜曰若屬。各以其方之色與其體辨之。

果，音蠃。靁同雷，又力胃反。

龜之類非一，故須辨其名物，物殊則名異。靈，歲久而通靈，所謂神龜也。繹次之，亦有靈而可尋繹，但不如天龜之至靈耳。二者統下言，言乎龜之美者，以其得天地之靈氣，故名之曰天龜、地龜。其實與下四龜皆產於地，四者之名亦以其大概言之也，不可盡拘，且四者之中，即時有天龜、地龜也。《爾雅》云：俯者靈，仰者繹，前弇果，後弇獵，左倪靁，右倪若。亦可辨之一端，姑存之。色，五色。體，形體也。

凡取龜用秋時，攻龜用春時，各以其物入于龜室。上春釁龜，祭祀先卜。若有祭事，則奉龜以往。旅亦如之，喪亦如之。

御案：取之用秋，陰氣足也。攻之用春，劑之以陽也。秋時已殺之，至春攻治之，則去其上甲而留其下甲及牆。入藏之於室，每歲易之。惟大寶龜若天龜、地龜，

① 契，《周禮注疏》及《周官義疏》作詔。

則不易也。按《爾雅》有十龜，賈氏公彦曰：一神龜，龜之最神明者。二靈龜，今觜蠵龜，一名靈蠵，能鳴。三攝龜，腹甲曲折，能自張閉，好食蛇，江東呼爲陵龜。四寶龜。五文龜，甲有文采。六筮龜，常在耆叢下潛伏。七山龜。八澤龜。九水龜。十火龜。　愚按：龜之類不一，海中者極大，其他山林藪澤皆產之，或靈或不靈，亦不在形體之大小。《爾雅》亦大概言之耳。釁龜，殺牲以血之，神之也。先卜，先代神於卜者，釁時即祭之以祈鑒。旅非常祭，而祈禱之名。

菙氏，掌共燋契，以待卜事。凡卜，以明火爇燋，遂歙其焌契，以授卜師，遂役之。

菙，時髓反。燋，哉約反，又祖堯反。契，苦計反。爇，如悦反。焌，音俊，又存悶、祖悶二反。

菙，荆木也。以之灼龜，故因以名官。灼龜，取生荆枝及生堅木燒之，存其炬以灼。燋即炬也。契，刻也。凡灼龜，先以刀割所當灼之處。燋契，以火灼所契之處。明火，以陽燧取火於日也。先以火爇荆存性，及灼時歙之使然，以契柱燋火，而授卜師。役之，使助之。

占人，掌占龜，以八簭占八頌，以八卦占簭之八故，以眡吉凶。凡卜簭，君占體，大夫占色，史占墨，卜人占坼。凡卜簭既事，則繫幣以比其命；歲終，則計其占之中否。

簭同筮。繫，音係。比，毗志反，又必履反。中，去聲。

卜筮以求神，神不可知也，故卜筮必兼用以致其詳慎。占人掌占龜，蓋與卜師互參成之，而大卜特總其事耳。八頌，即大卜所掌八命，卜而得其頌矣。又以八筮占其頌，再以八卦占八筮之故。龜從筮從，不外於義理，而後吉凶可眡焉。王氏昭禹曰：龜卜之事，龜坼而後墨見，墨見而後色著，色著而後體備。卜人先占坼，史占墨次之，大夫占色又次之，衆占備而後君占體，以斷吉凶。此尊挺進之序也。《玉藻》卜人定龜，史定墨，君定體，則先後之序。既事，畢事也。命，將卜而先告神之詞。於時即有禮神之幣，事畢則以所占之兆，視與所祈之命相符否，繫幣與命而藏之櫝，歲計其占之中否，以黜陟卜筮之人也。

簭人，掌三《易》，以辨九簭之名，一曰《連山》，二曰《歸藏》，三曰《周易》。九簭之名，一曰巫更，二曰巫咸，三曰巫武，四曰巫目，五曰巫易，六曰巫比，七曰巫祠，八曰巫參，九曰巫環，以辨吉凶。凡國之大事，先簭而後卜。上春，相簭。凡國事，共簭。

巫，如字。易，當爲易。相，去聲。共，上聲。

三《易》之法，即《易》辭以參考其義也。九簭之名，巫更、巫咸等九人，皆前代工於筮者。其流傳各有法，法異故名殊，辨之而皆得其意義，乃可以精於筮而辨吉凶也。先簭後卜，大事必慎重以決之也，小事卜則不簭，簭則不卜。相簭，選擇蓍草。不曰擇而曰相，敬重之辭。共簭，則并簭事而掌之。

占夢，掌其歲時觀天地之會，辨陰陽之氣，以日月星辰占六夢之吉凶。一曰正夢，二曰噩夢，三曰思夢，四曰寤夢，五曰喜夢，六曰懼夢。

噩，五各反。

人在天地氣化之中，其志慮精神當理與否，時或形諸於夢，第非深明義理者，不能察其幾。設占夢之官，其亦必賢者爲之也。天地之會，天地氣化所際，及陰陽消長之機皆是。陰陽之氣，所夢日時所值晦明風雨及諸變態。日月星辰，乃謂日月弦望晦朔干支生王休囚及星辰躔度所值。蓋以此數日爲主，而合以夢，決其有關係否，非專信夢也。正夢，合理之夢。噩夢，驚愕致夢。思夢，專念成夢。寤夢而寤言，喜有所喜，懼有所懼。六者生於人心，非清明在躬，志氣如神，則正夢寡矣。決其是者，明其非者，使人去惡而遷善，蓋即所以爲教焉，非如後世不修人道而聽命於夢也。

季冬，聘王夢，獻吉夢于王，王拜而受之；乃舍萌于四方，以贈惡夢，遂令始難毆疫。

舍作釋。難一作儺，乃多反。

季冬，萬物閉藏之時，而有不常之夢，故當問之。聘，問也，以幣帛行禮而問。吉夢，即王之夢問之而得吉，則占其故而獻於王，若夢賚良弼，夢非熊羆，皆默如有啟誘之者然，故王拜而受之。其惡夢，則亦必陳諫勸以導王預防可知矣。舍萌即釋菜，季冬菜始萌，故云然。四方，東南西北各釋菜以禳之，明警懼之意，庶惡夢不驗也。贈，送也。爲善即避禍之方，非專恃祈禳也。遂令方相氏行難禮毆疫氣，推己以及人，恐民或有裁厲也。且難本舊典，即無惡夢，斯時亦當行之，經特連及之耳。

眡祲，掌十煇之灋，以觀妖祥，辨吉凶。一曰祲，二曰象，三曰鑴，四曰監，五曰闇，六曰瞢，七曰彌，八曰敘，九曰隮，十曰想。掌安宅敘降。正歲則行事，歲終則弊其事。

煇，音運。鑴，許規反，又下規反。瞢，忙鄧反。隮，子兮反。弊，必世反。

祲，陰陽之氣侵日而有異象也。天變非一日。象，人君尤重，故以眡祲名官，而凡天變之象，皆占之也。煇，日旁氣。祲，陰陽沴氣侵日。象，雲物成象。鑴，雲如鑴而刺日。監，雲象籠，日如監臨之。闇，日月食。瞢，日月瞢瞢無光。彌，陰氣彌漫。敘，雲次敘如山而在日上。隮，虹氣淩日。想，雲日成形無可比，而想其義以決之。安宅，安民居。敘降，鄭康成曰：敘次其凶禍所下，謂禳移之。蓋天變不虛生，安民居而禳移其禍，人君不以災變爲一人累，而恐其妨民也。正歲行其事，更新之意。歲終斷其事，察災變之弭否。

大祝，掌六祝之辭，以事鬼神示，祈福祥，求永貞。一曰順祝，二曰年祝，三曰吉祝，四曰化祝，五曰瑞祝，六曰筴祝。

祝，告神之詞。大祝，祝官之長。神處於幽，而其理實與人無二，人失其常，則理氣乃不能與神通。凡祭祀皆以敬神，而敬之之故，則恐人道不修，致天之罰。求神宥之也，故必有祝詞以達之。永貞，永守其正。人倫日用，順其正理而行之，各得其宜，無意外之患苦，即所謂福祥也。祈福祥，求永貞，如君明臣良，父慈子孝之數，各得其理而成其太和也。順祝，順理而祝，如祭天地宗廟及凡常祭，順其道而致敬於神。年祝，祈年。吉祝，有吉慶之事而禮神。化祝，有災異而祈其消化。瑞祝，有祥瑞，不敢信以爲實，而歸功於神明。筴祝，有大事，祝神而存諸筴，以待後驗。夫天人感應，捷於影響，順理則吉，違理則凶，非可以祝求也。而聖人設官爲之者，蓋心之邪正，人不及窺，而神天察之。祭事非徒文也，其必有順天理踐人道之實，而後可以事神。祝詞且不可苟，況平日之言動乎？此亦天人合一之旨矣。

掌六祈，以同鬼神示，一曰類，二曰造，三曰禬，四曰禜，五曰攻，六曰說。

造，七報反。禬，古外反，又音會。禜，音詠。說，書悅反。

天神地示人鬼非一，方域異則鬼神亦殊。六祈有所祈而祭之，莫測鬼神之變化所在，而以誠敬求之，所以爲同也。類，非常祭而類其儀。造，至於其地而祭。禬[①]，眾期會以共祭，若大宗伯以禬禮哀圍[②]敗之類。禜，水旱癘疫，或風雨不時，祭山川之神。攻，祈神禦災，如妖邪蠱毒之類，必藉神以去之。《詩》曰：秉彼炎火，是其一也。說，解說之義，或愚民無知，觸犯鬼神，悔罪自新，以祈免也。此六祈皆有祝辭，與上文互相備。

作六辭，以通上下親疏遠近，一曰祠，二曰命，三曰誥，四曰會，五曰禱，六曰誄。

會，如字。

上下，謂天地。親，祖考。疏，古昔聖賢。近，社稷五祀。遠，四海九州之神。

御案：六祝之辭，典祀所常用，此六辭因事而特告也。祠，廟也，告廟之辭。命，如命龜之命，《記》曰：假爾泰龜有常，假爾泰筮有常，是所以命之也。誥，告，如《武成》[③]告于皇天後土，《金縢》乃告太王、王季、文王。會，會眾而要言於神，《春秋傳》司慎司盟，名山名川，群神群祀，先王先公，七姓十二國之祖，明神殛之，亦其一類。禱，禱於天地、社稷、宗廟，若蒯聵戰于鐵禱神是。誄，據生時德行以錫之命。

辨六號，一曰神號，二曰鬼號，三曰示號，四曰牲號，五曰齍號，六曰幣號。

鄭康成曰：號，謂尊其名，更爲美稱焉。神號，若云皇天上帝。鬼神，若云皇祖伯某。示號，若云後土地示。幣號，若玉云嘉玉，幣云量幣。鄭氏眾曰：牲號，犧牲名號，若牛曰一元大武之類。齍號，黍稷名號，若黍曰薌合之類。

辨九祭，一曰命祭，二曰衍祭，三曰炮祭，四曰周祭，五曰振祭，六曰擩

---

① 禬，底本作繪，據致福樓本及《續修四庫全書》本改。
② 圍，底本作國，諸本同，據《春官·大宗伯》改。
③ 成，底本作城，諸本同，據《尚書》及《周官義疏》改。

祭，七曰絕祭，八曰繚祭，九曰共祭。

衍，讀作延。炮，讀作包。擩，如泉反。繚，音了。共、供同。

古人每食必祭，有此九者。命祭，《玉藻》[①] 君賜之食，而君客之，則命之祭，然後祭是也。衍讀爲延，《曲禮》客若降等，執食興辭，主人興辭於客，然後客坐，主人延客祭是也。　御案：男巫望衍，旁招以茅，則延可爲衍。炮讀爲包，包猶兼也。有司徹，宰夫贊者，取白黑以授尸，尸受，兼祭於豆祭是也。　御案：《閒傳》輕者包，重者特[②]。周，徧也。《曲禮》殽之序，徧祭之。擩祭，以肝肺菹擩鹽醢中以祭。振，舉動也。不食者擩而不振，將食者必振乃祭。絕祭、繚祭，皆祭肺也，但肺有二種，曰舉肺、祭肺。祭肺[③]則已絕者直祭之而已，舉肺則《少儀》所云三牲之肺，離而不提心，必繚[④]而絕之，乃可以祭。共猶授也。王祭食，宰夫授祭。　愚按：食必祭，不忘本也。但其禮簡畧，或隣於褻，有此九法，乃致其恭敬周詳之意。

辨九𢷎，一曰稽首，二曰頓首，三曰空首，四曰振動，五曰吉𢷎，六曰凶𢷎，七曰奇𢷎，八曰襃𢷎，九曰肅𢷎，以享右祭祀。

𢷎，古拜字。䭫[⑤]，音啟，本又作稽。奇，居宜反。襃，音報。右，讀爲侑。

御案：古人之拱，兩手不平，故有尚左尚右之異。凡男拜尚左手，女拜尚右手。拜者，下一手先至地，而上一手後至乃交。喪拜則男子尚右手，婦人尚左手。稽首，頭至地，稽留片時而後起。頓首，頭至地則舉，一謂之叩首，如以首叩地也。空首，先以兩手拱至地，頭至手，以頭不至地，故名空首。振動，肅拜，但俯下手，鄭康成曰若今時揖。賈氏謂推手曰揖，引手曰揖。此四拜者正拜也，餘五拜逐事生名耳。吉拜、稽首、頓首，男尚左，女尚右。凶拜則男尚右手，婦尚左手。稽顙也，稽顙類稽首，而顙亦至地且久，後世所謂泥首也。奇拜，一拜也。襃拜，再拜也。此九者不專爲享右祭祀，而結以是者，舉其重者而言。享，獻也，謂朝獻饋獻。右讀爲侑。侑勸尸食而拜。

凡大禋祀、肆享、祭示，則執明水火而號祝；隋釁、逆牲、逆尸，令鍾鼓，右亦如之；來瞽，令臯舞，相尸禮；既祭，令徹。

隋，許規反。臯讀作嗥，戶高反，又戶報反。相，息亮反。

大禋，祭天神。肆享，祭宗廟。示，地示。陽燧取火於日，方諸取水於月，藉天地之氣以給烝享。號祝，取神示之號以祝也。隋，隋祭。凡血祭曰釁。右讀爲侑。令鍾鼓，令樂師帥其屬奏鍾鼓也。來瞽，令瞽入來。令，令樂師。臯，告也，告當舞者舞。相尸禮，延其出入，詔其坐作。徹，徹祭器。

大喪，始崩，以肆鬯渳尸，相飯，贊斂，徹奠；言甸人讀禱；付、練、祥，

① 玉，底本作王，據致福樓本及《續修四庫全書》本改。
② 特，底本作時，致福樓本同，據《續修四庫全書》本改。
③ 肺，底本作脯，據致福樓本及《續修四庫全書》本改。
④ 繚，底本作僚，致福樓本同，據《續修四庫全書》本改。
⑤ 䭫，底本作稽，據中華書局《周禮正義》改。

掌國事。國有大故、天烖，彌祀社稷，禱祠。

湃，綿里反。相，息亮反。飯，扶晚反。斂，力驗反。付，音祔。

肆鬯，陳尸設鬯也。湃尸，以鬯浴尸。湃尸小宗伯亦掌之，治其禮也，此則親其事也。浴訖即飯含，不言相含者，大宰贊贈玉含玉也。贊斂者，冬官主斂事，大祝贊之。徹奠，徹而又奠也。自始死之奠，以及襲奠，小斂大斂奠，并朝夕之奠，皆徹前奠而後陳新奠。言猶語也。甸人喪事代王受眚災，大祝爲禱辭語之，使以禱於藉田之神。祔，虞卒哭後，祔祭於祖廟，將以新主祔廟，而預告於先王也。練，十三月小祥練祭。祥，二十五月大祥，除衰杖。大故，兵寇。天烖，疫癘水旱。彌猶徧[①]也。徧祀社稷及諸所禱，既則祠之以報焉。

大師，宜于社，造于祖，設軍社，類上帝，國將有事于四望，及軍歸獻于社，則前祝。

宜、造、類，皆祭名。將出師，告於社與祖，設社主，取遷廟之主載以行，類祭上帝。蓋王者之師，皆不得已而用，故告帝告祖祭社，此三者皆君舉而祝從。至將有事於四望及軍歸，則君不親行，故祝前行以致告。

大會同，造于廟，宜于社，過大山川，則用事焉；反行，舍奠。建邦國，先告後土，用牲幣。禁督逆祀命者。頒祭號于邦國都鄙。

舍讀作釋，又一音赦。

大會同，王合諸侯於國外。用事，用祭事以告行。反則舍奠。蓋出告反面，事死如生，事神如事人也。后土，社神。牲幣，禮動不虛也。督，正也。禁其所不當祀，正其所當祀者。逆祀命，命之祀而弗祀，非所命而祀者皆是。祭號，其所當祭之神號。邦國都鄙，土地人民廣狹不同，名位亦異，故必頒其號而後不紊。

小祝，掌小祭祀將事侯禳禱祠之祝號，以祈福祥，順豐年，逆時雨，寧風旱，彌烖兵，遠辠疾。大祭祀，逆齍盛，送逆尸，沃尸盥，贊隋。凡事，佐大祝。

彌讀作敉，綿以反。遠，於願反。隋，許規反。贊徹，贊奠，錯簡。

將事，將號祝之事，如下文也。侯之言候也，於當禳禱祠時，爲其祝號以候。禳，禳卻凶咎。求佑曰禱。報賽曰祠。豐穰之後仍祈有年曰順。彌、弭同，息也。逆齍盛，蓋已熟而實於簠簋者。若小宗伯所逆，則未炊之齍。舍人實而陳於西堂之上，小祝自堂下逆而升之。尸在廟門外則疑於臣，在廟中則全於君。君在廟門外則疑於君，入廟門則全於臣，全於子。故君迎牲而不迎尸，送尸逆尸，大小祝主之。大祝事多，或有不暇，故小祝共之。沃尸盥者，尸尊不就洗，尸入廟門，盥於盤，小祝沃水也。隋祭者，尸始入室，拜妥尸，尸隋祭，以韭菹擩於醢，祭於豆間，小祝贊之。賈氏公彥曰：佐太祝不於職末言之者，自此以上佐大祝，自此以下惟贊湃佐大祝，設熬

① 徧，底本作偏，據致福樓本及《續修四庫全書》本改。

以下小祝專行。

大喪，贊湃，贊徹，贊奠，設熬，置銘；及葬，設道齎之奠，分禱五祀。大師，掌釁祈號祝。有寇戎之事，則保郊，祀于社。凡外内小祭祀、小喪紀、小會同、小軍旅，掌事焉。

齎，音咨。"贊徹，贊奠"四字錯簡，今正，補於此。

湃，浴尸。熬，棺既蓋，設於其旁，所以惑蚍蜉。熬，黍稷稻粱盛於筐，或加魚腊。銘，明旌也，書死者名於旌。《檀弓》以死者爲不可別已，故以其旗識之。道齎，生人行道必有齎，故葬時設道齎之奠。分禱五祀，以告行也。釁，釁鼓。保郊，於郊外事社神以保固郊圻。外小祀，林澤四方百物。内小祀，宫中七祀等。小喪紀，王后以下之喪。小會同，殷頫之類，王不與則爲小。小軍旅，遣卿大夫征伐。事，號祝之事。

喪祝，掌大喪勸防之事。及辟，令啟。及朝，御匶，乃奠。及祖，飾棺，乃載，遂御。及葬，御匶，出宫乃代。及壙，說載，除飾[1]。小喪亦如之。

防，扶方反。辟，音闢。朝，直遥反。匶，古柩字。說，吐活反。

喪祝，從所重而名也。勸防，執纛居匶路前，詔告以防傾側。辟，辟除。啟，啟柩也。辟除啟喪而行，喪祝號詔之。朝啟行，朝於祖廟，喪祝爲御匶。奠，奠祖廟。祖，祭道於庭也。生時出必祖，死亦象之，事死如生也。飾棺載喪匶，祝乃御匶以行。乃代，喪祝二人相與更也。及壙，及將入壙時。說載，脱去車與棺引等。除飾，解去帷荒池組等。小喪，王后世子以下，其禮皆同。此喪紀之事，特即天子言之。而自王以下及於士庶，其制雖有等差，其禮不易，所用之物亦多相類，所以教民重本。合《禮經》所載可知，不能盡述也。

掌喪祭祝號。王弔，則與巫前。掌勝國邑之社稷之祝號，以祭祀禱祠焉。凡卿大夫之喪，掌事，而斂飾棺焉。

喪祭，虞也。君尊弔臣，喪祝與巫以桃茢執戈在王前，辟除不祥。勝國，已亡之國，其社屋，而國與邑民或有所禱而獲應，則其禱其祠皆爲之祝號。按《士喪禮》有商祝、夏祝、周祝之名，士而有之，則卿大夫可知，而其人皆喪祝統之，非喪祝在在而親其事也。祝必有禮，聽於喪祝，乃無失耳。

甸祝，掌四時之田表貉之祝號。舍奠于祖廟，禰亦如之。師甸，致禽于虞中，乃屬禽。及郊，饁獸，舍奠于祖禰，乃斂禽。禂牲、禂馬，皆掌其祝號。

甸，音田。貉，讀作禡，莫駕反。舍，音釋。屬，音燭。饁，于輒反。禂，音誅。

四時之田，蒐苗獮守也。貉、禡同，田以習武，故亦禡祭。表，植旌爲表也。植

① 飾，底本作節，致福樓本同，據《續修四庫全書》本改。

表與禡皆有祝號，甸祝爲之，或田或征伐，皆釋奠于祖廟。禰，父廟也，其祝號亦爲之。師甸，起大眾而田。虞中，即立表處，獵者各以其禽來此。屬，別其物。饁，饋也。四郊皆有群神之兆，以所獲禽饋郊，使薦於群兆也。奠于祖禰，告事畢，斂禽。每禽擇取三十，一爲乾豆，二爲賓客，三爲充君之庖。斂之不特入于腊人，入于囿人、服不氏，以待不時而取，皆是。禂，禱也。禱牲，求肥充。禱馬，求肥健。

詛祝，掌盟、詛、類、造、攻、說、禬、禜之祝號。作盟詛之載辭，以敘國之信用，以質邦國之劑信。

詛，阻豫反。造、說音義，見大祝。

鄭氏鍔曰：小人之情，有不畏刑罰而畏鬼神者，故爲詛盟之法以待之。盟，盟其將來。詛，舉其往過，以盟於神，毋再犯也。類造皆兵祭，以所伐國之罪，昭告大神。與同役者要言，俾一心用命。如《春秋傳》所載墜命亡氏踣其國家之類，義近於詛。攻說禬禜，義見大祝。大祝祈而不掌祝號，詛祝掌之。《秋官》司盟掌盟載之法，亦不掌祝號，盟詛之載辭，亦詛祝作之。敘，序其事之大小。信用，以誠信用事，要於神以成之。質，正也，成也。劑，两相質信之辭。

司巫，掌群巫之政令。若國大旱，則帥巫而舞雩。國有大烖，則帥巫而造巫恒。

造，七報反。

政令，選擇其賢否及降神祈禱等事。雩，吁嗟以求雨也。建午之月，雩祀上帝者，禮之正。大旱而雩，非常，故帥群巫而舞。天子於上帝，諸侯於上公之神，若句龍、柱、棄等。巫恒，前代之工於巫者，造而求之，使其應速。

祭祀，則共匰主及道布及蒩館。凡祭事[①]，守瘞。凡喪事，掌巫降之禮。

匰，音丹。蒩，子都反。瘞，於例反。

匰館皆器名，木主盛於匰，茅蒩盛於館。道有以布爲席位神者也。共之。候大祝取主及菹，則以器退。瘞，埋玉幣。守者，久待之辭，瘞而後去也。巫降，藉巫以降神，掌其禮。

男巫，掌望祀望衍授號，旁招以茅。冬堂贈，無方無算[②]。春招弭，以除疾病。王弔，則與祝前。

衍，音延。

望祀，遙望而祭。望延，遙望而延其神。授號，授以祭祀之名號。旁招，四方招之。以茅，取其潔。冬堂贈者，於堂賽神，迎新送舊，禮贈之也。無方，無定方。無算，幣帛無定數。春則招迎新福，弭其災患，以除民之疾病，蓋盈天地間莫非陰陽二氣，即莫不有鬼神。聖人慮二氣之或爲殃，而鬼神憑之以禍民，故有如是之禮。凡此皆所以致敬慎，合天人也。

---

① 祀，《周禮正義》及《周禮注疏》皆作事。
② 據《周禮正義》《周禮注疏》，算作筭。

女巫，掌歲時祓除、釁浴。旱暵，則舞雩。若王后弔，則與祝前。凡邦之大烖，歌哭而請。

鄭康成曰：祓除，如今三月上巳修禊之類。釁浴，以香薰草樂沐浴。旱祭崇陰，故使女巫舞。歌哭而請，冀以悲哀感神靈也。按天子爲人神之主，果其修身立德，敬天愛民，自然陰陽和而災癘息。然聖人不謂己德果修，天心果可必也。是以有此等之禮。而亦使民人咸畏天命，慎言行以邀天眷，所以爲承天化民之實政，非崇尚渺冥也。後儒不察，乃欲掃而空之，其尚爲知天知人者乎？

大史，掌建邦之六典，以逆邦國之治，掌灋以逆官府之治，掌則以逆都鄙之治。凡辨灋者攷焉，不信者刑之。凡邦國都鄙及萬民之有約劑者藏焉，以貳六官。

劑，津私反。

大史，史官之長。典、則皆法也。逆，受也，受而鉤考之。六典、八法、八則皆冢宰所建，而大史亦建焉者，其籍皆隸於大史，大史掌之，其得失亦得而攷覈之。不特此也，凡邦國都鄙及萬民之有約劑者，皆藏焉。六官所治，其籍咸大史掌之。蓋古以方策爲籍，非若後世藏書之易。朝廷典則至重，悉掌於大史，乃免淆失，故云建云、逆云、貳焉。

六官之所登，若約劑亂，則辟灋，不信者刑之。

又言六官之所登，及凡約劑亂，則攷察其失，以致之於法。法謂詔王而責之也。其六官所登及凡約劑，有與所掌不符，或初是而終背之者，則刑之，亦詔於王而罪之也。

正歲年以序事，頒之于官府及都鄙，頒告朔于邦國。閏月，詔王居門終月。

歲、年，皆匝十二月之名也，而微有分。一年二十四氣，如立春正月節，雨水正月中氣。節氣有入前月法，中氣無入前月法。節氣匝則爲一年，中氣匝則爲一歲。中朔大小不齊，則置閏。正歲年者，齊其度數分刻及置閏，頒行天下，使知一年所當行之事，以十二月頒于諸侯，諸侯受而藏之祖廟。每月朔則以特羊告廟，請而行之。門，路寢門也。天子十二月，各隨時而異其所居。《月令》青陽、明堂、總章、玄堂左右个是也。閏月無所居，故居於門。

大祭祀，與執事卜日，戒及宿之日，與群執事讀禮書而協事。祭之日，執書以次位常，辨事者攷焉，不信者誅之。大會同朝覲，以書協禮事，及將幣之日，執書以詔王。大師，抱天時，與大師同車。大遷國，抱灋以前。大喪，執灋以涖勸防。遣之日，讀誄。凡喪事，攷焉。小喪，賜謚。凡射事，飾中，舍算，執其禮事。

與大師之大，音泰。遣，棄戰反。舍，音釋。

執事，大卜之屬。與，占人職史視墨是也。戒，散齊七日。宿，致齊三日。讀禮書而協，恐有失錯也。書，若今儀注。次位常，次其所位之常。辨，臨時爭辨。攷，攷其得失。不信，不如法而妄爭辨也。誅，罰之。以書協禮事，先以書協其事，免臨時失錯。將，送也。詔王，亦免失禮。大師，出兵也。天時，占候之書。大師，瞽師。占候必參以音律，故同車。法，司空營國之法。先王有成籍，抱之以前，使遵而營造。大喪之法，六引六紼之類，涖之以免淆亂。遣，柩將行而奠於祖庭。誄，稱其生前之行以告今日，謚法所由。蓋大師作謚，大史共其事。必讀於柩者，一則質諸死者而無憾，一則示生時所行，死而不可掩，使人知勸戒也。攷，攷其得失。小喪，卿大夫。賜謚，亦與大師共其事。中，所以盛算也。飾，治之使潔。設算於中，以待射時取之，中則釋之。禮事，射時之升降威儀皆是。

小史，掌邦國之志，奠繫世，辨昭穆。若有事，則詔王之忌諱。

奠，如字。繫，戶計反。

邦國之志，四方地志。父子相代謂之世，世之所自出謂之繫。奠，定也。所出之繫與其廟祧昭穆，久而或紊，故記之。有事，有事於祭。告死日爲忌，名爲諱。

大祭祀，讀禮灋，史以書敘昭穆之俎簋。大喪、大賓客、大會同、大軍旅，佐大史。凡國事之用禮灋者，掌其小事。卿大夫之喪，賜謚讀誄。

大祭祀，祭宗廟。大史與群執事讀禮法，而主讀者小史也。於大史曰禮書，以書協事，此曰禮法，則事與書兼之矣。史，小史之屬。大喪等事及凡事用禮法者，掌其小事，以佐大史。賜謚讀誄，大史成之，小史讀之也。

馮相氏，掌十有二歲、十有二月、十有二辰、十日、二十有八星之位，辨其敘事，以會天位。

馮，音憑。相，息亮反。

歲，太歲也。在天有歲星，在地有太歲。歲星右行，太歲左行，每歲移一舍，十二年而一周天，爲一紀。月，斗柄所建之月，每月移一舍，十二月而周爲一歲。辰，十二地支，子丑寅卯等是。日，十天干，甲乙丙丁等是。二十八星，角亢氐房等是。指星體而言，謂之星。日月會於其星，即名宿，亦名辰，亦名次。天運以日月爲綱，而星辰次舍亦必各安其常，始無災沴。馮相氏詳察其位，以定歲時，辨其敘事。如春平秩東作等類，民時次序而理也。會，合也。陰陽五行悉如天道之常，則合天位，而凡天子治理必準乎天，亦可知矣。

冬夏致日，春秋致月，以辨四時之敘。

致，《虞書》敬致之義。天道有常，非人所能强致也。候日月之行度，順天時而修人事，即爲敬致之，如致之然也。致日月者，日行赤道，月行黄道。黄道北至東井，南至牽牛，東至角，四至婁。夏至日在東井，而北近極星，則晷短，表景尺五寸。冬至日在牽牛，而南遠極星，則晷長，表景丈三尺。春分日在婁，秋分日在角，而中於極星，則晷長短中，表景七尺三寸。月之九行，在東西南北有青白赤黑道各二，而出於黄道之旁。立春、春分，月東循青道，而春分上弦在東井。立秋、秋分，月西循白道，而秋分上弦在牽牛。立冬、冬至，北旋黑道，立夏、夏至，南從赤道。

冬夏二至日極長極短，以此時測日之盈虛。春秋二分當黄赤二道之交，以此時測月之弦望。得陰陽之眞度，而氣之至不至可知矣。

保章氏，掌天星，以志星辰日月之變動，以觀天下之遷，辨其吉凶。

天星，兼經星緯星而言。金木水火土，五緯星，五行之眞氣。三垣二十八宿，皆經星，萬物之精氣所呈。人事失其正，而星象變動。保章氏占之，以告於王而修政刑，易風俗也。遷，不守常道，如遷易也。吉凶由人，人事與天道相準。五行敘而百度貞，乃趨吉避凶之道也。兼言日月者，占候必參之。

以星土辨九州之地，所封封域，皆有分星，以觀妖祥。以十有二歲之相，觀天下之妖祥。以五雲之物，辨吉凶、水旱降豐荒之祲象。以十有二風，察天地之和，命乖别之妖祥。凡此五物者，以詔救政，訪序事。

分，奉運反。相，息亮反。

星土，上爲星辰，下爲土石。土石之精，成象於天，四海内外皆屬焉。此云九州，第以中華言也。分星觀妖祥，攷其星所屬之地，而即星象之變動，以知其吉凶。《春秋傳》所載，其一端也。第必以中夏之地盡乎分野，則非。歲，歲星也，十二年一周天。歲星光明潤澤，赤而角則其國昌，赤黄而沈，其野大穰，故以其色相觀妖祥。五雲，青黄赤白黑。或爲物，或傍日月而爲氣，或變現異態。此皆人事變於下，而其象始見於上。吉凶兼在上在下者言。十有二風，十二月八方之風，如常則順，反常則異。其八風四維之風主两月，東北曰條風，東南曰清明風，西南曰凉風，西北曰不周風也；東方曰明庶風，南曰景風，西曰閶闔風，北曰廣莫風也。風者，天地之使，陰陽二氣和否，以此察之。命，名言之也。不和爲乖，不應爲别。亦必人事反常，干陰陽之正氣，而始有乖異。五物，志變動也，星土也，歲也，星也，雲也，風也。詔，上以詔下，命其修明禮樂教化。訪，訪於下，以求朝廷過舉。政，上所以治下之事。事，下所以修己之務。

内史，掌王之八枋之灋，以詔王治。一曰爵，二曰禄，三曰廢，四曰置，五曰殺，六曰生，七曰予，八曰奪。執國灋及國令之貳，以攷政事，以逆會計。掌敘事之灋，受納訪以詔王聽治。

枋，本又作柄，邦命反。治，直吏反。會，古外反。

此所掌八柄與大宰同，而次第各異者，大宰職先吉而後凶，此則各以两者相對爲次第也。八柄制於王而掌於内史，大宰奉王命以行之，其有不合者，内史得而駁正之也。國法，六典、八法、八則。法者一時之法，令者一時之令，内史皆執其貳，與大宰、司會相參稽。不曰敘事而曰敘事法者，所納訪之事有大小緩急，隨事斟酌，次第發命，無一定之敘。凡事之有定者，則直言敘事。納，言於上。訪，訪於下。蓋内史所掌，多一定成法，而納訪則隨時增損，此以見聖人合天下之聰明以爲聰明也。

凡命諸侯及孤卿大夫，則策命之。凡四方之事書，内史讀之。王制禄，則贊爲之，以方出之。賞賜亦如之。内史掌書王命，遂貳之。

策命，簡策書王命。事書，所掌於王之事與書。讀，讀以示王也。贊，贊司祿也。爲之，爲之辭。方，版也。賞賜，或賞地，或好賜賜予，皆是。貳之，書王命而藏其副本。覆舉內史，明親其事而不屬之他人也。

外史，掌書外令，掌四方之志，掌三皇五帝之書，掌達書名于四方。若以書使于四方，則書其令。

使，所吏反。

外令，頒王命於各國。四方之志，四方里域政治風俗，藏之以備顧問。三皇五帝之書，蓋三墳五典之類。或疑蒼頡始造文字，三皇無書，不知王者治世，豈能無字，特簡畧不備，蒼頡始廣之而便民用耳。書名即文字。達於四方，使同文也。使命不必皆有書，若有書者則書之也。

御史，掌邦國都鄙及萬民之治令，以贊冢宰。凡治者受灋令焉。掌贊書。凡數從政者。

數，所主反。

御，侍也，侍君左右之史。邦國都鄙萬民之治令，皆冢宰掌之，而後以御史贊之，恐有偏缺，補察之也。受法令者，法令出於王，由御史授冢宰而下，若王之法令不合，則得而封還之也。贊書，王頒法令，贊其辭，若今作詔文也。凡，總數計之。數，小數計之。從政者之名，皆掌於御史也。

巾車，掌公車之政令，辨其用與其旗物而等敘之，以治其出入。

巾，衣也。五路皆飾之如衣，故官名巾車。公猶官也。用，祀與賓之屬。旗物，大常以下。等敘，等其上下，敘其先後。

王之五路：一曰玉路，鍚，樊纓，十有再就，建大常，十有二斿，以祀；金路，鉤，樊纓九就，建大旂，以賓，同姓以封；象路，朱，樊纓七就，建大赤，以朝，異姓以封；革路，龍勒，條纓五就，建大白，以即戎，以封四衛；木路，前樊鵠纓，建大麾，以田，以封蕃國。

鍚，音陽。樊，步干反。斿，音流，一音遊。龍如字，又音龐。條作絛，他刀反。

路，大也，以其屬王，故以大爲名。玉，較式之兩端飾以玉，金象皆然。鍚在馬額盧刻金爲之，所謂鏤鍚也。樊，馬帶。纓，馬鞅。皆以五采罽飾之十有二匝。大常，見司常職，旗常可以通稱。惟天子畫三辰，稱大常。斿，旂旗之末垂者，亦十有二也。鉤，馬當胸，亦以金爲之。大旂畫九龍，以會賓客。封同姓，亦賜金路。朱，象路無鉤，以朱飾勒而已。大赤，旗名。朝，視朝。革路，輓以革而漆之，無王金象之飾。龍勒，以龍文飾馬鞅。條纓，以絛絲飾革纓。大白亦旂名。即戎，兵事。四衛，四方諸侯守衛者，蠻服以內。

王后之五路：重翟，鍚面朱總；厭翟，勒面繢總；安車，彫面鷖總，皆有容蓋；翟車，貝面組總，有握；輦車，組輓，有翣，羽蓋。

重，直龍反。鍚，音陽。厭，奄接反。總①，作孔反。繢，戶對反。鷖，烏兮反。握，音屋。輓，音晚。

重翟，兩旁以翟羽爲蔽，皆二重。后從王祭祀所乘。鍚面，如玉路之鍚，飾於當面。朱總，馬勒而飾以朱也。厭翟，相次以翟而厭其本，后從王賓饗所乘者。勒面，如王革路之龍勒，飾於當面。繢總，繪馬勒以文。安車，坐乘之車，無飾，后朝王所乘者。彫面，彫面不畫龍文。鷖，青黑色，以鷖色之繪爲馬勒而已。容，車帷。蓋，車蓋。翟車，后所乘以桑者，不重不厭，惟以翟羽飾車之兩旁。貝面，以貝飾勒之當面。其總則不以繪而以條。其上則有幄而無蓋。輦車，后宮從容所乘，但漆之而無飾，人以組輓之而行。翣，大扇，以禦風塵。羽蓋即繖，所以翳日。皆人執之而傍車以行。以上皆后之五路，言翟言車而不言路者，遜王也。

王之喪車五乘：木車，蒲蔽，犬禖，尾櫜，疏飾，小服皆疏；素車，棼蔽，犬禖，素飾，小服皆素；藻車，藻蔽，鹿淺禖，革飾；駹車，雚蔽，然禖，髹飾；漆車，藩蔽，豻禖，雀飾。

喪車五乘，始遭喪所乘。木車，木車不漆者。蔽，以蒲爲蔽。犬禖，以犬皮爲衣，又以犬尾爲戈戟之弢。疏飾，粗禖與櫜，二物皆粗布爲之緣。服讀爲箙，刀劍短兵之衣，皆以粗布爲之。素車，卒哭所乘，以白土堊車。棼讀爲蕡，以蕡爲蔽。其禖服以素繪爲緣。藻車，既練所乘。藻，水草，蒼色，以蒼土堊車。蔽以水草。以鹿爲禖，取夏時之鹿之淺毛爲禖，服又以鹿革爲緣。駹車，大祥所乘。少加漆飾，不全漆。雚，細葦席，漆之以爲蔽。然，果然，獸名也。以果然之皮爲禖。髹，赤多黑少之色，以髹色之韋爲飾。漆車，禫所乘。藩蔽，漆以爲蔽。豻，胡犬，以其皮爲禖。雀，黑多赤少，以是色之韋爲飾。按此五車皆爲惡車，以其無文飾。又云喪車無等，謂皆惡車而已。非謂卑者竟得上同於尊者，先儒多誤。

服車五乘：孤乘夏篆，卿乘夏縵，大夫乘墨車，士乘棧車，庶人乘役車。凡良車、散車不在等者，其用無常。凡車之出入，歲終則會之，凡賜闕之，毀折入齎于職幣。

服車，服事者之車。言孤而不言三公者，三公尊，不常服事，如或服事，亦同孤之車也。夏篆，以五色刻畫轂約。夏縵，但畫五采而不彫刻。墨則漆以墨色而不畫。棧則革車，并不漆也。役車，有方箱，可載任器以供役。精製曰良，粗製曰散。不在五車之等，則惟人所用也。出，給官用。入，用畢而歸。言會計其出入之數。闕，凡賜人者則不會矣。若車無故而毀折，則罰之，使入其資於職幣，以戒不謹。

大喪，飾遣車，遂廞之，行之；及葬，執蓋從車，持旌；及墓，嘑啟關，陳車。小喪，共匶路與其飾。歲時更續，共其弊車。大祭祀，鳴鈴以應雞人。

遣，溪現反。嘑，音呼。

---

① 即繢總、鷖總、組總之總。《周禮正義》作總。

遣車，一曰鸞車。廞，陳也。行，舉以如墓也。從車，柩車。生時車建旌，雨則有蓋。今柩車無蓋，執而隨之，持旌前導，以象生也。闉，墓門。車，貳車。噂之使啟使陳。小喪，群王子三夫人以下。蜃路，載柩之車。飾，棺飾，亦巾車共之。更續，易其舊而以新者續之。其弊車則共於車人，材或有可用也。雞人呼旦，巾車鳴鈴以和之，所以警王夙興。

典路，掌王及后之五路，辨其名物與其用說。若有大祭祀，則出路，贊駕說。大喪、大賓客亦如之。凡會同、軍旅、弔于四方，以路從。

說，吐活反，一書銳反。

巾車通掌車政，典路第掌五路之名物、用說，故分二職。用，駕之。說，舍之也。贊僕與趣馬也。亦如之，亦出與贊也。王出不常，路①乘一路，典路必以其餘路從。

車僕，掌戎路之萃，廣車之萃，闕車之萃，蘋車之萃，輕車之萃。凡師，共革車，各以其萃，會同亦如之。

萃，七內反。廣，古曠反。苹，泊清反。輕，溪政反。

萃，副貳之名。五路皆有貳，數不過十二。戎事危，故副貳尤眾。戎路，王在軍所乘。廣車，横陳之車。闕車，王在軍門，亦象闕，列車爲障。苹車即輧車，對敵自隱蔽之車。輕車，用以弛敵致師之車。先儒謂闕車，補闕之車，然五路皆有萃，即所以補闕也。又言凡師共萃②車，明軍中金車、象車不乘也。各以其萃，凡軍車皆有萃。會同亦然。

大喪，廞革車。大射，共三乏。

大喪，遺③車九乘，陳革車五，并金玉象木而九矣，舉革車以該之。乏，一名容，所以蔽矢。鄭氏樵曰：文反正爲乏，正以受矢，乏以蔽矢。大射，王射也。

司常，掌九旗之物名，各有屬，以待國事。日月爲常，交龍爲旂，通帛爲旜，雜帛爲物，熊虎爲旗，鳥隼爲旟，龜蛇爲旐，全羽爲旞，析羽爲旌。

旌、旗、常，通名也。官名司常，舉旂之尊者以識之。物，通帛雜帛之屬。名，旗常旜物之屬。通帛，大赤色，周所尚，無他飾。雜帛，以素帛飾其側。全羽、析羽，皆五采，繫之於旞旌之上，所謂注旄於干首也。大常以下，其橦首皆有旄羽。

及國之大閱，贊司馬頒旗物：王建大常，諸侯建旂，孤卿建旜，大夫、士建物，師都建旗，州里建旟，縣鄙建旐，道車載旞，斿車載旌，皆畫其象焉，官府各象其事，州里各象其名，家各象其號。凡祭祀，各建其旗。會同、賓客亦如之，置旌門。

仲冬教大閱，時田之極盛者，故舉以明概。大常，畫日月星辰，象王者之名，如

---

① 路，《周禮注疏》及《周官義疏》作王。

② 萃，疑當作革。

③ 遺，疑當作遣。

日月星辰之常照也。旃，畫交龍，一升一降，象上從君而下澤民也。旜，無畫，赤者，周之正色，不雜以他色，尊王也。孤卿奉王命而行，不自專也。物，飾以殷之白色，周承殷而酌定禮樂，象大夫士承上而參酌謀議也。師都，六鄉六遂之衆及其長。建熊虎之旗，以示威州里州長。鳥隼迅擊，象州里承上及下迅速也。縣鄙位卑，第守法治民，故建旐，象龜蛇之靜鎮。道路①，道中所乘，先儒以爲象路。斿車，燕閒所乘。載旞、載旌，皆取五色文明之象。　御案：各象其事，如孤卿同建旜，大夫士同建物，而別書其旗曰某司徒之旜，某司空之旜，大夫某官、士某官之物也。各象其名，如州里之吏同建旟，則書某州之旟，某里之旟也。家各象其號，如魯三家同建旗，則書季孫氏之旗，孟孫氏之旗也。置旌門，置旌於門以爲營衞。

大喪，共銘旌，建廞車之旌，及葬亦如之。凡軍事，建旌旗；及致民，置旗，弊之。甸亦如之。凡射，共獲旌。歲時共更旌。

鄭康成曰：銘旌，王則大常也。《士喪禮》爲銘各以其物。葬云建之，則行時解脫之。大司馬致衆之時，司常置旌旗，民至則仆之，誅後至者。置，樹旌於地也。獲旌，獲者所持旌。更旌，易舊予新。

都宗人，掌都祭祀之禮。凡都祭祀，致福于國。正都禮與其服。若有寇戎之事，則保群神之壝。國有大故，則令禱、祠；既祭，反命于國。

都，王子弟所居之邑。其地或有山川及因國之在其地而無主後者，都宗人掌其禮。既祭，致福于國，不敢自私也。都禮與其服有違越者，得督之。保群神之壝，恐有陵犯也。國有大故，徧禱群神，則都亦禱祀，反命于王焉。

家宗人，掌家祭祀之禮。凡祭祀，致福。國有大故，則令禱祠，反命。祭亦如之。掌家禮與其衣服、宮室、車旗之禁令。

家，大夫采地，其所祀與都同。正其禮制亦同。

凡以神仕者，掌三辰之灋，以猶鬼神示之居，辨其名物。以冬日至，致天神人鬼，以夏日至，致地示物鬽，以禬國之凶荒、民之札喪。

鬽，眉祕反。禬，胡對反。札，則八反。　御案：卜史祝巫宗人諸職，皆有事於神。此以神仕者，則未受官而學藝以待用者。猶，圖也。三辰，日月星也。天地之精所聚，其氣分散於萬物，而有鬼神。明乎三辰之象，以求鬼神示之所在，其物可定，其名可識矣。冬至陽生，神至此而益伸。人亦天也，全乎天之理而爲人，則必得乎天之眷而爲神，故言致天神人鬼於此時。夏至陰生，鬼至此而益壯。地示陰也，物鬽則藉陰氣以肆虐者，故以此時致之。致者，考其興衰隱見，而使民修德以正之。禬，除也。凶荒札喪，雖由陰陽鬼神而致，皆人心不正，上干天和，故惟修德可除也。鄭康成曰：《國語》：古者民之精爽不攜貳者，而又能齊肅中正，其知能上下比義，其聖能光遠宣朗，其明能光照之，其聰能聽徹之，如是則神明降之，在男曰覡，

① 路，疑當作車。

在女曰巫，是以使制神之處位次主，而爲之牲器時服。巫既知神如此，又能居以天法，是以聖人用之。今之巫祝既闇其義，何明之見，何法之行？正神不降，惑於淫厲，苟貪貨食，遂誣人神，令此道滅，痛矣。

總 論

御案：職掌邦禮而以祭祀爲主，蓋所以治神人而和上下，故凡有事於禮及司神之官皆屬焉。

愚按：天人無二理也。天蒼蒼不可知，而其理全在於人；人道所在，皆有天理。循天理而行，審於幾微，久之即念念無非天理，則天道在我，故孔子曰知我其天，而天且不違也。後世禮樂不興，人既無以檢束其身心，而又以天道爲高遠，神明爲恍惚，於是縱情蔑理，無所不爲。豈知悖天理而干罪殃？自天子至於庶人，心不正身不修，而能倖免者，蓋亦寡矣。大宗伯所掌雖多祭祀巫祝之屬，而其平日禮樂明備，所以導民於中正者已詳。然後人知人道即天道，而敬鬼神，省罪咎，所謂非禮祈禱之事，亦又免矣。世或不信鬼神，而縱情妄爲；或不修實德，而專事祈禱。聰明者既失之狂肆，愚昧者又誤入於邪僻。雖師儒之教不明，亦在上者有以使之。若秦皇、漢武侈妄想於神仙，梁武、道宗專求福於齋醮。彼既不知正心修身仁育義正爲天人相孚之本，而歷代愚民，爲聞香，爲白蓮，種種邪教，煽惑爲奸。上之人既知其爲非矣，而不知其原由，於《大學》之道不明也。孟子曰：經正則庶民興，庶民興，斯無邪慝。夫經者，豈非三綱五常、敦倫盡性之實乎？五倫本於五性，五性原止一性，盡其性而盡人物之性，禮樂刑賞悉在其中矣。爲民牧者，何不深思之而力行之？至近世官吏，素不能體上意以安民，及民怨畔滋事，則加以邪教之名，期於免罪。當寧或不察之，亦以爲果邪教矣。覺民性無常，平日教化，皆不能爲功，豈不惑歟？

周官恒解卷四

夏官司馬序官

惟王建國，辨方正位，體國經野，設官分職，以爲民極。乃立夏官司馬，使帥其屬而掌邦政，以佐王平邦國。

夏於時爲火，於卦爲離。離爲甲胄，爲戈兵，取威明之義，故以司馬爲夏官，主兵。兵官而曰馬者，古以車戰，軍政莫重於馬也。凡國事皆政，而獨於司馬言邦政者，正其不正之名。平，平其争也。

政官之屬：大司馬，卿一人；小司馬，中大夫二人；軍司馬，下大夫四人；輿司馬，上士八人；行司馬，中士十有六人，旅下士三十有二人；府六人，史十有六人，胥三十有二人，徒三百有二十人。

行，户郎反。

軍司馬，統治一軍之政令，以贊大司馬。輿司馬，掌車。行司馬，掌徒、史、胥。徒獨多於四官者，軍事尚嚴，特須監察故也。此皆平日蒐狩講武，即教以磬控弛驟之節，步伐止齊之法，由幾甸以暨於侯國皆然，非待臨時而始爲之。

凡制軍，萬有二千五百人爲軍。王六軍，大國三軍，次國二軍，小國一軍。軍將皆命卿。二千有五百人爲師，師帥皆中大夫。五百人爲旅，旅帥皆下大夫。百人爲卒，卒長皆上士。二十五人爲两，两司馬皆中士。五人爲伍，伍皆有長。

將，子匠反。帥，所類反。長，知丈反。

按田賦出車之法，天子千乘，爲方百里者百，常具十萬乘之數，而王不過六軍，蓋僅車千乘也。司徒平日養教，無不訓以武畧。而大司馬臨時調發，僅百分之一，蓋選其智勇精要者以行。諸侯以是而推。軍將不特置，選於六官六卿之吏，自卿以下有才德者爲之。師、旅，皆衆也。卒，萃也。兩，兩之。伍，伍之。

一軍則二府，六史，胥十人，徒百人。

凡行軍時，每軍置府、史、胥、徒如此，平時無之。

司勳，上士二人，下士四人，府二人，史四人，胥二人，徒二十人。

鄭氏衆曰：勳，功也。此官主功賞。

馬質，中士二人，府一人，史二人，賈四人，徒八人。

鄭氏康成曰：質，平也。主買馬，平其大小之價。馬於戎馬之事爲多，故掌於司馬。

量人，下士二人，府一人，史四人，徒八人。

量，音良。

量，度也。以丈尺度地，朝舍、州涂、軍社及營壘皆是。

小子，下士二人，史一人，徒八人。羊人，下士二人，史一人，賈二人，徒八人。

賈，音價。

其所職皆小事，故以小子名官。羊人，共羊而已。其斬牲等事皆小子，故羊人次小子。

司爟，下士二人，徒六人。

爟，古喚反。

爟，民間理爨之私火也。

掌固，上士二人，下士八人，府二人，史四人，胥四人，徒四十人。司險，中士二人，下士四人，史二人，徒四十人。

固，國所依以爲固者，城郭、溝渠之屬皆是。險，四方阨塞要害之地所當防據者。險固可分言，亦可通言。

掌疆，中士八人，史四人，胥十有六人，徒百有六十人。

疆，界也，掌之以正封守、禁侵奪。

候人，上士六人，下士十有二人[①]，史六人，徒百有二十人。

御案：主境上候望。而有方治來人，亦迎之送之。若大賓客，自有掌訝與訝士迎送。

環人，下士六人，史二人，徒十有二人。

環，户關反。

掌巡察軍中之事，與《秋官》環人異。

挈壺氏，下士六人，史二人，徒十有二人。

---

① 底本原作：下士十有六人。據阮元《十三經注疏》《四部叢刊》本改為：下士十有二人。

挈，古結反。

挈，懸持也。壺，盛水器。世主挈壺水以爲漏。軍行必載行漏，故隸夏官。

射人，下大夫二人，上士四人，下士八人，府二人，史四人，胥二人，徒二十人。

射以觀德，而武事尤重，故隸此。

服不氏，下士一人，徒四人。射鳥氏，下士一人，徒四人。羅氏，下士一人，徒八人。掌畜，下士二人，史二人，胥二人，徒二十人。

射，常亦反。畜，許六反。

服不氏，服不服之獸者。射鳥，射鳥之備用者，兼爲射人取矢。羅氏，以羅罔搏鳥者。畜，斂而養之。

司士，下大夫二人，中士六人，下士十有二人，府二人，史四人，胥四人，徒四十人。

御案：司士隸夏官，以司馬論辨官材，習察其人，然後用之當也。

諸子，下大夫二人，中士四人，府二人，史二人，胥二人，徒二十人。

諸子，别於適子之稱。適子入成均，其餘皆掌於諸子。

司右，上士二人，下士四人，府四人，史四人，胥八人，徒八十人。

右，在王車右，執干戈以衛王。

虎賁氏，下大夫二人，中士十有二人，府二人，史八人，胥八十人，虎士八百人。旅賁氏，中士二人，下士十有六人，史二人，徒八人。

虎賁氏，掌先後王。而趨以卒伍，其趨者，虎士也，勇而有志行者外，更設旅賁氏夾王車而趨，强力而篤於忠義者。言旅，見其衆。

節服氏，下士八人，徒四人。

御案：《春官・司服》辨用事以共其物而已。此職常侍王凡登車、下車、易服、弛服之節及風雨寒温，皆在視而得其宜，所以謹儀法而王躬是保。

方相氏，狂夫四人。

疫癘之來，莫知其方。方相者，揣其方而相其彷彿也。

大僕，下大夫二人；小臣，上士四人；祭僕，中士六人；御僕，下士十有二人，府二人，史四人，胥二人，徒二十人。

鄭康成曰：僕，侍御於尊者之名。大僕，其長也。

隸僕，下士二人，府一人[1]，史二人，胥四人，徒四十人。

御案：凡國中勞辱之士，皆罪隸共之。五寢之埽除糞洒，不可使盜賊之子，故以徒代隸，而因以隸名官。

愚按：隸於王，非賤也，以爲賤者非。

---

① 底本原作：府二人。據阮元《十三經注疏》《四部叢刊》本改為：府一人。

弁師，下士二人，工四人，史二人，徒四人。

弁，皮彦反。

王氏應電曰：弁，首服之次於冕者，自天子而下皆用之。冕則不常服，故冕雖尊而獨以弁稱。

司甲，下大夫二人，中士八人，府四人，史八人，胥八人，徒八十人。司兵，中士四人，府二人，史四人，胥二人，徒二十人。司戈盾，下士二人，府一人，史二人，徒四人。司弓矢，下大夫二人，中士八人，府四人，史八人，胥八人，徒八十人。

甲，鎧也。古以皮，今以金。成難，藏亦不易，故官多。司兵，統管兵器。司戈盾，授王侍衛之戈盾、弓矢。用廣，故設官同於司兵。

繕人，上士二人，下士四人，府一人，史二人，胥二人，徒二十人。稾人，中士四人，府二人，史四人，胥二人，徒二十人。

稾，古老反。

繕，善也，修治之使善也。（簡）［箭］幹曰稾。繕人、稾人專治弓矢，以弓矢之用多，且五兵王不親執，射則王時有事，故設官以掌其事而勸懲之也。

戎右，中大夫二人，上士二人。齊右，下大夫二人。道右，上士二人。

齊，側皆反，下同。

戎右，王即戎而參乘也，必久更戎事、智勇過人始可爲衛。齊右，充玉路、金路之右，敬賓如齊也。道右，充象路之右，每日視朝爲車右。

大馭，中大夫二人。戎僕，中大夫二人。齊僕，下大夫二人。道僕，上士十有二人。田僕，上士十有二人。馭夫，中士二十人，下士四十人。

馭，馭車；僕，侍御也。二官皆中大夫者，王親臨軍，馭者、僕者安危所繫，必慎簡其人，不取之於群僕也。齊僕以下則次矣。田僕，備王四時田獵，兼園囿取鮮獸之事。馭夫，駕馭馬者。

校人，中大夫二人，上士四人，下士十有六人，府四人，史八人，胥八人，徒八十人。趣馬，下士，阜一人，徒四人。巫馬，下士二人，醫四人，府一人，史二人，賈二人，徒二十人。牧師，下士四人，胥四人，徒四十人。廋人，下士，閑二人，史二人，徒二十人。圉師，乘一人，徒二人。圉人，良馬匹一人，駑馬麗一人。

校，户教反。趣，七口反，阜，才早反。賈，音價。廋，所求反。圉，疑吕反。乘，繩證反。駑，音奴。麗，即計反。

周制田賦出車以備戰陣，馬政最重，故多官以司之。校，校其數。趣，養馬者。巫知馬祟，醫知馬病。牧，放馬而養之。廋爲隱藏之義，收馬於厩，必使無風霜寒熱失宜等弊。圉師掌教養馬之事，蓋賞罰之。良，善也。麗，耦也。

職方氏，中大夫四人，下大夫八人，中士十有六人，府四人，史十有六人，胥十有六人，徒百有六十人。

職，主也，主四方職貢官之長。天下人民貢賦之事繁，故官尊而人多。

土方氏，上士五人，下士十人，府二人，史五人，胥五人，徒五十人。懷方氏，中士八人，府四人，史四人，胥四人，徒四十人。合方氏，中士八人，府四人，史四人，胥四人，徒四十人。訓方氏，中士四人，府四人，史四人，胥四人，徒四十人。形方氏，中士四人，府四人，史四人，胥四人，徒四十人。山師，中士二人，下士四人，府二人，史四人，胥四人，徒四十人。川師，中士二人，下士四人，府二人，史四人，胥四人，徒四十人。邍師，中士四人，下士八人，府四人，史八人，胥八人，徒八十人。

邍，音原。

土方氏，主四方邦國之土地，土其地而制其域。懷，懷來之。合，合而同之。訓，道而教之。形，悉其形體。山師主山中職貢，川師主川，邍師主原野。以上所從皆司徒之事而屬司馬者，五等之國及附庸皆有閒田、名山、大澤，不以封諸侯之削地者，視其地之所屬，分隸於職方等官，其職貢隨時隨地不無損益。王者統壹四海，仁以育民，威以肅下，屬之司馬，予奪賞罰，由天子下不得而干也。

匡人，中士四人，史四人，徒八人。撢人，中士四人，史四人，徒八人。

撢，與探同，他南反。

天子以法則施於天下，而或有亂之者，則匡人稽覈之。撢人以王意語天下，使知王旨。此皆掌籍之官，察其事而詔司馬以告王者也。

都司馬，每都上士二人，中士四人，下士八人，府二人，史八人，胥八人，徒八十人。家司馬，各使其臣，以正於公司馬。

都，王子弟所封及三公采地。家，卿大夫采地。公司馬，國司馬也。此皆王自以臣爲司馬遥掌其事。其臣乃其自有之家臣。公司馬即指都司馬。

夏官司馬

大司馬之職，掌建邦國之九灋，以佐王平邦國。

御案：大宰建六典、司徒建地圖、宗伯建三禮、司寇建三典皆曰邦，獨此言邦國者，四官所建，皆王國之典，而侯國兼用之，九法專爲侯國設也。

制畿封國以正邦國，設儀辨位以等邦國，進賢興功以作邦國，建牧立監以維邦國，制軍詰禁以糾邦國，施貢分職以任邦國，簡稽鄉民以用邦國，均守平則以安邦國，比小事大以和邦國。

畿，音祈。監，古銜反。詰，去吉反。鄉，如字。比，毗至反。

封，立封於疆爲界。凡守土者，各有疆界，毋許侵越，所以正之也。儀，宫室車服之屬。位，尊卑上下之位。辨，别也，别其等則不上陵下偪。興，猶舉也。作，起也。見於德行曰賢，見於事業曰功。進其爵，舉其人，使起其爲善立功之心。建牧立監與大宰職同，蓋建之、立之，或廢或置，大司馬必參賞罰之柄也。維，固結之。詰，窮治也。糾，猶正也。制軍法以糾正姦暴。貢職各視其國之大小尊卑，王巡狩征伐施之分之不同，皆令任其事以肅王章。簡，比數之。稽，計也。平日簡其强弱、稽其衆寡，然後衆可用。言鄉民者，即六鄉以概諸侯也。守土者地之廣狹、爵之尊卑不同，而所以優之者同。則，謂一切法度。此即孔子所謂懷諸侯之事也。内該無數禮意，故曰安也。比，親也，使大國親小國、小國事大國相和合。按此九法與大宰地官天官等相爲出入而獨言大司馬建之者，養教之法既備，禮樂之事已詳，而有不率教者，黜罰之權統於司馬，威天下使歸於中和，非懾天下使效其奔走，所謂仁育必當義正也。

以九伐之灋正邦國，馮弱犯寡則眚之，賊賢害民則伐之，暴内陵外則壇之，野荒民散則削之，負固不服則侵之，賊殺其親則正之，放弑其君則殘之，犯令陵政則杜之，外内亂、鳥獸行則滅之。

壇，鄭讀作墠，音善。行，下孟反。

伐，聲其罪以討之也。馮，猶乘陵也。眚，損也，謂貶爵削禄薄其恩禮。賢與民，國之本，而賊之害之，故必伐之。暴内陵外，荒淫於家，苛虐於民。壇之，置之空墠之地，謂廢之而更立賢君也。荒，蕪也。不能守土治民，先削其地以警，不悛則必廢之可知矣。負，恃也。固，險固也。負固不服，必險遠之國，命方伯連帥潛師以侵之。親，兄弟之屬。正之者，審其罪之輕重而罪之。放弑，罪惡極矣。殘，焚磔之。令，王命。政，王章。杜，禁錮之也。人倫之道，自上倡之。乃外内亂、鳥獸行，無人道矣。滅之，誅其人、絶其國也。

正月之吉，始和布政於邦國都鄙，乃縣政象之灋於象魏，使萬民觀政象，挾日而斂之。

縣，音懸，挾，子協反。

賈氏公彦曰：政謂上九法、九伐并下，凡令賦以下①。

乃以九畿之籍，施邦國之政職。方千里曰國畿，其外方五百里曰侯畿，又其外方五百里曰甸畿，又其外方五百里曰男畿，又其外方五百里曰采畿，又其外方五百里曰衛畿，又其外方五百里曰蠻畿，又其外方五百里曰夷畿，又其外方五百里曰鎮畿，又其外方五百里曰蕃畿。

畿，限也。九畿亦謂九服。畿言其有界晝，服言其服王事。籍，書也。政職，司馬政典所當奉行者。國，天子國内。侯，候也，去天子近，爲天子守候。甸，田也，

① 此處恐為略文，阮元《十三經注疏》本作：賈公彦疏曰：布政于邦國都鄙者，謂上九法、九伐并下，凡令以下，皆此時布之。

去天子稍遠，爲天子治田賦。男者，任也，去天子漸遠，然亦任天子之事。采，事也，去天子益遠，然莫非分理天子之事。衛，近邊疆，爲天子守衛。蠻，縻也，以近夷狄，縻繫之以政教。自此以上六服是中國之九州，自此以外是夷狄之諸侯。夷者，以夷狄而得稱。鎮，鎮守。蕃，爲屏藩也。按王者代天理物、設官分職，無非欲天下乂安。九畿之制，以五百里相次而推，亦祇大概言之，其實天下之遠，非此可盡，而聖人聲教所訖，亦不止此。特聖人之世，但能各治其民、各安其宇，即無他求，故蠻夷鎮蕃爲名若此，非如後世必强以相服而不修實政，反多外虞也。

凡令賦，以地與民制之。上地食者參之二，其民可用者家三人；中地食者半，其民可用者二家五人；下地食者參之一，其民可用者家二人。

賦，兵也。以地之美惡、人之衆寡而制兵。上地，肥美田也。食者參之二，田百畝，萊五十畝，參分而休其一分，只以二百畝計之。爲家七人，可用爲兵者三人。中、下地以此而差。按《小司徒》均土地、稽人民，周知其可任之數，凡起徒役，無過家一人，以其餘爲羨，此言可用者家三人云云者，蓋家止一人爲正兵，而其餘爲羨卒，此云三人二人亦大概言之也。平日訓練，人不嫌其多；臨時出軍，則家不過一人耳。

中春，教振旅，司馬以旗致民，平列陳，如戰之陳。辨鼓鐸鐲鐃之用：王執路鼓，諸侯執賁鼓，軍將執晋鼓，師帥執提，旅帥執鼙，卒長執鐃，兩司馬執鐸，公司馬執鐲。以教坐作進退疾徐疏數之節。遂以蒐田，有司表貉，誓民，鼓，遂圍禁，火弊，獻禽以祭社。

鐲，直角反。鐃，乃交反。賁，扶云反。提，徒兮反。鼙，并兮反。數，疏屋反，又所學反。蒐，師優反。貉，莫駕反。弊，平世反。

此言四時教閲之法。凡師出曰治兵，入曰振旅。中春農事將興，因蒐而教以戰。兵以鼓進，以金退，於田時即以戰法教之，以鼓令衆。提亦小鼓，可提之以擊，故名。按王與諸侯執路鼓、賁鼓未必親執，特在軍，以是爲等，自有執而擊之者，至軍將以下則自執之。教坐作進退疾徐疏數之節，習戰法也。蒐，搜也，恐害苗之物藏匿田間而驅除之也。表貉，立表而貉祭也。誓民，誓之以遵法令，於時以鼓聲之。圍，獵也。禁，禁侵擾也。火，以火焚萊。弊，止也。獻禽祭社以祈年。

中夏，教茇舍，如振旅之陳。群吏撰車徒，讀書契，辨號名之用。帥以門名，縣鄙各以其名，家以號名，鄉以州名，野以邑名，百官各象其事，以辨軍之夜事。其他皆如振旅。遂以苗田，如蒐之灋，車弊獻禽以享礿。

茇，蒲末反。撰，息轉反。礿~~，除若反~~。

行軍有晝事必有夜事，夜事重防守，故於夏田習之。夏月炎暑，日間田事從略，惟夜事爲宜，故教民結草爲舍，以象軍行野宿，而其事則選擇車徒也、校讀軍實之書也。辨號名之用，如下文所云也。帥以門名者，備非常莫要於門。帥以門名，孤卿爲主帥，則以門名之。一帥所統之軍，其地、其人不一。縣鄙由六遂來者，家由采地來者，即師都也。鄉由六鄉來者，即州里也。野由公邑來者也。官府者，孤卿大夫士之總稱。孤卿既爲主帥，則百官大夫士也。縣鄙各以其名，如云某遂、某縣、某鄙也。鄉以州名，如云某鄉、某州、某黨也。野以邑名，若魯則武城、汶上之類。家以號名，如孟孫、叔孫氏之類。百官各象其事，所司各有其事，皆於書契辨之。無事各安其部伍，有事則呼其名號，有倡必和，可戮力同心矣。不言王與諸侯，號名之所不及也。夏田曰苗，除禽獸之害苗者也。車，驅獸之車。礿，宗廟之夏祭。

中秋，教治兵，如振旅之陳。辨旗物之用：王載大常，諸侯載旂，軍吏載旗，師都載旜，鄉遂載物，郊野載旐，百官載旟，各書其事與其號焉。其他皆如振旅。遂以獮田，如蒐田之灋，羅弊致禽以祀祊。

書，如字。獮，息淺反。祊，音方。

賈氏公彦曰：出曰治兵，入曰振旅。春以入兵爲名，尚農事。秋以出兵爲名，尚嚴威也。此旗物之用與《司常職》大閲頒旗物不同者，大閲之旗物，正法也，此治兵之旗物，變法也。旗物變則軍心新而氣益壯。軍吏，即《司常》云孤卿也。爵則孤卿，主帥則曰軍吏。百官，即《司常》云大夫士也。爵曰大夫士，從王有事而不與圍禁則曰百官。師都，車徒自公孤卿大夫之采地來者。彼云州里，即此之鄉，縣鄙，即此之遂。郊外曰野，故連言郊。鄉、遂、郊野，車徒之從鄉、遂、公邑來者。凡此皆分隸於六軍之軍吏，故載旜載物載旐也。百官雖不與圍禁，必有所載以爲别。獮，殺也，秋田爲殺，中殺者多。羅，綱也。祊，祭四方之神，以報成功。

中冬，教大閲。前期，群吏戒衆庶修戰灋。虞人萊所田之野，爲表，百步則一，爲三表，又五十步爲一表。田之日，司馬建旗於後表之中，群吏以旗物鼓鐸鐲鐃，各帥其民而致。質明弊旗，誅後至者。

中冬稼穡事畢，乃可大閲而行戰陣之法，前此固未即如軍法也。萊，田野除草萊以便弛驅。於可陣之處中央立四表，軍至表則間一而坐，坐而更起，蓋以表正行列。致，致之於司馬。質，正也。弊，仆也。軍法後期者斬，而此方致民，則未遽以死處之也。

乃陳車徒如戰之陳，皆坐。群吏聽誓於陳前，斬牲以左右徇陳，曰：不用命者斬之。中軍以鼙令鼓，鼓人皆三鼓，司馬振鐸，群吏作旗，車徒皆作。鼓行，鳴鐲，車徒皆行，及表乃止。三鼓，摝鐸，群吏弊旗，車徒皆坐。

乃陳之陳，如字。摝，音鹿，又音蒲表反。

陳車徒於陣後，皆坐以聽誓，群吏則聽誓於陳前。誓之者士師，斬牲者小子也。王自田則王爲中軍，而孤卿將其五；王不與則中軍亦孤卿爲之。以鼙令鼓，令六軍鼓也。皆三鼓，六軍皆然。振鐸，以作衆。作，起也。既起，古人擊鼓以行之，五長鳴鐲以節之。伍長，一曰公司馬。表，每軍各立四表。師都、鄉遂、公邑諸帥各帥其屬分隸六軍，分班鱗次而進。及表，由後表至二表也。及表而止，鼓人三鼓，司馬掩鐸，群吏皆掩旗，於是車徒之止者皆坐，此象陣初發面敵時也。

又三鼓，振鐸，作旗，車徒皆作。鼓進，鳴鐲，車驟徒趨，及表乃止，坐作如初。乃鼓，車弛徒走，及表乃止。鼓戒三闋，車三發，徒三刺。乃鼓退，鳴鐃且卻，及表乃止，坐作如初。

闋，苦穴反。刺，千賜反。卻，起略反。

又從二表至第三表，鼓鐸作皆如前，而車徒則且驟且趨，以象速於赴敵之狀。及表，至第三表也。從第三表至第四表乃鼓，不復坐矣。車弛徒走，以象薄城對敵。鼓戒，疾鼓以象催戰。凡三闋，每一闋車發一次、徒刺一次，三闋三次，以象戰。勝敵乃鼓退，鼓之使衆齊退，免參差不齊。鐃，以止鼓。且卻，軍吏及士卒回身向北，更從南四表至北之第一表而止。其坐作之法皆如初。按軍還至第一表則皆坐矣，而云作者，該下狩田之事而言。

遂以狩田，以旌爲左右和之門，群吏各帥其車徒以叙和出，左右陳車徒，有司平之。旗居卒間以分地，前後有屯百步，有司巡其前後。險野，人爲主；易野，車爲主。

易，俞寄反。

冬田曰狩。軍門曰和，取師克在和之義。立兩旌以爲門，群吏各帥其車徒，以次叙由和自左自右而出。既出門而趨圍地，左右陳車徒，有司平其行列，旗居卒間，每百人爲一卒，植旗其間，以分所占之地，必廣狹如一禁。地之前後各有屯百步，以待田畢屯車徒、而後各獻其所獲也。巡其前後，謂巡其行陣，使不紊。險野人爲主，謂列陣用徒，而以車承其闕。易野車爲主，謂列陣用車，而以徒承其闕也。

既陳，乃設驅逆之車，有司表貉於陳前。中軍以鼙令鼓，鼓人皆三鼓，群司馬振鐸，車徒皆作。遂鼓行，徒銜枚而進。大獸公之，小禽私之，獲者取左耳。

既陳，成行列也。驅，驅而出之。逆，迎而邀之。設此車者，田僕也。既設，有司即爲表貉之祭於陳前，群司馬六軍司馬并六軍而趨圍禁，衆鐸齊鳴也。銜枚，止喧嘩也。公之，輸於公。私之，自取。《詩》曰言私其豵獻豜於公是也。獲，謂得禽者。取左耳，田畢以此爲驗，將以論功，如軍法之執馘也。

及所弊，鼓皆駴，車徒皆譟。徒乃弊，致禽饁獸於郊，入獻禽以享烝。

駴，本亦作駭，胡楷反。譟，素報反。饁，移獵反。

所弊，所當止處。駴，鼓聲疾而洪。譟，讙呼，象克敵而喜也。徒乃弊，終事而止也。致禽，各致其所得之禽。饁獸於郊，聚所獲禽以祭四方之神於郊。入，又以獻宗廟。烝，冬祭也。四時皆田，而冬時農功已畢，故大閱之法尤詳，取禽亦較多。李氏曰：兵者，不祥之器。若無故而習之，是習殺人也。非示天下不復用兵之意，故於四時田獵而習焉。鳥獸魚鼈，皆含血氣，若無故而殺之，是暴天物也。故因礿祀烝嘗而行焉，明非好兵也，爲田獵也，非好田獵也，爲祭祀也。外以盡事神之禮，内以修不虞之備，聖人之動其慎如此。

及師，大合軍，以行禁令，以救無辜，伐有罪。若大師，則掌其戒令，涖大卜，帥執事涖釁主及軍器。及致，建大常，比軍衆，誅後至者。及戰，巡陳，眡事而賞罰。若師有功，則左執律，右秉鉞，以先愷樂獻於社。若師不功，則厭而奉主車。王弔勞士庶子，則相。

比，必里反。鉞，音越。先，悉薦反。厭，於業反。勞，力報反。相，息亮反。

上文言田，此及師，則出師也。大合，軍司馬奉王命以行征討。大師，則王親征也。禁令、戒令一也，司馬專之則言禁，奉王命行則言戒。涖，臨也。大卜，卜出兵吉凶。主，遷廟之主及社主。軍器，鼓、鐸之屬。凡師既受甲，迎主於廟及社，主祝奉以從，殺牲，以血涂主及軍器，皆神之。致，聚衆也。王親征則以王之大常致衆，王不親則司馬自用大旗致之。比，校次之也。事，戰功。功，勝也。律聽軍聲，鉞示威武。愷樂，得勝之樂。獻於社，獻功於社。厭，伏冠也，五服之冠皆厭以喪冠。奉主歸於廟與社，士庶子有死傷者王親吊之、勞之，大司馬相王。其上於士庶子者不待言矣，所以奬忠勤而慰勸之也。

大役，與慮事屬其植，受其要，以待攷而賞誅。大會同，則帥士庶子而掌其政令。若大射，則合諸侯之六耦。大祭祀、饗食，羞牲魚，授其祭。大喪，平士大夫。喪祭，奉詔馬牲。

與，音預。屬，音燭。植，除吏反。

大役，築城邑也。慮事者，封人，而司馬與之。植，築城板、幹。屬，賦丈尺與其所用人數。要，簿書。考，考校其功也。會同則帥士庶子以從王。大射，將祭，王射於澤宫以選賢。諸侯，兼畿内外而言。六耦，以六爲耦，若不足當以卿大夫足之。王祭祀、饗食則進其魚牲。以祭平者，正其職與其位。喪祭，遣奠也。奉，送也。送之至墓，告而藏之。

小司馬之職，掌

鄭康成曰：此下文闕。漢興求之不得，遂無識其數者。　御案：以諸官例之，所掌必論辨官材也。國子選俊，并升於司馬、司士治之。庶子之修業於鄉學者，諸子治之。而大司馬職不及論辨官材，則小司馬專之必矣。

凡小祭祀、會同、饗射、師田、喪紀，掌其事，如大司馬之灋。

賈氏公彦曰：小祭祀以下至喪紀，皆蒙此小字，對大司馬大祭祀之類。

軍司馬

闕。

輿司馬

闕。

行司馬

闕。

以上三職，皆軍中所任，臨時授職，無專官。軍司馬蓋主勝負賞罰者，輿司馬蓋主僕御弛驟賞罰者，行司馬蓋掌各軍行列賞罰者，然其文不可考矣。

司勳，掌六鄉賞地之灋，以等其功。王功曰勳，國功曰功，民功曰庸，事功曰勞，治功曰力，戰功曰多。

鄭康成曰：賞地，賞田也，在遠郊之內，屬六鄉焉。等，猶差也，以功大小爲差。王功，輔成王業，天下蒙福，君臣同享其利，故曰勳也。國功，有益於國，忠勤衆著，故曰功也。民功，有益於民，民可常行而食其利，故曰庸也。事功，任事克終而竭其才力，故曰勞也。治功，治不治以歸於治，宣力善成，故曰力也。戰功，非所常用，然能克敵制勝，亦可多也。要而言之，皆可通用。

凡有功者，銘書於王之大常，祭於大烝，司勳詔之。大功，司勳藏其貳。掌賞地之政令。凡賞無常，輕重眡功。凡頒賞地，參之一食，惟加田無國正。

正，音征。

銘之言名也，生則識其功，書於王旌，死則於烝祭先王時從享。詔，詔司常書之。貳，副也。政令，謂役賦。賞地在六鄉之內，其民亦從鄉之徭賦。參之一食，王食其一，二全入於臣。加田，加恩所賜之田，全給之而不稅，優厚之也。

馬質，掌質馬。馬量三物，一曰戎馬，二曰田馬，三曰駑馬，皆有物賈。綱惡馬。凡受馬於有司者，書其齒毛與其賈，馬死，則旬之內更，旬之外入馬耳，以其物更，其外否。馬及行，則以任齊其行。若有馬訟，則聽之。禁原蠶者。

質，如字。量，平聲。賈，音嫁。更，音庚。

質，平其價也。戎馬供戎事，田馬供田獵，駑馬供冗事，皆量其材之美惡，定其價之高下。惡馬不調良者，以索綱維之使馴服。受馬以給官之役，旬之內死，或前所養者失職，即不當受；受之而死，則必用之不善。更，謂償其馬價也。旬之外死，非用之不善。物，謂以皮肉爲價。入馬耳，防欺僞也。其外，二十日以外，非用者之罪也。任，載也。均其輕重勞逸，是齊其行也。訟，買賣及師、田、行役卒隸等相爭，或官買不得其平，或死傷當償而以過失相推者。原，再也，既養馬又養蠶也。蠶爲龍精，蠶與馬同類物，莫能兩大。禁原蠶者，恐傷馬也。

量人，掌建國之灋，以分國爲九州，營國城郭，營后宮，量市朝道巷門渠。造都邑亦如之。營軍之壘舍，量其市朝、州、涂、軍社之所里。邦國之地與天下之涂數，皆書而藏之。

涂，本又作塗。

建，立也。九州肇自禹，而後世略有變更，或舊屬彼而今屬此者，故曰分國爲九州也。凡建國，大司徒制其域，封人封其四疆而已，城郭、后宮、市朝、道巷、門渠之細，匠人營之，而其式定於量人。軍壁曰壘。凡官吏相見之處皆曰朝。師之所在，有朝有市。一軍所聚謂之州。涂，營中往來之道。軍社，軍中之社。所里，居也。量市朝州涂之所居，地有山川廣狹，涂有支湊遠近，書而藏之，封國、慶削、巡行、征役皆於是乎考之。

凡祭祀饗賓，制其從獻脯燔之數量。掌喪祭奠竁之俎實。凡宰祭，與鬱人受斝歷而皆飲之。

竁，昌絹反，又昌鋭反。歷作瀝。斝，古雅反。

從獻，從於獻酒之肉炙也。若特牲饋食，《禮》主婦獻尸，兄弟長以燔從。是數多小，量長短也。據《儀禮》，脯十脡，各長尺二寸。燔之數量無考。竁，穿壙之名。遣奠，包俎實以入於壙。宰祭，冢宰攝祭。受，舉斝之餘瀝而皆飲之，以受神福。王親祭亦可知矣。

小子，掌祭祀羞羊肆、羊殽、肉豆。而掌珥於社稷，祈於五祀。凡沈辜侯禳，飾其牲。釁邦器及軍器。凡師田，斬牲以左右徇陳。祭祀，贊羞，受徹焉。

肆，如字。珥，當爲弭。禳，如羊反。

羞肆，陳骨體。羊殽，解節折也。肉豆，切肉也。珥作弭。王氏與之曰：如小祝弭災兵、祈福祥也。小子掌解牲體，而凡有事，弭於山川，祈於五祀。及沈辜等事，皆飾其牲飾，被以文繡。沈，祭川。辜，疈辜。侯，候福。禳，卻禍也。邦器，禮樂之器及祭器。斬牲以徇，示犯誓必殺之也。賈氏公彦曰：贊羞，謂大司馬羞牲魚之類則贊之。受徹，祭畢，諸宰君婦廢徹之時則受之。

羊人，掌羊牲。凡祭祀，飾羔。祭祀，割羊牲，登其首。凡祈珥，共其羊牲。賓客，共其灋羊。凡沈辜、侯禳、釁積，共其羊牲。若牧人無牲，則受布於司馬，使其賈買牲而共之。

積，音漬，從智反，又精智反。賈，音價。

正祭無用羔者。《詩》曰：獻羔祭韭。或薦新有之歟。登，升也，升首於室。三牲之首俱升，此特就羊人所掌言之耳。共，猶給也。法羊，饔飧積膳之羊。羊不一種，共其如法者。沈辜侯禳，見上。釁，釁國器。釁積，釁而漬血。布，泉布。

司爟，掌行火之政令，四時變國火，以救時疾。季春出火，民咸從之。季秋内火，民亦如之。時則施火令。凡祭祀，則祭爟。凡國失火，野焚萊，則有刑罰焉。

内，音納。爟，固玩反。

鄭康成曰：行，猶用也。變，猶易也。鄭氏衆曰：春取榆柳之火，夏取棗杏之火，夏季取桑柘之火，秋取柞楢之火，冬取槐檀之火。王氏應電曰：榆柳先百木而青，得東方之色；棗杏心赤，得南方之色；柞楢文理白，得西方之色；槐檀心黑，得北方之色；桑柘皮裹皆黄，得中央之色。按人非火食不生，四時取火，順天地之性以養人之性，調變之精意也。季春火星始見，故使民出火，雖烈山焚萊可也。季秋火星始伏，故使民内火，雖爍金焚爟亦止也。時謂改火及出内火之時，令即改與出内之令。祭爟，祭先出火之人。凡祭祀必用爟，故以報之。野焚萊非時，擅用火也。

掌固，掌修城郭、溝池、樹渠之固，頒其士庶子及其衆庶之守。設其飾器，分其財用，均其稍食，任其萬民，用其材器。凡守者受灋焉，以通守政，有移甲與其役財用，唯是得通，與國有司帥之，以贊其不足者。晝三巡之，夜亦如之。夜三鼜以號戒。

鼜，音戚，杜，七報反。號，本黑教反。

劉氏彝曰：浚溝之土以爲城，鑿池之土以爲郭，溝池深於外則城郭固於內，用其深以增高也。渠又在其外，所以出水，因植木其上。掌固掌其事，而以時修之。頒，猶分也。士，卿大夫士之適子；庶，其支庶。衆庶，民遞守固者也。飾器，兵器飾者，以爲飾而壯威。財用，所給守吏之用。稍食，祿廩財用曰分，視地守之劇易而有多寡。稍食曰均，計功力之多少以爲差等。任其萬民，各以附近要隘之民而任其事，材器、楨幹、畚鍤之屬亦民具之。此守之法，而凡爲受者所受也。然各專其守，則呼應不靈，故又通之，使兵甲役財轉相移給，庶緩急應援、聲勢相輔，非是則不得擅離部署。贊，佐也。其地猝有警，掌固以達於司馬，使國中有司持符節以徵之。他境是爲與國，有司帥而贊之。守戒鼓曰鼜，取憂懼戚戚之意。三巡，三鼜，呼其名以戒其事，掌固以此法授守者，非自爲也。　御案：公卿大夫之子家有田祿，萬民計口授田，俾各守其地之阻固以自衛，而財用、稍食國猶頒焉，所以厚下，而其效至於民忘其勞、民忘其死也。民之衣食、災患，纖悉皆君爲之計，而民以材器給國事如於其家，此國爲所以固、仁義之利所以長也。

若造都邑，則治其固，與其守灋。凡國都之竟有溝樹之固，郊亦如之。民皆有職焉。若有山川，則因之。

都邑亦有城郭溝池，國都竟上及郊皆有溝樹以爲固。職，謂守與任。若有山川自然之險，則因之以爲固，而設戒守焉。

司險，掌九州之圖，以周知其山林川澤之阻，而達其道路。設國之五溝五涂，而樹之林，以爲阻固，皆有守禁，而達其道路。國有故，則藩塞阻路而止行者，以其屬守之，唯有節者達之。

鄭康成曰：周，猶徧也。達，道路山林之阻開鑿之，川澤之阻橋梁之。五溝，遂、溝、洫、澮、川。五涂，徑、畛、涂、道、路也。　御案：五溝五涂，遂人所治也，而於此復曰設者，井田溝涂之設，一以盡地利，一以爲阻固，故必使司險與遂人共議其形勢之錯連、水流之輸委、道路之支湊。樹之林，作藩落也。有故，兵、寇。司固所掌，城郭、溝池、樹渠之固，其地廣，故頒其守於衆。司險所掌皆要害，故有故則以其屬守之。節，道路所用之旌節。

掌疆

闕。

候人，各掌其方之道治與其禁令，以設候人。若有方治，則帥而致於朝。及歸，送之于竟。

道治，道途當治之事。禁令以備姦寇，選士卒爲之。方治，四方有治政之事來此國者，候人迎而帥之。及歸送，若《春秋傳》欒盈過周，王使候人出諸轘轅，亦其一事。

環人，掌致師，察軍慝，環四方之故，巡邦國，搏諜賊，訟敵國，揚軍旅，降圍邑。

降，户江反。

環人，環伺以察軍中之事，與《秋官》環人不同。致師，鄭康成曰：古者將戰，先使勇力之士犯敵。《左傳》楚許伯御樂伯、攝叔爲右，以致晉師。軍慝，民軍中爲姦者。環四方之故，環伺四面，或有掩襲衝突之變。巡邦國，從王敵愾之邦國。搏，執也。諜賊，敵國之奸細。訟敵國，往辨其曲直。揚軍威，以告敵，使之畏服。降，即理勢以諭敵，使其降服，皆不戰而屈人之師也。蓋聖王之師，期於止亂。苟諭之而服，不必定用兵以殘人也。

挈壺氏，掌挈壺以令軍井，挈轡以令舍，挈畚以令糧。凡軍事，縣壺以序聚㯷。凡喪，縣壺以代哭者。皆以水火守之，分以日夜。及冬，則以火爨鼎水而沸之，而沃之。

挈，苦結反。畚，音本。㯷、柝同。

挈壺主定漏刻者，古法不可考。鄭康成據漢法以器盛四十八箭，箭各百刻，以壺盛水懸於箭上，節而下之水，水淹一刻則爲一刻，一箭當二氣，倍二十四氣爲四十八刻也。以令軍井，軍中穿井，挈壺懸其上，使軍士望見，知井所在。轡以止舍，於所當舍止之處懸轡，使知當舍止處。畚以盛糧，懸畚使知當稟假之處，省囂譁而便趨事也。夜則懸壺以爲漏，以次序聚而擊柝以備守。喪事未大斂，懸壺以記時刻，使哭者更代。均平水以沃漏而均其晷刻，火以燭箭而考其遷易。冬時水凍，則以火爨鼎水，使沸而後沃漏，免凍滯也。

射人，掌國之三公、孤、卿、大夫之位。三公北面，孤東面，卿、大夫西面。其摯，三公執璧，孤執皮帛，卿執羔，大夫執鴈[①]。諸侯在朝，則皆北面，詔相其灋。若有國事，則掌其戒令，詔相其事，掌其治達。

相，息亮反。

位，即《司士》朝儀之位，路門外治朝之位也。此非射人專職而云掌其位者，初命爲公孤卿大夫者，射人導以見王，故有摯。其位以北面者爲尊，東面者次之，西面者又次之。若有外諸侯來朝者，亦北面。法，謂禮儀。國事，戎兵之事。相，相司馬也。詔，詔與其事者。自上施下曰治，自下達上曰達。蓋古禮射以觀德，無事則以選賢，有事則以禦敵。凡有位於朝，無不習射者。其比禮、比樂，威儀、修飭皆見於射。考射人正朝位而得與戒令、詔相之事，舊説以爲祭事，誤矣。

---

① 大夫執鴈，阮元《十三經注疏》本作大夫鴈。

以射灋治射儀。王以六耦射三侯，三獲三容，樂以《騶虞》，九節五正；諸侯以四耦射二侯，二獲二容，樂以《貍首》，七節三正；孤卿大夫以三耦射一侯，一獲一容，樂以《采蘋》，五節二正；士以三耦射豻侯，一獲一容，樂以《采蘩》[1]，五節二正。

射法，王射之禮。其諸侯以下各自有官掌之，射人但以法與之耳。治，謂肄之。两人爲耦。以六耦者，王射必有從王射者，以六耦從王。三侯，虎熊豹也。獲，射中也。容，唱獲者所以蔽身，亦曰乏。三人各唱，獲則各有容也。《騶虞》《貍首》等皆《詩》篇名，以此詩奏樂爲節。射者容體既比於禮，其節必比於樂乃爲如法。正，正射時也。樂雖九節，而以五節，爲正射時也。下倣此，凡射大法皆然。

若王大射，則以貍步張三侯。王射，則令去侯，立于後，以矢行告。卒，令取矢。祭侯，則爲位。與大史數射中，佐司馬治射正。祭祀，則贊射牲，相孤卿大夫之灋儀。

數，所主反。中，張仲反。正，音政。相，息亮反。

步，量器，如後世丈量弓也。刻貍於上，故云貍步。三侯，見上。司馬命量人量侯道，然後射人等張之。去侯，立後去侯所而立於王後，以矢行高下左右告王，下曰留，上曰揚，左右曰方，命令其屬也。卒，射畢，令射鳥者取矢祭侯，服不氏主之。爲位，爲服不氏受獻之位。數射中，數射者，中侯之算。射正，射儀也。《國語》：禘郊之事，天子必自射其牲。法儀，孤卿大夫從王射，相其法儀也。

會同、朝覲，作大夫介，凡有爵者。大師，令有爵者乘王之倅車。有大賓客，則作卿大夫從，戒大史及大夫介。大喪，與僕人遷尸，作卿大夫掌事，比其廬，不敬者苛罰之。

倅，七内反。比，毗志反。

作，選、使之也。大夫爲上介，命士以上爲衆介。倅車，戎車之副。王出征乘戎路，副車十二乘，使命士以上乘之，不敢虛位故也。大史及大夫之介，戒其當行者。僕人，大僕也。遷尸，始死於北牖下，遷尸於南牖，小斂於户内。小斂訖，遷尸於户外，大斂於阼階。大斂訖，遷尸於西階，以入棺。掌，事王喪，宜各有職掌。比其廬，若《宮正》所云，親者貴者居廬，當比其本服親疏及貴賤。苛，謂詰問之。

服不氏，掌養猛獸而教擾之。凡祭祀，共猛獸。賓客之事，則抗皮。射則贊張侯，以旌居乏而待獲。

擾，日杳反。抗，苦浪反，又古郎反。

擾，馴服之。中膳羞者則共之。抗，舉也。聘禮行享禮者，皮弊[2]布於庭，有司

① 底本作采繁，據阮元《十三經注疏》本改作采蘩。
② 此處弊字恐誤，疑當作帛字。阮元《周禮注疏》卷三十引鄭衆語：謂賓客來朝聘，布皮帛者。又賈公彦疏曰：釋曰：朝聘布皮帛者，按聘禮行享禮時，布皮帛于庭，使服不氏舉皮以東。

舉皮以東。大射禮量人、巾車張三侯，服不氏贊之。唱獲者居於乏中，中則舉旌以宮，偃旌以商。

射鳥氏，掌射鳥。祭祀，以弓矢敺烏鳶。凡賓客、會同、軍旅亦如之。射則取矢。矢在侯高，則以并夾取之。

射，常亦反。敺，音區。并，卑盈反。夾，音甲。

鄭康成曰：鳥謂中膳羞者，鳧、雁、鴇、鴞之屬。烏鳶，喜鈔盜，便汙。人取矢而矢在侯，高人手，不能及，則以并夾取之。并夾，夾兩片而合以取物者。

羅氏，掌羅烏鳥。蜡，則作羅襦。仲春[1]，羅春鳥，獻鳩以養國老，行羽物。

烏鳥，凡可供膳羞者皆是。作襦，當爲繻，細密之羅也。蜡時豺既祭獸，可作羅以取禽。仲春鷹化爲鳩，易舊而新，故獻春鳥以養國老，助生生之氣。行，頒賜也。頒羽物，自此順生氣而不殺。

掌畜，掌養鳥而阜蕃教擾之。祭祀，共卵鳥。歲時貢鳥物，共膳獻之鳥。

畜，許六反，又許又反。

養鳥，所貢鳥物養之以備用。阜，盛。蕃，蕃息，如鶩、鵞之屬。卵鳥，鳥卵而益肥實也。鳥物，可適於用者。膳獻之鳥，雉、鶉之屬。

司士，掌群臣之版，以治其政令，歲登下其損益之數，辨其年歲與其貴賤，周知邦國都家縣鄙之數，卿大夫士庶子之數，以詔王治。以德詔爵，以功詔祿，以能詔事，以久奠食。惟賜無常。

奠，音定，又如字。

群臣，大臣而下，畿內、朝廷及鄉遂都鄙之臣。版，名籍。損益不特功過黜陟，或事劇而益其員，事少而損於其舊。辨其年歲而後用之，得其任、知其貴賤，使之然後不差。卿大夫士庶子在朝及朝外人衆，亦記其數，而詔王以行政令。爵祿本相緣也，但有德者不榮祿養，故以爵尊之，有功則成其功之大小以爲祿，有能者因其所能以授之事，乃易稱職。食，稍食。奠，定也。久，祿食有常數，惟賜則加恩，無常數。

正朝儀之位，辨其貴賤之等。王南鄉；三公北面東上，孤東面北上；卿大夫西面北上；王族故士、虎士在路門之右，南面東上；大僕、大右、大僕從者在路門之左，南面西上。

鄉，許亮反。大，音泰，又如字。從，才用反。

位，路門治朝之位。南鄉，嚮明而治也。三公位尊，故面向王。孤佑王者，故在王之右。卿大夫佐王者，故在王之左。王族故士，王之族與親故之爲士者。虎士，虎賁侍衛之士。大右，司右也。大僕從者，小臣、祭僕、御僕、隸僕。其南面者，王出則目送王，王入則面向王，蓋以擁衛立於兩旁而少後。　御案：士之位東面者從

---

① 仲春，阮元《十三經注疏》《四部叢刊》本作中春。

孤，西面者從卿大夫，皆在其下而稍退。卿，蓋即以孤卿大夫統之。下云士旁三揖，則兩旁皆有士可見矣。

司士擯，孤卿特揖，大夫以其等旅揖，士旁三揖，王還揖門左，揖門右。大僕前，王入，内朝皆退。

擯，臂印反。還，音旋。

擯，相王揖其臣下之禮。特揖，一一揖。旅，衆也。大夫爵同者衆揖之。等，大夫有上中下也。三揖者，士有上中下士。　御案：不見士位，以《朝士職》有明文，在孤、卿大夫後也。孤、卿大夫既分東西，故每旁皆三揖。還，視朝畢而還。

御案：門左揖大僕、大右、群僕，門右揖王族故士、虎士。此數官之位，逼介路門左右，王始出，未揖公卿，不得先揖卑者，故還入門而後揖之。大僕前，引導王入也。内朝，在路門内。皆退，各反其官府治處。

掌國中之士治，凡其戒令。掌擯士者，膳其摯。凡祭祀，掌士之戒令，詔相其灋事；及賜爵，呼昭穆而進之。帥其屬而割牲，羞俎豆。凡會同，作士從，賓客亦如之。作士適四方使，爲介。大喪，作士掌事，作六軍之士執披。凡士之有守者，令哭，無去守。國有故，則致士而頒其守。凡邦國，三歲則稽士任，而進退其爵禄。

國中，城中。國中之士，升於司馬者也。擯士，初見於王之士。膳其摯，以其摯入於膳人，所以優之也。士之戒令，上中下士也，凡祭祀之戒令，卿大夫則射人相之，司士惟相士之法儀。及神惠逮下賜爵時，則呼昭穆而進之，使長幼有序。牲與俎豆，即賜爵時之物。作，選、使之也，會同作其可以從王者。適四方使，以王命適四方。爲介，爲大夫介。聘禮大夫爲次介，其餘皆士介。事，奠斂之屬。披，以帛爲之，一頭繫於戴，出一頭於帷外，人牽之，若登高則引前，適下則引後，敧左則引右，敧右則引左。　御案：束棺於柩車者曰束；繫棺與柳材而結之者曰戴；貫結於戴，而出之於外，人居旁牽之者曰披；車之輈前後出横，縛木於輈以屬引者曰輅；以長繩屬輅之兩端而人引之者曰引，引即紼也。引道曰引，屬於柩車者也；在棺曰紼，説柩車而但屬於棺。執棺者在執引者之外。六軍之士，即六鄉之民，以其鄉出一軍。天子執披千人，出自六鄉，故號六軍之士，非謂執披有七萬五千人也。有職守之士但哭而無去其職守，官不可空也。有故，喪與兵災。　御案：國有大事，王宫之士庶子則宫伯作之，國子則諸子帥而致之太子，群士則司士致而頒其守，鄉邑之士庶子則掌固頒其守。國之守政，士無不與焉，以其識義理而爲民之倡，且未仕而已教以與國同憂也。凡邦國之士，司士作法與之使，三歲稽其任而進退其爵禄，國中不待言矣。

御案：司馬論辨官材，其事於此職見之。國子俊選并升於司馬，司馬論其賢者以告於王，故司士擯焉而膳其摯也。詔爵、詔禄、詔事即所謂論定後官、任官後爵、位定後禄之也。蓋《地官》師氏保氏卿大夫州長之屬、《春官》大司樂樂正之屬，第教士以德行道義，其敏鈍文質不齊，必司馬論辨官材，然後相其宜而各得其任。然使素不相習，直待其升於司馬然後論之辨之，惡從得其實哉？故設諸子之官。凡國子之學於成均虎門、國子之倅修業於鄉學者，國有大事則帥之而致於太子，有甲兵之事則合其卒伍，會同賓客作以從王，而掌固頒城郭溝池之守政，又以士庶子爲之倡，則士雖未仕而已習於政事，雖未升於司馬而司馬之屬已熟察其材質之所宜，所以論辨官材灼見而無誤也。

諸子，掌國子之倅，掌其戒令與其教治，辨其等，正其位。國有大事，則帥國子而致於大子，惟所用之。若有兵甲之事，則授之車甲，合其卒伍，置其有司，以軍灋治之。司馬弗正。凡國正弗及。

倅，七内反。大子之大，音泰。正，音征。

倅，貳也。卿大夫之適子爲國子，其庶子爲倅。諸子，一名庶子官。戒，戒其違。令，令其從。教治，教以德行道藝而使治之。等，才質高下之等級。位，在朝廷則尚爵，在學校則尚齒也。大事，大祭祀、大喪紀、大賓客，太子監國。百人爲卒，五人爲伍。置其有司，臨時始置有司監之，以軍法治之，屬於太子，司馬雖有軍事不賦之。《呂氏》曰：古之爲國者，其君臣一德，非一日積也。王太子與公卿大夫元士之適子共學，國有大事，則帥而致於太子，惟所用之。是太子雖未爲君，而君臣交際，賢不肖已悉可任使者，已備先王之慮弈世，不爲不豫也。

大祭祀，正六牲之體。凡樂事，正舞位，授舞器。大喪，正群子之服位。會同、賓客，作群子從。

正牲體，匕載之以熟而獻也。舞位，佾處。舞器，羽籥之屬。服位，喪服、喪位。作，使也。群子，兼國子與其倅。

凡國之政事，國子存遊倅，使之修德學道，春合諸學，秋合諸射，以考其藝而進退之。

又言凡國之政事，雖有作士之時，然非盡士而用之，必存其優遊之士，使修德學道。蓋以政作士子者，使習其事也；而修德藝者，其常職也。學，大學。射，射宫。進退，猶賞罰。

司右，掌群右之政令。凡軍旅會同，合其車之卒伍，而比其乘，屬其右。凡國之勇力之士能用五兵者屬焉，掌其政令。

比，毗志反。屬，音燭。

群右，戎右、齊右、道右也。司右掌其用之之政令，比之、屬之即其政令也。比，其乘皆有行列。屬，其右皆有統攝。蓋凡兵車皆有右，而車既因事而殊，則右之材力亦宜有差等，故必比次其乘以屬其右，然後用各稱其材。五兵，戈、殳、戟、酋矛、夷矛也。政令，教之之政令。按戎右、齊右、道右，皆朝夕執事於王所，無府史胥徒，而戎右中大夫，齊右下大夫，司右以上士掌之者。司右主教勇力之士，以備車右，因於軍旅、會同時，合其卒伍而比其乘、屬其右。屬之者，屬之使戒慎也，不相臨制也。

虎賁氏，掌先後王而趨以卒伍，軍旅、會同亦如之。舍則守王閑。王在國，則守王宫。國有大故，則守王門，大喪亦如之。及葬，從遣車而哭。適四方使，則從士大夫。若道路不通有徵事，則奉書以使於四方。

賁，音奔。先，細宴反。後，荷漏反。舍，音赦。從，如字。使，所吏反。

王出，虎賁士居前後。卒伍雖群行，必有行列也。舍，王所止宿處。閑，梐枑也。大故，謂兵災。遣車，王之魂魄所憑依。士大夫使於四方，虎賁之屬從以護王命。不通，逢兵寇或泥水。奉書，徵師役也。

旅賁氏，掌執戈盾夾王車而趨，左八人，右八人，車止則持輪。凡祭祀、會同、賓客，則服而趨。喪紀，則衰葛執戈盾。軍旅，則介而趨。

盾，常準反。衰，七雷反。

執戈盾以衛王也。車行勢疾，慮其將止而不止，故持輪。服而趨，服其常服，夾王車而趨。葛，葛絰。介，被甲也。

節服氏，掌祭祀朝覲衮冕，六人維王之大常。諸侯則四人，其服亦如之。郊祀裘冕，二人執戈，送逆尸從車。

御案：王祭祀、賓客之服大僕正之，燕服小臣正之，節服氏則朝夕王所而時視衣服之節適者。獨列祭祀朝覲維大常、郊祀從尸車、見從王而供别役，惟此三事，他事不供，惟節服是司也。維，持之也。王旌十二旒，兩兩以縷綴連，旁三人持之。其服亦如之，亦有如節服氏者司之也。裘，大裘。從車，從尸車送逆之。按：尸，郊祀配天者之尸也。先儒以爲天亦有尸，不已褻瀆乎？

方相氏，掌蒙熊皮，黄金四目，玄衣朱裳，執戈揚盾，帥百隸而時難，以索室敺疫。大喪，先匶。及墓，入壙，以戈擊四隅，敺方良。

相，息亮反。難，乃多反。先，悉薦反。方良，音罔兩，又并如字。

人神一氣、幽明一理也。陰陽之氣不和，時或爲災，而神鬼憑之，非有德者無以禦之，故設方相氏。時難、敺疫，難有三：《月令》季春命國難，仲秋天子乃難，季冬大難。蒙熊皮，示猛也。黄金四目、玄衣朱裳，象神也。執戈揚盾，敺之也。百隸，徒役也。先匶，先柩而行，亦敺凶邪之意。喪未入壙，先入壙，以戈擊四隅，敺罔兩。非真有罔兩也，以示驅不祥之意。

大僕，掌正王之服位，出入王之大命。掌諸侯之復逆。王眡朝，則前正位而退，入亦如之。

服位，治朝及路寢之服位。若小寢之服位，則小臣正之。服，王舉動所當衣。位，立處。出大命，王之教也。入大命，群臣報奏。復，諸侯奏事。逆，受下奏。正位而退，大僕本位在路門之左，王眡朝進前正位，訖還退在本位；王退入路寢聽事時亦前正王位，御位立。

建路鼓於大寢之門外，而掌其政。以待達窮者與遽令，聞鼓聲，則速逆御僕與御庶子。

大寢，路寢也，其門外則內朝之中。大僕與御僕常在大寢之門內，而御庶子則在門外。於大寢之門外設大路，御庶子守之。吏士有枉抑於長官之窮者與非常急遽之事上聞則擊鼓，御庶子以達御僕，而大僕速逆之以達於王。逆，迎也。迎其所欲達而不留滯，故曰速逆。

祭祀、賓客、喪紀，正王之服位，詔灋儀，贊王牲事。王出入，則自左馭而前驅。

祭祀、賓、喪，王之服位各殊，故大僕正之。法儀，禮法儀文也。大宰大祭祀贊王射牲，此并舉祭與賓客，則不射牲。而割與匕，王猶親之，贊或授刀、授匕，或代王終割與匕之事，皆是其割之事。猶有內外饔，大僕衹就王所親者贊之耳。喪紀、牲事，王不親則無容，大僕贊直正服位、詔法儀而已。出入，王以政事出入，若燕出入則小臣前驅也。左馭，乘王之倅車居左自馭，以職主於御也。

凡軍旅田役，贊王鼓。救日月亦如之。大喪，始崩，戒鼓，傳達於四方，窆亦如之。縣喪首服之灋於宮門。掌三公孤卿之弔勞。

窆，彼驗反。縣，音懸。勞，力報反。

贊王鼓，王親將，王擊乃擊之，或王命代擊也。亦如之，亦贊鼓也。戒鼓，擊鼓以警衆。窆，下棺也。首服，婦人首服法所用物材與長短廣狹之數，《小宗伯》所縣男子之衰冠也與此異。掌弔勞者，弔勞公卿，王有故不親往，則大僕奉使以往也。

王燕飲，則相其灋。王射，則贊弓矢。王眡燕朝，則正位，掌擯相。王不眡朝，則辭於三公及孤卿。

相，息亮反。

燕飲，與諸侯或群臣燕，皆有酬酢升降洗爵等法。相，亦贊也。射，大射。燕朝，路寢之朝。治朝無坐法，內朝有時而坐，故云燕。正位，掌擯相，肅朝儀，不以燕而疏也。如王有故不視朝，以其故告於三公孤卿。非不可以視朝而廢朝，亦必論諫之矣。

小臣，掌王之小命，詔相王之小灋儀。掌三公及孤卿之復逆，正王之燕服位。王之燕出入，則前驅。

鄭康成曰：小命，時事所敕問也。小法儀，趨行拱揖之容。賈氏公彦曰：諸侯，賓也，故其復逆掌於大僕。三公孤卿，在朝之臣，故小臣掌之。燕，燕居時。燕出入，游觀之時。

大祭祀、朝覲，沃王盥。小祭祀、賓客、饗食、賓射掌事，如大僕之灋。掌士大夫之弔勞。凡大事，佐大僕。

王將獻尸賓，先盥手洗爵，小臣爲沃水盥手。賓射，與諸侯來朝者射，對大射言則爲小，其射前亦必有燕，若饗食則無射法。如大僕之法，即正王服位、詔儀法、贊牲事弓矢之類。弔勞，亦王所使也。以上皆其專職。凡大事，亦佐大僕爲之。

祭僕，掌受命於王以眡祭祀，而警戒祭祀有司，糾百官之戒具。既祭，帥群有司而反命，以王命勞之，誅其不敬者。

王有故不親祭，故使祭僕視之。有司，有事於祭祀者。糾，校録其當供之牲物。勞其有功而誅其不敬，不以王不親而或疏肆也。

大喪，復於小廟。凡祭祀，王之所不與，則賜之禽，都家亦如之。凡祭祀致福者，展而受之。

與，音預。

賈氏公彦曰：大喪，王喪也。王生時所有事之處皆復。此祭僕復小廟，其大廟則夏采復，小寢、大寢則隸僕復也。小廟，高祖以下，王所不與，謂畿内山川及公卿百辟前哲有功德於民者。都家，王之親屬、懿親。賜之禽，使其主者祭之。臣有祭事，致祭肉於君，祭僕録視其牲體之數而受之，蓋大夫已上；若士則必所祭爲王之懿親，然後得致之。

御僕，掌群吏之逆及庶民之復，與其弔勞。大祭祀，相盥而登。大喪，持翣。掌王之燕令，以序守路鼓。

相，并去聲。翣，所甲反。

群吏，大夫士以下。國有大事訊萬民則有復，群吏庶民有忠勤死國事者亦弔勞之。相盥，奉槃、授巾。登，爲王登牲體於俎。翣，以木爲匡，衣以白布，畫雲氣曰畫翣，畫黼曰黼翣。天子八，諸侯六，大夫四，士二，持之夾柩車而行，入壙則樹之四旁。燕令，燕居時之令。序，更番也。

隸僕，掌五寢之埽除糞洒之事。祭祀，修寢。王行，洗乘石。掌蹕宫中之事。大喪，復於小寢、大寢。

御案：五寢，即《天官》宫人所掌之小寢五也。宫人所掌，尤重路寢，隸僕直五寢而已。宫人於凡修除井匽并掌之，隸僕但事埽除糞洒而已。祭祀，王惟居路寢，不居小寢，故乘隙修之。乘石，王登車之石。蹕，清道也。小寢，王之五寢。大寢，路寢。

弁師，掌王之五冕，皆玄冕，朱裏，延，紐，五采繅十有二就，皆五采玉十有二，玉笄，朱紘。諸侯之繅斿九就，瑉玉三采，其餘如王之事。繅斿皆就，玉瑱，玉笄。

繅，古藻字，音早。紘，户成反。侯，當作公。斿，同旒，離尤反，一音游。瑉，本又作珉，密寅反。瑱，替宴反。

冕，俯也，前俯而後仰也。王之吉服六而冕止五者，大裘與衮同一冕也。凡冕，以版廣八寸、長尺六寸績麻三十升布染而衣之，上玄下朱。延，即上玄者也。紐，小鼻，綴於冕兩旁垂之武，兩旁作孔，以笄貫之，使牢固。五采繅，以五采絲爲繩，而貫以五采玉，其繅與玉各十二，垂於延前後，所謂邃延也。就，匝也。每一匝而貫五采玉，其間相去一寸，結之使不相并也。笄，簪也。朱紘，以朱絲爲繩，上屬於笄下繞於頤，以固冠也。九就，上公之制。三采，朱、白、蒼。其餘，謂延、紐，皆玄覆朱裏，與王同也。繅斿皆就，侯伯子男，其繅斿亦各有就，侯伯七命則七就、子男五命則五就也。玉瑱，充耳之飾。於諸侯言之，則天子可知。

王之皮弁，會五采玉璂，象邸，玉笄。王之弁絰，弁而加環絰。諸侯及孤卿大夫之冕、韋弁、皮弁、弁絰，各以其等爲之，而掌其禁令。

會，《儀禮》作鬠，古外反，又户外反。琪，音其。邸，丁禮反。

王之吉服，其弁有三，韋弁用於兵，冠弁用於田獵，惟皮弁用以眡朝，故特言之。會，縫中也。璂，結也。皮弁之縫中，每貫結五采玉十二以爲飾，謂之綦，《詩》曰會弁如星，又云其弁伊綦是也。邸，下柢也，以象骨爲之。弁絰，王之弔服，環絰，如緦之麻絰，素冠之上加以此。諸侯，五等諸侯。孤卿大夫，諸侯之卿大夫也。各以其等，各以其命數爲繅玉之數，不得僭越也。

司甲。

闕。

司兵，掌五兵、五盾，各辨其物與其等，以待軍事。及授兵，從司馬之灋以頒之。及其授兵輸，亦如之。及其用兵，亦如之。

盾，常準反。

五兵，戈、殳、戟、酋矛、夷矛也。五盾，干櫓之屬，其名未盡聞。物，謂良苦。等，謂長短輕重。司馬之法，師旅卒兩人數多少。兵輸，師還，有司所還之兵。用兵，出給守衛之兵。

祭祀，授舞者兵。大喪，廞五兵。軍事，建車之五兵。會同亦如之。

廞，虚金反。

授舞者兵，朱干玉戚之屬。廞五兵，明器之役器五兵也。軍事，插兵於車較及輿，出先刃，入後刃。

司戈盾，掌戈盾之物而頒之。祭祀，授旅賁殳、故士戈盾，授舞者兵亦如之。軍旅、會同，授貳車戈盾，建乘車之戈盾，授旅賁及虎士戈盾。及舍，設藩盾，行則斂之。

戈，矛、戟。盾，干、櫓也。戈所以克敵，盾所以衛身，戎備之最急者。頒，分也。故士，王族士也。殳，如杖，長尋有四尺。貳車，有車右，故授以戈盾。乘車，王所乘車。舍，止也。藩盾，以盾爲藩衛，高於人所持者，行則收之。

司弓矢，掌六弓四弩八矢之灋，辨其名物，而掌其守藏與其出入。

藏，才浪反。

法，曲直長短之數。曰王、曰孤、曰夾、曰庾、曰唐、曰大，辨其名也。彤弓赤、玈弓黑，天子之弓，彤與玈辨其物也。弓矢畏濕喜燥、貴正賤欹，守藏不可不慎。自弓人矢人入於司弓矢，則有選擇之法；自司弓矢頒於有司，則有頒受之儀。事畢，復自有司入於司弓矢，則又核之。

中春獻弓弩，中秋獻矢箙。及其頒之，王弓、弧弓以授射甲革、椹質者，夾弓、庾弓以授射豻侯、鳥獸者，唐弓、大弓以授學射者、使者、勞者。其矢箙皆從其弓。

中，音仲。箙，音服。射，常亦反。椹，張林反。夾，古洽反。庾，讀作庚。豻，音岸。使，所吏反。

弓弩成於陽和之時，故春獻之。矢箙成於陰堅之時，故秋獻之。獻，獻於王也。箙，盛矢器，以皮爲之。往體寡、來體多曰王、弧，往體多、來體寡曰夾、庾，往體來體如一曰唐、大。甲革，革甲也。質，正也，樹椹以爲射正。射甲與椹，試弓習武也。豻侯，五十步，與射鳥獸皆近射，用弱弓，故授夾、庾。學射者與使者、勞者皆用强弱各半之中弓，可遠而可近也。勞者，勤勞王事，以弓勞之。從其弓，從弓數，每弓一箙百矢也。

凡弩，夾、庾利攻守，唐、大利車戰、野戰。凡矢，枉矢、絜矢利火射，用諸守城、車戰，殺矢、鍭矢用諸近射、田臘，矰矢、茀矢用諸弋射，恒矢、痺矢用諸散射。

絜，音結，又户結反。鍭，音侯。矰，音增。茀，音弗。痺，必二反。

弩弦恒張而不弛弱、而發疾，攻城壘與自守利用此。車戰野戰，非强則不及，故利用唐、大。枉矢取名變星，飛行有光，一謂之飛矛，一謂之兵矢。絜矢輕重象枉矢，二者皆可結火以射敵。殺矢言中之則死。鍭矢象之，二者皆可以伺候射敵之近者及禽獸。結繩於矢謂之矰。矰，高也，取上射飛鳥義。茀矢象之，茀之言刜也，二者皆可以弋飛鳥刜羅之。恒矢，安居之矢，痺矢象之，二者皆可以散射。散射，禮射及習射也。

天子之弓合九而成規，諸侯合七而成規，大夫合五而成規，士合三而成規，句者謂之弊弓。

句音鉤。

成規者，圜也。以合幾成規而計其等差，此制弓之大法也。句者，曲之甚。合九成規者句最少，合七合五則句漸多。句少者弱，句多者强。弱，柔和也。弓以弱而能射遠者爲良。合九成規者材極孅，工極巧，以射則心手相應，巧力易施，而不覺其難，是以天子用。諸侯至大夫，以次而差。士與大夫同射近侯，云合三者，略次於大夫，非誠有合三成規之弓。合三而圜之，弓不可射也。弊，猶惡也。句者，曲之甚。弓以弱爲上、强爲下，則直者善而曲者惡矣。

凡祭祀，共射牲之弓矢。澤，共射椹質之弓矢。大射、燕射，共弓矢如數并夾。大喪，共明弓矢。凡師役、會同，頒弓弩各以其物，從授兵甲之儀。田弋，充籠箙矢，共矰矢。凡亡矢者，弗用則更。

《國語》：禘郊之事，天子必自射其牲。澤，澤宫也，習射選士之處。共椹質之弓，亦兼取勇力者，非專以此選士也。《記》曰：射中者得與於祭，不中者不得與於祭。如數，如其當射者之數。夾，并夾也，義見《射鳥氏》。言大射、燕射，并賓射亦然。明弓矢，明器之弓矢。各以其物，或利攻守、或利戰、或利射鳥獸之類，如司兵授兵從司馬法。箙，竹箙也。禮射佩矢有數，不必滿箙。軍旅則箙箙之外多備之，以防匱乏。田弋則充其箙箙而止。矰矢有繩繳，非箙箙之物，故别言之。亡矢，不用於射而亡棄之，則令償之。

繕人，掌王之用弓、弩、矢、箙、矰、弋、抉、拾。掌詔王射，贊王弓矢之事。凡乘車，充其箙箙，載其弓弩，既射則斂之。無會計。

抉，古穴反。會，古外反。

抉，以骨爲之，著右大指以鉤弦。拾，以韋爲之，著右臂裹以遂弦。贊者，大僕贊王，繕人又贊大僕也。凡乘車，凡天子乘車，則充之、載之以備非常。無會計，不可會計也。

槀人，掌受財於職金，以齎其工。弓六物爲三等，弩四物亦如之。矢八物皆三等，箙亦如之。春獻素，秋獻成。書其等以饗工。乘其事，試其弓弩，以下上其食而誅賞。乃入功於司弓矢及繕人。凡齎財與其出入，皆在槀人，以待會而考之，亡者闕之。

齎，音咨。試，一作考。會，古外反。

齎其工，給市財用之直。六物，即前之六弓。四物，即前之四弩。三等，上中下之身材長短也。八物，即前之八矢。矢與箙皆如弓，而别三等爲之。素，粗具形法。成，則飾治已成也。春秋者，限之以時，不迫亦不怠也。獻，工人獻於槀人。書其等，書工人高下之等。材有良苦，上工爲其良，下工爲其苦。乘，計也，計其事。工有敏鈍，敏者所作恒多，鈍者所作恒少。試其弓弩，以觀其巧拙堅瑕。入於司弓矢以待頒，入於繕人以待王用。凡齎工之財，收發皆槀人主之。闕，猶除也，亡者除之，計其現在者。

戎右，掌戎車之兵革使。詔贊王鼓。傳王命於陳中。會同，充革車。盟，則以玉敦辟盟，遂役之。贊牛耳桃茢。

使，所吏反。傳，平聲。陳，去聲。敦，音對。辟，音闢。

戎右，與王同車，執戈盾以備非常，或王有兵革之使亦充之。詔贊，既告王鼓，亦助王擊之。軍旅、田役，大僕贊王鼓。大僕，馭乘者也，有時參乘。無大僕則戎右詔之、贊之。會同，王乘金路，戎右乘君之革車以從。充之者，居左也。敦，器名。辟盟，開辟盟載之書。役之，傳敦與血，授當歃者。贊牛耳，尸盟者割牛耳取血，助爲之。及血在敦中，以桃茢拂之，又助之也。盛牛耳以珠盤，尸盟者執之。桃，鬼所畏。茢，苕帚，所以驅不祥也。

齊右，掌祭祀、會同、賓客前齊車，王乘則持馬，行則陪乘。凡有牲事，則前馬。

齊，側皆反。乘，音繩。

齊右充金路、玉路之右，以輔王賓祭，蓋臨時選能而使，無專官也。前齊車，王未乘時，立於馬前，以防奔逸。方乘則持馬，已乘而行則驂乘。牲事前馬者，王齊行不出朝廟官庭，見牲王必式，齊右下車，立於馬前，亦備驚奔也。

道右，掌前道車。王出入則持馬陪乘，如齊車之儀。自車上諭命於從車。詔王之車儀。王式則下，前馬，王下則以蓋從。

從，才用反。

道車，在道之車。臣民觀瞻所係，故道右特掌其車儀。自，由也。從車，貳車。王氏昭禹曰：不廣欬，口之儀；不妄指，手之儀；立視五巂、式視馬尾，目之儀；顧不過轂，首之儀也。以至升車，必正立執綏，不疾言，不親指，不內顧，無非車之儀。

大馭，掌馭玉路以祀。及犯軷，王自左馭，馭下祝，登，受轡，犯軷，遂驅之。及祭，酌僕，僕左執轡，右祭兩軹，祭軓，乃飲。凡馭路，行以《肆夏》，趨以《采薺》。凡馭路儀，以鸞和爲節。

軷，蒲末反。軹，音止。軓，音凡。薺，才私反。

馭而曰大，以其御王且嫻禮也。祀，蓋郊祀天，故有祭軷之事。行山曰軷。封土爲山象，以菩芻或棘或柏爲神主。犯者，祭軷畢，即以車轢之而行，示行險如夷也。馭將祭軷，必下車，王代之執轡，以示敬，故曰自馭也。馭下，祝而祭，登車，受轡於王手，犯軷而行，遂驅之。祭，即馭下車祭時。軹，兩轊。軓，車軾前也。又言馭非但祭軷，亦祭軹與軓。祭軷畢，則酌馭。馭左手執轡，右手祭兩軹，并祭軓。祭訖，乃飲，若祭祀之飲福。僕，即馭也。以上言大馭之所事，凡馭以下言大馭之必嫻於禮。路，五路。《肆夏》《采薺》皆樂章，工奏《肆夏》則路行緩而鸞和之鳴疏，工奏《采薺》則路行疾而鸞和之鳴數。蓋舒疾之節，隨在有之。鸞和，皆以金爲鈴，鸞在衡，和在軾，鸞先鳴，而和後應，即《記》所謂以樂爲車也。

戎僕，掌馭戎車。掌王倅車之政，正其服。犯軷，如玉路之儀。凡巡守及兵車之會，亦如之。掌凡戎車之儀。

倅，七内反。

鄭康成曰：戎車，革路也，師出王乘以自將。倅，副也。服，衆乘戎車者之衣服。賈氏曰：服，韋弁服也。　御案：郊壇至近且犯軷，則以田以鄙國外會同皆犯軷可知。獨言巡守及兵車之會，舉遠也。行道按壘、禱戰誓師、鼓進受愷，各有儀法，皆戎僕掌之，而平日教導之。

齊僕，掌馭金路以賓。朝、覲、宗、遇、饗、食皆乘金路，其灋儀各以其等，爲車送逆之節。

賈氏公彦曰：天子不下堂而見諸侯，并無迎賓法。因朝覲宗遇而與諸侯行饗食，在廟即有乘金路迎賓客之法。鄭康成曰：節，王乘車迎賓客及送相去遠近之數：上公九十步，侯伯七十步，子男五十步。

道僕，掌馭象路以朝夕、燕出入，其灋儀如齊車。掌貳車之政令。

朝夕燕出入，朝夕視朝，或以燕遊出入。貳車，副車。

田僕，掌馭田路以田以鄙。掌佐車之政。設驅逆之車。令獲者植旌，及獻，比禽。凡田，王提馬而走，諸侯晉，大夫弛。

比，毗志反。

田路，木路也。取其樸素、渾堅，山川草野之地便於弛逐。田，田獵。鄙，循行縣鄙省耕、省斂之類。佐，亦副也。驅，驅之，使就獲。逆，迎邀之。獲禽者，使自植旌以表。比禽，比次所獻禽物，各以類相從，且别其上殺中殺下殺之等。提，勤舉轡也。晉，進也。王較常行車爲速，諸侯更速，大夫則弛，尊卑之别也。

馭夫，掌馭貳車、從車、使車。分公馬而駕治之。

從，才用反。

鄭康成曰：貳車，象路之副。從車，戎路、田路之副。使車，驅逆之車。分公馬而駕治，乘調六種之馬。

校人，掌王馬之政。辨六馬之屬：種馬一物，戎馬一物，齊馬一物，道馬一物，田馬一物，駑馬一物。

校，户教反。齊，側皆反。

鄭康成曰：政，差擇養乘之數。賈氏公彦曰：下文辨六馬，差擇也。凡頒良而養乘，養乘也。愚按：種馬，良馬可以爲種者。戎馬以下，四者不必無種馬，但隨其材之所宜而辨之，惟駑馬用斯下耳。

凡頒良馬而養乘之。乘馬一師四圉。三乘爲皂，皂一趣馬。三皂爲繫，繫一馭夫。六繫爲廄，廄一僕夫。六廄成校，校有左右。駑馬三良馬之數。麗馬一圉，八麗一師，八師一趣馬，八趣馬一馭夫。

乘，繩證反。趣，倉走反。繫，音計，本又作轚。

良，善也。養馬者，趣馬以下之職。乘，分配之也。凡用馬各有所宜，齊道戎田之類亦各有主者，校人特頒良馬而使養乘耳。乘馬一師以下言分司馬政之人，麗馬一圉以下言乘馬之事。校人所頒，頒此等也。師也、圉也，趣馬也。馭夫，僕夫也。皆分司養乘之人。校，即校人也。皂、繫、廄等，因馬之多寡而爲之名。良馬以供天子五路之用，駑馬則給役。役多，故三良馬之數。麗馬，將用馬時選擇而配合之。麗，两物相耦之名也。如麗馬而爲一乘，則一圉人掌之。以次愈多，則其掌之者愈尊。注疏以馬數多寡計，而麗馬以下與上一師四圉等相背，且忘周制田賦出車之義，似天子必多馬，即下文天子十有二閑節亦相乖，不可從也。

天子十有二閑，馬六種。邦國六閑，馬四種。家四閑，馬二種。

閑，即廄也，以其防閑之，亦名閑馬。六種，即上文六等之馬。諸侯以下，殺於天子，不必皆備。此但明畜馬之大概，而非區區計其數也，前人誤。

凡馬，特居四之一。春祭馬祖，執駒。夏祭先牧，頒馬，攻特。秋祭馬社，臧僕。冬祭馬步，獻馬，講馭夫。

特，牡馬也。牡馬必扇而後馴調。牡馬四，則扇其三而存其一。對扇而言，故曰特。一特將三牝以爲孕字。馬祖，天駟，房星也。春，孕字之時，祭之以祈馬。馬二歲曰駒。執，猶拘也，拘之毋令近母。先牧，始養馬者。夏草茂，祭之以求肥充。攻特，去其勢也。馬去勢曰騬，牛曰犗，羊曰羯。攻特必於其駒時，氣血乃易長而不傷。馬社，始乘馬者。《世本》曰：相士作乘馬。秋時馬肥盛，可乘用，故祭始乘馬者。臧僕，簡練僕馭，使皆善也。馬步，神爲害於馬者。步與酺字異而音義同，言飲酒作樂以祭之。獻馬，以冬時萬物成，獻馬於王也。講，簡習之。

凡大祭祀、朝覲、會同，毛馬而頒之，飾弊馬，執扑而從之。凡賓客，受其弊馬。大喪，飾遣車之馬。及葬，埋之。田獵，則帥驅逆之車。凡將事於四海、山川，則飾黄駒。凡國之使者，共其弊馬。凡軍事，物馬而頒之。等馭夫之禄，宫中之稍食。

宫，當作官。

鄭康成曰：毛馬，齊其色也。頒，授當乘者。飾弊馬，王賜諸侯車服，必以弊從，或加賜有馬，而以弊將，皆校人飾之也。執扑而從，使人執之，非校人自執也。賓客，來朝聘而享王者。遣車之馬，芻靈也。驅逆之車，田僕設之，校人帥之。王巡狩，過大山川，有殺駒以祈沈之祭。飾黄駒，地神，象其色也。使者，王使於諸侯之國者。使臣行聘後有私覿，其弊馬亦校人共之。物馬，齊其力。等，比次之。宫中，謂圉師以下。

趣馬，掌贊正良馬，而齊其飲食，簡其六節。掌駕説之頒，辨四時之居治，以聽馭夫。

説，音脱，又始鋭反。

良馬頒於校人，而趣馬實朝夕拊馴之，其牲質血氣知之尤詳，故贊校人正其等而宜用之。六節，行止、進退、弛驟之節也。簡，習之。用馬當均其勞逸，故或駕或説。頒，時審之。居，馬所居。四時之居，如二月已前八月已後在廄，二月已後八月已前在牧。治，謂執駒、攻特之屬。趣馬下士，馭夫中士，故聽之。

巫馬，掌養疾馬而乘治之，相醫而藥攻馬疾，受財於校人。馬死，則使其賈粥之，入其布于校人。

賈，音古。粥，音育。

巫知馬祟，醫知馬疾，故巫馬獸醫，祟則祈之，疾則治之。乘，驅步之，以知其疾之所在也。財，祈具及藥直。賈，其屬賈二人。粥，賣也。布，泉也。

牧師，掌牧地，皆有厲禁而頒之。孟春焚牧，中春通淫，掌其政令。凡田事，贊焚萊。

中，音仲。

牧地非一處，度其水草之所宜與馬之衆寡而頒之。厲禁，禁民不得輒牧馬。焚牧，地以除陳生新草也。中春，陰陽交時。通淫，合牝牡也。田事宜焚萊而司爟有火禁，牧師通掌畿内之牧地，故凡田者皆受令於山澤之虞，而又使牧師贊之。

廋人，掌十有二閑之政教，以阜馬、佚特、教駣、攻駒及祭馬祖、祭閑之先牧及執駒、散馬耳、圉馬。正校人員選。馬八尺以上爲龍，七尺以上爲騋，六尺以上爲馬。

駣，徒刀反。

鄭康成曰：阜，盛壯也。《詩》云：四牡孔阜。佚，用之不過勞。三歲曰駣。教，乘習之也。攻，騬其蹄齧者。校人祭馬祖時則祭閑之先牧，校人命執駒時則散馬耳、圉馬。散馬耳者，聒其耳，使不驚。圉者，禁制之，使不得近母。校人將選員，正選擇可備員者。俟校人選之，謂圉師以下也。龍、騋、馬，因其大小而異名耳。《月令》：駕蒼龍。《詩》曰：騋牝三千。

圉師，掌教圉人養馬，春除蓐、釁廄、始牧，夏庌馬，冬獻馬。射則充椹質，茨墻則翦闔。

蓐，音辱。庌，音迓。

養馬之所曰圉。師，其長也。冬寒，以草藉馬曰蓐。春則除之，去穢汙也。釁廄，辟邪氣也。始牧，乘新草也。庌，廡也，所以庇馬使凉。獻馬，獻校人也。椹質，習射之的。充，共也。茨，蓋也。闔，苫也。蓋墻之時，則翦其苫，以其莝斬馬草，習其事也。

圉人，掌養馬芻牧之事，以役圉師。凡賓客、喪紀，牽馬而入陳。廞馬亦如之。

役，聽圉師使令也。王所賜賓客之馬，則就其館陳之。喪紀之馬將葬朝廟，《既夕禮》所謂薦馬纓三就者，則入廟陳之。廞馬，明器之馬，人捧之，亦牽而入陳。

職方氏，掌天下之圖，以掌天下之地，辨其邦國、都鄙、四夷、八蠻、七閩、九貉、五戎、六狄之人民，與其財用、九穀、六畜之數要，周知其利害。

閩，音民。貉，音貊。畜，許六反。

天下之圖，輿地圖也。此通中國及外裔而掌之，周知其人民、財用、畜穀、利害，不特政教異施，其有不靖者亦得征討之，故隸於司馬。夷、蠻、閩、貉、戎、狄，皆總名，其類甚多。此言四八七九五六，特以周時隸屬者言之。下文專言中國九州之邦國，以夷蠻等處周時但羈縻之，不入王制也。

乃辨九州之國，使同貫利。

貫，聯絡貫穿，又習也，凡政教禮樂皆同習之。利非止財利，凡民生利益之事皆同之。此二句總冒下文。

東南曰揚州，其山鎮曰會稽，其澤藪曰具區，其川三江，其浸五湖，其利金、錫、竹、箭，其民五男二女[1]，其畜宜鳥獸，其穀宜稻。

會，古外反。浸，子蔭反。

《禹貢》：揚州之域，東距海，北據淮。殷人以淮入徐，故揚州止謂之江南。周人復以入揚，循禹之舊。鎮，安鎮一方。會稽山在會稽縣東南二十里。大澤曰藪。具區，震澤也，一名太湖，在蘇州西南四十五里，廣三萬六千頃，中有七十二山，蘇州之吴縣、吴江，湖州之烏程、長興，常州之宜興、武進，無錫，皆濱之。水流越海者曰川。三江之説不一，黄氏度曰岷江、松江、浙江也。蓋岷自彭蠡而下合池、宣、昇、閏、真、揚諸州水在其北，松江合湖、秀、蘇、常諸州水居其中，浙江合衢、婺、徽、嚴、杭、越諸州水在其南，此爲全吴地域。　愚按：《禹貢》三江地理，今釋以爲南江、北江、中江，蓋亦該得黄氏之説。而經文無浙松之名者，禹時尚無此，周時亦未有此名也。水積成淵曰浸。五湖之説亦不一。揚州地闊，湖浸繁多，《職方》所言蓋其浸之大者。後人隨時異稱，蓋不可拘以釋經。鄭康成曰：錫，鑞也。箭，篠也。鳥獸，孔雀、鸞、鵁鶄、犀、象之屬。稻宜於水，揚州地卑，厥土塗泥，故其穀宜稻。

正南曰荆州，其山鎮曰衡山，其澤藪曰雲、瞢，其川江、漢，其浸潁、湛，其利丹、銀、齒、革，其民一男二女，其畜宜鳥獸，其穀宜稻。

瞢，鳴風反。湛，音沈，又直減反。

《禹貢》：荆及衡陽惟荆州。周如禹之舊。衡山，今屬衡州府，連亘數邑。雲、瞢，二澤名。《左傳》：楚子涉雎濟江入於雲中，則在江之北者爲雲；楚子以鄭伯田于江南之夢，則在江之南者爲瞢。蓋雲瞢非一澤，而每處有名者也。江水出岷山，匯衆流而下，至湖北武昌府與漢水合，至南通州入海。漢水出嶓冢山，至漢陽縣漢口合岷江。荆州之川不一，以江漢爲大，故并言之。潁、湛，今無考。　御案：浸，瀦水之陂澤也。潁、湛，特川之小者。古今名號無常，或經傳字畫訛異，不可得而確指。要非楚境諸湖，不可被此名也。丹，丹砂。齒，象齒。革，犀革也。

河南曰豫州，其山鎮曰華山，其澤藪曰圃田，其川滎、雒，其浸波、溠，其利林、漆、絲、枲，其民二男三女，其畜宜六擾，其穀宜五種。

華，胡化反，又如字。華當作嶽。圃，音補。滎，户青反。溠，莊加反，又音詐。枲，思里反。

易氏祓曰：《禹貢》：荆河爲豫州。其封在大河之南、南條荆山之北，故曰荆河。殷之豫州，則南境距漢、北境接河，故曰河南。周人於豫州亦曰河南，而南境則仍禹之舊。華山，今屬陝西華陰縣，周時亦非豫州地，蓋經文傳寫之譌，當爲嶽山，謂中嶽嵩山也。圃田，在中牟。滎，澤，在今河南開封府滎陽縣南三里古城村。《禹貢》：導沇水，溢爲滎。厥後濟不溢河，滎澤遂枯，居民猶謂其地爲滎澤。雒水出今陝西西

[1] 五男二女，阮元《十三經注疏》本作二男五女。

安府雒南縣冢嶺山，至河南府鞏縣入河。波、溠未詳。鄭康成曰：林，竹木也。六擾，馬、牛、羊、豕、犬、雞。五種，黍、稷、菽、麥、稻。

正東曰青州，其山鎮曰沂山，其澤藪曰望諸，其川淮、泗，其浸沂、沭，其利蒲、魚，其民二男二女，其畜宜雞、狗，其穀宜稻、麥。

沭，音述。

易氏祓曰：《禹貢》有青有兗有徐，殷并青於徐而徐兼揚之淮，故江南曰揚州。周復以淮歸揚而并徐於青。正在畿東，故曰正東。　御案：據下文川澤，則青州之西南侵豫南并徐，且跨淮而與揚接矣。沂山，沂水所出，在今山東青州府臨朐縣南五十里。望諸，又曰盟諸、孟諸、明諸，在今河南歸德府商邛、虞城二縣界。《禹貢》：海、岱及淮惟徐州，又云淮、沂其乂，此在青州者，周以《禹貢》徐州地爲青州也。淮水發源河南南陽府桐柏縣桐柏山。山下有淮井，泉源所出。《水經》云：胎簪山者，桐柏之支峰也。泗水出山東兗州府泗水縣東五十里陪尾山。四源并發，故名。沂水出山東沂州府沂水縣西北一百七十里雕崖山。沭水出東莞縣南，至下邳合泗水而入淮。

河東曰兖州，其山鎮曰岱山，其澤藪曰大野，其川河、泲，其浸廬、維，其利蒲、魚，其民二男三女，其畜宜六擾，其穀宜四種。

泲，子禮反。廬維，依鄭注作雷雍。廬，石經作盧。

易氏祓曰：夏殷皆言濟河惟兗州，謂東河之東、濟水之北也。周人以青兼徐，而兗州又越濟之東南，故徐之岱山、大野皆屬兗而曰河東。岱山，在今泰安府泰安縣。大野澤一名鉅野，在今山東曹州府鉅野縣東五里，南北三百里、東西百餘里。河，即黄河，出今西蕃巴顔喀拉山，東[1]名阿爾坦河，至陝西臨洮府河州入中國界，過蘭州又折而東北，經寧夏府流出塞外，又東南至延安府谷縣入塞南，流至潼關縣又折而東，由河南、山東界至江南淮安府安東縣入海。河行萬餘里而以爲兗州之川者，河自魏至滄凡一千三百餘里，其河之東境皆兗州之域也。泲，即濟水，出今河南懷慶府濟源縣王屋山。既見而伏，至濟源縣西北五里重源縣發，自東西二池合流，至温縣東南入河。其後濟水枯，不復截河。今之濟，非復禹時及周時之舊矣。廬、維，顔師古、黄度謂廬即久台水、維即濰水。　御案：以其在青州境，故從鄭康成。雷即雷澤，今山東曹州府濮州東南有雷澤。雍即灉水，出濮州雷澤縣，平地去縣四十里。鄭康成曰：四種，黍、稷、稻、麥。

正西曰雍州，其山鎮曰嶽山，其澤藪曰弦蒲，其川涇、汭，其浸渭、洛，其利玉石，其民三男二女，其畜宜牛、馬，其穀宜黍、稷。

雍，於用反。華，當作嶽。汭，如鋭反。

易氏祓曰：《禹貢》有雍有梁，故梁爲正西而雍爲西北，殷周皆省梁入雍，故爲正西。

---

① 東，疑當作番。

愚按：周武王克殷，庸、蜀、羌、髳俱從而後。不入中國，蓋以其地險遠，荒服治之。嶽山，鄭康成以爲吴嶽，即汧山也，一名吴山，在今陜西鳳翔府隴州南八十里。然吴嶽不見於六經；中嶽嵩山爲五嶽之長，何以不爲豫州之鎮？以本經文考之，合岱、華、嶽、衡、恒爲五嶽，可知鎮山必不遺其一，而此文爲傳寫字誤明矣。弦蒲藪在今隴州汧源縣。涇水出今甘肅平凉府平凉縣西南笄頭山，亦名崆峒山，東至西安府安陵縣西南入渭。汭水出平凉府華亭縣北，有二源，北源出湫頭山之朝那湫，南源出齊山，至縣東與北河合，又東至西北入涇。渭水出甘肅蘭州府渭源縣西鳥鼠山，東至同州府華陰縣東北入河。洛水源出今合水縣，其下流曰洛川縣，洛源縣入渭。

東北曰幽州，其山鎮曰醫無閭，其澤藪曰貕養，其川河、泲，其浸菑、時，其利魚、鹽，其民一男三女，其畜宜四擾，其穀宜三種。

泲，子禮反。菑，《禹貢》作淄。

易氏祓曰：舜十二州本有幽州，水土既平，因冀爲帝都，省幽入冀。殷人南都河南之亳，復舜幽州之名。周人又以幽州兼殷之營州，實《禹貢》青州隔海東北之境，故曰東北。　　御案：幽之東北以醫無閭爲鎮，而南至淄水，則跨海而與青州接界矣。醫無閭在今錦州府廣寧縣北。貕養澤在東萊、琅邪兩郡之間。河、泲以今考之，與幽州無涉，或古九河及泲在幽州境，水道遷徙，固無常也。淄水出青州府益都縣西南。時水即烏河，出青州府臨淄縣西南。四擾，馬、牛、羊、豖。三種，黍、稷、稻。易氏祓曰：幽州跨海，故有魚鹽之利。

河内曰冀州，其山鎮曰霍山，其澤藪曰楊紆，其川漳，其浸汾、潞，其利松、柏，其民五男三女，其畜宜牛、羊，其穀宜黍、稷。

紆，影俱反。

易氏祓曰：舜十有二州有幽、并、冀，水土既平，以冀爲帝都，省幽并入冀，故《禹貢》冀州東西南三面距河，而北境則越乎常山，今之燕、雲、營、平諸州皆其地。殷人以冀州北境復舜之幽州，而東西南皆禹之舊，蓋東河之西、西河之東、南河之北也，故曰兩河間。周人又分冀州而復舜之并州，故曰河内而已。霍山在今山西平陽府霍州東三十里，古彘地。楊紆澤，未詳。漳水二：一出山西平定州樂平縣西南三十里沾嶺，《水經注》所謂少山大黽谷也，一名爲清漳；一出山西潞安府長子縣西五十里發鳩山。二水分流至河南彰德府交漳口會，東行入衛河，下又遞分支派，有老漳、新漳之分。老漳、新漳均至天津入海。汾水出汾陽縣，至河中府之寶鼎縣北入於河。

御案：潞水有二，其一即濁漳，乃一水而二名。今潞安府潞城縣，因水得名者也。其一自塞外經密雲至天津入海者，即今京東之北運河，名爲白河，亦曰潞河，杜佑《通典》所指也。

正北曰并州，其山鎮曰恒山，其澤藪曰昭餘祁，其川虖池、嘔夷，其浸涞、易，其利布、帛，其民二男三女，其畜宜五擾，其穀宜五種。

并，卑盈反。虖，音呼。池，徒多反。嘔，翁侯反，一音區。

易氏祓曰：舜時有并州，《禹貢》以并入冀，殷因之，周復分冀立并州。以天下之勢言之，冀州在西河之東，雍州在西河之西，而并州在冀州之北，故曰正北。恒山有二，一在今直隸定州曲陽縣西北百四十里，一在渾源州，此當指在渾源者。昭餘祁在今山西太原府祁縣東七里，一名大昭，一名大谷水，俗名鄔城泊。　御案：虖池水在今山西代州繁峙縣東北泰戲山，至直隸天津府靜海縣小直沽入海。嘔夷水在今大同府蔚州靈邱縣西北高氏山，一名唐河，至直隸保定府安州北合於易水。淶水即拒馬河，發源直隸易州廣昌縣，流入紫荆關，過易州西北界。至房山縣境分爲二支，一東流涿州，經固安縣東南入桑乾河；一南流淶水縣，經定興新城入白溝河。易水在易州南三十里，發源易州寬中谷，流至定興縣北河村合拒馬河入白溝。鄭康成曰：五擾，馬、牛、羊、犬、豕。五種，黍、稷、麥、菽、稻。薛氏季宣曰：冀、兖、青、徐、揚、荆、豫、梁、雍，《禹貢》之九州也；冀、豫、雍、幽、營、揚、兖、荆、徐，《爾雅》之九州也；揚、荆、豫、青、兖、雍、冀、幽、并，《職方》之九州也。郭璞以《爾雅》爲商制。按三代聖主，各因時而制宜，皆因山川物產居民之利而分疆域，其四方外裔不入版圖者尚多，此記九州民人畜穀亦大概言之，有不可以拘論者。蓋人民久漸被化，物產或古無今有、今無古有，必鑿以求之則誣。

乃辨九服之邦國，方千里曰王畿，其外方五百里曰侯服，又其外方五百里曰甸服，又其外方五百里曰男服，又其外方五百里曰采服，又其外方五百里曰衛服，又其外方五百里曰蠻服，又其外方五百里曰夷服，又其外方五百里曰鎮服，又其外方五百里曰藩服。

辨者，辨其地域人民險夷豐瘠之異而掌其籍，以便稽考也。王畿之內，天子自治。侯、甸、男、采、衛，亦其君之自爲治，而秉禮樂征伐於天子。蠻、夷、鎮、藩則但貢服於王，而不必皆周禮樂制度者也。服，服事天子。侯之言候，爲王斥候。甸之言田，爲王治田。男之言任，爲王任職。采，事也，爲王勤事。衛，介中外之間衛禦王也。蠻之言縻，羈縻之。鎮，鎮守藩籬。古之中原，止今北五省地，制井田，同禮樂。其他如楚吴，皆第統屬蠻夷、西戎、北狄，不入控制。蓋聖人公天下，但使其君長能安其民人、和其種類，即不必豫其政教，非如後世盡所有而疆理之也。《禹貢》言東漸於海，西被於流沙，朔南暨聲教，訖於四海，亦謂聲教及之而已。周亦何獨不然？庸、蜀、羌、髳，從師牧野，而其後不入版圖；越裳、西旅，重譯底貢，而其實不頒禮樂。後世之事，與前代不同，先儒必彼此牽合以疑經，誤矣。

凡邦國，千里封公，以方五百里則四公，方四百里則六侯，方三百里則七伯，方二百里則二十五子，方百里則百男，以周知天下。

七伯之七，當依鄭注作十一。

鄭康成曰：周九州之界，方七千里，七七四十九，方千里者四十九，其一爲畿內，餘四十八。八州各有方千里者六。一州之中，以其千里封公則可四，以其千里封侯則可六，以其千里封伯則可十一，以其千里封子則可二十五，以其千里封男則可百。賈氏公彦曰：周惟二王，後稱公，此言方千里封公，明其法如此耳。林氏椅曰：非實有此國，特計其地之廣狹所能容耳。

凡邦國，小大相維。王設其牧，制其職，各以其所能，制其貢，各以其所有。

此乃總言建國之意，而上文第約言其概明矣。大比小，小事大，相維也。牧，其君長。職，其參伍之屬。設牧制職，各以其所能，乃與其土地人民政事相稱；制貢各以其所有，乃無苛求而亦不匱。

王將巡守，則戒於四方，曰：各修平乃守，考乃職事，無敢不敬戒，國有大刑。及王之所行，先道，帥其屬而巡戒令。王殷國亦如之。

先，悉薦反。

鄭康成曰：乃，猶汝也。守，謂國竟之內。職事，所當共具者。先道，先由王所從道居前，巡其前日所戒之令。殷，猶衆也。王若不巡守，則六服盡朝，謂之殷。

土方氏，掌土圭之灋，以致日景。以土地相宅，而建邦國都鄙。以辨土宜土化之灋，而授任地者。王巡守，則樹王舍。

相，悉亮反。

致日景者，土圭長尺五寸以測日景，夏至景長尺有五寸，冬至景丈三尺。土地，猶度地。宅，居也。度地而相其可居者以建邦。土宜，種植所宜。土化，糞種所用。《大司徒》有土宜之法，《草人》有土化之法，《土方氏》則用是法以授任地者。掌舍設梐枑之時，土方氏亦爲王於外周匝樹藩羅。

懷方氏，掌來遠方之民，致方貢，致遠物，而送逆之，達之以節。治其委積、館舍、飲食。

御案：遠方之民，蕃國之民以貨物交易者。或貢其方物，亦不拒。鄭康成曰：達民以旌節，達物以璽節。王氏昭禹曰：委積，備其用。館舍，安其居。飲食，順其嗜好。

合方氏，掌達天下之道路，通其財利，同其數器，壹其度量，除其怨惡，同其好善。

惡，安路反。好，呼報反。

達，通其津梁，不致陷絶。同者，權衡不得有輕重。壹者，尺丈釜鐘不得有大小。除怨惡，禁相侵虐。同好善，情交相好、貨交相善也。

訓方氏，掌道四方之政事與其上下之志，誦四方之傳道。正歲，則布而訓四方，而觀新物。

傳，直專反。

此職所掌，與土誦土訓所掌略相同。蓋訓誦所掌，獨其國故事，而此則併遠方皆採之耳。四方，兼中外而言。政事與其志皆以告王，四方所尚慕而傳誦不替者則爲王誦之。正歲則并布告四方，使效其善者。觀新物以覘民之好尚，不如制者必禁之矣。

形方氏，掌制邦國之地域，而正其封疆，無有華離之地。使小國事大國，大國比小國。

華，音佤，苦哇反。比，毗至反。　　御案：華，析也。離，麗也。地勢應屬此國而披於他國，則在此爲華、在彼爲離。

愚案：地域制於天子而有華離者，諸侯私相侵占也，故正之。疆域不相侵陵，然後和睦比親也。東遷以後，互相吞併，則此職不修矣。

山師，掌山林之名，辨其物與其利害，而頒之於邦國，使致其珍異之物。

此下三職，皆遙掌侯國山林川澤之事。蓋周制畫井分疆，名山大澤閒田不以封。雖統歸各邦，而其所産亦時時貢於天子。掌其名、辨其物與利害，則在侯國無異在王畿矣。珍異之物，可以爲宗廟重器及制器典物所用者，非以爲玩好也。

川師，掌川澤之名，辨其物與其利害，而頒之於邦國，使致其珍異之物。

鄭康成曰：川澤之名與物，若泗濱浮磬、淮夷蠙珠暨魚之類。

邍師，掌四方之地名，辨其丘陵、墳衍、邍隰之名。物之可以封邑者。

邍，音原。

土高曰丘，大阜曰陵，水涯曰墳，下平曰衍，高平曰原，平濕曰隰，皆有名。御案：封，建國也。邑，制都鄙也。以上三職，與《地官》虞衡、閭師之職同，而事之所主則異。閭師所掌者任地，而邍師則封國、建邑以辨其疆圉，虞衡作山澤之材，而山師、川師則辨利害以爲設險守國之本。蓋五物九等、國邑封域雖總於司徒，而制畿封國則司馬之職，故特設職方、形方以專掌之，而山師、川師佐焉。邦畿外之土壤，閭師不能悉辨也，故設邍師與山師、川師、司險、掌固，聯事而聽於職方，以定城郭、溝涂、樹渠之分界。

匡人，掌達灋則、匡邦國而觀其慝，使無敢反側，以聽王命。

法則冢宰所建，而司馬之屬達之者，其有慝與反側，則司馬得奉命討之，所以威之也。

撢人，掌誦王志，道國之政事，以巡天下之邦國而語之。使萬民和説而正王面。

撢，同探。語，魚據反。説，音悦。

王者必以德治世，撢人主探王志及國之政事以宣諭天下，使天下皆知王志而心鄉天子。面，猶鄉也。抑此職雖主威天下臣民，使歸鄉京師，然苟王志不端、政事不正，王亦何堪告諭天下？故名此職曰撢人，以明王志雖隱，不難探以告人，亦以警人君也。

都司馬，掌都之士庶子及其衆庶、車馬、兵甲之戒令。以國灋掌其政學，以聽國司馬。

士，適子。庶子，支庶也。國司馬，大司馬之屬。　　御案：諸子、宫伯、掌固等所掌皆政，大司樂等所掌皆學。都家士庶子之政學，一以王國教胄之法治之。以聽國司馬者，有軍事則聽於諸子，有守政則聽於掌固。王氏與之曰：古者國之子弟，無時不教、無處不學。退在學校，受教於大司樂、大胥、諸子；進在王所，受教於師氏、保氏；入而宿衛，宫伯案其在版者而教之；出而守禦，都司馬掌其政學以教之。非若後世之學止庠序。而庠序之教，又爲具文。

家司馬亦如之。

鄭康成曰：大夫家臣爲司馬者，其掌戒令、政學、用國法、聽於國司馬，亦與都司馬同。

總　論

大司馬掌兵政，然威天下而壯國勢，不必待戰陣時也。凡兵器及預養材勇之士，以及肅體統、備驅使，皆以法行之，使戎備修而武勇豫，一有不靖，則兵治之而有餘。故《夏官》諸職，自王躬左右以及馬政、火政、射御等事，無不統之，而疆域形勝，亦有以稔知之。先王知天下無威則不戢，而兵又不得已而用者，惟平日整齊教誨之，使有以預養其材，而又未嘗輕試其技。所恃者，固不獨司馬之法也。禮樂之教，朝野服習者有素。而至於兵事，則又鄭重周詳如此。此所以能長治久安也。後世修齊之道不講禮樂，既無其本，而軍戎之政徒責諸武勇之士，其法制又多不善，欲求靖謐，不亦難乎?

周官恒解卷五

秋官司寇序官

惟王建國，辨方正位，體國經野，設官分職，以爲民極。乃立秋官司寇，使帥其屬而掌邦禁，以佐王刑邦國。

秋令肅殺，去草木之枝葉而成其實；王者愛民，去生民之毒害而成其善。故立司寇之官，去凶害以安善良也。外兵曰寇，官名司寇，不忍言民之無良，而以爲爲外寇設也。禁，禁之於未然。刑，正也。民知有法則懲戒而不敢犯，咸歸於正。

刑官之屬：大司寇，卿一人；小司寇，中大夫二人；士師，下大夫四人；鄉士，上士八人，中士十有六人，旅下士三十有二人。府六人，史十有二人，胥十有二人，徒百有二十人。

鄭康成曰：士，察也，主察獄訟之事者。大司寇、小司寇總理刑政，中大夫、士師佐之，鄉士以下則掌六鄉之獄者。又按《地官》大司徒、小司徒及各職皆有聽斷獄訟之事，蓋小事爭訟，其官近而治之。惟罪狀已成，應入於士師者，則歸秋官治之耳。

遂士，中士十有二人，府六人，史十有二人，胥十有二人，徒百有二十人。縣士，中士三十有二人，府八人，史十有六人，胥十有六人，徒百有六十人。

遂遠於鄉，縣又遠於遂，各設官就近治其獄訟，而其法則承諸司寇。至鄉遂之中，各有公邑，亦即歸遂縣治之耳。

方士，中士十有六人，府八人，史十有六人，胥十有六人，徒百有六十人。訝士，中士八人，府四人，史八人，胥八人，徒八十人。朝士，中士六人，府三人，史六人，胥六人，徒六十人。

訝，五嫁反。朝，直遥反。

鄭康成曰：方士，主四方都家之獄者。訝，迎也，主迎四方賓客而掌其獄訟。朝士，主外朝之法，主詢衆庶、讞疑獄。

司民，中士六人，府三人，史六人，胥三人，徒三十人。司刑，中士二人，府一人，史二人，胥二人，徒二十人。司刺，下士二人，府一人，史二人，徒四人。

刺，干賜反。

司民主民數。生齒繁則奸僞生，設司民掌之，使上知民數，而時思所以化導整齊之也。司刑掌五刑之法，恐上下有枉濫，得正之也。刺，偵伺也。刑獄至重，司刺詳察其情，以免枉濫。

司約，下士二人，府一人，史二人，徒四人。司盟，下士二人，府一人，史二人，徒四人。

約，於學反，又於妙反。

約，相約信。盟，以相約信之事告神而質之也。惟君子必由信義，其下或相約信而不踐，加以盟禁而不信，故設司約、司盟掌之，使民踐信如約，則凌爭之風可息，亦止亂於未形之道也。疑之者非。

職金，上士二人，下士四人，府二人，史四人，胥八人，徒八十人。司厲，下士二人，史一人，徒十有二人。

金、銀、銅、鐵、錫爲五金。金、銀，財之貴者。銅、錫以制器用。鐵以爲器械。設官掌之，使民不得妄用。　御案：秋於五行爲金，故職金屬秋官。厲，惡也。盜賊之兵器入官，司厲掌之。其爲奴者，皆曾傷害於人，故曰厲。

犬人，下士二人，府一人，史二人，賈四人，徒十有六人。

賈，音嫁。

賈氏公彦曰：犬，金畜，故連類在此。李氏如玉曰：司寇奉犬牲，故犬人屬焉。

司圜，中士六人，下士十有二人，府三人，史六人，胥十有六人，徒百有六十人。掌囚，下士十有二人，府六人，史十有二人，徒百有二十人。掌戮，下士二人，史一人，徒十有二人。

圜，于權反。

鄭氏衆曰：圜者，圜土，謂獄城也。掌囚，拘囚罪人。戮，辱也。收罷民於圜土，使改過從善。有大罪則拘囚之。掌戮則罪已定而戮之。所掌有輕重，蓋其詳且慎也。

司隸，中士二人，下士十有二人，府五人，史十人，胥二十人，徒二百人。罪隸，百有二十人。蠻隸，百有二十人。閩隸，百有二十人。夷隸，百有二十人。貉隸，百有二十人。

閩，梅巿反。

周制民皆有田，其犯罪者則使給勞役，是爲隸，而設官以治之。四夷之內附，一時未能服教者亦屬焉。蓋使之勞苦而或易其行，則貸之使儕於齊民。蠻，南蠻。閩，今閩省，在東南。夷，東夷。貉，北夷。西戎不見者，唐虞至周王都皆近西方，《虞書》西戎即敘，武王時西旅厎貢厥獒，蓋漸被王化獨久，雖不入版圖，而非等他夷之曠遠也。

布憲，中士二人，下士四人，府二人，史四人，胥四人，徒四十人。禁殺戮，下士二人，史一人，徒十有二人。禁暴氏，下士六人，史三人，胥六人，徒六十人。

憲，法也。古無刑書刑罰之典，因時因事而有異同更張，恐遐邇不克周知，故特設布憲一官，於月吉執旌節以宣布於四方。禁殺戮者，謂民乍相爭競，未訟於官而即自相殺戮者，特設官以禁之。此職亦必其親臨之官攝之，然後易於覺察，隨時懲禁。或謂別設官者，非也。禁暴氏亦然。暴者，但暴戾，未至即殺傷也。

野廬氏，下士六人，胥十有二人，徒百有二十人。蜡氏，下士四人，徒四十人。雍氏，下士二人，徒八人。萍氏，下士二人，徒八人。

蜡，清預反，音覰。雍，於用反。萍，音平。

廬，賓客之館舍。賓客之候館委積已隸於地官矣，而又設野廬氏，專掌其刑禁，然後令肅而事舉，賓客無災患。蜡，鄭康成曰：骨肉腐臭，蠅蟲所蜡也。《月令》曰掩骼埋胔，此官之職。雍氏掌溝瀆澮池之禁。萍氏主水，禁萍草浮而不沉。以之名官，取其善水不溺。以上三職，蓋即以其地之賢能者爲之，非特設官而別有治所也。

司寤氏，下士二人，徒八人。司烜氏，下士六人，徒十有二人。

烜，許遠反，又虛駕反。　御案：盜賊多乘夜竊發，故設司寤氏。僅下士二人徒八人者，各有夜士干掫，司寤氏不過詔之以禁禦耳。人皆寐而獨寤，故曰司寤。司烜掌以陽燧取火於日方。諸取水於月而第云司烜者，易氏祓曰：月受日之光，其本皆出於日是也。

條狼氏，下士六人，胥六人，徒六十人。修閭氏，下士二人，史一人，徒十有二人。

條，如字。

條有條理意。狼將覓食，必先倒立以卜所向，此職以條狼名，取知所向而清道有條理也。舊讀爲滌，謂滌除狼藉。非閭里門也，條狼主道中之禁，修閭主里閭之禁，均以防姦宄。

冥氏，下士二人，徒八人。庶氏，下士一人，徒四人。穴氏，下士一人，徒四人。翨氏，下士二人，徒八人。

冥，迷形反，又迷壁反。庶，讀如煮。翨，音翅，式至反，又居企反。

冥，昏冥意。爲阱擭以取猛獸，乘其不覺，若冥然也。毒蠱病人，庶氏掌其法以頒而治之。穴，攻毒蟲猛獸於穴者。翨，鳥翮也。毒鳥必先取其翨，而後可獲，故謂之翨氏。以上四職，皆除鳥獸之害人者以安民也。

柞氏，下士八人，徒二十人。薙氏，下士二人，徒二十人。

柞，側柏反。薙，天計反。

柞氏主攻木以便種植，薙氏主殺草以繁木材，二職互相備也。

硩簇氏，下士一人，徒二人。翦氏，下士一人，徒二人。赤犮氏，下士一人，徒二人。蟈氏，下士一[1]人，徒二人。壺涿氏，下士一人，徒二人。庭氏，下士一人，徒二人。

硩，音擿。簇，蒼屋反。犮，音拔。蟈，音國，一音蜮。涿，知角反。

簇，巢也，硩簇去其巢。翦，斷滅之。赤犮猶言捇拔，除去之也。蟈，蛙也。壺，瓦鼓。涿，擊之也。易氏祓曰：天子齋宿、郊廟、臨御朝廷或游苑囿，一物不去，則防衛爲疏，故設諸職以除非常之物。

銜枚氏，下士二人，徒八人。伊耆氏，下士一人，徒二人。

耆，巨夷反。

鄭康成曰：銜枚，止言語喧嘩也。枚狀如箸，横銜之，爲之繣，結於項。伊耆，古王者號，始爲蜡以息老物，後王因以其號名官，主齒杖之事。王氏與之曰：秋官之屬以氏稱者幾三之一，所掌皆細事，然非世宿其業莫能諳也。

大行人，中大夫二人。小行人，下大夫四人。司儀，上士八人，中士十有六人。行夫，下士三十有二人，府四人，史八人，胥八人，徒八十人。

諸侯朝聘於天子，接之以禮，即所以整齊之。大行人、小行人屬於秋官，取其嚴肅之義也。

環人，中士四人，史四人，胥四人，徒四十人。象胥，每翟上士一人，中士二人，下士八人，徒二十人。掌客，上士二人，下士四人，府一人，史二人，胥二人，徒二十人。掌訝，中士八人，府二人，史四人，胥四人，徒四十人。

環，户關反。訝，五嫁反。

鄭氏鍔曰：《夏官》環人掌致師，此官掌環繞賓客而爲之衛。事雖不同，皆有取於循環之義，故名曰“環人”。象胥，通夷狄之言者。掌客，掌賓客之牢禮訝迎也，賓客來主迎之。蓋賓客之禮必嚴且當，而後無攜貳也。

掌交，中士八人，府二人，史四人，徒三十有二人。掌察，四方中士八人，史四人，徒十有六人。掌貨賄，下士十有六人，史四人，徒三十有二人。

掌交主交通諸侯之事，其有不交或交而不以禮者必禁之。掌察則督察邦國之事，以辨其交通之情事。掌貨賄亦辨其貨賄往來之事當於理否。春秋時，邦交非禮、貨賄

---

① 底本作二人，據《四部叢刊》本改。

私行，則此數官之職不修也。

朝大夫，每國上士二人，下士四人，府一人，史二人，庶子八人，徒二十人。

鄭氏康成曰：朝大夫，王之士也，使主都家之國治，而命之曰朝大夫。賈氏公彦曰：畿內采地，雖有百里、五十里、二十五里，總謂之國。都家子弟多不由禮，朝大夫掌其治，頒其治於下，亦聽其治於上，以督率之。

都則，中士一人，下士二人，府一人，史二人，庶子四人，徒八十人。都士，中士二人，下士四人，府二人，史四人，胥四人，徒四十人。家士亦如之。

入則以治都鄙，然奉行未必無失。朝大夫朝夕王朝達其政令於下，都則核其奉行於下。有不如法者，則都士刑之。象士又家之司刑者，以治有家者之失。

秋官司寇

大司寇之職，掌建邦之三典，以佐王刑邦國，詰四方，一曰刑新國用輕典，二曰刑平國用中典，三曰刑亂國用重典。

詰，起吉反。

典，法也。詰，究治也。鄭康成曰：新國，新立君之國，其民未習於教，故用輕典。平國，承平守成之國，中典常行之法。亂國，簒弒叛道之國，重典重治其罪。

以五刑糾萬民：

虞舜制五刑，流、官、教、贖、賊也，三代因之。其墨、剕、劓、宫、辟之五刑，則苗民所制。因古無刑書，後世或參用其法，衰季相仍，用之者遂衆，穆王故制爲贖五刑之罰。此經所言，亦仍《虞書》之五刑耳。其司刑掌墨剕劓宫辟五刑之法，即掌其贖法，原未嘗以此爲正刑。自來儒者不詳察《吕刑》之義，遂謂墨劓五刑聖王所制，誣也。下謂野刑五者，又以其事言之。上功上命云云，明刑以弼教，所以糾正而使之歸於治也。

一曰野刑，上功糾力；二曰軍刑，上命糾守；三曰鄉刑，上德糾孝；四曰官刑，上能糾職；五曰國刑，上願糾暴。

野，國中以外之稱。野刑，凡耕稼溝涂輓漕等凡任力之事，皆野民任之，有刑以糾之，使知致力。軍中得失，國之安危、民之生命所係，有刑以糾之，使知效命。鄉中尚德，德始於孝，能孝者即能弟，而凡仁讓之事皆可行之。有不率者，刑以糾之，使知誠孝。官謂凡有官者。官以率民，而乃不自修，何以正人？故有刑以糾之，使各能其職。國刑，凡國中無貴賤，皆以謹愿爲上。若不謹愿而爲暴，則無論貴賤，其所在皆爲害於人心、風俗，故刑以糾之，使歸於誠厚。以上言刑法所施，大概不出此五者，而非舊説所謂鄉遂王國云云也。

以圜土聚教罷民，凡害人者，置之圜土而施職事焉，以明刑恥之。其能改者，反於中國，不齒三年；其不能改而出圜土者，殺。

罷，音皮。置，支試反。

圜土，獄城也，以土爲垣，拘而守之。罷民，爲惡之人也。以其疲玩，故曰罷民。置之圜土，而任以職事，使勞苦而生善心；又時時明刑章以教，使知自恥。若能改惡，則出之使還鄉里。然猶三年不齒者，以其不得遂儕於良民也。如果爲善，三年後齒之矣。其有不能改而且私逃亡者，則殺之。

以两造禁民訟，入束矢於朝，然後聽之。以两劑禁民獄，入鈞金，三日乃致於朝，然後聽之。

造，七到反，又昨早反。劑，子隨反。

訟，两相爭訟。獄，既訟而纍繫也。两造，两相造事之人。凡非禮之事，若能自返，則無爭矣。而至爭訟，是爲無端造事，故曰造。两劑，两下之券書也。古者一弓百矢，束矢蓋百個金銅鐵錫之總名。三十斤曰鈞。此所謂禁民訟獄者，禁其訟獄直上於大司寇，如今上控者也。民之訟獄，自有鄉士遂士及諸官治之。又窮民亦可立肺石以達，大司寇不過頒其法、總其成耳。而竟直干大司寇則非法，故先令入束矢、鈞金以懲之。束矢入於朝，以備國用，非私入於司寇也。朝，大司寇聽政之所。聽之而或有司失平，其必罪之亦可知矣。

以嘉石平罷民，凡萬民之有罪過而未麗於灋，而害於州里者，桎梏而坐諸嘉石，役諸司空。重罪旬有三日坐，朞役；其次九日坐，九月役；其次七日坐，七月役；其次五日坐，五月役；其下罪三日坐，三月役。使州里任之，則宥而舍之。

桎，音質。梏，古毒反。

嘉石，有文之石。平，成也。困苦之，以成其善。罪過害於州里而未麗於法，蓋陰肆其惡，未顯然干有司之法也。桎梏，以木爲之，在足曰桎，在手曰梏。坐諸嘉石，以滅其心。坐期既滿，又役諸司空，以勞其身，使困苦而改惡從善。州里，比閭族黨之概詞。任，保任也。如已悛，則使州長里宰任之而宥其罪。

以肺石達窮民，凡遠近惸獨老幼之欲有復於上，而其長弗達者，立於肺石，三日。士聽其辭，以告於上，而罪其長。

肺，芳愛反。惸，其營反。長，知丈反。

肺石，赤石也。賈氏曰：坐赤石，使赤心，不妄告。意遠近無間畿内外。鄭康成曰：無兄弟曰惸，無子孫曰獨。復，猶報也。上謂王與六卿，長謂諸侯，若鄉遂大夫。　愚按：窮民不止惸獨老幼，蓋即四者以概其餘。其長弗達，則必復於上。而惸獨老幼尤無力可以自復，故立於肺石，則可達於上矣。然恐一時未及達，三日約其期。朝士掌達窮民，逾至三日而不之達，則必罪之矣。而前人謂惡其瀆上，上不能治民，又惡民之瀆，豈聖人仁民之政哉？

正月之吉，始和布刑于邦國都鄙，乃縣刑象之灋于象魏，使萬民觀刑象，挾日而斂之。

縣，音懸。挾，于協反。

正月，夏之正月，所謂月吉也，故云始和。周正建子，以子月爲年節，其民事仍從夏令，子月曰正月，寅月曰正歲。此云正月之吉，恐人以爲子月也，故又曰始和。古無刑書，布刑，布其所已刑者，使天下周知，故曰刑象。若刑典則有常經，不必布，亦不能盡布也。前人誤。

凡邦之大盟約，涖其盟書，而登之于天府。大史、內史、司會及六官，皆受其貳而藏之。凡諸侯之獄訟，以邦典定之；凡卿大夫之獄訟，以邦灋斷之；凡庶民之獄訟，以邦成弊之。

會，古外反。

邦之大盟約，諸侯國與外夷接攘，有事相涉盟約，勿相侵伐者也。若諸侯則統於天子，亦無私相盟約者，況天子與諸侯盟約乎？舊解誤諸侯與外夷相盟約。上其盟書於王，司寇親涖其書，以觀其當否，且以爲將來不如盟約征伐之本。因安輯邊境，國之大事，故大史、內史、司會皆受其貳而藏之。獄訟，是非爭訟，或至成獄。必大司寇斷之者，統於一尊，臣下不得私爭也。邦典六典，邦法八法，邦成八成。弊亦斷也。刑罰以維禮樂，各以其職所當爲而衡以典法與成始無偏私，而司寇之至明至公必得其人可知矣。

大祭祀，奉犬牲。若禋祀五帝，則戒之日，涖誓百官，戒於百族。及納享，前王。祭之日，亦如之。奉其明水火。凡朝覲、會同，前王。大喪亦如之。大軍旅，涖戮于社。凡邦之大事，使其屬蹕。

犬屬金，能守戒，故司寇奉之。　御案：奉薦熟而已，不進體解也。大宰掌百官之禁戒，而大司寇則涖之，蓋國之大事，六官之長胥有事焉。涖之以司寇，所以肅之也。　愚按：刑罰本於天子，而專之者大司寇也。違制則有誅，故凡大祭祀、大喪、大軍旅、大事則必司寇涖之。前王，亦所以肅天威也。納享，將祭之辰。祭之日，謂旦明也。明水火，取天地之菁華以明精潔。司寇奉之，欲王致其嚴肅清明也。大喪，王喪及后、世子。蹕，清道止行人也。屬，司寇屬官。小司寇亦使其屬蹕，則奉大司寇行之。

小司寇之職，掌外朝之政，以致萬民而詢焉。一曰詢國危，二曰詢國遷，三曰詢立君。其位：王南鄉，三公及州長、百姓北面，群臣西面，群吏東面。小司寇擯以敘進而問焉，以衆輔志而弊謀。

鄉，許亮反。長，知丈反。弊，必世反。

外朝在庫門之外、皋門之內。外朝主聽獄訟，故司寇掌其政而兼大詢。天子不自任其聰明，有大事必廣詢。所詢者非特民也，而言致萬民而詢者，民間公是公非恒多，情事乃無隱蔽。國危，兵寇之事。國遷，徙都避患。立君，無適擇賢。州長率百姓而至，故同北面。王南面而詢。三公德備而位尊，佐王聽其是非。群吏，群臣也。州長帥民而至，故同北面。小司寇擯者，外朝不常朝，朝士掌外朝而不爲擯也。擇衆謀以輔王志而斷其是非，《洪範》所謂謀及卿士庶人者皆在其中。

以五刑聽萬民之獄訟，附於刑，用情訊之。至於旬，乃弊之，讀書則用灋。凡命夫命婦，不躬坐獄訟。凡王之同族有罪，不即市。

附於刑，罪與法相協也。雖罪罰相協，猶同心訊之，至於旬日是乃斷，慎之也。書，獄詞也。讀之使囚聞之而無不服，衆聞之而皆以爲宜，死者與我乃無憾也。不躬坐獄訟，不使獄吏褻尊也，使其屬與子弟代之。同族有罪不就市，《記》曰刑於隱者，不與國人，慮兄弟也。

以五聲聽獄訟，求民情：一曰辭聽，二曰色聽，三曰氣聽，四曰耳聽，五曰目聽。

御案：《呂刑》惟貌有稽，以色包耳、目、辭、氣，此以聲包色、氣、耳、目也。

愚按：聲入於耳而即通於心，下五事非直聲也而言五聲者，取其必入於心而細審耳。辭辨其是非，色覘其誠僞，氣觀其壯怯，耳察其明昧，目考其隱微。

以八辟麗邦灋，附刑罰：一曰議親之辟，二曰議故之辟，三曰議賢之辟，四曰議能之辟，五曰議功之辟，六曰議貴之辟，七曰議勤之辟，八曰議賓之辟。

辟，音闢。附，音付。

辟，法也。麗，附也。邦法中本無此八議之法，特設，故曰麗。親，宗室。故，故舊。賢，有德者。能，有道藝者。功，有大功者。貴，大夫以上。勤，盡瘁於國者。賓，所不臣者。八者之中，惟賢者必不悖禮，安得犯法？蓋株連及之者也。其餘非於王躬有關屬，即於國家有裨益，不幸而有罪，必從而原之，或赦或末減，必實有不可赦而後罪之。然亦不同於凡人，若盤水加劍、磬於甸人及有爵者不爲奴之類，蓋法外之仁也。

以三刺斷庶民獄訟之中：一曰訊群臣，二曰訊群吏，三曰訊萬民。聽民之所刺宥，以施上服、下服之刑。

刺，七賜反。

刺，伺察也。獄訟已定，尤必有三訊以察其當否乃得其平，故曰斷獄訟之中。訊，問也。民，衆民。刺，殺也。訊之而民以爲可殺，或以爲可宥，則權其是非、劑其輕重，以施上服下服之刑。《呂刑》曰上刑適輕下服，下刑適重上服是也。然非至公至明，何以能得其中？

及大比，登民數，自生齒以上，登於天府。內史[1]、司會、冢宰貳之，以制國用。

[1] 史，底本作吏，據《四部叢刊》本改。

比，必里反。上，時掌反。

鄭康成曰：大比，三年大數民之衆寡也。男八月而生齒，女七月而生齒。民之爲非，多由於貧，必先富之而後教之，故小司寇亦掌民數，藏其副冊以制國用，凡重農節用一切養民之政，隨時損益，以期民生遂而善良多。

小祭祀，奉犬牲。凡禋祀五帝，實鑊水，納享亦如之。大賓客，前王而辟，后、世子之喪亦如之。小師，涖戮。凡國之大事，使其屬蹕。

鑊，户郭反。辟，婢亦反。大事之大當作小。

奉，猶進也。實水於鑊，以洗解牲體。納亨，煮牲也。賓客，饗食燕飲行於廟寢者，以王所禮，故曰大。殺於廟覲會同，故小司寇前王而辟。小師，王不親行之師。涖戮於社，屬謂士師以下。

孟冬，祀司民，獻民數於王，王拜受之，以圖國用而進退之。歲終，則令群士計獄弊訟，登中於天府。正歲，帥其屬而觀刑象，令以木鐸，曰：不用灋者，國有常刑。令群士，乃宣布於四方，憲刑禁。乃命其屬入會，乃致事。

會，古外反。

鄭康成曰：司民，星名，謂軒轅角也。於祀司民之時，獻民數於王，每歲皆然，使王知民生上屬於天星，重民命也。上文大比獻民數，又三年比民數損益而總獻之。進退國用，斟酌增省也。歲終，周建子，十二月。群士，鄉士遂士以下。計獄，計未決之獄囚。弊訟，已斷之訟。登中，登其所定獄情之當者，使王知一歲獄訟多寡當否也。正歲，夏令建寅之月。周雖以子月爲年節，民事皆從夏時，故於寅月懸刑象，小司寇則帥其屬而觀之。其有不及觀者，則令以木鐸，使咸知之，并宣佈四方，懸刑禁以示之。入會，入而會計上年未了之獄訟，乃各致其事也。

士師之職，掌國之五禁之灋，以左右刑罰：一曰宫禁，二曰官禁，三曰國禁，四曰野禁，五曰軍禁。皆以木鐸徇之於朝，書而縣於門閭。

禁，禁之於未然。左右，助也。犯罪而後有刑罰，預先戒之使民不犯，是爲刑罰之助也。宫，王宫。官，官府。國，域中。野，郊外。軍，軍中。古無刑書，五禁皆歲歲懸示，其有隨時損益可知。士師掌其法，而徧及天下，則各令其長行之，故縣於門閭也。

以五戒先後刑罰，毋使罪麗於民：一曰誓，用之於軍旅；二曰誥，用之於會同；三曰禁，用諸田役；四曰糾，用諸國中；五曰憲，用諸都鄙。

先，悉薦反。後，胡遘反。

王氏安石曰：先者引而導之，後者隨而相之也。若《盤庚》上篇則以誥先之，下篇則以誥後之。王氏應電曰：上文五禁施於無事之時，主閉絶其非心。戒者作事之時，戒勑提撕，使之勤事。或先丁寧之，或復申勅之，使民不犯，故曰先後刑罰，毋使罪麗於民。誓，肅軍令而使之戮力。誥，詳事理而使之服從。禁，戒其如法。糾，糾其不正。國中可聚民而糾正之，都鄙遠則分佈而表懸之耳。

掌鄉合州、黨、族、閭、比之聯，與其民人之什伍，使之相安相受，以比追胥之事，以施刑罰慶賞。

閭比，毗至反。比追，必里反。

鄉合，合州黨族閭比之聯於鄉也。五家爲比，比一伍。二伍爲什。士師主刑罰，故總一鄉之聯。以比追胥之事，使姦宄無所容而日相安相受，則人各就其聯以相覺察聽於士師，非士師别遣官屬煩擾之也。

掌官中之政令。察獄訟之辭，以詔司寇斷獄弊訟，致邦令。

弊，必世反。

官中，大司寇之官府中。獄訟之上，察其辭以告司寇；獄訟之成，致其命以付群士。凡大司寇官府中政令皆掌之。致邦令，致之於鄉遂及都鄙也。

掌士之八成：一曰邦汋，二曰邦賊，三曰邦諜，四曰犯邦令，五曰撟邦令，六曰爲邦盜，七曰爲邦朋，八曰爲邦誣。

汋，上藥反，一音酌。撟，音矯。

士，士師以下。成者，舊有成法，依而行之，汋，挹取也，蓋聚斂掊克之類浚民蠹國者。賊爲逆亂者，諜爲异國反間。犯，干冒王教令者。撟，如矯制之矯，上無是令，以己意矯而爲之。盜，竊國之寶器及竊邑外畔，凡竊財貨皆是。朋，結黨害正。誣，誣罔失實。

若邦凶荒，則以荒辯之灋治之，令移民、通財、糾守、緩刑。

辯，辯其輕重而爲之備也。　御案：歲祲有等差，地民有衆寡，民困有淺深，財用有多寡，其事有緩急，故當辯之。鄭康成曰：移民，就賤救困也。通財，補不足也。糾守，備盜賊也。緩刑，舒民心也。王氏應電曰：比閭卒伍，地官夏官之職，而秋官亦掌其追胥合聯之事；荒政通財，地官聚萬民之職，而秋官亦掌荒辯之法。蓋教訓而後可以相安，救其饑寒而後可以止盜，故事相備也。

凡以財獄訟者，正之以傅别、約劑。若祭勝國之社稷，則爲之尸。王燕出入，則前驅而辟。祀五帝，則沃尸及王盥，洎鑊水。凡刉珥，則奉犬牲。諸侯爲賓，則帥其屬而蹕於王宫。大喪亦如之。大師，帥其屬而禁逆軍旅者與犯師禁者而戮之。

傅，音附。劑，子隨反。洎，其蹕反。鑊，户郭反。刉珥，音機衈。

財獄訟，如稱責與買賣者。稱責則以傅别正之，買賣則以約劑正之。勝國，已亡之國。辟，與蹕異。蹕，禁止行人。辟，開道而使辟於旁。燕出入，偶以游燕出入也。沃尸及王盥，沃尸盥并沃王盥。洎，增其鑊汁。績司寇之事而終之也。刉珥，釁禮之事。用牲毛者曰刉，羽者曰珥。《大司寇》《小司寇》皆言使帥其屬，不親屬也。士師則親帥之。逆軍旅，違軍令也。犯師禁則亂行寇攘等事。

歲終，則令正要會。正歲，帥其屬而憲禁令於國及郊野。

正其屬吏之月要、歲會。待小司寇入會於大司寇，小司寇令群士憲刑禁，士師帥而憲之。所帥者，鄉士、遂士、縣士諸官也。

鄉士，掌國中，各掌其鄉之民數而糾戒之，聽其獄訟，察其辭，辨其獄訟，異其死、刑之罪而要之，旬而職聽於朝。司寇聽之，斷其獄、弊其訟於朝。群士、司刑皆在，各麗其灋以議獄訟。獄訟成，士師受中。協日刑殺，肆之三日。若欲免之，則王會其期。

要，於妙反。

鄭康成曰：國中之地距王城百里内。言掌國中者，主國中獄也，六鄉之獄在國中。鄉士八人，言各者，四人而分主三鄉。鄭氏鍔曰：鄉民之數，教官掌之，此又掌其數者，爲糾戒也。察，審也。辨，辨其輕重、别其當死當刑者爲之要書。聽於朝，聽於司寇也。群士，司寇之屬。麗，附也。議，令群士各出所見議之，或有异議者，必再審慎而得其平乃决。中，即上文登中之中。受中，受獄訟之成。協日，可行刑之日。肆，陳尸也。若欲免之，情事猶有可原，或在八議之内者。王會其期，擇期會群臣而議之，可免，然後免，不自專也。

大祭祀、大喪紀、大軍旅、大賓客，則各掌其鄉之禁令，帥其屬夾道而蹕。三公若有邦事，則爲之前驅而辟，其喪亦如之。凡國有大事，則戮其犯命者。

爲，于僞反。辟，音闢，後并同。

賈氏公彦曰：大祭祀，若祭天及四郊。大喪紀，當葬所經道。大軍旅，王出行所經過。大賓客，四方諸侯來朝，由六鄉經過。故掌其禁令。屬，中士以下。邦事，奉王命出行國事。其喪，謂葬於墓。大事，即上文所言諸事。戮，或刑、或罰、或撻辱，皆是也。

遂士，掌四郊，各掌其遂之民數，而糾其戒令，聽其獄訟，察其辭，辨其獄訟，異其死刑之罪而要之，二旬而職聽於朝。司寇聽之，斷其獄、弊其訟於朝。群士司刑皆在，各麗其灋以議獄訟。獄訟成，士師受中。協日就郊而刑殺，各於其遂，肆之三日。若欲免之，則王令三公會其期。

鄭康成曰：遂地距王城百里外至二百里。掌四郊者，主四郊獄也，六遂之獄在四郊。遂士十二人，言各者，二人而分主一遂。　御案：刑殺於郊者，就遂士之治所也。肆各於其遂者，以懲衆也。遂遠於鄉，故使三公會其期。

若邦有大事聚衆庶，則各掌其遂之禁令，帥其屬而蹕。六卿若有邦事，則爲之前驅而辟，其喪亦如之。凡郊有大事，則戮其犯命者。

爲，于僞反。

四郊之外無大祭祀、大喪紀，惟有大軍旅、大賓客出入所經有大事聚衆庶，則遂人帥所治之民而至，故遂士掌其禁令。爲六卿前驅，三公可知矣。遂士職卑於鄉士，故六鄉之邦事并承之。郊有大事，謂六遂之民從於師田者。

縣士，掌野，各掌其縣之民數，糾其戒令，而聽其獄訟，察其辭，辨其獄訟，異其死刑之罪而要之，三旬而職聽於朝。司寇聽之，斷其獄、弊其訟於朝。群士司刑皆在，各麗其灋以議獄訟。獄訟成，士師受中。協日刑殺，各就其縣，肆之三日。若欲免之，則王命六卿會其期。

地距王城三百里曰野，四百里曰縣，五百里曰都。都縣野之地，非王子弟公卿大夫之采邑，皆公邑也，統謂之縣，縣士掌其獄焉。其地在郊外，故總稱之曰野，曰縣都。俱有獄，總名縣獄，縣士掌之，而聽其獄訟。各就其縣肆之者，如稍縣則肆於稍縣都，皆然，亦各就其地以懲戒民也。

若邦有大役聚衆庶，則各掌其縣之禁令。若大夫有邦事，則爲之前驅而辟，其喪亦如之。凡野有大事，則戮其犯命者。

爲，于僞反。

縣無祭祀、喪紀之事，惟賓客、軍旅道經其地。然野廬氏掌道治，遺人、委人共委積薪芻，公邑都家不過埽除道路、守涂者聚欜而已，故不曰大事，而曰大役。其致衆庶而聚之者，則遂人也，縣士不過掌其禁令。野有大事，謂有軍事於此而犯命者也。

方士，掌都家，聽其獄訟之辭，辨其死刑之罪而要之，三月而上獄訟於國。司寇聽其成於朝，群士司刑皆在，各麗其灋以議獄訟。獄訟成，士師受中，書其刑殺之成與其聽獄訟者。

鄭康成曰：都，王子弟及公卿之采地。家，大夫之采地。大都在畺地，小都在縣地，家邑在稍地。都家各有主君，方士但遥掌其獄訟。都士家士聽其獄訟，附於刑矣，而上於方士，方士乃聽其辭、辨其是非。必三月者，以其未嘗親聽獄訟，必遠其期乃可往復駁議也。上於國，上於司寇也。聽其成者，獄訟皆自都家定之，方士辨而定之矣，爲要以上，司寇但聽其成，犯者未嘗與俱審其所書罪由及法果當否。與群士司刑等以法麗之而無异議，則仍發還都家，即於其地刑殺及肆，故不言刑殺及肆也。

凡都家之大事聚衆庶，則各掌其方之禁令。以時修其縣灋，若歲終，則省之而誅賞焉。凡都家之士所上治，則主之。

治，直吏反。

大事，王朝徵役及其長祭祀喪紀等動衆之事。方士十六人，各掌其方者，四人而主一方也。縣法，縣師之職。縣師掌邦國都鄙稍甸郊野之地域，而辨其夫家人民田萊之數，及其六畜車輦之稽。方士以時修此法，歲終又巡而省之，以行誅賞，恐民得罪有枉屈也。凡都家之治上於方士，得主之，以告司寇聽而平之，蓋不令都家得遂專其賞罰也。

訝士，掌四方之獄訟，諭罪刑於邦國。凡四方之有治於士者，造焉。四方有亂獄，則往而成之。邦有賓客，則與行人送逆之。入於國，則爲之前驅而辟，野亦如之。居館，則帥其屬而爲之蹕，誅戮暴客者。客出入則道之，有治則贊之。凡邦之大事聚衆庶，則讀其誓禁。

造，七報反。爲，于僞反。

訝、迓同，迎也。四方諸侯，各治其士民之獄訟，而或有枉屈者，許其上訴於王朝，則訝士掌之。諭，時時頒上諭，使詳慎也。士，士師。有訴於王朝而當歸士師聽之者，先詔訝士，乃通之於士師。亂獄，君臣上下相虐相爭。賓客來去，行人掌其送迎，而訝士同之者，或僕隸輿臺有與民有犯争者，訝士掌其刑，故爲之辟、爲之蹕，皆爲誅戮暴客。贊之者，客之僕隸等有罪，客士治之，而訝士佐治之。大事，諸侯或卿大夫來會、軍旅、田役，則讀其誓禁，使周知之。武王《牧誓》所以爲約束諸侯將士之辭，而非勗勵己之將士使用命也。

朝士，掌建邦外朝之灋，左九棘，孤卿大夫位焉，群士在其後；右九棘，公侯伯子男位焉，群吏在其後；面三槐，三公位焉，州長衆庶在其後。左嘉石，平罷民焉；右肺石，達窮民焉。帥其屬而以鞭呼趨且辟。禁慢朝、錯立、族談者。

周有三朝：一曰治朝，司士掌之；二曰内朝，大僕掌之；此朝士則掌外朝也。外朝在庫門之外、皋門之内。大詢衆庶，百姓衆庶得與公卿侯伯群士群吏相後先於其間，而朝士掌其位。孤卿大夫，在畿之王臣，故位於左。公侯伯子男，外臣，從賓禮，故位於右。鄭康成曰：樹棘者，取其赤心而外刺。槐之言懷也，懷來人於此。嘉石、肺石詳見《大司寇》。大詢衆庶，期達民情，故朝士兼掌嘉石、肺石。辟，辟除閒人。以群吏萬民俱在，恐有不諳朝儀者，故以鞭呼趨，禁慢朝等弊。

凡得獲貨賄、人民、六畜者，委於朝，告於士，旬而舉之，大者公之，小者庶民私之。

得、獲分用而義同，此連舉則無意而得曰得，意其有而得曰獲也。人民，刑人及奴隸逃亡者。　御案：委於朝，得之他處者亦委於朝也。或其物别有存貯，則書而揭之亦於朝。大者公之，官收之，以待求索。若小物過時而不索，則失者已棄置矣，故使得者私之。曰庶民，則士大夫亦不得私而入於官也。

凡士之治有期日，國中一旬，郊二旬，野三旬，都三月，邦國期。期内之治聽，期外不聽。

國期音基，餘并如字。

鄉士一旬、遂士二旬、縣士三旬、方士三月，期，訝士也。期内聽期外不聽者，使縣士等及期而上期事，毋得怠緩也；若期外而始上其事則不聽，而罪其長，非謂不與民伸枉屈也。

凡有責者，有判書以治，則聽。凡民同貨財者，令以國灋行之。犯令者，刑罰之。凡屬責者，以其地傅，而聽其辭。

責，側賣反。屬，音燭。傅，音附。

責，稱貸也。判書，即券書。有判則治之，無則否。　御案：同貨財，即凶荒令民通財也。以國法行之，責其償與息。犯令，謂多取息與能償而過期不償者。加以刑罰，則富者樂於出財，貸者不敢負屬。責本無傅別而以情誼相屬稱貸者，貸者或以無傅別而負之，致成訟獄，則以其地親比之人爲傅，而聽其辭、察其事之真與僞焉。

凡盜賊軍鄉邑及家人，殺之無罪。凡報仇讎者，書於士，殺之無罪。若邦凶荒、札喪、寇戎之故，則令邦國、都家、縣鄙慮刑貶。

賊，殺害也。軍，軍中。凡有盜賊殺軍與鄉邑及家人者爲劫盜，當時殺之無罪，如今强盜傷人、劫財物或拒捕，殺之者無罪也。報仇讎者，謂無辜殺者而逃匿，被害之家訴於士，士不能即得其人，書其事以備查驗，而被害之人或於他境得其人殺之，則無罪也。慮，詳審也。刑貶，减刑罰也。凶灾盜戎，義重恤民，故審其罪之大小，苟非不殺之條，則從未减貶。貶，省也。

司民，掌登萬民之數，自生齒以上皆書於版，辨其國中與其都鄙及其郊野，異其男女，歲登下其死生。及三年大比，以萬民之數詔司寇。司寇及孟冬祀司民之日，獻其數於王，王拜受之，登於天府。内史、司會、冢宰貳之，以贊王治。

比，必里反。會，古外反。

登，上也。版，如今户籍。下，猶去也。去其死者，登其生者。天設君以治民，民命即天命王者所天，故拜受之。三年而獻其數於司寇，司寇獻於王，以便核其多寡，制其養教之事，故曰“贊王治”。

司刑，掌五刑之灋，以麗萬民之罪。墨罪五百，劓罪五百，宫罪五百，刖罪五百，殺罪五百。若司寇斷獄弊訟，則以五刑之灋詔刑罰，而以辨罪之輕重。

劓，魚器反，刖，音月。

墨，黥也，刻其面，以墨窒之。劓，截其劓。宫，男子去勢，婦人幽閉。刖，去膝。殺，大辟也。司刑所掌五刑，《虞書》流、官、教、贖、賊也。墨劓等五刑，有苗所作，因古無刑書，三代之衰，襲用其法。周公制禮，恐人仍執爲常典，故設司刑，使掌五刑之法，以麗萬民之罪矣。而墨剕五者，或有重罪參用此者。則司寇斷獄弊訟者，司刑復以五刑正法告司寇，而以辨罪之輕重，不輕用苗民之制也。

司刺掌三刺、三宥、三赦之灋，以贊司寇聽獄訟。壹刺曰訊群臣，再刺曰訊群吏，三刺曰訊萬民。壹宥曰不識，再宥曰過失，三宥曰遺忘。壹赦曰幼弱，再赦曰老旄，三赦曰惷愚。以此三灋者求民情，斷民中，而施上服下服之罪，然後刑殺。

旄，本又作耄，莫報反。惷，愚雍反，又諸用反。

刺，殺也。不曰殺而曰刺者，决之至當，而猶必廣諮群臣、吏民，折衷至中，取伺察之意，故曰刺。不識，無知；過失，無心；遺忘，忽略。三者皆非故犯，隨其罪之大小而寬宥之。幼弱，年未過十五。老旄，七十以上。惷愚，喑聾癡騃者。以求民情，求所犯之情。斷民中，於群臣吏民所復而折衷其至中。司刺專掌此，蓋於士師等職所聽又詳辨之，惟恐有枉屈也。

司約，掌邦國及萬民之約劑，治神之約爲上，治民之約次之，治地之約次之，治功之約次之，治器之約次之，治摯之約次之。凡大約劑，書於宗彝；小約劑，書於丹圖。若有訟者，則珥而辟藏，其不信者服墨刑。若大亂，則六官辟藏，其不信者殺。

劑，子隨反。藏，才浪反。辟，音闢。

約者，有事相期，執以爲信，如今券契。劑，平也。兩書一札，平分而藏之。祀神各有典禮，無庸約也，此蓋有所祈禱，群相爲約，以期必信。民之約，有事，故相約。地之約，爲約以志疆界。功之約，赴功爲約，以期必終其功。器之約，爲約共相制器。摯之約，相見執摯，以志久要。大約，國家之大事。書於宗彝，必其事之久而不可易者。書於丹圖，以丹爲圖，册籍之類。訟，違約而争也。珥讀爲衈。殺鷄以釁圖而開視所藏之籍，不如約則服墨刑。大亂，犯大約而肆行者。事關國典，故六官辟藏，而不信者殺。

司盟，掌盟載之灋。凡邦國有疑會同，則掌其盟約之載及其禮儀，北面詔明神。既盟，則貳之。盟萬民之犯命者，詛其不信者亦如之。

詛，側慮反。

盟載，載盟辭於策。殺牲取血，坎其牲，加書於上而埋之，謂之載書。有疑，不協也。明神，神至明察。貳者，正書埋之，司盟藏其貳。盟萬民之犯命，以戒後，如魯盟仲遂臧孫也。詛其不信者，或其人逃匿，與衆詛以惡之。

凡民之有約劑者，其貳在司盟。有獄訟者，則使之盟詛。凡盟詛，各以其地域之衆庶共其牲而致焉。既盟，則爲司盟共祈酒脯。

爲，于僞反。

又言不特盟載之貳在司盟，即司約所掌約劑，其貳亦在司盟。蓋約劑方始，而即要其終也。及違約，當罪而復狡，展其辭，則司盟治之也。其本無約劑，而各執一辭，致成獄訟者，既無憑核證，則使之盟詛。蓋人心敬畏之良本於天性，凡無理者敢欺人，而不敢欺神，使盟詛，則情詞之間誠僞可覘，從而治之無難，非專恃盟詛以治民也。且以其地域之衆庶共其牲而致焉，則不信者必有人發覺之，又使之共祈神酒脯，皆所以難之，使自貢其情。前人疑此經者誤。

職金，掌凡金、玉、錫、石、丹、青之戒令。受其入征者，辨其物之媺惡與其數量，楬而璽之，入其金錫於爲兵器之府，入其玉石丹青於守藏之府。入其要。掌受士之金罰、貨罰，入於司兵。旅於上帝，則共其金版，饗諸侯亦如之。凡國有大故而用金石，則掌其令。

楬，音竭。璽，思倚反。

丹，朱砂之類。青，空青。丱人取之而職金藏之也。入征，已入於丱人者。楬而璽，楬書其數量，又以印封之。入其要，録簿要，入於大府。貨，泉布也。應罰金者或無金，則以貨當之。鉼金謂之版。旅上帝共金版或以作鐫銘，饗諸侯或以鐫錫命，如後世鐵券之屬。蓋古無紙，方策易毁，大事每鑄金。此祀上帝引咎祈命之辭與錫命，或鑄金以圖久存也。又按金、銀、銅、鐵、錫曰五金，而古黄白最少，此所謂金罰、金版皆銅鐵，故入於司兵，且旅帝、饗侯用之也。掌其令，或給存貯者，或新采，皆有禁令也。

司厲，掌盜賊之任器、貨賄，辨其物，皆有數量，賈而楬之，入於司兵。其奴，男子入於罪隸，女子入於舂槀。凡有爵者與七十者與未齔者，皆不爲奴。

賈，音嫁。舂，書容反。槀，古老反。齔，初覲反。

任器，盜賊所用兵器。貨賄，所盜財物。有不可反之失物者，則楬書其數量，而入於司兵。罪人不孥，此奴者必大罪當没入其男女者。罪隸，《司隸職》所屬是。舂槀，《地官》舂人、槀人是。有爵，命士以上。齔，毁齒也，男八歲女七歲而毁齒。老耄幼弱，從寬赦宥之。

犬人，掌犬牲。凡祭祀，共犬牲，用牷物，伏、瘞亦如之。凡幾、珥、沉、辜，用駹可也。凡相犬、牽犬者屬焉，掌其政治。

牷，音全。瘞，於例反。駹，音忙。相，息亮反。

純毛曰犧，體全曰牷。此以牷，兼犧也。物，色也。犬善噬，故言伏。將用而伏之，既用則埋之。鄭康成曰：幾讀爲刉，珥讀爲衈。刉衈者，釁禮之事。沉，沉牲於水。辜，謂疈磔牲體。駹，雜色也。相，視，擇其美惡。相犬、牽犬者非一人，皆屬於犬人。

司圜，掌收教罷民。凡害人者，弗使冠飾而加明刑焉，任之以事而收教之。能改者，上罪三年而舍，中罪二年而舍，下罪一年而舍。其不能改而出圜土者，殺。雖出，三年不齒。凡圜土之刑人也不虧體，其罰人也不虧財。

罷，蒲宜反。

拘之圜土，收之也。使困苦而生善心，所以教之。去其冠飾，著墨幪、赭衣之類。任以事，罰使效力。舍之遲速，以罪之輕重而差。不能改過，又私逃者，殺，謂上罪也。若非上罪，而既拘苦經年，亦不得不出之。雖出三年不齒，如既出，三年後猶不改，則又有刑，如髡者守積之類。不虧體、不虧財，以其罪非應死，恤之使改，仍得爲完人也。

掌囚，掌守盜賊，凡囚者。上罪梏拲而桎，中罪桎梏，下罪梏，王之同族拲，有爵者桎，以待弊罪。

梏，古毒反。拲，音拱。桎，之實反。弊，必世反。

掌囚凡囚皆守焉，而盜賊爲重，故專言之。凡囚，非盜賊而以他罪拘者也。梏在脰，拲在手，桎在足。

及刑殺，告刑於王，奉而適朝，士加明梏，以適市而刑殺之。凡有爵者與王之同族，奉而適甸師氏，以待刑殺。

鄭康成曰：告刑於王，告王以今日當刑，及所刑之姓名。其死罪則曰某之罪在大辟，其刑罪則曰某之罪在小辟。告於王，恐王有可赦。告王，而遂以付士也。士，士師。適甸師氏，亦由朝乃往也。待刑殺者，待掌戮也。

掌戮，掌斬殺賊諜而搏之。凡殺其親者，焚之。殺王之親者，辜之。

諜，音牒。搏作膞，匹各反。

斬，去其首。殺，戕其命。古無腰斬法，鄭氏以腰斬釋之，非也。惟賊盜與爲姦宼反間者，則斬殺而膞。膞，曝也。其親，父母。王之親，王之宗族。二者皆大逆，故焚與辜。焚，燒也。辜，磔也。

凡殺人者，踣諸市，肆之三日。刑盜於市。凡罪之麗於瀍者，亦如之。唯王之同族與有爵者，殺之於甸師氏。凡軍旅田役斬殺刑戮，亦如之。

踣，步克反。

踣，僵尸也。肆，陳也。刑盜，盜竊劫人者，其罪或未至死，亦於市刑之，以儆衆，凡罪之麗於法亦於市刑之也。同族與有爵不於市者，親親貴貴之義也。戮，戮辱之。

墨者使守門，劓者使守關，宫者使守内，刖者使守囿，髡者使守積。

髡，苦門反。積，子賜反。

墨、劓、宫、刖，非正刑也。其或叛逆連坐家屬，偶有是刑，亦各因其材而任以事，不忍遂棄絶之也。守門與關皆須久守，墨者劓者易於識别，故使之。宫者無人道，故守内。刖者不能行，故守囿。髡者墨幪，蓋出圜土而不能改者，故使之守積，以俟其變化。

司隸，掌五隸之法，辨其物，而掌其政令。帥其民而搏盜賊，役國中之辱事，爲百官積任器，凡囚執人之事。邦有祭祀、賓客、喪紀之事，則役其煩辱之事。掌帥四翟之隸，使之皆①服其邦之服，執其邦之兵，守王宫與野舍之厲禁。

搏，音博。爲，于僞反。積，如字。

五隸，罪隸及四翟之隸。物，衣服兵器之屬。民，罪隸之民。搏盜賊，以其能踪跡盜賊。辱事，賤辱之事。積任器，積聚百官所用之器物。煩，劇也。囚執，或囚之，或執之。野舍，王行所止舍。此節總言司隸掌隸之法，煩辱之事以上則言罪隸，厲禁以上則言四隸也。下文又分言其事，不止如此節所云也。

罪隸，掌役百官府與凡有守者，掌使令之小事。凡封國若家，牛助，爲牽徬。其守王宫與其厲禁者，如蠻隸之事。

令，力呈反。

① 皆，底本作各，據阮元《十三經注疏》本改。

百官之府與凡有守者，使令之小事皆役之，封國或家遷，移物貨亦役之。牛助，輓運也。在前曰牽，在旁曰傍。其守王宫與厲禁者，罪隸中或有才能異衆者，亦使守王宫與厲禁如蠻隸，非盡人而使之然也。

蠻隸，掌役校人養馬。其在王宫者，執其國之兵以守王宫。在野外，則守厲禁。閩隸，掌役畜養鳥而阜蕃教擾之，掌子則取隸焉。夷隸，掌役牧人養牛馬，與鳥言。其守王宫者，與其守厲禁者，如蠻隸之事。

閩，梅巾反。

役校人，役於校人，下放此。養馬等各有專官，四隸特任其雜役耳。子，鳥子，如鸜鵒、伯勞之類，須及其子而善養之。下文夷隸雖能通鳥言，而養鳥獨歸閩隸，蓋尤善養鳥，故使之掌養鳥子也。貉隸則通獸言。養，養獸也。珍禽奇獸不育於國，而此四隸掌養之，何也？鳥獸與人，異類而同生，亦各得天地之氣。少皞以鳥名官，《虞書》以鳥獸定時，蓋亦有藉以窮造化之奥者。且鳥獸之異者，能通物理、知氣數，故與鳥獸言，所以通物外之情也。

貉隸，掌役服不氏而養獸，而教擾之，掌與獸言。其守王宫者與其守厲禁者，如蠻隸之事。

貉，孟白反。

貉隸所掌，非常獸也，蓋征四夷所獲者。教擾之，使馴而又能通其言，則物性物理之變皆可以知。

布憲，掌憲邦之刑禁。正月之吉，執旌節以宣布於四方，而憲邦之刑禁，以詰四方邦國及其都鄙，達於四海。凡邦之大事合衆庶，則以刑禁號令。

詰，起吉反。

刑，司寇之五刑。禁，士師之五禁。小司寇以刑禁令士師，士師帥其屬而憲之，布憲又專司布憲之事，以令其屬達於四方也。執旌節以宣布，蓋書其刑禁。既憲於國中，又下於州伯，州伯又達於諸侯，非布憲之屬五十六人遍達天下也。大事，征伐、巡守、田役之類。

禁殺戮，掌司斬殺戮者，凡傷人見血而不以告者，攘獄者，遏訟者，以告而誅之。

司斬殺戮則不但禁民之私相殺戮，而凡官吏之斬戮有不當者，皆伺察之也。見血則傷重矣，而不以告，非其人怵於勢力，即官吏阻抑之。攘獄，攘奪獄犯。遏訟，阻冤者不得訴。三者或官或民，有此皆作奸藐法之至者，禁殺戮得以伺而上告誅之。

禁暴氏，掌禁庶民之亂暴力正者，撟誣犯禁者，作言語而不信者，以告而誅之。

悖理曰亂，肆虐曰暴。力正，以力脅人，使賄己。撟誣，僞稱制令、假爲符節之類。犯禁，故犯禁令。作言語，造言惑衆。陳氏汲曰：比閭族黨之法，爲政之道備矣。别立刑官，糾以法禁，庶奸民有所懾而教化得以行。

凡國聚衆庶，則戮其犯禁者以徇。凡奚隸聚而出入者，則司牧之，戮其犯禁者。

聚衆庶，師田行役之屬。奚，女之服役后宫者。隸，男之服役后宫者。國有事，當役奚隸聚而出入，則司其事而牧安之，戮其犯禁者。

野廬氏，掌達國道路，至於四畿。比國郊及野之道路、宿息、井樹。若有賓客，則令守涂地之人聚欜之，有相翔者則[1]誅之。凡道路之舟車轚互者，叙而行之。凡有節者及有爵者至，則爲之辟。

比，必里反。令，平聲。欜，音託。相，去聲。轚，居錫反，又音計。爲，于僞反。

鄭康成曰：達，巡行通之，使不陷絶也。去王城五百里曰畿。比，較也。夜所止爲宿，日所憩爲息。井，供飲食，樹，爲藩蔽。劉氏彝曰：《地官》遺人既掌之矣，野廬人又往來按比之。聚欜，令守涂與地之人，擊欜而宿衛之。相翔，盤桓相視，窺伺之意。將盗賓客，故誅之也。轚，相值而礙。互，交互争行。叙行，使次第通行。爲之辟，使守涂地之人辟除也。

禁野之横行徑踰者。凡國之大事，比修除道路者。掌凡道禁。邦之大師，則令埽道路，且以幾禁行作不時者、不物者。

比，必里反。

横行徑踰，越隄渠、踐民田也。大事若征伐、巡守、田役，校比民夫修治其壞、除去其穢。凡道中之禁，皆得掌之，以時刑糾，蓋其事甚暫，其罪過或小，不必煩有司也。幾，察也。不時，怠慢。不物，衣服異常。此職但言王畿，侯國亦有之也。

蜡氏，掌除骴。凡國之大祭祀，令州里除不蠲，禁刑者、任人及凶服者，以及郊野，大師、大賓客亦如之。

蜡，清預反。骴，詳賜反。蠲，古淵反。

蠅蟲所集爲蜡。骴，死人骨也。除，掩埋之。蠲，潔也。刑人，梏拲之人。任人，司圜所收教之罷民。　御案：任人雖歸州里，三年不齒，服齒尚異於平民，故與刑人同禁。禁，除之使毋當道也。

若有死於道路者，則令埋而置楬焉，書其日月焉，縣其衣服任器於有地之官，以待其人。掌凡國之骴禁。

楬，音竭。

楬，書而表之。有地之官，主其地之吏。其人，死者之家人。骴禁，掩骼埋胔之屬。

雍氏，掌溝瀆澮池之禁，凡害於國稼者。春令爲阱擭溝瀆之利於民者，秋令塞阱杜擭。禁山之爲苑、澤之沉者。

---

① 底本無則字，據《周禮正義》改。

阱，才性反。擭，胡化反。

溝、瀆、澮皆田間水道，池則蓄水以防涸者。小民私利，或因旱潦爲奸，利己妨人，害於國稼，故禁之。以坎陷獸爲阱，以機取獸爲擭。春農事興，故爲阱擭以禦獸之害，爲溝瀆以通水之利。秋農事畢，故塞之杜之。爲苑於山，侈游觀而妨物産，澤以瀦水沉之使深，則無以收物産之利，而且將潰隄防，故禁之。

萍氏，掌國之水禁。幾酒，謹酒，禁川游者。

鄭康成曰：水禁，水中害人之處，及入水捕魚鼈不時。幾酒，苛察沽買過多及非時者。謹酒，使民節用酒也。《書·酒誥》曰無彝酒。川游，無故而游於水。王氏應電曰：萍氏掌水禁而兼酒者，水所以載舟亦所以覆舟，酒以合歡，而溺則生禍，取其類也。

司寤氏，掌夜時。以星分夜，以詔夜士夜禁。禦晨行者，禁宵行者、夜游者。

夜時，夜之早晚。星分，以星之昏旦分之。夜士，夜之巡儌者。夜禁，夜不當爲之事。先明爲晨，中夜爲宵，通夕爲夜。禦，禁止之。

司烜氏，掌以夫遂取明火於日，以鑒取明水於月，以共祭祀之明齍、明燭，共明水。

烜，音宣，又許遠反。夫，如字，亦音符。

夫，發語詞。夫遂，陽遂也。鑒，鏡屬。以陽遂取火於日，在秋陽正烈之時。鑒一名方諸。取水於月，在既望之際。陽遂象圜肖天，方諸象方肖地。齍，粢盛。以明水滌粢盛也。明燭，以明火爇燭。明水，以明水爲元酒。

凡邦之大事，共墳燭庭燎。中春，以木鐸修火禁於國中。軍旅，修火禁。邦若屋誅，則爲明竁焉。

中，音仲。竁，處院反。

墳，大也。大燭樹於門外，庭燎於門内。以木鐸徇，爲季春將出火也。火禁，如用火之地、救火之法，及夏毋燒灰、昆蟲未蟄不以火田之類。軍中尤宜慎火。屋誅，王族有罪，誅於屋中者也。竁，穿穴爲壙也。罪人夜葬，司烜以人照之穿壙，而并楬書其罪以儆后。

條狼氏，掌執鞭以趨辟。王出入則八人夾道，公則六人，侯伯則四人，子男則二人。

條，音絛。辟，音闢。

鄭康成曰：趨辟，趨而辟行人。孔子曰雖執鞭之士，言士之賤也。王氏應電曰：凡王出入，虎賁氏先後王而趨，在王前後；旅賁氏夾王車而趨，在王左右。條狼氏八人，夾道而弛，則夾道而在前。公侯以下，亦各有條狼氏在其國，及至王國皆然。

凡誓，執鞭以趨於前，且命之。誓僕右曰殺，誓馭曰車轘，誓大夫曰敢不關，鞭五百，誓師曰三百，誓邦之大史曰殺，誓小史曰墨。

大，音泰。

凡誓不一事也，凡禁戒之事皆誓，以明其罰必行。誓之者非條狼氏，而宣其誓命之詞者則條狼氏也。下文舉誓軍中、誓史二事以明其概。僕右，車右。馭，御車者。古以車戰，僕、御最重，故誓之。轘，裂。僕右不能禦敵、馭者裂車則殺。不關，不奉軍令。大夫，其帥。師，百夫之長也。二者不關而專擅，則鞭之。曰邦之大史、小史，則非軍中之史也。史紀事實、是非、功過，若變亂其實，則無以考信而行賞罰，且無以傳後，故有殺與墨之刑。

修閭氏，掌比國中宿互欜者與其國粥，而比其追胥者而賞罰之。禁徑踰者，與以兵革趨行者，與弛騁於國中者。邦有故，則令守其閭互，唯執節者不幾。

粥，音育。

國中，城中。與野廬氏之所掌異也。粥，養也。國所游養之羨卒，未人正卒，使追伺盜賊者。宿，宿衛，互欜，互相稽察而擊欜者，皆比其勤惰而賞罰之。閭互，比閭互相稽察。國有故，易生姦邪，故修閭氏申令守之。執節者有上命，故不幾察也。

冥氏，掌設弧張。爲阱擭以攻猛獸，以靈鼓驅之。若得其獸，則獻其皮、革、齒、須、備。

冥，莫經反，又音覓。

弧張，張弓也。鼓毆之，使驚趨而入阱擭。須，鬚也。備，爪也。既去其害，亦以資用。

庶氏，掌除毒蠱，以攻説禬之，以①嘉草攻之。凡毆蠱，則令之比之。

庶，音煮。禬，胡內反。説，如字。比，必里反。

毒蠱，蠱物病害人者。其類非一，每有妖氛憑之，故以術攻之，且爲之説以破其邪而除之。禬，除也。嘉草，藥草。以其能去蠱，故稱嘉。其類亦不一，各視其蠱之所畏而用之。以凡有能毆蠱之人，則令其禬蠱，而比其工拙。

穴氏，掌攻蟄獸，各以其物火之。以時獻其珍異皮革。

蟄獸，害人物之獸也。其蟄待時而出爲害，故以其所畏之火燻取之。其皮或有當於用者，則以時獻之。云珍異者，以其不常得而名，非爲其珍異而時時取之也。

翨氏，掌攻猛鳥，各以其物爲媒而掎之。以時獻其羽翮。

翨，式至反。掎，居綺反。翮，户革反。

猛鳥，鷹隼之屬。以其物，或以其類誘而招之，或以其所食之物絹而獲之。掎，偏持其脚也。

柞氏，掌攻草木及林麓。夏日至，令刊陽木而火之；冬日至，令剝陰木而水之。若欲其化也，則春秋變其水火。凡攻木者，掌其政令。

---

① 底本無以字，據《周禮正義》改。

柞，側百反。

草，與木比生者。攻，治之也。有可取爲材用者，有當俟其長養者，審而治之。山足曰麓。刊，刷去也。夏木枝葉繁盛，故云刊。夏火司令，刊陽木而更化之，則根易腐。剝，削治也。冬木葉凋而根固，故剝之。冬水司令，剝陰木而更水之，則根亦易腐。此皆取木之法。疑古者伐木，但取其材，而腐其根以肥土壤歟？化，謂不中於材而化之者。變其水火，當水而火，當火而水，則木不能生也。掌其政令，則不特上二者之事，凡生育之法皆在其中。

薙氏，掌殺草。春始生而萌之，夏日至而夷之，秋繩而芟之，冬日至而耜之。若欲其化也，則以水火變之。掌凡殺草之政令。

繩，常陵反，又異證反。芟，所銜反。

此言四時殺草之法。春始生則薙其萌。夏日至陽極，則芟而夷之。含實曰繩，待其實熟而芟之。冬日至陰極，則耜而剗之，以絶其根。化，化以爲糞也。

硩蔟氏，掌覆夭鳥之巢。以方書十日之號，十有二辰之號，十有二月之號，十有二歲之號，二十有八星之號，縣其巢上，則去之。

硩，梯益反。蔟，蒼屋反。覆，芳六反。夭，音妖。縣，音懸。

鄭康成曰：覆猶毀也。夭鳥，惡鳴之鳥，若鴞鵩。方，版也。日謂從甲至癸，辰謂從子至亥，月謂從陬至荼，歲從攝提格至赤奮若，星謂從角至軫。按夭鳥不特爲害於其類，而且惡聲惡聞，易以眩惑民心，故必除去之，以一視聽而定民志也。其書日月歲星之號以去之，康成雖云其法未詳，而以蝠忌庚申、燕辟戊己、虎豹以衝破、鵲巢辟大歲推之，則古必有其法，且無煩於爔矢之勞者，不得以爲誕而斥之也。

翦氏，掌除蠹物，以攻禜攻之，以莽草熏之，凡庶蠱之事。

庶，如字。

蠹物，鄭康成曰：穿食人器物者。亦或有邪魅憑之，則攻其邪，而祈諸正神以去之，或以莽草熏之。庶蠱，衆物之爲害於器物者，與庶氏所除毒蠱異。

赤犮[①]氏，掌除墻屋，以蜃炭攻之，以灰洒[②]毒之。凡隙屋，除其貍蟲。

犮，音拔。蜃，是忍反。貍，莫皆反，又莫拜反。

宫室墻屋，或有毒蟲藏匿於其中，赤犮氏掌除之。蜃，大蛤也，擣其炭以坋之則走，沃其灰以洒之則死。貍蟲，埋伏之毒蟲。

蟈氏，掌去鼃黽。焚牡蘜，以灰洒之，則死。以其煙被之，則凡水蟲無聲。

蟈，音國。鼃，烏瓜反，又烏乖反。黽，米引反。蘜，居郁反。

蟈，鼃也，黽其大者。牡蘜，蘜不華者，以其灰洒鼃則死。煙被之，隨其所在，以煙薰之也。宫廟嚴閟之地，惡其怒鳴聒人耳，故去之。

壺涿氏，掌除水蟲，以炮土之鼓敺之，以焚石投之。若欲殺其神，則以牡橭

① 犮，底本作芨，據阮元《十三經注疏》本改。
② 洒，底本作酒，據《周禮正義》改。

午貫象齒而沈之，則其神死，淵爲陵。

涿，知角反。炮，步交反。棹，音枯，亦音辜。

鄭康成曰：水蟲，狐蜮之屬。炮土之鼓，瓦鼓也。焚石投之，石燔入水有聲，藉陽氣以毆之也。其神，妖魅憑之者。棹，姑榆也，一名無姑，即蕪荑。牡，不實者。午貫，縱横貫之爲十字，蓋妖魅所畏者。淵爲陵，謂妖魅藏匿水深處，非尋常江河之淵也。此等厭勝之術，古有其法，以除民害，後世邪妄之人竊其術而干正法，故儒者多疑之。然凡聖賢，無不通術數者，特以濟仁義之窮，非導人邪幻之事，不得以其流而咎其源也。

庭氏，掌射國之夭鳥。若不見其鳥獸，則以救日之弓與救月之矢夜[①]射之。若神也，則以大陰[②]之弓與枉矢射之。

射，食亦反。

夭鳥，本無而忽有爲厲者也。救日月之弓，或妖沴害日月，及妖怪興雲作霧，蔽日月之明，於法不當食而食，察其果有邪沴，則以弓矢射之，去其邪，使明，若救護之者然也。夭鳥獸本非真鳥獸，假鳥獸之形聲以惑人，故或見或不見，則以此弓矢射之，藉日月之靈以攻之也。神謂其形聲不可端倪，陰魅所爲，故以太陰之弓與枉矢射之。蓋物怪人妖，亦氣運所化，或時有之。先王存其法以衛民，必其在山澤荒僻之地與政教未純之時乎？若謂天壤之大，竟無此等，則不可。

銜枚氏，掌司囂。國之大祭祀，令禁無囂。軍旅、田役，令銜枚。禁謡呼嘆嗚於國中者，行歌哭於國中之道者。

囂，嘩囂也。禮法所在，或有昧者，如祭祀宜肅静。軍旅田役，情事雜遝，或多言誤人，皆禁之及銜枚。

伊耆氏，掌國之大祭祀，共其枚咸。軍旅，授有爵者杖。共王之齒杖。

咸，音函，户緘反。

鄭康成曰：咸讀爲函。老臣雖杖於朝，事鬼神尚敬，去之，有司以此函藏之，既事乃授之。若非大祭祀，則杖朝者弗預矣。軍旅，將帥杖鉞以示威。若非將帥及將校，則授以杖，表其爵，以别於他人。齒杖，王所賜老者之杖。

大行人，掌大賓之禮及大客之儀，以親諸侯。

大賓，五等諸侯。大客，諸侯之上卿，或外域有君長來朝，皆是也。賓客言大，以别於小行人所掌。

春朝諸侯而圖天下之事，秋覲以比邦國之功，夏宗以陳天下之謨，冬遇以協諸侯之慮，時會以發四方之禁，殷同以施天下之政。

朝，猶早也，以其來早，故曰朝。覲，勤也，以其道遠，至雖後而勤。宗，尊而

① 底本無夜字，據《周禮正義》改。
② 大，底本作太，據阮元《十三經注疏》本改。

主也。夏當陽之時，故曰宗。皆見天子之名也，因時略異其稱，禮文則同。遇則天子或在外，諸侯就其所在而見，及諸侯相遇也。春歲令之始，故言圖事。秋成物之時，故言比功。夏榮盛之時，故言陳謨。亦就其時異名，非可泥也。至相遇則情或不協，故言協慮。時會，王有大事，以時而會，聽王發禁令焉。殷同，或王不巡狩之年，諸侯旅見，或王征討，所在其方之諸侯旅見。政謂新政令。其旅見不必一方盡來，即數人同見亦是。

時聘以結諸侯之好，殷覜[1]以除邦國之慝，閒問以諭諸侯之志，歸脤以交諸侯之福，賀慶以贊諸侯之喜[2]，致禬以補諸侯之烖。

好，呼報反。覜，通笑反。閒，記莧反。脤，上軫反。禬，音會。

時聘，或天子使人聘於諸侯，或諸侯使大夫來聘，君臣相好，固結其情。殷覜，諸侯相約，同使卿見天子。非彼此相睦，則不能同行，故云除其慝。閒問，閒或使人存問諸侯，諭以懷思之意，諸侯亦得以其意達，故曰諭志。歸脤，分胙也，頒神惠於諸侯，使共蒙其福。致禬，助以財物。烖，水旱凶災之事。補，助其不足也。

以九儀辨諸侯之命，等諸臣之爵；以同邦國之禮，而待其賓客。

九儀，公侯伯子男五等諸侯，及其臣孤卿大夫士而九，名位不同，辨之等之，各有其禮。凡邦國君臣，皆同以待賓客也。

上公之禮，執桓圭九寸，繅藉九寸，冕服九章，建常九斿，樊纓九就，貳車九乘，介九人，禮九牢，其朝位，賓主之閒九十步，立當車軹，擯者五人，廟中將幣三享，王禮再祼而酢，饗禮九獻，食禮九舉，出入五積，三問三勞。

繅，音藻。藉，在夜反。斿，音留。樊，步干反。乘，繩證反。軹，音只。食，音嗣。積，子賜反。勞，去聲。

上公九命，其禮以九爲節，下放此。繅，以五采飾元纁衣板。若奠玉，則以藉之。冕，衮冕九章之服，山、龍、華蟲、火與宗彝五者繪之於衣，粉、米、黼、黻四者繡之於裳。常，旂之總名，上公則交龍也。斿，旂之下垂者。樊，馬腹帶。纓，馬鞅也。每一處五采爲就。貳，副也。介，輔賓行禮者。禮，饔餼之禮。三牲備爲一牢。朝位，謂大門外。賓主之閒，謂王未立朝時諸侯立當車轂以俟，去王所立之處其閒九十步，非謂王迎諸侯也。言賓主者，君臣相敬讓若賓主，明上下之情通也。擯，輔主行禮者。五人，賈氏公彦曰：大宗伯爲上擯，小行人爲承擯，嗇夫爲末擯，餘二人是士。廟中，將幣者。諸侯朝聘以圭璋，嗣王享之於祖廟，則以璧琮三享，束帛加璧，以其國之所有爲庭實，凡三獻也。王禮，禮賓也。再祼而酢，王以鬱鬯禮賓，至再，賓乃酢王也。享禮以飲爲主，食禮以食爲主。饗，盛禮以飲賓也。九獻、九舉，皆謂飲食賓之節。獻，舉爵。舉，舉食也。食重而酒輕，故言獻舉不同。出入五積，

---

① 覜，底本作頫，據阮元《十三經注疏》本改，下文同。
② 喜，底本作嘉，據阮元《十三經注疏》本改。

供賓之積，來去皆五也。三問，在國時，三使人存問之。三勞，來及將去時，三使人勞之，以致其情。

諸侯之禮，執信圭七寸，繅藉七寸，冕服七章，建常七斿，樊纓七就，貳車七乘，介七人，禮七牢，朝位賓主之間七十步，立當前疾，擯者四人，廟中將幣三享，王禮壹祼而酢，饗禮七獻，食禮七舉，出入四積，再問再勞。諸伯執躬圭，其他皆如諸侯之禮。

信，音申。

七章，自華蟲以下。前疾，鄭氏衆曰：駟馬車轅前胡下垂者。

諸子執穀璧五寸，繅藉五寸，冕服五章，建常五斿，樊纓五就，貳車五乘，介五人，禮五牢，朝位賓主之間五十步，立當車衡，擯者三人，廟中將幣三享，王禮一祼不酢，饗禮五獻，食禮五舉，出入三積，一問一勞。諸男執蒲璧，其他皆如諸子之禮。

一祼，位卑禮殺。不酢，不敢當賓禮也。車衡，在軜下軛兩服者。

凡大國之孤，執皮帛以繼小國之君，出入三積，不問，壹勞。朝位當車前，不交擯，廟中無相，以酒禮之。其他皆眡小國之君。凡諸侯之卿，其禮各下其君二等，以下及其大夫士皆如之。

相，息亮反。

大國之孤，蓋命於天子者，位尊，以君命來聘。既致君命，自執束帛贄見，以豹皮表帛爲飾。繼，次也。當車前，下車拱立而待。不交擯，不敢如賓主之儀介擯傳言，自對於王也。王或於廟享之，無相禮之人，王以酒禮之而已。其他，謂此外禮儀。上文言孤此言卿，侯國命卿即孤也。其自命之卿來聘，則各下其君二等，大夫士亦各下二等。

邦畿方千里，其外方五百里謂之侯服，歲一見，其貢祀物。又其外方五百里謂之甸服，二歲一見，其貢嬪物。又其外方五百里謂之男服，三歲一見，其貢器物。又其外方五百里謂之采服，四歲一見，其貢服物。又其外方五百里謂之衛服，五歲一見，其貢材物。又其外方五百里謂之要服，六歲一見，其貢貨物。九州之外謂之蕃國，世一見，各以其所貴寶爲摯。

五服地有遠近，各有其國之事，故制爲來見之期有差等，其貢物亦遠者貢重物、近者貢輕物。祀物，犧牲之屬。嬪物，絲枲。器物，尊彝之屬。服物，元纁絺綉。材物，八材。要服，蠻服也。貨物，龜貝之屬。凡來朝者必有贄，即以其方之土物貢，不苛求也。其《大宰》九貢與《小行人》春入貢乃歲之常貢，與此不同。蕃國，夷服。鎮服，蕃服也。世一見，父死而子繼乃一來見。貴寶，中夏所希而可以備祭祀、匪頒之用者，非重異物也。

王之所以撫邦國諸侯者：歲徧存；三歲徧覜；五歲徧省；七歲屬象胥，諭言語，協辭命；九歲屬瞽史，諭書名，聽聲音；十有一歲達瑞節，同度量，成牢禮，同數器，修法則；十有二歲王巡守殷國。

屬，章束反。

撫，猶安也。存，問其安否。覜，視其治效，省察其風俗。亦互言之耳，其實三者皆并用之。蓋王所以存問諸侯者，非但慰安之，亦欲其勵政治而厚民生也。若不能守土安民，何取而撫之？屬，猶聚也。象胥，通言語之官。五方聲音不同，風俗亦異，天子既敷政教於四方矣，而猶慮其不能盡諭，故每於七歲九歲則王召其國之象胥、瞽史，令從王朝之象胥、瞽史習言語以期辭命之善，習書名以求聲音之通。瑞節數者皆早頒之矣，十有一歲又達之、同之、成之、修之，恐其廢闕之弊。殷，衆也。十二歲巡狩異於虞舜者，堯時治天下之法粗備，舜頒瑞、敷政、巡狩以考其治績，故期較數；周承四代之後，禮樂制度已詳，故期較緩。

凡諸侯之王事，辨其位，正其等，協其禮，賓而見之。若有大喪，則詔相諸侯之禮。若有四方之大事，則受其幣，聽其辭。

王事，以王事來見。位、等、禮均有禮儀，大行人特辨之、正之、協之。相諸侯之禮則詔其屬。大事，謂兵寇。諸侯以贄入告天子，則受其幣而聽其辭，以達於王。

凡諸侯之邦交，歲相問也，殷相聘也，世相朝也。

邦交，諸侯相交。問，存問之，使大夫。殷，中也。有喪紀及諸要事，須聘以達其情，則使卿，無一定而得其宜，故曰中。相朝則父死子立而然。先儒謂大國朝、小國聘，不然。五等諸侯，其等雖異，朝聘之禮則同，春秋始以大小分貴賤，非王制也。

小行人，掌邦國賓客之禮籍，以待四方之使者。令諸侯春入貢，秋獻功，王親受之，各以其國之籍禮之。

使，色吏反。

籍，書也。邦國賓客之禮不同，掌其籍以待使者來而行之。春貢往歲之貢，至春而後入之。以其所獲盈歉爲量，不苛求也。功，其國有大功，如城池、川瀆等要事，至秋而後獻之，以成物至之時也；若尋常治國之事，則不必歲歲獻於天子。王親受之，重其事以勸也。凡貢與功，各國皆以籍記，至其獻入時，則按籍而禮之。

凡諸侯入王，則逆勞於畿。及郊勞、眂館、將幣，爲承而擯。凡四方之使者，大客則擯，小客則受其幣而聽其辭。

勞，力報反。

入王，朝於王。眂館，致館也。逆勞三者皆非小行人之事而云者，諸侯朝王，先達於行人，行人以達王，乃使人勞之而致館，故兼及之也。將幣之時，大宗伯爲上擯，小行人爲之承而擯。擯，擯而見之王，使得親言。幣辭則受而聽之，入告其所以來之事。大客，孤卿。小客，大夫以下及蕃國使臣。

使適四方，協九儀。賓客之禮：朝、覲、宗、遇、會、同，君之禮也；存、覲、省、聘、問，臣之禮也。

適，之也。協，合也。恐地遠禮儀久有違戾，天子時命行之四方以協之。其不協者告於王，必有黜罰也。朝覲以下，申言禮儀之實。

達天下之六節：山國用虎節，土國用人節，澤國用龍節，皆以金爲之；道路用旌節，門關用符節，都鄙用管節，皆以竹爲之。

節，所執以爲信者。虎、人、龍，各以其國象之。道路，鄉遂大夫。都鄙，公子弟及卿大夫采地之吏。符節，邦國之民適他邦、他邦之民入國者以爲信。其有徵令及徙家者，鄉大夫及采地之吏亦以節達之。竹節，以竹爲之，所以通商。　御案：不言玉節者，此所達惟使節，邦國所守非所及也。

成六瑞：王用瑱圭，公用桓圭，侯用信圭，伯用躬圭，子用穀璧，男用蒲璧。合六幣：圭以馬，璋以皮，璧以帛，琮以錦，琥以繡，璜以黼。此六物者，以和諸侯之好故。

瑱，音鎮。信，音申。琮，才宗反。琥，音虎。璜，音黄。好，呼報反。　御案：成，考驗符合、均一整齊之意。六者皆朝見執以爲信。六幣，所以享也。合，兩兩相配。諸侯享天子，以此六者合幣，皆有庭實，以其國之所有，以豹皮及馬間之二。王之後用圭璋，特無束帛之加，惟有皮馬，尊之故也。諸侯則以璧琮。五采備爲繡，白與黑二色爲黼。合璧以帛，合琮以錦，合琥以繡，合璜以黼。通彼此之情而來謂之好，因事而來謂之故。其自相享則各降一等。

若國札喪，則令賻補之；若國凶荒，則令賙委之；若國師役，則令槁襘之；若國有福事，則令慶賀之；若國有禍烖，則令哀吊之。凡此五物者，治其事故。

槁，讀作犒。襘，音會。

賻，以財物補其不足。賙委，以委積賙之。犒，以財犒之。襘，恤其死亡，祭之。　御案：此五者，其四大宗伯所掌凶禮，其一嘉禮也。復列於此者，設所至之國有此，則令鄰國供具，而後以復於王，故其文次於使適四方之後。按此五者皆有定式，特恐諸侯不遵，故小行人適四方時，遇此等事故，則令行之，毋使疏忽耳。

及其萬民之利害爲一書，其禮俗政事教治刑禁之逆順爲一書，其悖逆暴亂作慝猶犯令者爲一書，其札喪凶荒厄貧爲一書，其康樂和親安平爲一書。凡此五物者，每國辨異之，以反命於王，以周知天下之故。

治，直吏反。

知其利害，然後可聚所欲、去所惡，順者因之，逆者革之。猶犯令，平日王已戒訓，猶不改也。此五者各爲一書，反命於王，王得以行其賞罰，而行人必得其人可知矣。

司儀，掌九儀之賓客擯相之禮，以詔儀容、辭令、揖讓之節。

相，息亮反。

易氏祓曰：九儀即大行人所掌，司儀特掌其中賓客擯相之禮而已。鄭康成曰：出接賓曰擯，入相禮曰相。以詔者，以禮告王。鄭氏鍔曰：儀容通形貌而言，辭令以應對言，揖讓以交接言。

將合諸侯，則令爲壇三成，宮，旁一門。詔王儀，南鄉見諸侯，土揖庶姓，時揖異姓，天揖同姓。及其擯之，各以其禮，公於上等，侯伯於中等，子男於下等。其將幣亦如之，其禮亦如之。王燕，則諸侯毛。

鄉，許亮反。

合諸侯，或帥諸侯而朝日，或軍旅大事，爲壇於國外以命事。三成，三重也。宮，築宮墻也。每旁三門，則四門也。庶姓，無親者。異姓，昏姻。天揖舉手高，時揖舉手平，土揖舉手卑。擯之，擯者延之使升也。上等、中等、下等謂奠玉處。諸侯各於其等奠玉，降拜，升成拜。成禮，既乃升堂，授王玉。將幣，王享之也。燕，燕於離宮。毛，以鬚髮爲坐次，不以爵尊卑論，尚齒之義。

凡諸公相爲賓，主國五積，三問，皆三辭拜受，皆旅擯。再勞，三辭，三揖，登，拜受，拜送。主君郊勞，交擯，三辭，車逆，拜辱，三揖三辭，拜受，車送，三還，再拜。致館亦如之。致飧如致積之禮。

積，子賜反。勞，力報反。還，音旋。飧，素尊反。

此下記侯國之禮儀，蓋以其秩叙定爲典藉而頒布之。賓入境，主國遣大夫五委積、三存問，賓三辭以致其謙，三揖乃拜受之。旅，陳也。致積與問皆有擯，但擯相對語不交擯。賓至遠郊，又使卿再勞，有幣玉焉，亦三辭三揖於庭，登堂拜受，使者反拜而送之。賓至近郊，主君親勞之，亦有幣玉，交擯，陳九介，使傳辭也。車迎拜辱臨者，賓以主君親來，乘車出舍門迎之，若欲遠就之然，見之則拜其辱臨。至去，又乘車出拜送，欲遠送然。主君三還辭之，乃再拜送主。及致賓於館，君亦親致之。飧，夕食也。賓就館夕食，使大夫致之，其禮亦如致積。

及將幣，交擯，三辭，車逆，拜辱，賓車進，答拜，三揖三讓，每門止一相，及廟，惟上相入。賓三揖三讓，登，再拜，授幣，賓拜送幣。每事如初，賓亦如之。及出，車送，三請三進，再拜，賓三還三辭，告辟。

相，去聲。辟，音闢。

將幣，行朝禮之時。幣，圭璋也。交擯，賓九介，君五擯，彼此傳命。三辭，辭不敢當，朝不獲命。則主乘車出大門迎賓，拜其辱臨。賓車乃前，下，答拜。主三揖，請進。三讓，入大門，每門止其一相於外傳辭。及廟惟上相入，入門當以禮詔侑也。賓三揖三讓，而後升堂授幣，授介以達，主君又拜送以致敬。每事，謂主行享禮及有言皆揖讓也，賓亦如之，亦揖讓如初禮。及賓出，主君乘車送，欲遠送然。三請三進，每一請賓就車則主車一進。再拜送賓在賓告辟時，賓三還三辭，然後就車而去。告辟，不欲見主君之拜也。

致饔餼、還圭、饗食、致贈、郊送，皆如將幣之儀。賓之拜禮：拜饔餼，拜饗食。賓繼主君，皆如主國之禮。

還，音環。食，音嗣。

熟食曰饔，生物曰餼。還圭者，賓以圭享禮畢，復還於賓。饗主飲，食主食。贈，贈之以財。郊送，送之於郊。此六禮皆如將幣之儀。賓之拜禮，言君當拜之禮，如饔餼及饗食皆拜。蓋賓與主君敵體，主君以禮，賓繼以禮，故皆如主國之禮也。

諸侯、諸伯、諸子、諸男之相爲賓也各以其禮，相待也如諸公之儀。

侯伯子男相爲賓各以爵等之禮，相待其儀則均如諸公。

諸公之臣相爲國客，則三積，皆三辭拜受。及大夫郊勞，旅擯，三辭，拜辱，三讓，登，聽命，下拜，登受。賓使者如初之儀。及退，拜送。致館如初之儀。

相爲國客，諸侯使卿聘鄰國之禮。三積三辭，臣下其君之禮二等也。國君三勞，其臣則但使大夫郊勞而已，亦陳擯。三辭拜辱，使者辭拜君之勞也。三讓而登堂，致君命。君聽之畢，降，拜其君命。登，受其拜禮。賓使者，即來聘之使者。如初之儀，如初見主辭讓而退也，主拜送以尊其君之命，不特敬賓也。致館如初儀，如郊勞之儀。

及將幣，旅擯，三辭，拜逆，客辟，三揖，每門止一相，及廟，唯君相入，三讓，客登，拜，客三辟，授幣，下，出，每事如初之儀。及禮、私面、私獻，皆再拜稽首，君答拜。

辟，音闢。相，去聲。

旅擯陳於大門外，主君陳五擯，客陳七介，不傳辭。三辭，客辭不敢當客禮。拜逆，主君使上擯納賓，賓入大門，主君在門内南面拜，拜其辱臨。客辟，不敢當三揖，主君揖之使前。惟君相入，客相不入也。賓入門左三揖，至階三讓。不言揖，省文也。客登堂致命，主君當楣再拜，客三辟不敢當主君。授幣，授玉。與主君下出，下堂而出也。禮，主以禮禮客。私面，私覿也。聘禮致君命已畢，賓奉束錦請見，或有私獻，所以致臣子愛敬之誠。其幣物皆於受命時官給之。答拜，君於異國之臣空首拜。此禮皆於聘日行之。

出，及中門之外，問君，客再拜對，君拜，客辟而對。君問大夫，客對。君勞客，客再拜稽首，君答拜，客趨辟。

辟，音避。勞，力報反，下皆同。

中門之外，大門之内。問君，問其君安否。客再拜以對，君答拜之，客不敢當君答拜，故辟而對以辭。君又問其國之大夫，客對不拜。君勞其遠臨，客再拜稽首，謝其勞也。君答拜，客趨辟不敢當君答拜。

致饔餼如勞之禮，饗食還圭如將幣之儀。

致饔餼，或君親，或君不親。如勞禮，有辭讓之儀。還圭，賓主兩不拜。饗食當有拜禮，而此連類言者，蓋但使大夫致之者也。

君館客，客辟，介受命，遂送，客從，拜辱於朝。明日，客拜禮賜，遂行，如入之積。

君館客者，客將去，就省之以致殷勤。客不敢辭，亦不敢見，若隱避然，故云辟。遂送君，於就館時即拜送也。客俟君去，即從其後拜辱於朝，蓋君就館拜送，重其君。使復命，非拜己，故辟之。而即往拜君命之辱，亦爲己君致禮也。禮賜，客在館時，君日日賜以乘禽。客將行，拜謝而遂行。　御案：諸公相爲賓拜饔餼饗食之大禮，而不拜其小禮，卿則饔餼食皆旋拜之，而又拜其小，此尊卑疏密之差。

凡侯伯子男之臣，以其國之爵相爲客而相禮，其儀亦如之。凡四方之賓客禮儀、辭命、餼牢、賜獻，以二等從其爵而上下之。

相，并如字。

爵，卿也，大夫也，士也。禮之各以其爵命其儀與辭，則與公之臣同。又言凡四方之賓客，則大小國之相朝聘皆括其中。二等，謂降殺以兩。上下猶豐殺也。

凡賓客，送逆同禮。凡諸侯之交，各稱其邦而爲之幣，以其幣爲之禮。凡行人之儀，不朝不夕，不正其主面，亦不背客。

稱，尺證反。朝，如字。

同禮，始終以敬也。稱其邦而爲幣者，邦有大小，幣有隆殺，如其豐殺以爲禮，不苟也。行人之儀，謂擯相傳辭時。朝，日出，謂東方。夕，日沒，謂西方。不正東正西當賓主之面，亦不正當主之南面，不正鄉客之北面而背客，但居賓主之間。

行夫，掌邦國傳遽之小事、媺惡而無禮者。凡其使也，必以旌節。雖道有難而不時，必達。居於其國，則掌行人之勞辱事焉，使則介之。

傳，張戀反。遽，其豫反。使，色吏反。難，乃旦反。

傳遽，乘傳，騎驛而使者。媺惡，王有小勞問、小弔慰之類。無禮，無擯介等大禮。道有難，疾病、他故。不時，必達，雖至不以時，要必達也。居於其國，在國時。賓客至時，勞辱之事甚多，行夫位卑，其屬亦衆，皆掌其事，而分任於諸隸。大小行人爲使，則爲之介。云其國，則諸侯皆有此職也。

環人，掌送逆邦國之通賓客，以路節達諸四方。舍則授館，令聚欜。有任器，則令環之。凡門關無幾，送逆及疆。

御案：逆賓於疆及宿令欜、歸送，訝人之職也，環人則待過賓之道經王畿而之列國者，故曰通賓客。以路節達諸四方曰環人者，環四境而待過賓，達之於四方也。任器，賓客任用之器。令，令野廬氏。

象胥，掌蠻、夷、閩、貉[1]、戎、狄之國使，掌傳王之言而諭説焉，以和親之。若以時入賓，則協其禮，與其辭，言傳之。凡其出入送逆之禮節幣帛辭

① 貉，底本作貊，據《周禮正義》改。

令[1]，而賓相之。

閩，迷巾反。使，色吏反。相，息亮反，下同。

象胥能通夷語，故傳王之言而曉譬之，使其情通而和好親附。以時入賓，或世見，或國有大事來慶吊。其拜跪坐起言語聲音皆不同於中國，故教以禮儀而協之，譯其言語而傳之。凡其出入送逆一切禮節幣帛辭命皆象胥爲主而賓之，并相其禮。蓋他人則不達其俗、不通其言也，相止是。即其禮而導之，大致協於禮而已，非一一强其就範。

凡國之大喪，詔相國客之禮儀而正其位。凡軍旅會同，受國客幣而賓禮之。凡作事，王之大事諸侯，次事卿，次事大夫，次事上士，下事庶子。

國客兼外夷在内，蓋大喪及軍旅會同，間有外域君臣吊唁從軍者。其各國風俗人情不同，言語亦異，非象胥不能通之，故詔相其禮儀、受其幣而以賓禮禮之。又言凡王作事，大事則使諸侯，其次則卿、大夫、士、庶子以次而差，其人一一究其人情風俗音語不通者，故必使象胥也。

掌客，掌四方賓客之牢禮、餼獻、飲食之等數與其政治。王合諸侯而饗禮，則具十有二牢，庶具百物備，諸侯長十有再獻。王巡守、殷國，則國君膳以牲犢，令百官百牲皆具。從者，三公眂上公[2]之禮，卿眂侯伯之禮，大夫眂子男之禮，士眂諸侯之卿禮，庶子壹眂其大夫之禮。

治，直吏反。長，知丈反。從，才用反。

牢，三牲。餼，生食物。獻，禽獸之類。飲食，饗燕膳食之類。等，爵之等。數，即下文所陳之數。王饗諸侯，會同既畢而饗之。以五等咸在，故併饗之，不分饗也。諸侯長則牧伯，衆諸侯九獻，牧伯加三獻。王巡守經過諸侯之國，其國君膳以牲犢。令百官，掌客令主國也。百牲，牛羊豕魚腥水陸産之物，各以其國之所有。蓋天子以四海爲家，官皆其臣，民皆其民，供結膳羞無異在國，於禮當然，非煩擾之也。其主國禮從者，則以等差之。

凡諸侯之禮：上公五積，皆眂飧牽，三問皆修，群介、行人、宰、史皆有牢。飧五牢，食四十，簠十，豆四十，鉶四十有二，壺四十，鼎簋十有二，牲三十有六，皆陳。

積，子賜反。鉶，音刑。

此下并是諸侯自相朝主國待賓之禮。五積皆眂飧牽，於其所舍眂其飧牽，有不足則令結之也。問之者三，皆致脯，皆有牢，非三牲備也。凡廩食亦謂之牢，以牛羊豕飪而供之，皆是飧始至夕食之禮。五牢，以牛羊豕肉具者分爲五分，蓋始至以備賓頒於從者也。食，庶羞美可食者。簠以盛稻粱，豆以盛菹醢，鉶以盛臐、膮、膮三者之

① 令，底本作命，據阮元《十三經注疏》本改。
② 上公，底本作王公，據阮元《十三經注疏》本改。

羮。自簠以下皆謂其器也。蓋於賓至既致夕食禮矣，又致諸食器備賓用。牲三十六，亦備賓用，其物皆陳列。先儒以爲皆盛食物，不知夕食小禮，惟五牢與食耳，其簠豆等亦有盛者、有不盛者，經并約計其數言之。

饔餼九牢，其死牢如飧之陳，牽四牢，米百有二十筥，醯醢百有二十罋，車皆陳。車米眡生牢，牢十車，車秉有五籔，車禾眡死牢，牢十車，車三秅，芻薪倍禾，皆陳。

罋，烏弄反。籔，素口反。秅，丁故反，或宅加反。

九牢如五牢，并牽四牢而九。每筥半斛。車，載筥與罋之車。皆陳者，既陳米與醯醢，并陳車俟載之也。其車載米視生牢之數，生牢四車，則米四十車也。《聘禮》曰：十斗曰斛，十六斗曰籔，十籔曰秉，每車秉有五籔，則二十四斛也。稟與實并刈曰禾。死牢五牢，十車則五十車也。刈禾之名，四秉曰筥，十筥曰稯，十稯曰秅，此秉把也。刈禾盈把與車秉之秉異，筥與百有二十之筥亦異。四百秉爲一秅。

乘禽日九十雙，殷膳大牢，以及歸，三饗、三食、三燕，若弗酌則以幣致之。凡介、行人、宰、史皆有飧饔餼，以其爵等爲之牢禮之陳數，惟上介有禽獻。

乘，繩證反，下同。食，音嗣，下同。

物雙曰乘，日饋九十雙。殷，盛也。或其日不饋乘禽，而以大牢則爲殷膳，猶盛饌也。及其歸，而後止。蓋既致夕食饔餼二禮，又時以此示敬賓不倦之意。弗酌，君有故，不親饗食燕，則以酬幣致之。介與行人宰史皆有飧饔餼，敬其君以及其臣也。牢禮即前皆有牢，蓋牛羊豕三牲之肉具耳。惟上介乃有禽獻，亦下於其君之數。

夫人致禮，八壺、八豆、八籩，膳大牢，致饗大牢，食大牢。卿皆見，以羔，膳大牢。

見，賢遍反，下同。

按周制，享諸侯有夫人之禮。蓋周初封建，半多同姓昏姻之國，故有是禮。後人沿襲，凡侯國均用之。嗣因陽侯殺繆侯，而奪其夫人，大享乃廢夫人之禮。竊謂男女有别，先王於士民，七年男女不同席，姑姊妹女子子已嫁而反，兄弟弗與同席而坐、同器而食，其嚴如是，而君夫人乃不避嫌，可乎？此致禮亦謂兄弟婚姻之國夫人有當致敬者，既不便相見，則致食品以將情耳。其禮以大夫致之，夫人不親。卿係外臣，其尊亞於君，亦以羔爲贄而見，膳用大牢，以致敬。大夫以下不然，以人衆且位卑也。

侯伯四積，皆眡飧牽，再問皆修。飧四牢，食三十有二，簠八，豆三十有二，鉶二十有八，壺三十有二，鼎簋十有二，腥二十有七，皆陳。饔餼七牢，其死牢如飧之陳，牽三牢，米百筥，醯醢百罋，皆陳。米三十車，禾四十車，芻薪倍禾，皆陳。乘禽日七十雙，殷膳大牢，三饗、再食、再燕。凡介、行人、宰、史皆有飧饔餼，以其爵等爲之禮，惟上介有禽獻。夫人致禮，八壺、八豆、八籩，膳大牢，致饗大牢。卿皆見，以羔，膳特牛。子男三積，皆眡飧牽，壹問以修。飧三牢，食二十有四，簠六，豆二十有四，鉶十有八，壺二十有四，鼎簋十有二，牲十有八，皆陳。饔餼五牢，其死牢如飧之陳，牽二牢，米八十筥，醯醢八十罋，皆陳。米二十車，禾三十車，芻薪倍禾，皆陳。乘禽日五十雙，壹饗、壹食、壹燕。凡介、行人、宰、史皆有飧饔餼，以其爵等爲之禮，惟上介有禽獻。夫人致禮，六壺、六豆、六籩，膳眡致饗。親見卿皆膳特牛。

侯伯子男，其禮以次而差。其餘義皆見上。

凡諸侯之卿、大夫、士爲國客，則如其介之禮以待之。凡禮賓客，國新殺禮，凶荒殺禮，札喪殺禮，禍烖殺禮，在野，在外殺禮。

殺，所界反。

鄭康成曰：言其特來聘問，待之如其爲介時。新國，新建之國。在野、在外，兩君相遇於途，不能備物，故皆殺禮。

凡賓客死，致禮以喪用。賓客有喪，惟芻稍之受。遭主國之喪，不受饗食，受牲禮。

稍，所教反。

賓客死，則致禮以其喪所當用之物。或賓客有父母之喪，惟受芻稍給牛馬耳。或遭主國之喪，不受饗食。蓋饗食必君親或其臣代致，既有喪則不應行吉禮也。牲禮則受，主但使人牽致而已。

掌訝，掌邦國之等籍，以待賓客。若將有國賓客至，則戒官修委積，與士逆賓於疆，爲前驅而入。及宿，則令聚欜。及委，則致積。

訝，誤化反。積，子賜反。

邦國之等籍使掌訝掌之者，賓客入境，即當辨其等以爲禮。掌訝迎賓以至終事，令各職如禮，有籍而後可稽察一切也。官，牛人、羊人、舍人、委人之屬。士，訝士。令，令野廬氏也。此皆賓在郊外之事。

至於國，賓入館，次於舍門外，待事於客。及將幣，爲前驅。至於朝，詔其位，入復。及退亦如之。凡賓客之治，令訝，訝治之。凡從者出，則使人道之。及歸，送亦如之。

治、從并去聲。

鄭康成曰：次，如今官府門外更衣處。待事於客，通其所求索。前驅，道之以如朝。入復，入告於王。亦如之，如其爲前驅。　御案：賓客之治，賓客有事於王朝。與王朝卿大夫士一切往來之禮，令掌訝，則掌訝治之，言此以包上文所未備。從者，凡介以下。人，其屬胥（從）［徒］也。使道賓客之從者營護之。

凡賓客，諸侯有卿訝，卿有大夫訝，大夫有士訝，士皆有訝。凡訝者，賓客至而往，詔相其事而掌其治令。

相，悉亮反。

又言諸侯以下皆有訝。但其位尊卑不同，則爲訝者亦不同。凡爲訝者，皆迎賓相其事，蓋賓禮以通情，故皆有訝以掌之，特禮殺於王朝耳。

掌交，掌以節與幣巡邦國之諸侯，及其萬民之所聚者，道王之德意志慮，使咸知王之好惡，辟行之。

好，呼報反，下同。惡，烏路反。辟，音避。

交，謂王與諸侯交、諸侯相交也。禮制行於天下而間有不能悉遵者，或朝廷有新制作不克周知者，則於其使聘相交時，掌交以節與幣爲信，告以王之德意志慮，使歸告諸侯，并於萬民聚會之所表示之，使咸知王之好惡，行其所好，辟其所惡。夫王之德意志慮好惡在深宫幽僻之際，而形爲政事即民生國命所關。先王特設此職，示人君必謹於微，無事不可告人，而後可以治天下，其意深切矣。不然禮樂制度均有成法，何得但趨避王之好惡？若巡行遍告，又勢所不能，不幾疑此職之贅乎？

使和諸侯之好，達萬民之説。掌邦國之通事而結其交好。以諭九税之利，九禮之親，九牧之維，九禁之難，九戎之威。

説，如字，注音悦。難，乃旦反。

諸侯宜相好，有疑貳者則和合之。萬民之説，謂言政事得失不能達於王者則達之。邦國之通，有事相通，如告糴禦患等，須彼此相通其事方成者，掌交皆代爲通之，以結其交好。九税，九職之賦。九禮，九儀之禮。九牧（之維），九州之牧相維之道。九禁，司馬九法。九戎，九伐之戎事。此五者皆有成式，掌交特以時諭者。抑或此等事邦國必達於掌交，故得悉知而戒諭和合之也，不然待巡行而然則有所不逮。

掌察

闕。

掌貨賄

闕。

朝大夫，掌都家之國治。日朝以聽國事故，以告其君長。國有政令，則令其朝大夫。

長，知丈反。

都家，王子弟及公卿大夫之采地。國治，王國之治都家當奉行者。國事故，王國事故，所作爲事，遵舊爲故，聽之以告其君長使遵行。國有政令，則其本國所當施行者，朝大夫布之。

凡都家之治於國者，必因其朝大夫，然後聽之，惟大事弗因。凡都家之治有不及者，則誅其朝大夫。在軍旅，則誅其有司。

都家之治於國者達於王，必朝大夫先聽之，而後王使有司聽之，大事則否。王氏應電曰：常事不因朝大夫則事無統理，而王國不勝其勞；大事必其君長自聽，恐朝大夫有未當，而不免於壅蔽也。不及，不如法。誅，責也。有司，都司馬、家司馬。軍旅不干朝大夫之事。

都則

闕。

都士

闕。

家士

闕。

王氏應電曰：王畿千里，公邑之外爲家邑，家邑之外爲小都、大都，封其子若弟公卿大夫，錯居而統領之，非若諸侯之世國而私其地也，故設王官以馭之。祭祀名器，禮之大經也，於是有都宗人、家宗人。軍旅，國之大事也，於是有都司馬、家司馬。法刑者，馭官之大權也，於是有都則。司刑者，民命所關也，於是有都士、家士。此數官者，皆爵於王朝而任都家之士，其治法一體於王官，其廢置一聽於冢宰，此政教所以齊一、血脈所以流通也。

總　論

秋官，刑官也。凡有血氣，莫不有争心，雖聖人禮樂法度教化整齊之，而不能無干紀之民。蓋陰陽二氣，流行於萬物之間，人物居近泉土，陰氣之浸淫尤易，故必得清陽之氣多者始易爲善而不爲惡；其次則逐物而遷，因物而動，鮮有能堅守其德者也。故此職刑禁之事，非特於民至詳，而鳥獸蟲蟄亦有其官。聖人誠深明乎造物之理，而後多方以防其害也。刑則掌戮在後，而禁則殺戮居先。先儒以爲聖人之意本欲禁以止殺，其言至當。其司儀等職亦屬於秋官者，禮失而後亂生，交離而後奸作，聖人以之示教，欲人謹於威儀、防於未亂。其意至深，而其爲法綦詳矣。

周官恒解卷六

考工記

六官有冬官，冬之爲言終也，歲序至此而終，天地生成之功已畢，陽氣内含，陰氣外沍，養其一元之氣，爲來春發生之本，而無迹象可尋，有空之意。聖人法天治民，民間農事既畢，則於此時度地居民，立城邑，治溝洫川梁，儲來歲之利，故曰以富邦國，以養萬民。秦火以後，其籍不傳。漢河間獻王得《考工記》，附於五官之末，蓋謂工亦冬時爲宜，非即以爲《冬官》也。按周時民皆授田，士農工商皆受比閭族黨之法，其德行道藝備者升於司徒司馬而爲良佐，其道德不足而工於才藝者則給事官府。《詩》言上入執宫功，在我稼既同之後，文王爲靈台，庶民子來，即其民爲之，非若後世别有工商也。且諸侯各君其國各子其民，凡有工作皆使其民，亦非如後之藝事轉徙流通於天下。此書文義古樸，自是先秦以上之書，而古人工作之制猶可得其彷彿，固宜歷代珍之。然其法多不合於今時者，蓋聖人之所以爲聖，惟此心此理與天地通，而倫常禮樂義極其粹，至於才技之長，固有不及乎中人者。智巧創述，今人每多優於古人，固不可以是爲軒輊，尤不可執古制以相苛也。《記》云考工，豈周時課工良苦之法歟？

國有六職，百工與居一焉。或坐而論道，或作而行之，或審曲面埶以飭五材、以辨民器，或通四方之珍異以資之，或飭力以長地財[1]，或治絲麻以成之。

① 財，底本作材，據阮元《十三經注疏》本改。下同。

與，音預。埶，音勢。飭，音勅。辨，皮莧反。長，知丈反，下同。

自天子以至於庶人，宫室衣服器具無一不需於工，故唐虞設共工之官，而周統於司空。大司徒以三物賓興萬民，藝居其一。禮、樂、射、御、書、數，能其事者或亦工其器，則六職而百工居一，亦有其禮，坐而論道、作而行之則該乎六德六行之選矣。審曲面埶以下百工之事，而賈氏即以此爲六職，非。六職者，六官之職。與居其一，其中工之事居多也。審曲面埶，審其曲直方面形埶。五材，金木水火土之物。民器，民生日用之器。珍異，金玉珠綉之屬有當於禮樂之器用者。四方各有所産，故通之。物有待人力而成者，則飭其盡力而長之。絲麻必治而後成。

坐而論道，謂之王公；作而行之，謂之士大夫；審曲面埶以飭五材、以辨民器，謂之百工；通四方之珍異以資之，謂之商旅；飭力以長地財，謂之農夫；治絲麻以成之，謂之婦功。

申明上文之事，非以此爲六職也。三公論道經邦，其體最尊。謂之王公者，道足左右王，猶言王之公也。春秋五等之爵，葬皆稱公，其他不必爲王公。而凡坐論之事，能起而行之，則以士大夫統之。二者無常職，不得以職目之。其百工，商、旅、農、夫、婦功則各有專工，即該百工於其中矣。

粤無鎛，燕無函，秦無廬，胡無弓車。粤之無鎛也，非無鎛也，夫人而能爲鎛也；燕之無函也，非無函也，夫人而能爲函也；秦之無廬也，非無廬也，夫人而能爲廬也；胡之無弓車也，非無弓車也，夫人而能爲弓車也。知者創物，巧者述之，守之世，謂之工。

粤、越同。鎛，音博。函，户南反。廬，魯吴反。知，音智。夫，音扶。

無鎛、函、廬四者，四國工爲是器，無能以技名也。鎛，田器。函，鎧也。廬讀爲纑，謂矛戟柄、竹欑柲。夫人而能，人人皆能作是器也。國工。粤地塗泥多草薉而山出金錫，民工鑄冶。燕近强胡，習作甲胄。秦多木，善作矜柲。匈奴習於田獵畜牧，皆知爲弓車。凡有智慧，能創物以爲民用，及巧而善述，世守其業者，皆謂之工。

百工之事，皆聖人之作也。爍金以爲刃，凝土以爲器，作車以行陸，作舟以行水，此皆聖人之所作也。

爍，始灼反。

此又言百工之原大半皆出於聖人，如刃器舟車等，其利甚溥，非聖人不能作。而其他智巧創述，推廣聖人之意者，亦可謂之工。舊説誤解。爍，鎔鑄。凝，堅製也。

天有時，地有氣，材有美，工有巧，合此四者，然後可以爲良。

時有寒温，氣有剛柔，材有美惡，工有巧拙，合四者而善成之，乃可以爲良。

材美工巧，然而不良，則不時、不得地氣也。橘踰淮而北爲枳，鸜鵒不踰濟，貉踰汶則死，此地氣然也。鄭之刀，宋之斤，魯之削，吴粤之劒，遷乎其地，而弗能爲良，地氣然也。

枳，諸氏反。鸜，其俱反。鵒，音欲。濟，子禮反。貉，户各反。汶，音問。削，思約反，又思詔反。

橘枳相類，而氣味不同，江南爲橘，江北爲枳。鸜鵒，産南方。汶、濟水在齊魯間。踰濟，自南而北。貉，狐屬，産北方。汶水入於濟。踰汶，自北而南遷乎其地。去此地而作之，不能爲良物，質與水火土之功用異也。

燕之角，荆之幹，妢胡之笴，吴粤之金、錫，此材之美者也。

幹，古干反。妢，胡云反。笴，古老反，音讀爲稾。

郝氏敬曰：角，牛角，可爲弓材。燕地寒，角堅實。鄭康成曰：荆，荆州。幹，柘也，可爲弓弩之幹。妢胡，胡子之國，在楚旁。笴，矢幹也。

天有時以生、有時以殺，草木有時以生、有時以死，石有時以泐，水有時以凝、有時以澤，此天時也。

泐，音勒。澤，音釋，又音亦。

鄭康成曰：言百工之事當審其時也。鄭氏衆曰：泐，石解散也。夏時盛暑，大熱則然。

凡攻木之工七，攻金之工六，攻皮之工五，設色之工五，刮摩之工五，摶埴之工二。

刮，古八反。摶，音團。埴，時職反。

攻，治也。設色，敷布其采色。刮摩，刮去而摩鑢也。七、六、五、二之數，因其事之輕重而約舉其概。

攻木之工：輪、輿、弓、廬、匠、車、梓。攻金之工：築、冶、鳧、㮚、段、桃。攻皮之工：函、鮑、韗、韋、裘。設色之工：畫、繢、鍾、筐、㡃。刮摩之工：玉、楖、雕、矢、磬。摶埴之工，陶、旊。

㮚，古栗字。段，下亂反。韗，音運。繢，户對反。㡃，莫黄反。楖，側筆反。旊，甫罔反。

申明上文工數，大約有此數等才技，各有專精，故别之如此。廬，戈戟柄類。築，爲削者。冶，爲鑄者。鳧，爲鐘者。㮚，爲量者。段，爲鎛者。桃，爲劍者。函，爲甲者。鮑，治皮。韗，爲鼓。韋，爲皮條者。裘，爲裘者。畫，畫於物。繪，繪於衣裳。鍾，染鳥羽。筐，設色於筐篚。㡃，染絲者。玉，玉工。楖，爲節杖者。雕，雕刻。旊，爲簋者。

有虞氏上陶，夏後氏上匠，殷人上梓，周人上輿。故一器而工聚焉者，車爲多。

舜時質，故貴陶器，棺亦以瓦爲之。禹平水土，宫室之制始興，故上匠。殷上梓，以爲禮樂之器。周上輿，以辨尊卑。各因其時敝而爲之者也。

車有六等之數。車軫四尺，謂之一等。戈柲六尺有六寸，既建而迤，崇於軫四尺，謂之二等。人長八尺，崇於戈四尺，謂之三等。殳長尋有四尺，崇於人四尺，謂之四等。車戟常，崇於殳四尺，謂之五等。酋矛常有四尺，崇於戟四尺，謂之六等。車謂之六等之數。

柲，兵媚反。有，音又，下凡言尺寸者并同。迆，以氏反。崇，古作崈。酋，右由反。

鄭康成曰：此謂兵車也。軫，輿後横木。楊氏恪曰：軫本輿後横木之名，而通輿下四面皆可謂之軫。其形則方，故曰軫方象地。輿下之軫，亦以輿後横木爲度。柲，柄也。迆，邪倚也。兵車容三人，中御，左挾弓矢。右雖主擊刺，亦時下推車持輪，不常持兵車戰，惟利弓矢。必車轂相錯，然後短兵相接，故建戈於車右以備用。其殳、戟、矛皆插車騎，建而不迆。崇，高也。人長八尺，立於車上，又高於戈四尺。殳長丈二。倍尋曰常。酋矛、夷矛皆刺兵。　御案：上文曰車有六等之數，嫌車之制有六等，故申明之。戈、人、殳、酋矛非車之數也，以其在車中，故并謂爲車之等數。

凡察車之道，必自載於地者始也，是故察車自輪始。

車必賴輪而行，故察車自輪始。

凡察車之道，欲其樸屬而微至。不樸屬，無以爲完久也；不微至，無以爲戚速也。輪已崇，則人不能登也。輪已庳，則於馬終古登阤也。故兵車之輪六尺有六寸，田車之輪六尺有三寸，乘車之輪六尺有六寸。六尺有六寸之輪，軹崇三尺有三寸也，加軫與轐焉四尺也。人長八尺，登下以爲節。

屬，章欲反。戚，音促。庳，音婢，又音卑。阤，丈爾反，又堂何反。乘，繩證反。軹，音只。轐，音卜，又音僕。

樸屬，附著堅固貌。戚速，行疾也。輪止六尺六寸，太高則人不能登，太卑則馬難引，常如登阪。終古，常也。阤，阪也。兵車革路，田車木路，乘車玉路、金路、象路，其輪之崇卑，以馬大小爲節。夾車兩旁而圜轉者曰輪。輪之外輮而行地者曰牙。牙之中直指凑轂者曰輻。輻之所凑而貫軸利轉者曰轂。轂内之大穿曰賢，小穿曰軹。軫，輿後横木。上連輿底、下鉗軸爲駕脱之用者曰轐，一四[1]伏免。兵車、乘車輪高六尺六寸，軹是軸頭，處輪之中央，故崇三尺有三寸，加軫與轐二者七寸則得四尺，人長八尺，正及人身之半，故升降以此爲節也。

輪人爲輪，斬三材，必以其時。三材既具，巧者和之。轂也者，以爲利轉也。輻也者，以爲直指也。牙也者，以爲固抱也。輪敝，三材不失職，謂之完。

牙，五嫁反，又午加反。

三材，所以爲轂、輻、牙也。斬材必以其時，乃可堅久。和，合而成之。王氏昭禹曰：轂中虛而有容，故有取於利轉。輻實輪而凑轂，故有取於直指。牙周環轂輪以

① 四，疑當作曰。

運行，故有取於固抱。輪已敝矣，而轂、輻、牙各相支持，不失其職，則材美工巧可知，故謂之完。

望而眡其輪，欲其幎爾而下迆也。進而眡之，欲其微至也。無所取之，取諸圜也。

幎，迷錫反。圜，于權反。

輪，牙也。望，遠視。進，近視也。幎，均至貌。微至，至地者少也。非有他也，圜使之然也。

望其輻，欲其掣爾而纖也。進而眡之，欲其肉稱也。無所取之，取諸易直也。

掣，音蕭，又音朔。稱，尺證反。易，以豉反。

鄭康成曰：掣纖，殺小貌。賈氏曰：凡輻皆向轂處大，向牙處小。掣纖，據向牙處小者而言。肉稱，猶匀稱。易無挫損，直無撓曲。

望其轂，欲其眼也。進而眡之，欲其幬之廉也。無所取之，取諸急也。

眼，魚懇反。幬，音蹈，又音濤，又音疇。

眼，突出貌。幔轂之革，革急則裹之廉隅見。

眡其綆，欲其蚤之正也。察其菑蚤不齵，則輪雖敝不匡。

綆，音餅，又歌冷反。蚤，音爪。菑，側吏反。齵，五構反，一音隅。

鄭氏衆曰：綆，輪箄也。匡，枉也。　御案：圜物之中隆而四周下者謂之箄。賈氏公彦曰：凡造車輪，皆向外箄，則車不掉。爪入牙中，鑿孔必正，不隨邪。凡植物於地謂之菑，輪入轂中，似植物地中，亦謂之菑。人齒參差謂之齵，此三十輻之菑入轂與蚤入牙一一相當，不相佹戾，是不齵也。如此，輪雖敝盡不匡刺。

凡斬轂之道，必矩其陰陽。陽也者稹理而堅，陰也者疏理而柔，是故以火養其陰，而齊諸其陽，則轂雖敝不藃。轂小而長則柞，大而短則摯。

稹，之忍反，一音真。藃，黑各反，又呼報反。柞，莊百反。摯，魚列反。

矩，刻識之也。欲斬轂之時，先就樹刻之，記其向日爲陽、背日爲陰之處。稹理，文理細密。以火炙其陰柔之處，使其堅與陽者等，則以之爲轂，雖敝而不藃暴。柞，窄陋。摯，危槷也。小而長則輻間柞狹，大而短則轂末淺短，不得堅牢。

是故六分其輪崇，以其一爲之牙圍。參分其牙圍而漆其二。椁其漆内而中詘之，以爲之轂長，以其長爲之圍。以其圍之阞捎其藪。五分其轂之長，去一以爲賢，去三以爲軹。

詘，邱勿反。阞，音勒。捎，音蕭。藪，素口反。去，起吕反，一作二。

輪崇六尺六寸，六分之得一尺一寸。牙有四面，皆崇一尺一寸，漆其二而留其一，不漆其踐地者。椁、郭同，周遭也。除其不漆者，於其漆者而周遭計之，得六尺四寸，再中詘之，止得三尺二寸，以此爲轂之長，即以此爲轂之圍。周於轂之外、當輻入處謂之藪。捎，除也。於三寸二分之中除其一以爲藪，留其二以受輻。凡受軸之處，内大而外小。大穿曰賢，小穿曰軹。五分其轂，而長以其二爲賢、以其三爲軹，則轂體堅而無破裂之患。

容轂必直，陳篆必正，施膠必厚，施筋必數，幬必負幹。既摩，革色青白，謂之轂之善。

篆，直轉反。數，色角反。

容，形狀也。篆，以革約轂而施采焉。數，密也。幬，覆幹者。負幹，皮負木也，即上文所云廉急也。以其形而言，木無偏屈。以其約而言，革無邪迤。以其制而言，施膠爲粘必厚，施筋爲束必密，包之以革，必皮木緊附。摩革者，以骨灰和漆，先塗之，又漆之，待漆干，用石摩之，其色青白則爲善。

參分其轂長，二在外，一在内，以置其輻。凡輻，量其鑿深以爲輻廣。輻廣而鑿淺，則是以大扤，雖有良工，莫之能固。鑿深而輻小，則是固有餘而彊不足也。故竑其幅廣以爲之弱，則雖有重任，轂不折。參分其輻之長而殺其一，則雖有深泥，亦弗之溓也。

量，音良。扤，五骨反。竑，獲耕反。殺，色界反。溓作黏，女廉反。

置輻於轂，相去内外遠近之法。參分其轂，如轂長三尺二寸者，令輻廣三寸半，則輻内九寸半，輻廣一尺九寸。凡輻鑿之淺深，必與輻之廣深相稱。鑿有淺深，以轂之圍有大小也。圍小鑿深而輻廣，則鑿之銜輻不固；圍大鑿深而輻小，則輻之支轂不强。扤，摇動。彊不足，輻弱不勝轂之所任也。竑，謂度之。弱菑之没於鑿中者，度其輻之廣狹以爲菑之大小長短，則菑與輻其力相稱，雖任重載，轂亦不毁。參分殺一者，假令輻入轂之中其外長三尺，殺其一尺以向牙，則本粗末細。以細者入於泥之中，故泥不黏滯輻也。

參分其股圍，去一以爲骹圍。揉輻必齊，平沉必均。直以指牙，牙得，則無槷而固；不得，則有槷，必足見也。六尺有六寸之輪，綆參分寸之二，謂之輪之固。

骹，不教反，又苦教反。揉，如九反，又音柔。槷，魚列反，一音涅。見，賢遍反。

人身脛近足者細於股，謂之骹，此以輻之近轂者爲股，近牙者爲骹，蓋即股與骹以喻其粗細也。參分去一者，假令輻近轂處圍六寸，其近牙處則圍四寸也。揉，以（大）［火］槁之使衆輻直。齊，如一。平沉，以水浮之必均，輕重如一也。直以指牙，蚤入牙之鑿與菑入轂之鑿必正相對也。輻之指牙者直，而又於牙之少偏向外，則入牙之枘，必内邊缺三分寸之二以爲倨句。枘之縱而長者爲居，横而短者爲句。倨句鑿枘相合無間是牙得也。槷，楔也。無槷而固，甚言其固。足見，謂下露也。綆即輻之隆起處。　御案：上文言眡其綆於蚤之正則牙孔不偏，可知牙孔不偏而輻蚤缺三分寸之二。缺邊向内，是以蚤雖正而牙已偏向外，輻股隆起而箄矣。固，安固不摇。

凡爲輪，行澤者欲杼，行山者欲侔。杼以行澤，則是刀以割塗也，是故塗不附。侔以行山，則是摶以行石也，是故輪雖敝，不甐於鑿。凡揉牙，外不廉而內不挫，旁不腫，謂之用火之善。

杼，直吕反。摶，音團。甐，音吝，一音鱗。挫，作卧反，又祖加反。

杼謂削薄其踐地者，侔謂上下相等。澤多濕，以杼行澤如以刀割泥而塗不粘也。山多石，以侔行山如以團滚石而磨不磷也。團，圓厚。甐，敝也。鑿謂輪中。輪厚，故石雖齧輪傷其旁而不能傷其中。木必揉之而後可以成牙，牙體曲。揉之，使外之踐地者不絶理，内之抱輻面者不挫折，两旁不腫起，此爲用火之善。

是故規之以眂其圜也，萬之以眂其匡也，縣之以眂其輻之直也，水之以眂其平沉之均也，量其藪以黍，以眂其同也，權之以眂其輕重之侔也，故可規、可萬、可水、可縣、可量、可權也，謂之國工。

萬，姜禹反。

輪中規則圓。萬，萬蔞，一名枸蔞，所以止車輪者。匡，邪枉也。鄭康成曰：輪輻三十，上下相直，從旁以繩縣之，中繩，則鑿正輻直矣。輪既成，兩輪俱置水中，觀其四畔入水均否。凡中空處皆可名藪，以黍量之，眂其容受同否。權，稱錘也。两輪輕重不同，則引之有礙，以權稱之使同。國工，一國之良工也。

輪人爲蓋，達常圍三寸。桯圍倍之，六寸。信其桯圍以爲部廣，部廣六寸。部長二尺，桯長倍之，四尺者二。

桯，音盈。信，音申。廣，古曠反。

蓋，車蓋。其體圓，故亦使輪人爲之。蓋柄有两節。達常，蓋柄上節。桯，蓋柄下節，麤於達常一倍，向上含達常。部，蓋斗也，四面鑿孔内蓋弓者。廣，徑也。取在下桯之圍以爲在上部之徑，故曰信。部徑六寸，則其圍尺有八寸矣。長二尺之部即達常也，以其爲部中，遂名爲部。　御案：不曰達常二尺而曰部長者，下文言蓋崇十尺，此曰部長二尺，則知達常與桯合而爲十尺，部之二尺連達常記之也。蓋之柄必分爲二節者，時張時弛以便事也。古法蓋弓無中斷線貫之節，故柄納於部鑿而不可移動，非若後世之蓋弓可開而可合也。達常長四尺，桯長倍之，四尺者二，則八尺矣。合達常與桯計得十尺，達常入桯中者尚有二尺，桯之入輿底者又當有數寸，又有鍵以固之，是以雖有疾風而莫之摇。此《記》但以其可見者言之，而不計其不可見者也。

十分寸之一謂之枚，部尊一枚，弓鑿廣四枚，鑿上二枚，鑿下二枚，鑿深二寸有半，下直二枚，鑿端一枚。

枚，一分也。蓋斗上隆高，高一分，此一分在厚一寸之上，達常所不入處。蓋如弓形，故謂之弓。廣，大也。四枚通上下左右言之，皆四分，其形正方也。鑿，弓孔也。孔廣四分，上二分，下二分。鑿深二寸半，則相對爲五寸。下直二分者，鑿空、下正而内畔，則上低二分也。鑿端一枚者，部之體圓，弓鑿非以漸而殺則不能容也。賈氏公彦曰：此言蓋斗内弓之鑿孔内外高下廣狹度之。

弓長六尺謂之庇軹，五尺謂之庇輪，四尺謂之庇軫。參分弓長而揉其一。參分其股圍，去一以爲蚤圍。參分弓長，以其一爲之尊。

庇，筆肄反。

庇，覆也。弓之短長不一，故其庇於車者廣狹不同。弓長六尺，三分其數，而揉其近部二尺使平，揉其四尺爲宇曲以吐水。弓近部平者謂之股，猶輻近轂之爲股。宇曲之末謂之蚤，猶輻入牙之爲蚤。以三分之近部者麤，近末者細。尊，高也。以其一爲之尊者，三分弓之長，除股蚤四尺，而其二尺微高也。

上欲尊而宇欲卑。上尊而宇卑，則吐水疾而霤遠。蓋已崇則難爲門也，蓋已卑是蔽目也，是故蓋崇十尺。良蓋弗冒弗紘，殷畝而弛不隊，謂之國工。

卑，如字，一音婢。霤，力又反。紘，户堪反。殷，音隱。隊，直類反。

上，近部長二尺者。宇，持處長四尺者。蓋亦蔽日，而以蔽雨爲主，上高而下卑，則去水疾而霤亦遠。霤，如屋之霤也。車出入必由門，蓋太高則門不能容。人立乘乎車，太卑則目無所見。弗冒，弗以衣覆之，上密緻而不漏也。弗紘，弗以繩繫之，柄堅而不可摇也。殷，中也。如或中畝而弛，東西南北任其所之，不至於隊，則蓋之良者，其工巧也。

輿人爲車，輪崇、車廣、衡長，參如一，謂之參稱。

稱，尺證反。

輿，車底也。上古聖人，觀轉蓬而爲輪。輪行不可載，加板以載物則爲輿。合輈、軸、輪、轂言之，統名曰車，而車輿可互稱矣。此言輿人爲車，車以輿爲主。中載物者爲輿，行地者爲輪，車前駕馬者爲衡。參如一，三者俱六尺有六寸也。

參分車廣，去一以爲隧。參分其隧，一在前，二在後，以揉其式。以其廣之半爲之式崇，以其隧之半爲之較崇。六分其廣，以一爲之軫圍。參分軫圍，去一以爲式圍。參分式圍，去一以爲較圍。參分較圍，去一以爲軹圍。參分軹圍，去一以爲轛圍。

隧，音遂。較，古學反。轛，音對。

隧，輿之深也。輿横六尺①六寸，三分其廣而去一則四尺四寸也。於隧三分之，一在前，二在後。在前者尺四寸有奇，揉之以爲式。式，車前樸木，人所憑者。在後三之二者，較也。較横於車之兩旁，下與軹之植者相貫。式在前面，低；較在後面，高。以式低較高，望之若兩重然，故亦曰重較。較在旁，亦可憑人。直立則稍向後，而一手可以憑較；俛躬則稍向前，而兩手可以憑式。以其廣之半爲式，高三尺三寸。以其隧之半爲較，高五尺五寸。軫，輿後横木。六分其廣爲一尺一寸，是軫之圍也。三分軫圍，去一以爲式圍，則七寸三分有奇。三分式圍，去一以爲較圍，四寸九分有奇。三分較圍，（去一以爲較圍）② 去一以爲軹圍，三寸六分有奇。輢在兩旁，較在

① 尺，底本作分，據前注六尺有六寸及下文四尺四寸改。
② 括號内爲底本原文，疑衍。

椅上，(斬)［軹］則植者，與衡者午貫而上承較。轛狀與軹同，但在式木之下，以對人爲名。三分軹圍，去一以爲轛圍，二寸四分有奇。

圜者中規，方者中矩，立者中縣，衡者中水，直者如生焉，繼者如附焉。凡居材，大與小無并，大倚小則摧，引之則絶。棧車欲弇，飾車欲侈。

中，知仲反。縣，音懸。居，如字，一音據。并，必政反。棧，士版反。弇，於檢反。

言治材如此乃善也。中縣，如懸繩之直。中水，如止水之平。如生，如地中生木，深固而不可摇。如附，如枝條附幹，一片而不可析。居材即治材，鄭康成曰：并，偏邪相就也。大材并於小者，小者强不堪則摧；小并於大者，小者力不堪則絶。棧車，士所乘者。弇，上狹下闊。欲弇，以無革鞔，不堅而易敗也。飾車，大夫以上所乘者。侈謂侈張。向外欲侈者，以有革鞔，雖侈而無害也。

輈人爲輈。輈有三度，軸有三理。國馬之輈深四尺有七寸，田馬之輈深四尺，駑馬[①]之輈深三尺有三寸。軸有三理：一者以爲媺也，二者以爲久也，三者以爲利也。

輈，張留反。駑，音奴。

輈，車轅也。三度，車轅淺深之數。輪心直木爲軸。三理，選材之法。國馬，種馬、戎馬、齊馬、道馬也。國馬高八尺，輈深四尺有七寸，輈頸在衡之上，衡下有軛，軛亦非直壓馬頸，必有物以承之，其間消去七寸，而衡與馬頸相屬矣。軛即《論語》所謂軏，以曲木爲之。田馬高七尺，故輈深四尺。駑馬高六尺，故輈深三尺三寸。車之高下不同，其衡頸用力同，是以不别麤細，而皆七寸也。媺，幹直理密。久，堅也。利，滑也。

軓前十尺，而策半之。凡任木：任正者，十分其輈之長，以其一爲之圍；衡任者，五分其長，以其一爲之圍。小於度，謂之無任。五分其軫間，以其一爲之軸圍。十分其輈之長，以其一爲之當兔之圍。參分其兔圍，去一以爲頸圍。五分其頸圍，去一以爲踵圍。凡揉輈，欲其孫而無弧深。

軓、軋同，音犯。孫，音遜。弧，音胡。

軓，輿前任正之横木。策，御者所執。凡任木，統下任正與任衡言之。任者，用力任重之意。車以輿爲正，故輿下前及左右三材爲任正，以其力持輿之正載處也。衡任者，上鈎於輈，下屬於馬，以引車衡之力也。輈之長也，軓前十尺，與隧四尺四寸，凡一丈四尺四寸。十分其長，則任正之圍尺四寸五分寸之二也。衡任長六尺六寸五分，其圍長一尺三寸有奇。無任，不勝任。軫間，即車廣，亦長六尺六寸，分其一亦一尺三寸有奇。輿下横軸之處名伏兔，輈當伏兔者也。十分其輈以爲圍，亦一尺四寸五分寸之二，與任正相應。頸，前持衡者。三分兔圍去其一，則九寸六分有奇。

---

① 底本無馬字，據《周禮正義》改。

踵，後承軫者。五分頸圍去其一，則七寸七分有奇。揉，以火揉之使曲，而又水之也。孫，順理也。弧，木弓也。無得如弧之深，以其太曲也。

今夫大車之轅摯，其登又難。既克其登，其覆車也必易。此無故，唯轅直且無橈也。是故大車平地既節軒摯之任，及其登阤，不伏其轅，必縊其牛。此無故，唯轅直且無橈也。故登阤者，倍任者也，猶能以登。及其下阤也，不援其邸，必緧其牛後。此無故，唯轅直且無橈也。

摯，竹二反。覆，芳服反。易，以豉反。縊，一計反。邸，丁禮反。緧，音秋。

大車，牛車也。摯，低也。言大車之轅低而難上，上難則易於覆，以其轅直而不曲也。節，準也。阤，阪也。大車利行平地，若登阪則宜制伏其轅。如牽車者，不能伏其轅則車後仰，而牛之吭膺間束絆者必若絞縊矣。倍，加倍。倍任，用力倍。緧，猶絆也。牛車下阪尤難，必手援輿底之向前者以輕其任。若不援其底，則任重勢猛，其車崩奔，必緧其牛後矣。此借牛車之轅以明兵車乘車之輈不可不曲之意，非謂牛車之轅亦當轅也。

是故輈欲頎典。輈深則折，淺則負。輈注則利準，利準則久，和則安。輈欲弧而無折，經而無絶。進則與馬謀，退則與人謀，終日弛騁，左不楗，行數千里，馬不契需，終歲御，衣衽不敝，此唯輈之和也。勸登馬力，馬力既竭，輈猶能一取焉。良輈環灂，自伏兔不至軓七寸，軓中有灂，謂之國輈。

頎，音殄。楗，音蹇。契，苦結反。需，音須，又乃亂反。灂，子肖反，一在學反。

賈氏公彦曰：此下還説四馬車之轅。鄭康成曰：頎典，堅忍貌。揉之太深傷其力，馬倚之則折；揉之淺則馬若負之。　御案：注水之管，中窮而兩端微下，輈之不淺不深似之，則馬之引之也利，而車行如準之平。久者，輈難弊也。安，車無傾也。上文言凡揉輈欲其孫而無弧深，此申明之。言其形亦近於弧，但不可太深而折。欲其孫，必循木之經而毋絶其理。馬駕車，人御馬，進退之易如與人馬謀也。楗，倦也。契，傷也。需，滯也。終日弛而人不倦，千里行而馬不勞，車行不摇動，終歲御而衣衽無傷敝。唯輈之和，是以安也。左，車左。不言車右者，右時下推車，無取乎安，且或貳乘，則無右也。登，進也。勸登馬力，善調馬力而使進。輈和則馬力雖竭猶可勉登，極言輈之美也。灂，漆也。環灂者，漆文如環。伏兔至軌一尺四寸有奇，自伏兔不至軌七寸皆漆之，軌中亦有漆膠粘堅固，謂爲國輈也。

軫之方也，以象地也。蓋之圜也，以象天也。輪輻三十，以象日月也。蓋弓二十有八，以象星也。龍旂九斿，以象大火也。鳥旟七斿，以象鶉火也。熊旗六斿，以象伐也。龜蛇四斿，以象營室也。弧旌枉矢，以象弧也。

斿，音留。

輿與軫皆方，而軫最下，故單言軫以象地。輪與蓋皆（四）［圜］，而蓋居上，故單言蓋以象天。車輪轉運，象日月之三十日而合璧。蓋無遷移，象經象之布天而無盈虧。交龍爲旂，諸侯之所建也。尾火，蒼龍之宿，九星。旂之正幅爲縿，旂則别以帛爲之，如其數綴於縿，如冕之有旒。鳥，鶉火也，朱鳥之宿，七星。鳥隼爲旟，州里之所建也。熊虎爲旗，師都之所建也。伐，白虎之宿，與參連體而六星。龜蛇爲旐，縣都之所建也。營室，元武之宿，與東壁連體而四星。　御案：車上皆建旌旗，故因説旗斿之義。上文蓋弓、輪、輻已著日月星辰，故不及三辰之常。天子之旂，以十二爲節，此言九斿、六斿、四斿，但節取以明其義，故不備舉，且天子亦得兼下，下不得兼上也。此四旗皆平時所建，至弧旌枉矢則軍事所建也。畫弧與枉矢於旌，以象天討。弧，妖星也。弧矢相須爲用，故畫弧必畫矢。

攻金之工，築氏執下齊，冶氏執上齊，鳧氏爲聲，㮚氏爲量，段氏爲鎛器，桃氏爲刃。

齊，音劑。

此下用錫多寡之法。齊，謂銅錫調和也。多錫者爲下齊，少錫者爲上齊。聲，鍾、錞于之屬。量，豆、區、釜之屬。鎛，田器之屬。刃，刀劍之屬。金、銀、銅、鐵、錫爲五金，《禹貢》惟金三品，專指揚州所貢黄白赤金。黄金爲上，白金爲中，赤金爲下。赤金，銅也。

金有六齊：六分其金而錫居一，謂之鍾鼎之齊；五分其金而錫居一，謂之斧斤之齊；四分其金而錫居一，謂之戈戟之齊；參分其金而錫居一，謂之大刃之齊；五分其金而錫居二，謂之削殺矢之齊；金錫半，謂之鑒燧之齊。

齊，謂其分數劑量也。金錫相和，各有劑量，或過不及則不當物而不適於用。鉛名黑錫，五金之母，凡制金爲器，非鉛不成，六齊之錫即此也。六分、四分等，大概謂其數若此。

築氏爲削，長尺博寸，合六而成規。欲新而無窮，敝盡而無惡。

筆，自古有之字，從竹，以竹爲之，亦有書刀以刻字，則以金爲之，皆謂之筆，即削也。博，闊也。規，圜也。合六者，謂刀勢彎曲，六刃相合，其形可成規。新而無窮，鋒利常如新也。敝盡無惡，其金良，用敝而亦無瑕惡也。

冶氏爲殺矢，刃長寸，圍寸，鋌十之，重三垸。戈廣二寸，内倍之，胡三之，援四之。已倨則不入，已句則不決，長内則折前，短内則不疾，是故倨句外博。重三鋝。戟廣寸有半寸，内三之，胡四之，援五之，倨句中矩，與刺重三鋝。

鋌，徒頂反。垸，音（九）[丸]。句，古侯反。

冶氏爲矢與戈戟，蓋矢人主笴羽而冶氏主鏃也。鏃刃長一寸，其圍亦一寸。鋌，箭鏃之入藁中者。十之則一尺也，取其深固。垸，量名，蓋以土爲之，用以稱矢之輕重者。戈，句戈，戟也。胡，孑之旁出者。戈，如戟而横安刃，但頭不向上爲鉤。内，胡以内接柄者。援，直刃也。内長四（尺）[寸]，胡六寸，援八寸。戈之利主於胡，用以鉤害人。已倨，胡頭大舒則鉤人不入。已句，胡頭太曲則鉤人不決。戈胡正當三寸之處，著於援與內之間則恰好。如胡太上，則內長而援短，折於前；太下，則內短無四寸，而援長，用之不疾。　御案：四病皆由本不廣而生。若從兩鋒相距六寸之末緣倨句之，外上下各四寸，至本横度之，令博二寸，圜其內以爲刃，如是安之，則胡本外博處正當援八寸內四寸之間，而無已倨已句之病，亦無長內短內之病矣。倨句即句股之法，但句股以長短言，倨句以曲直言耳。凡磬折不中（短）［矩］者謂之倨句，故或指直者爲倨，曲者爲句，或指在上者爲倨，在下者爲句，皆從兩端以求弦也。上倨句以曲直虛言，此倨句以上下實指，語雖異而理實相通。倨與句之背爲外，對刃之彎處爲內。倨句之中，博處爲本，對兩端之鋭處爲末。鋝，量名，以金爲之，專用以稱制器者。三鋝，一斤四两。戟，三鋒戟也，两邊皆安横刃，長六寸，中刃長七寸半，横刃下接柄處又長四寸半，并廣寸半。中矩，言正方也。刺，著柄直前如鐏者。　御案：戈戟皆爲句兵，以其有曲胡也，而其用不止於鉤人。戈有援，直刃，可摏人，其胡之曲刃可斬人。戟有刺，有援，直上皆可刺人，其胡之曲下者可鉤人。戈胡、戟胡，其形異。戈胡作倨句而外博胡背連於援，形如雞鳴，如擁頸而背廣。戟胡中矩，横貫援而曲下，形如覆矩。戈胡鉤人即所以傷人，以其鉤處有刃也。戟胡鋒直下而曲，中無刃，欲生獲其人即鉤之。此戈戟之異用也。

桃氏爲劍，臘廣二寸有半寸，两從半之。以其臘廣爲之莖圍，長倍之。中其莖，設其後。參分其臘廣，去一以爲首廣，而圍之。身長五其莖長，重九鋝，謂之上制，上士服之。身長四其莖長，重七鋝，謂之中制，中士服之。身長三其莖長，重五鋝，謂之下制，下士服之。

臘，魯頰反，一音臘。從，子容反。莖，户耕反。

劍工稱桃，以劍能辟除不祥也。臘謂两面刃。從自脊中而分两邊，直至劍末，故曰從。莖，劍之鋌入夾中者。穿其中以夾鋌，故謂之夾。臘廣二寸半，以此爲圍，則八分有奇。長倍之，則五寸也。中其莖，納莖於夾中。設其後，設飾於夾後。首廣，劍把接刃之處。三分臘廣，去一以爲圍，一寸三分有奇。圍，圜之也，蓋指两相之出臘者言之，所謂劍鐔也，一名鐶。身，劍身也。莖長五寸，五其莖之長，合莖之長爲三尺；四其莖之長，合爲二尺五寸；三其莖之長，合爲二尺：上中下制長短也。上中下，士人之身材也。劍盡人可佩，非若五兵，必能用者始執之。服，佩也。

鳧氏爲鍾，两欒謂之銑，銑閒謂之于，于上謂之鼓，鼓上謂之鉦，鉦上謂之舞，舞上謂之甬，甬上謂之衡。鍾縣謂之旋，旋蟲謂之幹。鍾帶謂之篆，篆閒謂之枚，枚謂之景。于上之攠謂之隧。

欒，本又作鸞，力端反。銑，先典反。甬，音勇。旋，如字，又信犬反。篆，直轉反。攠，音靡，密宜反，又莫賀反。隧，音遂。

鍾兼大小，大爲鏞鎛，小爲編鍾。此下總言爲鍾之法。欒、銑一物也，俱謂鍾两角。古應律之鍾狀如今之鈴，不圓，故有两角。于、鼓、鉦、舞，皆鍾體也，以上下而異名。于，鍾唇。鼓，所擊處。鉦在鼓上，鍾之正體，故名鉦。舞在鉦上，聲震動於此，故名舞。甬、衡，鍾柄也，縱立於鍾頂者。旋屬於鍾柄，以蟲爲飾，其形如環，有盤旋之義。名之曰幹，正固之義。篆介於于、鼓、鉦、舞、甬、衡之間，凡四周，故曰帶。枚，鍾乳也。鍾有两面，面皆三十六，故曰枚。景，大星也。乳似大星，故又謂之景。攠，所擊之處。隧在鼓中，窒而生光，有似夫隧，故曰隧。

十分其銑，去二以爲鉦，以其鉦爲之銑閒，去二分以爲之鼓閒。以其鼓閒爲之舞修，去二分以爲舞廣。以其鉦之長，爲之甬長。以其甬長爲之圍，參分其圍，去一以爲衡圍。参分其甬長，二在上，一在下，以設其旋。

凡鍾之制，皆下侈而上斂。銑之十分，以其角之外侈者言，去十分之二則八分也。鉦爲鍾之正體，宜較寬，故以八分爲閒，與銑之徑相應。以鉦閒爲主，去二分以爲鼓閒，去二分以爲舞閒，皆相埒。舞修，即舞也。又去二分以爲舞廣，蓋上略短也。至於甬之長，亦如鉦之長，即以其長爲之圍。衡居甬上，又小於甬，故又去一以爲之圍。旋則穿於甬之正中者，三分其甬之長，甬居二分，衡居一分。

薄厚之所震動，清濁之所由出，侈弇之所由興，有説。鍾已厚則石，已薄則播，侈則柞，弇則鬱，長甬則震。是故大鍾十分其鼓閒，以其一爲之厚。小鍾十分其鉦閒，以其一爲之厚。鍾大而短，則其聲疾而短聞。鍾小而長，則其聲舒而遠聞。爲遂，六分其厚，以其一爲之深而圜之。

説，如字，又始稅反。柞，側百反。　御案：上文言鍾之尺度已備，此更言聲音在厚薄侈弇之閒體之。厚薄所震動，乃聲之清濁所由出，而聲之清濁，又或興於形之侈弇，故必厚薄侈弇適其宜，而後清濁得其分。下文言厚薄侈弇而不及清濁，以此説謂授受有口訣也。鄭康成曰：太厚則聲不發，太薄則聲散。柞讀爲咋，聲大外也。鬱，聲不舒揚。甬長，懸之不得所，則聲掉而動搖不定。大鍾，鏞鎛。小鍾，編鍾。小者差薄，十分其鼓閒、鉦閒，大概言之。良工臨制斟酌，自當令厚薄恰中，以發其聲。短聞、遠聞，其聲或太短或太長也。遂，所擊之處。厚，鍾之厚。深，謂窒之也。

㮚氏爲量，改煎金錫則不秏。不秏然後權之，權之然後準之，準之然後量之。量之以爲鬴，深尺，内方尺而圜其外，其實一鬴；其臀一寸，其實一豆；其耳三寸，其實一升。重一鈞。其聲中黄鍾之宫。概而不稅。其銘曰：時文思索，允臻其極。嘉量既成，以觀四國。永啓厥後，茲器維則。

秏、耗同，呼報反。量之之量，音良。臀，徒門反。中，知仲反。稅，音脱，一音駾。索，所自反。觀，古玩反。

改煎，重煎。秏，减也。金錫之質不同，凡金錫必重煎之至不秏，然後各權其數而合之以鑄。準，槌擊之使平正。量，入模中。四升曰豆，四豆曰區，四區曰鬴。鬴六斗四升，鬴十則鍾。量金汁入模，以爲六斗四升之鬴。其模深一尺，其内方一尺，其外則圜之。臀，底也。覆之，其底深一寸，可容一豆。耳，在旁可舉者，其體長三寸，可容一升。鈞，三十斤。中黄鍾之宫，叩之而其聲相近耳。此蓋爲式以布之民間，使倣其制而以木爲之，欲爲升則倣鬴耳，欲爲豆則倣鬴臀，不得妄自增損，非盡以金爲之也。稅，過也。概平，概而不得過。時，是也。文，文德。允，信也。臻、極，皆至也。言是量之設，雖若文飾，而耐思索。凡事必誠信以至其極，此嘉量既以示四方使無過不及，是極也。傳之子孫，以此器爲法。

凡鑄金之狀，金與錫，黑濁之氣竭，黃白次之；黃白之氣竭，青白次之；青白之氣竭，青氣次之；然後可鑄也。

總言消湅金錫精麤之火候，兼築、冶、梟、桃、桌五氏言之。

段氏

闕。

段氏，蓋鍛煉金石者。

函人爲甲，犀甲七屬，兕甲六屬，合甲五屬。犀甲壽百年，兕甲壽二百年，合甲壽三百年。

屬，之樹反，音注。

凡甲皆削革裹肉，但取其表，合以爲甲。屬謂甲札相聯。一葉爲一札，七、六、五屬言七六五札相繼也。或專用犀，或專用兕皮爲之，則七札六札合甲則合犀與兕爲之。凡札皆以下札之端接上札之半，札札有两重，故堅也。革堅者經久。

凡爲甲，必先爲容，然後制革。權其上旅與其下旅，而重若一，以其長爲之圍。凡甲鍛不摯則不堅，已敝則橈。

鍛，丁亂反。摯，音至。

先爲容，先相人形容，恰容其身，然後制革。上旅，要以上。下旅，要以下。重若一，上下同一輕重。以其人之長爲廣狹。鍛革須得法。摯，至也。鍛之恰好則堅，太熟則傷革而橈曲不堅也。

凡察革之道，眡其鑽空，欲其窓也；眡其裏，欲其易也；眡其朕，欲其直也；櫜之，欲其約也；舉而眡之，欲其豐也；衣之，欲其無齘也。

空，音孔。窓，於阮反。朕，直忍反。櫜，音羔。衣，於既反。齘，户界反。

窓，小孔貌。欲其鍼工密緻，而線與革相比易治也。皮裏欲其堅細無破損。朕，甲縫也。縫欲正直，不可斜曲。卷而置之櫜中，欲其緊束；取而出之櫜中，却又豐展。衣之於身，無參差不平之處。齘，齒不齊也。

眡其鑽空而窓，則革堅也；眡其裏而易，則材更也；眡其朕而直，則制善也；櫜之而約，則周也；舉之而豐，則明也；衣之無齘，則變也。

更，變也。揉治之使熟爲變化之也。制，裁製。周，密緻。明，有光耀。變，變動活潑。

鮑人之事，望而眡之，欲其荼白也；進而握之，欲其柔而滑也；卷而摶之，欲其無迆也；眡其著，欲其淺也；察其線，欲其藏也。革欲其荼白而疾澣之，則堅；欲其柔滑而腥脂之，則需；引而信之，欲其直也。信之而直，則取材正也；信之而枉，則是一方緩、一方急也。若苟一方緩、一方急，則及其用之也，必自其急者先裂。若苟自急者先裂，則是以博爲帴也。卷而摶之而不迆，則厚薄序也。眡其著而淺，則革信也；察其線而藏，則雖敝不甐。

鮑作鞄，音樸。荼，音徒。摶，直轉反，一音團。著，直略反。㴾，户管反。腥，音屋。需，人兖反。信，音申。帴，音踐。甐，音吝。

鞄，柔革之工。不曰鮑人爲某而曰之事者，其所治之皮不一用也。荼，如荼之白。以手握之，必柔滑。卷而束之，欲無虧邪。著於物上，不見其厚，但見其淺，則治之熟而膜盡矣。其線不露則巧密。革必㴾之而後如荼白，然不欲久居水中，乃堅。腥脂，沾渥如脂。需，柔需也。水㴾之後，引而信之，取材正而無緩急則無先裂之患。帴，淺也。以博爲帴，謂以廣爲狹。序，停匀也。信，無縮緩也。甐讀爲磨磷之磷。縫縷藏於革中，雖敝而縷不傷也。

韗人爲皋陶，長六尺有六寸，左右端廣六寸，中尺，厚三寸，穹者三之一，上三正。鼓長八尺，鼓四尺，中圍加三之一，謂之鼖鼓。爲皋鼓，長尋有四尺，鼓四尺，倨句，磬折。

韗，音運。陶，徒刀反。穹，區邕反。三作參，七南反。鼖，扶云反。

皋陶，鼓身之木也。中廣兩頭狹乃有腹。穹，隆起貌，謂腹隆起者三分之一也。上，鼓腹穹上處。三正者，以一版分爲三截，上一截，兩端各一截，其背則平。此蓋晋鼓也。長八尺，其身四尺，鼓面也。中圍就鼓面加三分之一，蓋五尺三寸有奇。鼖鼓多用於軍旅，宜聲大，所以長八尺。皋鼓以鼓役事，加長四尺，而鼓面仍四尺，但其倨句如磬折不三直。

凡冒鼓，必以啓蟄之日。良鼓瑕如積環。鼓大而短，則其聲疾而短聞；鼓小而長，則其聲舒而遠聞。

啓蟄始聞雷聲，故以是日冒鼓。古人以啓蟄爲二月中氣，與今不同。瑕，皮紋也，鞔急則革上有圓紋，如環之積。爲鼓之法，大抵大而短則其聲疾而短聞，小而長則其聲舒而遠聞。苟大而長則疾而遠聞，小而短則舒而短聞矣。然鼓不一作，鼓之法亦不一，此但言其概，以俟後人之類推。

韋氏

闕。

裘氏

闕。

韋氏治熟皮以爲弁服之類，裘氏則製裘者，如良裘功裘之類，其篇已亡。

畫繢之事，雜五色，東方謂之青，南方謂之赤，西方謂之白，北方謂之黑，天謂之玄，地謂之黄。青與白相次也，赤與黑相次也，玄與黄相次也。青與赤謂之文，赤與白謂之章，白與黑謂之黼，黑與青謂之黻，五采備謂之繡。

畫，胡卦反。繢，胡對反。

畫繢一也，以其分布色界曰畫，以其會聚五□曰繢。畫繢不一，故統言之事。天地四方，各有一色，或取相克，或取相配，言其概耳。青白、赤黑相克，玄黄相配。木火相生而成文，火金相克而益章。黼黻，有位之服。黼畫斧形，取其能斷。白黑易汙，喻是非易淆，故畫以爲黼。黻，两已相背，取其能辨。青變爲黑甚易，故畫以爲黻。五色備則五行合，而成象焕然也。

土以黄，其象方，天時變。火以圜。山以章。水以龍。鳥獸蛇。雜四時五色之位以章之，謂之巧。凡畫繢之事，後素功。

申言雜天地五行之義。土以黄爲正色。天本無形，以時驗之而成其功用者，則五行也。火水分日月之氣以成象，其質介乎虚實之間，亦難繪出。以圜象火，以龍寓水，皆會意耳。金木則顯然有質，故不言。山亦土也，而山多草木物産，其取象尤多，故曰山以章。鳥獸蛇各有善惡，取其善者繪於衣裳、旗常，當以其事其物别之。要而言之，雜四時五色以章之在乎其工之巧，故謂之巧也。後素功，古人繪事，先施采色，後加素色以别之。所以後加素者，爲其易漬污也。

鍾氏染羽，以朱湛丹秫三月，而熾之。淳而漬之。三入爲纁，五入爲緅，七入爲緇。

湛，于潛反。秫，音述。淳，章均反。纁，許云反。緅，側留反。

染布帛者有染人，此專染羽以飾旌旗及王后之車。朱，朱草。湛，漬也。以其汁漬秫成丹，三月而烘熾使乾。乃以丹秫淳而漬羽，淳加厚意，蓋染羽較布帛爲難也。染纁者三入而成，染緅、染緇者五入七入而成，此染羽亦然。夏翟之屬無須染，其他則染之，備諸色者以辨等威也。

筐人

闕。

㡛氏湅絲，以涚水漚其絲七日，去地尺暴之。晝暴諸日，夜宿諸井，七日七夜，是謂水湅。

㡛，音芒。湅，音練。涚，書鋭反。暴，步卜反。

㡛氏湅絲，以待染人之用。涚水，灰水。漚，浸漬之也。暴諸日，以陽氣温之，宿諸井，以陰氣寒之，則瑕垢去而光輝發矣。

湅帛，以欄爲灰，渥淳其帛，實諸澤器，淫之以蜃。清其灰而盝之，而揮之；而沃之，而盝之；而塗之，而宿之。明日，沃而盝之。晝暴諸日，夜宿諸井，七日七夜，是謂①水湅。

欄，音練。渥，(鳥)［烏］豆反。盝，音鹿。

以欄木之灰數淋之，爲渥淳也。澤器，滑澤之器。蜃，蜃灰也。淫，以蜃灰浸淫之。待其澄清矣，則盝而出之，揮去其灰；又沃之以水，又盝出之；又以蜃灰塗之，

① 謂，底本作爲，據阮元《十三經注疏》本改。

經宿，明日又沃以水，又盝出之，則白矣。更暴諸日，宿諸井，以發其（其）光。盝，晞之也。

玉人之事，鎮圭尺有二寸，天子守之。命圭九寸，謂之桓圭，公守之。命圭七寸，謂之信圭，侯守之。命圭七寸，謂之躬圭，伯守之。

信，音身。

琢玉非一器，故言之事。凡圭鋭首，爲三角之形。鎮，鎮守義。命圭，天子所命於諸侯。五等諸侯皆有命圭，此不言子男，闕文也。公之承王，如宫室也，有桓楹，故曰桓。侯降於公，而爲一邦之主，猶伸也，故曰信。伯則少屈，故曰躬。尺有二寸，以備天數。九者，陽數之極。侯伯次之。《大宗伯》言執以行禮，故言執。《小行人》用以合符，故言用。此斲玉爲器，以保其國，故皆言守。

天子執冒四寸，以朝諸侯。天子用全，上公用龍，侯用瓚，伯用將。繼子男執皮帛。

龍，莫江反。瓚，才早反。

冒方四寸，蓋縱横高厚皆同，稍隆其上，而窐其下，以爲冒形，取覆冒之義。天子則用純色玉爲之。上公用龍，稍有瑕，不純潔也。瓚則半玉半石，有贊助意，故曰瓚。將又次之，奉承而將助之意。皆謂冒也。公侯伯覆冒一國，亦有此玉，但其色有差耳。繼子男執皮帛句上下必有闕文，不敢强解。

天子圭中必。四圭尺有二寸，以祀天。大圭長三尺，杼上，終葵首，天子服之。土圭尺有五寸，以致日，以土地。祼圭尺有二寸，有瓚，以祀廟。

必，府結反。戚，如字，一音畢。杼，直吕反。

必同縪。以組約中央，防失墜。蓋制圭時其中有限，以便約之。公侯以下，皆有絢組以約圭，或不盡中歟。四圭，中央爲璧形，四面各琢一圭。璧即《典瑞》所云邸也。大圭，天子所搢也。杼上，殺其上。終葵，椎也。其首六寸，以下稍殺，使上爲椎頭，而體則正方。服，搢於衣帶之間也。致日，度日景。土猶度也。土地，度地制域。祼圭，始獻酌奠之圭。瓚，如盤。天地大神至尊不祼，宗廟人道也，故有祼以祀廟。

琬圭九寸而繅，以象德。琰圭九寸，判規，以除慝，以易行。璧羡度尺，好三寸，以爲度。

琬，於阮反。繅，音早。琰，餘冉反。羡，異賤反，又習彦反。好，呼報反，又呼老反。

鄭康成曰：琬猶圜也。首圜如規。諸侯有德，王命賜之，則使者執此以致命。繅，藉也。象德，琬之言宛也，有宛然可親之意，故曰象德。琰圭首圜而稍鋭，琰其中爲兩歧，故曰判規。諸侯有慝及惡行，天子使此以除之，易之上圜而下歧，象包容之中有分别也。賈氏曰：羡之，圜之貌。好，璧孔也。璧應圜徑九寸，造時减廣一寸，以益上下之袤一寸，則上下一尺，廣八寸也。度，量物之度以爲度。以十寸之尺起度則爲丈爲引，以八寸之尺起度則爲尋爲常也。

圭璧五寸，以祀日月星辰。璧琮九寸，諸侯以享天子。穀圭七寸，天子以聘女。大璋亦如之，諸侯以聘女。

琮，才宗反，大璋。十字從陳祥道移於此。

圭銳璧圜，圭璧上銳以象天之用，下圜以象天之體也。其制五寸者，殺乎祀天之璧，又以象天地之中。方曰宗璧，琮上方而下圜也。享，獻也。諸侯以享天子，象天子謙光下臨之意。穀圭，圭上刻爲穀之形，其長七寸。聘禮納徵加於束帛之上，象養育中和之意。諸侯則用大璋也。

大璋、中璋九寸，邊璋七寸，射四寸，厚寸，黄金勺，青金外，朱中，鼻寸，衡四寸，有繅，天子以巡守，宗祝以前馬。瑑圭璋八寸，璧琮八寸，以頫聘。牙璋、中璋七寸，射二寸，厚寸，以起軍旅，以治兵守。

射，食亦反。勺，土灼反。衡，音横。

三璋皆瓚名。射，琰出向上者也。勺謂酒尊中鼻勺，爲龍頭鼻也。衡同横，謂勺柄龍頭。凡勺之流，皆爲龍口。三璋之勺，形如圭瓚，天子有事於山川，則用以灌焉。其大、中、邊之名，則因山川之大小而異者也，大璋文飾多，中、邊璋以次而殺。黄金、青金皆銅也。諸侯之臣頫聘，不得執君之命圭，别有瑑圭。瑑，象其上爲文飾。璧琮不瑑而較方。二者皆以頫聘，視其事之大小而稍有異。牙璋刻爲牙之形，取其能制人而人畏之。中璋又牙璋之小者。二璋皆以起軍旅、治兵守，亦因其事之大小而稍有異。

駔琮五寸，宗後以爲權。大琮十有二寸，射四寸，厚寸，是謂内鎮，宗後守之。駔琮七寸，鼻寸有半寸，天子以爲權。

駔，音祖。

鄭康成曰：駔讀爲組。以組繫之，因以名焉。宗，尊也。宗後，或母後，或祖母後，或王後，視其宫中現在之最尊者掌此圭，以爲權量之法。權，稱錘也。大琮亦宗後守之，如天子之有鎮圭。駔琮七寸者，則天子掌之以爲權。璧圜象天，琮方象地，莫高於天，長短之所由生，莫厚於地，輕重之所由積，故爲權。用琮以法地也。權度以頒於天下矣，而又存其制於駔琮者，慮其久而或失也。

兩圭五寸，有邸，以祀地，以旅四望。瑑琮八寸，諸侯以享夫人。案十有二寸，棗㮚十有二列，諸侯純九，大夫純五，夫人以勞諸侯。璋邸射，素功，以祀山川，以致稍餼。

勞，力報反。

邸，底也。兩圭，其足兩相對。享夫人，鄭康成曰：享於所朝聘君之夫人也。案，玉飾案也。純猶皆也。棗㮚實於器，乃加於案。夫人，諸侯夫人。以勞諸侯，蓋姻婭之諸侯，其列亦十有二也。邸射，璋邪卻之，於邪卻之處從下向上總邪卻之也。素功，無瑑飾。山川，四望之外所有山川皆是。致稍餼，賓客在館，主人使人稍之、致之。

椰人

闕。

雕人

闕。

磬氏爲磬，倨句一矩有半。其博爲一，股爲二，鼓爲三。參分其股博，去一以爲鼓博；參分其鼓博，以其一爲之厚。已上則摩其旁，已下則摩其耑。

倨，音據。句，音鉤。耑，音端。

句，上曲者。倨，下直者。倨句者，磬折之法，不整方如矩也。一矩有半，言其視如矩者稍舒也。博，廣也。磬上廣爲博，次上大處爲股，下小處當擊者爲鼓。又申言鼓博厚薄之大概。三分其磬之博，去一以爲鼓博。三分其鼓之博，以其一爲之厚。假如磬股廣四寸半，則股長九寸；鼓廣三寸，則長尺三寸半、厚一寸也。已，太也。聲太高則摩鑢其旁，太下則摩鑢其端。

矢人爲矢，鍭矢參分，茀矢參分，一在前，二在後。兵矢、田矢五分，二在前，三在後。殺矢七分，三在前，四在後。

鍭，音侯。茀作殺，音拂。

趙氏溥曰：矢人止爲矢笴，其鏃則成於冶氏。特刮摩而用之，故列矢人於刮摩之上。矢藁長三尺，藁之前設刃爲鍭，與茀矢皆三分其藁之三尺。一尺在前，以其有鐵而重也；二尺在後，以其但有羽也。後二尺之重與前一尺相等，則藁前之鐵極重，故其發遲，而近射用焉。兵矢、田矢鐵差短小。兵矢曰枉矢、絜矢，田矢曰矰矢。五分其藁之三尺，二在前、三在後，則在後尺有八寸，與前尺有二寸相等，其發遠，而火射用焉。殺矢即茀矢也，鐵又差短小。七分其藁之三尺，在後七分之四，與前七分之三相等，則其發高，而弋射用焉。劉氏彝曰：《司弓矢》所辨者八矢，而此所記止五矢，又田矢、兵矢、司弓矢無有。蓋《司弓矢》辨其名物，此則止記其爲之之法，則有名異而法同者皆該其中。

參分其長而殺其一，五分其長而羽其一，以其笴厚爲之羽深，水之以辨其陰陽，夾其陰陽以設其比，夾其比以設其羽，參分其羽以設其刃，則雖有疾風，亦弗之能憚矣。刃長寸，圍寸，鋌十之，重三垸。

殺，本又作𦋺，色界反。笴，古老反。夾，古治反。比，毗至反。憚，都達反，又徒旦反。鋌，徒頂反。垸，音丸。

藁長三尺，三分殺一者，殺前一尺，令趣鏃也。五分而羽一者，約後六寸以受羽也。笴即藁也。以藁之厚爲羽之深，量其力之所受也。比，箭括抵弦處。陰陽者，投笴於水，必半沉半浮，因刻記之，就其中央設比，則兩畔各有陰陽，而輕重均；否則或上輕下重，或上重下輕，低昂不得其準矣。三分羽之長以設其刃，蓋矢鏃出藁者二寸也。弗之能憚，不畏風之振撼也。刃長寸圍寸鋌十之，長一尺也。重三垸，殺

(天)[矢]所獨。

前弱則俛，後弱則翔，中弱則紆，中强則揚，羽豐則遲，羽殺則趮。是故夾而摇之，以眂其豐殺之節也；橈之，以眂其鴻殺之稱也。凡相笴，欲生而摶，同摶欲重，同重節欲疏，同疏欲㮚。

俛，音免。趮，音躁，子到反。橈，乃孝反。稱，尺證反。相，息亮反。摶，徒凡反。

鄭康成曰：言幹羽之病，使矢行不正。俛，低也。翔，旋也。紆，曲也。揚，飛也。豐，大也。遲，緩也。趮，旁掉也。夾而摇，夾於兩指之間以摇之，必其羽均平而無輕重。橈，搦其幹以試其笴之鴻殺相稱。相，擇。生，無瑕蠹。摶，圜也。其圜同猶貴於重，其重同猶貴於節之疏，其疏同猶欲其色如栗而堅實。　御案：笴多有用木者，此特以竹言之，舉一以見法耳。

陶人爲甗，實二鬴，厚半寸，脣寸。盆，實二鬴，厚半寸，脣寸。甑，實二鬴，厚半寸，脣寸，七穿。鬲，實五觳，厚半寸，脣寸。庾，實二觳，厚半寸，脣寸。

甗，音彦。鬲，音歷。觳，音斛。庾，羊主反。

甗如甑，有底而無孔，所以盛米也。鬴六斗四升。厚半寸，言其身。脣寸，言其口。盆以盛米。甑有底而七孔，以通火氣，用之以蒸，一曰鬵。鬲則鼎之類，所以烹飪，其足中空。斗二升曰觳。庾十六斗。

瓬人爲簋，實一觳，崇尺，厚半寸，脣寸，豆實三而成觳，崇尺。

瓬，方往反。

簋、豆皆盛黍稷。崇，高也。古人席地而坐，食用俎豆，間亦用簠簋，不特祭器也。

凡陶瓬之事，髻墾薜暴不入市。器中膞，豆中縣。膞崇四尺，方四寸。

髻讀爲䯉，音月，又音兀。墾，苦狠反。薜，音蘗。暴，音剥，一薄到反。

此總言陶瓬之事。髻同䯉，欹邪也。墾，頓傷也。薜，暴裂也。暴，墳起不堅致也。膞，轉均之式。均以圜板爲之，面平而底隆，置器之坏於(土)[上]，轉而旋之，則圜正，而厚薄高下適均。又恐目力不準，立膞於均之前以擬度之也。豆有直均懸，與懸繩相應直也。膞崇四尺，方四寸，既可以擬圜，又可以擬方也。

梓人爲筍虡。天下之大獸五：脂者，膏者，臝者，羽者，鱗者。宗廟之事，脂者、膏者以爲牲，臝者、羽者、鱗者以爲筍虡。

筍，息允反，本又作笱。虡，音巨。臝，力果反。

鄭康成曰：樂器所懸横曰筍，直曰虡。脂，牛羊屬。膏，豕屬。臝者，虎豹貔狸淺毛之屬。羽，鳥屬。鱗，龍蛇之屬。爲牲，致美味也。爲筍虡，貴野聲也，謂刻其形爲筍虡之飾。

外骨、内骨，卻行、仄行、連行、紆行，以脰鳴者，以注鳴者，以旁鳴者，以翼鳴者，以股鳴者。以胸鳴者謂之小蟲之屬，以爲雕琢。

卻，羌略反。仄，音側。紆，乙俱反。脰，音豆。

鄭康成曰：外骨，龜屬。内骨，鱉屬。卻行，螾衍之屬，能兩頭行。仄行，蟹屬。連行，魚屬。紆行，蛇屬。脰鳴，鼃黽屬。注鳴，精列屬。旁鳴，蜩蜺屬。翼鳴，發皇屬。股鳴，蚣蝑動股屬。胸鳴，榮原屬，即脚蛇也。此皆刻以飾祭器，示庶物致享之意。

厚脣弇口，出目短耳，大胸燿後，大體短脰，若是者謂之羸屬，恒有力而不能走，其聲大而宏。有力而不能走，則於任重宜；大聲而宏，則於鍾宜。若是者以爲鍾虡，是故擊其所縣，而由其虡鳴。

弇，於檢反。燿，讀爲哨，所教反。

弇，小斂貌。出目，目突而出。燿，頎而小也。凡猛獸有力者，皆前麤後細，故云大胸燿後。由其虡鳴，若其聲出於所刻羸屬之口也。

鋭喙決吻，數目顧脰，小體騫腹，若是者謂之羽屬，恒無力而輕，其聲清陽而遠聞。無力而輕，則於任輕宜；其聲清陽[1]而遠聞，於磬宜。若是者以爲磬虡，故擊其所縣，而由其虡鳴。

數，音促，又粗角反。顧，古賢反。

決吻，口睠也。顧，長脰貌。騫，高舉。意凡羽物胸腹多向上。磬小物，故以此爲虡。

小首而長，摶身而鴻，若是者謂之鱗屬，以爲筍。

摶，徒丸反。

摶，圜也。鴻，大也。賈氏公彦曰：上論鍾磬之虡用鳥獸不同，此論二者之筍同用龍蛇鱗物。

凡攫閷援簭之類，必深其爪，出其目，作其鱗之而。深其爪，出其目，作其鱗之而，則於眡必撥爾而怒。苟撥爾而怒，則於任重宜。且其匪色，必似鳴矣。

攫，俱博反。閷、殺同，又色界反。簭，音筮。撥，必末反。

此言刻獸之形。攫閷，如欲攫而殺之。援簭，如欲攬而噬之。深其爪出其目又作其鱗之而，之而，動頰頷也。此皆可畏之貌。撥，拔起貌。怒，謂張其髻鬣。匪色，不正之色。易氏祓曰：曲肖其形神，則無聲者亦疑於有聲。

爪不深，目不出，鱗之而不作，則必穨爾如委矣。苟穨爾如委，則加任焉，則必如將廢措，其匪色必似不鳴矣。

穨，徒回反。措，七故反。

又反言以著其義。穨爾如委，穨廢不振。廢措，如棄置。

---

① 陽，底本作揚，據《周禮正義》改。

梓人爲飲器，勺一升，爵一升，觚三升。獻以爵而酬以觚，一獻而三酬，則一豆矣。食一豆肉，飲一豆酒，中人之食也。凡試梓，飲器鄉衡而實不盡，梓師罪之。

勺，上灼反。觚，當作觶。豆，當作斗。食一豆，如字。

勺，所以斢酒也。觚當二升、觶三升，一獻而三酬則滿一斗。食一豆肉三句，言中人之食大概如斯，故制器以此爲率也。衡，平也。凡試梓人，飲器平爵鄉口而所實之酒不盡則太深矣，則梓師罪之。凡工皆有工師。

梓人爲侯，廣與崇方。參分其廣，而鵠居一焉。上兩个，與其身二，下兩个半之。上綱與下綱出舌尋，縜寸焉。

鵠，古毒反。个，讀爲幹，一如字。縜，于貧反。　御案：梓人，攻木者也。當主爲侯植，而詳言鵠及身與个者，必明其廣崇之度，而後植乃相應也。其縫布、棲皮、畫正等事，自有他工爲之。崇，高也。方，猶等也。天子射禮，以九爲節，高廣等則侯中當丈八尺也。鵠，所射也，以皮爲之，各如其侯。居侯中三分之一，則鵠方六尺。上个、下个，皆舌也。謂之舌者，取其出而左右也。身，躬也。侯制上廣下狹。九節之侯，身三丈六尺。上个七丈二尺，下个五丈四尺，身居中當三丈六尺。上个與其身三者，身居一分，上兩个倍之也，下兩个又半上个。綱，連侯繩也。舌，維持侯者。縜，籠綱者。綱所以持侯而繫於植，故綱出舌一尋。縜所以持綱而繫於侯，即圈子也，故寸焉。

張皮侯而棲鵠，則春以功；張五采之侯，則遠國屬；張獸侯，則王以息燕。

皮侯，以皮飾之。鵠，鳿鵠。小鳥難中，故以中之爲雋。天子三侯，用虎熊豹皮飾侯之側。將祭，大射，以選士。春官於此論功，故曰春以功也。五采之侯，以五采畫正之侯也。其侯之飾又以五采畫雲氣，以文爲主，明用文德而不用武之意。遠國屬者，諸侯朝會，王張此侯與之射，所謂賓射也。獸侯，畫獸之侯。天子熊侯，白質。諸侯麋侯，赤質。大夫布侯，畫虎豹。士布侯，畫鹿豕。息燕，君臣休息而燕。

祭侯之禮，以酒脯醢。其辭曰：惟若寧侯，毋或若女不寧侯不屬於王所，故抗而射女。强飲强食，詒女曾孫諸侯百福。

女，音汝。强，技養反。　御案：凡射必獻獲者，以其執事有功，當受獻也。獲者以侯爲功，故即以祭侯。祭侯於梓人之職無與記者，因三侯之用而牽連言之，抑或梓人亦得與獻而及之歟。其辭非仁人之言，後人因射侯之侯與諸侯之侯字同，而傅會爲之，曾是聖人制禮而有是哉？愚按：侯必棲鵠，其辭蓋指鵠而言。鵠善飛難制，如跳梁之徒，故言惟汝常安寧於侯所，毋或如女不寧侯。女不寧侯，不屬於王所，故抗而射女，是以女必寧侯。强飲强食，遺諸女曾孫諸侯，亦受爾之百福也。

廬人爲廬器，戈柲六尺有六寸，殳長尋有四尺，車戟常，酋矛常有四尺，夷矛三尋。

廬，魯吴反。柲，音祕。

盧器，謂五兵之柄。柲即柄也。八尺曰尋，倍尋曰常。酋短夷長。

凡兵無過三其身，過三其身弗能用也。而無已，又以害人。故攻國之兵欲短，守國之兵欲長。攻國之人衆，行地遠，食飲饑，且涉山林之阻，是故兵欲短。守國之人寡，食飲飽，行地不遠，且不涉山林之阻，是故兵欲長。

人身八尺，與尋齊。三尋則極長，而力亦竭矣。過此不徒無益，而反以害其身。人，即用兵器者。攻國之兵，遠攻人者。守國之兵，居守者。短兵，弓矢刀屬。長兵，殳矛屬。

凡兵，句兵欲無彈，刺兵欲無蜎，是故句兵椑，刺兵摶。毄兵同强，舉圍欲細，細則校；刺兵同强，舉圍欲重，重欲傅人，傅人則密，是故侵之。

句，音鉤。彈，徒旦反。蜎，於全反。椑，薄兮反。摶，徒丸反。毄，紀益反。校，紀巧反。傅，音附。

句兵，戈戟屬。彈，掉也。句兵掉則握之不固。椑，握處圜而微狹。刺兵，矛屬。蜎，轉動。摶，圜也。握處圜則力强。毄、擊同，殳屬。同强，上下相等。舉，手所握處。校，疾也，謂句人或傷人疾也。刺兵上下亦相等，而舉處圍欲重，重則著人而正。密，正也。侵，削也。削其舉處，令合度。

凡爲殳，五分其長，以其一爲之被而圍之。參分其圍，去一以爲晋圍；五分其晋圍，去一以爲首圍。

殳長丈二尺，五分取一則得二尺四寸，爲把處，而圜之。被，把中。圍之，圜之也。晋，同搢，矛戟下銅鐏可以插地者。被之長二尺四寸，晋在下，如被之圍而三分去一；首在上，如晋之圍而五分去一。

凡爲酋矛，參分其長，二在前，一在後，而圍之。五分其圍，去一以爲晋圍；參分其晋圍，去一以爲刺圍。

御案：殳之舉圍短而矛之舉圍長者，殳，毄兵也，執其下端方便於毄；矛，刺兵也，其長二丈，非僅舉其端遂可以刺，故必近前三之一而後可以伸縮進退焉。刺矛，刃胸也。凡柄身短者必稍粗，長者必稍細。殳去三分之一以爲晋圍者，其柄圍較粗也。矛去五分之一以爲晋圍者，其柄圍較細也，更細則過弱而不可用。

凡試廬事，置而摇之，以眡其蜎也；灸諸墻，以眡其橈之均也；横而摇之，以眡其勁也。六建既備，車不反覆，謂之國工。

灸，音救，與炙字異。

置而摇之，竪之於地上，以手摇之，以視其轉動上下周圍如一否。然止得其中半以上，而未得其中半以下，故又柱之两墻之間摇之，視其下半之强弱均否。灸，以火灸疾。灸者，必竪艾於疾上，故以樹諸墻爲灸。又横置諸膝上摇之，以視其勁否。六建，五兵與人也。車不反覆，樹兵車上，弛騁動摇而其柄堅挺。

匠人建國，水地以縣，置槷以縣，眡以景。爲規，識日出之景與日入之景。(晝)［晝］參諸日中之景，夜考之極星，以正朝夕。

縣，音懸。槷，魚列反。景，倚丙反。識，音志。

建國，建王都及邦國也。既得形勝之地矣，乃以水平地之法，隨所在而各取其平。縣，縣繩以正柱也。蓋柱非縣不正，地非水不平。高下既定，方位未審，又置槷以測之。槷猶臬，即表也。以縣者懸繩以正其臬，臬正則景正，而東西南北之方位乃定。爲規者畫地以成圜，而中置臬也。識者視臬景之交規處以識其端，而日出入之景、東西以正矣。又取兩交相距，中屈之以指臬，則臬爲正南，屈處爲正北。然猶恐規之未正也，又（晝）［畫］參諸日中之景，夜考之極星。蓋日中、昏中乃天度之正，以此時考之，而陰陽所會、風雨所和得失均可以知。云正朝夕者，即一日以該陰陽也。

匠人營國，方九里，旁三門。國中九經九緯，經涂九軌。左祖右社，面朝後市，市朝一夫。

涂，音塗。

營，經營之。方九里，以經言，周三十六里也。旁三門，一方三門，周十二門也。經緯謂縱横，九軌謂轍迹，言經緯可容九車也。王宫在中，左祖右社，面朝後市，朝會官吏，市聚商賈。其地廣百畝，一夫所受之地也。

夏後氏世室，堂修二七，廣四修一，五室，三四步，四三尺，九階，四旁兩夾窗，白盛，門堂三之二，室三之一。

此將言明堂，而先言夏殷之制。明堂，夏謂之世室。修以縱言，廣以横言。夏度以步，二七十四步。其廣益以四分修之一，則堂廣十七步半。堂上爲五室，以象五行。三四步，十二步。四三尺，十二尺。不言修廣，蓋方室也。九階者，南面三，東西北各二也。室有四户，四户之旁皆有兩夾窗，則五室二十户、四十窗。白盛，以蜃灰堊墻以成。室門，堂門側之堂，一謂之塾室，即門堂之室。其修廣，門較正堂得其三分之二，室居其三分之一。

殷人重屋，堂修七尋，堂崇三尺，四阿，重屋。

重，直龍反。

重，深遠意。重屋，王室正堂，若大寢也，其修七尋，五丈六尺。崇三尺，謂階也。四阿，四注屋。重屋，重檐也。

周人明堂，度九尺之筵，東西九筵，南北七筵，堂崇一筵，五室，凡室二筵。

度，待洛反，一植路反。

明堂，明政教之堂，取向明而治之義。夏度以步，殷度以尋，周度以筵。筵長九尺，九筵八丈一尺也，七筵六丈三尺。五室在明堂之後，每室二筵，則一丈八尺也。按：明堂之説不一，因禮經廢闕，其詳不可得聞也。然以《月令》及此《記》考之，則中央爲正室，其四面則青陽總章等名是也。五方爲正堂，即各有正室，故此《記》言五室，爲天子燕息之所。其左个右个云云者，每方又各有左右个，以順月令而居之。此明堂天子居之以出政教，并非天子之常居。國南門外亦有明堂，祭祀文王於明堂之所，巡狩亦有明堂，皆仿此明堂之制爲之。漢武帝時，濟南人公玉帶上明堂圖，前人以其不經而置之。然漢時去古未遠，蓋亦有所傳授，第六經無明文，故諸儒不從也。朱子謂明堂當有九室，其義恐非。其祀五帝於明堂，亦南門外之明堂，非王者發政教之明堂。何也？帝出乎震，齊乎巽，相見乎離，天地功化，至南而極盛。五帝雖各有其方，而總祀之於明堂，以明相見之義，五帝仍統於一帝也。其他紛紛曲説，胥可無庸。

室中度以几，堂上度以筵，宫中度以尋，野度以步，涂度以軌。

此下皆言周制。五尺曰几，六尺曰步，七尺曰軌。易氏祓曰：隱几而坐者宜於室，故室中度以几。肆筵爲禮者祖於堂，故堂上度以筵。人之張臂爲八尺，八尺之尋宜於宫中，故宫中度以尋。人之舉足爲六尺，六尺之步宜於野，故野度以步。涂有三道，車從中央，而車軌廣八尺，故涂度以軌。

廟門容大扃七个，闈門容小扃參个，路門不容乘車之五个，應門二徹參个。内有九室，九嬪居之。外有九室，九卿朝焉。九分其國，以爲九分，九卿治之。

扃，古熒反。

廟門，大廟之門。闈門，旁出之門。大扃，牛鼎之扃，每扃爲一个，長三尺，七个二丈一尺。小扃，鼏鼎之扃，長二尺，三个六尺也。路門，大寢之門。乘車廣六尺六寸，五个三丈三尺。不容者，言有其半也。應門，朝門。徹，通也。二徹，二門，爲複道以相通。參个，其上如个字之形也。不容乘車之五个言其廣狹之度，二徹參个言其形，二个字不同。應門外有臯庫雉三門，其度如一可知。鄭康成曰：内，路寢之裏。外，路門之表也。九室，如今朝堂諸曹治事處。九分其國，分國之職也。愚按：此二句申明外所以有九室之故。

王宫門阿之制五雉，宫隅之制七雉，城隅之制九雉。經涂九軌，環涂七軌，野涂五軌。

御案：門阿，門隅之樓也。以其高於門，故謂之阿。宫隅、城隅，皆謂阿也，彼此互文言之。設此者，所以壯觀瞻，故遠則彌高。此阿與殷人四阿重之之阿異。雉飛不過一丈，五、七、九雉言其高也。經涂，城中之道。環涂，環城之道。

門阿之制以爲都城之制。宫隅之制以爲諸侯之城制。環涂以爲諸侯經涂，野涂以爲都經涂。

都，王子弟所封，近王，故其城卑而屈。諸侯，畿外諸侯，必崇高始可以示威。凡涂皆男子由右，女子由左，車從中央，故必營之有制。

匠人爲溝洫，耜廣五寸，二耜爲耦。一耦之伐，廣尺，深尺，謂之甽。田首倍之，廣二尺，深二尺，謂之遂。

洫，虚滴反。甽、畎同，舉遠反。　御案：溝洫，水工也，屬之匠人者，匠人曉水平之法，絜量地勢高下不爽，蓄泄皆宜，不致有誤，抑更有水椿木版設爲水準之處，須用矩度繩尺焉。田間水道，遂、溝、洫、澮、川有五，舉溝洫以該之。耜，耒頭金也，其廣五寸。两人各執一耜，同壟道而耕爲耦。伐，發也。一耦所發之土，廣尺、深尺謂之畎。蓋古無牛耕，两人各執一耜，伐土而成畎，乃可種物。畎，伐土成道如小渠也。田首謂水入田處，廣深當二尺，乃以便行水。

九夫爲井，井間廣四尺，深四尺，謂之溝。方十里爲成，成間廣八尺，深八尺，謂之洫。方百里爲同，同間廣二尋，深二仞，謂之澮。專達於川，各載其名。

井田之法，一井爲田九百畝，其一爲公田，八家共耕之，實九夫之地也，故曰九夫爲井。遂、溝、洫、澮、川，皆田間水道。遂入溝，溝入洫，洫入澮，澮入川。此與《遂人職》參互言之，其實一也。夫間有遂，井間有溝，以其在外者言之。成間有洫，同間有澮，以其在内者言之。成間有洫，非一成之地包以一洫而已，謂其間有洫也。同間有澮，非一同之地包以一澮而已，謂其間有澮也。曰各載其名，則知達川者非止一澮，推之溝洫皆然。匠人特司工役，其法則受成於遂人也。

凡天下之地埶，两山之間必有川焉，大川之上必有涂焉。

申言天地有自然之山川如此，故匠人爲溝洫等法，必通水道以達於川而周流於天下。

凡溝逆地阞，謂之不行。水屬不理孫，謂之不行。梢溝三十里而廣倍。

阞，音勒。屬，如字。孫，音遜。

地阞，地之脈理。水道必順地勢，而爲之逆則不行。水屬，謂凡水之屬。水性亦各不同，近人謂之水經。不理孫，不順其水經也，必有横决之患。梢溝，下流之溝也。衆溝所匯，必三十里而其勢乃舒廣，亦倍於常溝。此節所言之溝，該澮川於其中，非但言溝洫之溝。

凡行奠水，磬折以參伍。欲爲淵，則句於矩。凡溝必因水埶，防必因地埶。善溝者水漱之，善防者水淫之。凡爲防，廣與崇方，其閷參分去一。大防外閷。

漱，色救反。閷，色界反。

奠，定也，奠水謂停水。行停水當如磬折，直行三，折行五，多爲曲折以緩其勢。然此謂清水也，若濁水則易淤而决，故黄河以曲處爲險工。句於矩，當句曲於矩，使水勢倒向上句曲尺則爲迴逶而深爲淵。漱之，隄岸堅固，水漱齧而不潰。淫之，水能蓄而能放。崇，高也。方，等也，高若干廣亦若干也。其或稍閷，則三分去其一分，蓋大閷則不足以防水也。大防外閷者，内隄必厚，外隄稍閷，非如舊説也。

凡溝防，必一日先深之以爲式。里爲式，然後可以傅衆力。

一日先深之以爲式者，先彈一日之力掘一處，以審水勢之去來高下廣狹，詳擬度之，以此爲式，然後如式掘之。里爲式者，水行遠近不一，則地勢亦不一，大約一里之間，其勢即殊，又審度之，以一里爲式，其餘高下廣狹，可以類推而損益之。傅衆力，地勢有險夷，人力有難易，既有此式，然後可以分役衆力。傅，附着之義。

凡任，索約大汲其版，謂之無任。葺屋參分，瓦屋四分。囷、窌、倉城，逆墻六分。堂涂十有二分。竇其崇三尺。墻厚三尺，崇三之。

索，繩也。以繩約物謂之索約。汲，引也。無任，不勝任。凡土功，必用版，以繩約之。然必版體堅厚爲本，若恃繩約多以引版，則不足勝任。爲防宜厚，至葺草屋築堵則三分其防之厚可也，若瓦屋築堵則四分其防之厚、蓋草屋上輕、瓦屋上重故也。囷，圜倉。窌，地窖。倉城，倉外繚垣。逆，度也。度其囷窌之大小，倍六分以爲崇，乃可固守之。堂涂，堂前之道也。堂高十尺，則以其二分爲道。竇，宫中水道。崇，深也。深三尺，水乃易行。墻厚三尺，則其崇九尺，乃可蔽宫。

車人之事，半矩謂之宣，一宣有半謂之欘，一欘有半謂之柯，一柯有半謂之磬折。

有，音又。欘，張玉反。

車人造車，其事非一，故云之事，如畫繢之事。　御案：既有輿人，復設車人，又不以類相從，何也？兵車、田車，國事所用，自五路至棧車，有爵者所乘，故輪人、輿人、輈人作之。大車、羊車、柏車，則任載所用及庶人之役車，故車人作之，而《輿人記》所載式、軹、轛之度無一及焉，蓋古者非有爵不得乘兩馬之車。車人三車之輿皆狹而長，專主任載故也。(短)［矩］長二尺六寸三分寸之二，半矩當爲一尺三寸三分寸之一。下文取宣爲尺度，故先定宣之長短。欘，斲斤柄。一宣有半蓋二尺，柯長三尺。磬折者，人繫帶在四尺之上下，有四尺五寸，人磬折之節在此，一柯加半正合人磬折之節也。

車人爲耒，庛長尺有一寸，中直者三尺有三寸，上句者二尺有二寸。自其庛，緣其外，以至於首，以弦其内，六尺有六寸，與步相中也。堅地欲直庛，柔地欲句庛。直庛則利推，句庛則利發。倨句磬折，謂之中地。

庛，音刺，七賜反，又似斯反。句，音鉤。中，張仲反。推，湯雷反。中地之中，如字。

耒，耕器。《易》曰：揉木爲耒。蓋古人耒耜均用木，後始易之以金。庛，耒下前面接耜處。中直者，耒之身句者，人手所執之處也。自庛至首，緣謂循而上之，弦謂直而度之，自其内望而直量之則六尺，其六寸於弧曲處消之。與步相中者，人步六尺也。堅地剛而難入，故直庛以利推。柔地著而難起，故句庛以利發。　御案：直庛句庛，所争無多，不過比句者稍直、直者稍句耳。倨句磬折，謂直庛句庛并中六尺之度。蓋上句與下庛兩曲相爲乘除消長，而要以内弦六尺爲準。謂之中地，則堅地柔地悉中矣。中者，恰適便用之謂，非以堅柔之間爲中也。

車人爲車，柯長三尺，博三寸，厚一寸有半，五分其長，以其一爲之首。轂長半柯，其圍一柯有半。輻長一柯有半，其博三寸，厚三之一。渠三柯

者三。

御案：駕馬之車，以辨等威，而尚飾，其功密，其事繁，故輪人、輿人、輈人并作而聯事。牛車惟主任載，其功麤，其事略，直車人作之而已。柯，柄也。首，斧也。凡造作皆用斧，因以量物，故先論斧柄長短及刃之大小。斧刃謂之鋻。斧柄長三尺，五分其長，以其一爲首，蓋六寸也。半柯，尺五寸。一柯有半，四尺五寸。博三寸，厚三之一，則一寸也。渠，車輮，所謂牙也。三柯者三，渠二丈七尺，其徑九尺也。

行澤者欲短轂，行山者欲長轂。短轂則利，長轂則安。行澤者反輮，行山者仄輮。反輮則易，仄輮則完。六分其輪崇，以其一爲之牙圍。

輮，人九反。易，以豉反。　御案：此制轂長短之通例。澤泥，恐其太安，故欲利。山險，恐其太動，故欲安。輮謂輪也。反輮，反其木裏，使耎者在外，與土泥相宜。仄者，仄木之表裏，使堅刃相依，與沙石相合。輪首九尺，六分取一以爲牙圍，一尺五寸也。

柏車轂長一柯，其圍二柯，其輻一柯，其渠二柯者三，五分其輪崇，以其一爲之牙圍。大車崇三柯，綆寸，牝服二柯有參分柯之二。羊車二柯有參分柯之一。柏車二柯。

綆，彼郢反，又歌冷反。

柏車，山車。一柯三尺，二柯六尺。輻三尺，兩輻相對，亦六尺。渠圍二柯者三，爲丈有八尺。輪高六尺，五分取一則牙圍一尺二寸也。大車，平地任載之車，崇三柯，其轂長半柯。　御案：綆之制詳見《輪人》，此亦與之同，但此輪大於彼輪，則此綆寬於彼綆耳。牝服即較，較即車箱。但兵車、乘車較之前爲式，式低較高，故曰重較。此則有較無式，前後平，故亦曰平鬲也。二柯長六尺，又三分柯之二則長八尺也。羊車，善車，謂其制較小，便捷而安利耳，非以羊駕之也。二柯六尺，又三分柯之一則七尺。柏車六尺。此皆言車箱長短之制也。

凡爲轅，三其輪崇，參分其長，二在前，一在後，以鑿其鉤，徹廣六尺，鬲長六尺。

徹、轍同。廣六尺之六當作八。鬲音軛，於革反。

賈氏公彦曰：云凡爲轅，則柏車、羊車皆在其中。輪崇雖不同，其轅當各自三其輪崇。鉤，鉤心之木，就中鑿之，以鉤車箱者也。徹謂牛軌，一牛所駕，故八尺。鬲，轅端壓牛領者，其長止六尺。

弓人爲弓，取六材必以其時。六材既聚，巧者和之。幹也者，以爲遠也。角也者，以爲疾也。筋也者，以爲深也。膠也者，以爲和也。絲也者，以爲固也。漆也者，以爲受霜露也。

鄭康成曰：取幹以冬，取角以秋，絲漆以夏，筋膠亦以時。聚，猶具也。和，調適而用之。王氏昭禹曰：弓力在幹，故以爲遠。弓所以疾發者，其勢在角。角幹資筋以爲堅刃，以射則中深，故筋以爲深。二者得膠，然後相合，故以爲和。結而固之在絲，故以爲固。漆而飾之在漆，故以爲受霜露。

凡取幹之道七：柘爲上，檍次之，檿桑次之，橘次之，木瓜次之，荆次之，竹爲下。凡相幹，欲赤黑而陽聲。赤黑則鄉心，陽聲則遠根。凡析幹，射遠者用埶，射深者用直。居幹之道，菑栗不迆，則弓不發。

檍，於力反。檿，於簞反。相，息亮反。鄉，許亮反。遠，於願反。埶、勢同。菑，側其反，又側冀反。栗讀如裂。

幹以堅緻爲上，惟竹材脆而本末不均，故爲下。赤黑者，其堅入心。陽聲者，其質厚而根盤結者遠。用勢，用其木之本性而審其力之勢能遠幾何，因其勢而用之。用直則直取其堅勁深入而已。居幹，析干也。菑，謂其損傷。栗，中有結核。迆，順理而直堅也。析其幹而有菑栗，文理不順，以之爲弓則不能發遠。

凡相角，秋閷者厚，春閷者薄。稺①牛之角直而澤，老牛之角紾而昔。疢疾險中，瘠牛之角無澤。角欲青白而豐末。夫角之本，蹙於剫而休於氣，是故柔。柔故欲其埶也。白也者，埶之徵也。夫角之中，恒當弓之畏。畏也者必橈，橈故欲其堅也。青也者，堅之徵也。夫角之末，遠於剫而不休於氣，是故脆。脆故欲其柔也。豐末也者，柔之徵也。角長二尺有五寸，三色不失理，謂之牛戴牛。

閷、殺、戚同，色界反。紾，弟演反，一章忍反。昔，雌郝反。瘠，在亦反。夫，音扶。蹙，子六反，又音促。剫作腦，乃老反。畏，烏回反。橈，尼敎反，又女效反。脆，七歲反。

秋氣斂而角堅實，春氣舒而角疎薄。稺牛氣血方長，故直而澤。老牛年久，故紾而昔。紾而昔，文理麤交錯不潤澤也。疢疾，久病。險，傷也。中，角裏。瘠牛非病，但瘦耳。以上四者之牛，均非美材，惟不老不稺不疾不瘠不瘦壯盛之牛，青白而豐末乃可。下文申言之。角之本迫近於剫，而其美在氣。蹙，近也。休，息也。氣息於此是故柔，柔故欲其形埶之曲。何以知其本之美？以色白驗之也。畏，威也，弓之得力處。用角爲弓，恒當其中，中必橈，橈之而堅，乃良材也。以色驗其中之良。角之末遠於剫，而氣恐不貫，是故脆。脆者，氣不盛也。豐末者，柔而不脆。三色，本白、中青、末豐也。不失理，謂中度。牛戴牛，一角直一牛也。

凡相膠，欲朱色而昔。昔也者，深瑕而澤，紾而摶廉。鹿膠青白，馬膠赤白，牛膠火赤，鼠膠黑，魚膠餌，犀膠黄。凡昵之類不能方。

昔，雌郝反。摶，徒丸反。昵，女乙反，又音職。

朱，純赤也。昔，紋交錯也。深瑕而澤，紋深而潤澤。紾而摶廉，縝密而圜利。餌，色如餌。鹿膠用其角，魚膠用其膘，馬牛犀鼠用其皮。昵，黏也。凡物之黏者，

① 稺，底本作穉，據《周禮正義》改。

皆不能比，乃爲美膠。

凡相筋，欲小簡而長，大結而澤。小簡而長，大結而澤，則其爲獸必剽，以爲弓，則豈異於其獸？筋欲敝之敝，

剽，匹妙反。

簡，筋條也。筋之小者，貴乎條直而長大者，貴乎縝密而潤。獸之剽疾者如此，以之爲弓亦然。治筋當極熟。敝，熟也。

漆欲測，絲欲沉。

測，極清如可測度也。絲欲沉，乾燥時其色還如在水湅之色。

得此六材之全，然後可以爲良。

全，無瑕病。良，善也。　御案：以上言選材之美，以下言爲之之時與其方。

凡爲弓，冬析幹而春液角，夏治筋，秋合三材，寒奠體，冰析灂。冬析幹則易，春液角則合，夏治筋則不煩，秋合三材則合，寒奠體則張不流，冰析灂則審環，春被弦則一年之事。

液，音亦。灂，子召反。易，以豉反。液角則合之。合，音洽。

幹欲堅而正，故析於冬。角欲和而温，故液於春。液，漬之也。筋欲散而解，故治於夏。是三材者，三時各治其一，至秋乃以膠漆絲合之。奠，定也。寒奠體者，寒乃膠堅凝之候，納之檠中，往來之體乃定。冰析灂者，冰乃漆乾之時，試之磨治，漆之凝結愈固也。易謂滑致，洽謂浹洽。煩，亂也。合，堅密也。張不流，張弓時不流散。審環，審其漆紋如環不結。自春至冬又至春乃被弦而用之，是其工事周一年也。

析幹必倫，析角無邪，斲目必荼。斲目不荼則及其大脩也，筋代之受病。夫目也者必强，强者在内而摩其筋，夫筋之所由幨恒由此作。故角三液而幹再液。厚其帤則木堅，薄其帤則需，是故厚其液而節其帤。約之不皆約，疏數必侔。

荼，音舒。幨，昌廉反。帤，女居反。需，汝遠反。數，音朔。侔，莫侯反。

倫，順其文理。無邪，正也。目，節目。荼，舒徐也。　御案：木之節目强舒，徐斲之令其分少寬，乃不與筋相摩。脩，久也。下文又申言其故。幨，絶起也。角三液而使柔，幹再液而使和。帤，幹上所襯木，裨過厚則木强而不靈通，薄則耎弱而無力。厚其液即上文三液之事。節，厚薄匀稱也。約，以絲膠横纏之。不皆約，當約處乃約，疏密必相稱。

斲摯必中，膠之必均。斲摯不中，膠之不均，則及其大脩也，角代之受病。夫懷膠於内而摩其角，夫角之所由挫恒由此作。凡居角，長者以次需。恒角而短，是謂逆橈，引之則縱，釋之則不校。恒角而達，辟如終紲，非弓之利也。今夫茭解中有變焉，故校。於挺臂中有柎焉，故剽。恒角而達，引如終紲，非弓之利。

摯，音至。挫，子卧反。需，汝遠反。恒，古鄧反，又如字。校，紀巧反。辟當作引。茭，欺交反，又音交。解，户隘反。挺，弟郢反。柎，芳武反。

摯，至也。斲摯，斲之太甚。斲膠均宜適中，斲即中而膠不均亦能摩角而使之挫。需，用也。角固以長爲貴，然必視幹之長短以次而用之。恒，竟也。若因其長而竟用之太短，則爲逆橈，引之而角縱，不用力放之又不疾也。校，疾也。達，長也。終，常也。竟其角而用之太長，則引弓之時如常有所紲者，不順利。紲，絆也。茭解中，謂弓隈與弓簫角接之處。有變，謂弓簫與臂用力異，引之則臂用力，放矢則簫用力。既用力異，故發矢疾挺直也。柎，手把處兩旁貼以木。剽亦疾也。引弓時亦如有所紲者。

撟幹欲孰於火而無贏，撟角欲孰於火而無燂，引筋欲盡而無傷其力，鬻膠欲孰而水火相得，然則居旱亦不動，居濕亦不動。苟有賤工，必因角幹之濕以爲之柔。善者在外，動者在内，雖善於外，必動於内，雖善，亦弗可以爲良矣。

撟，紀夭反。燂，音潛，又音尋。鬻，章吕反。

賈氏公彦曰：此言治幹、角、筋、膠四者得所不得所之事，不言絲漆者，用力少故也。撟，正也。贏，過熟。燂，炙爛也。　御案：引筋傅筋於幹，須引之急乃無寬弛之病，太甚傷力則筋又恐斷絶也。不動，謂耐旱濕。幹之濕，謂生也。

凡爲弓，方其峻而高其柎，長其畏而薄其敝，宛之無已，應。下柎之弓，末應將興。爲柎而發，必動於閷。弓而羽閷，末應將發。

畏，烏回反。敝讀爲蔽，必藝反。

連氏斗山曰：峻，弓埶。柎，弓把。隈，弓之曲。蔽，弓之裏。宛之，引之也。言有此數善，雖引之不已，無不應手。下柎，謂柎太卑也。柎卑則中弱無力，發矢之時其病在末應。將興，謂矢將落而又起也。若隈短而柎長，引弓之時是專爲柎而發，閷角之接柎者亦必爲之動摇也。夫閷與柎連，乃最著力之處。羽，猶輕也。弓而至於羽，其閷則亦如下柎之弓，末應將發。

弓有六材焉，維幹强之，張如流水。維體防之，引之中參。維角党之，欲宛而無負弦。引之如環，釋之無失，體如環。

党，直庚反，又抽庚反，或之亮反。

幹外五材，皆依幹而有，故六材之中，惟幹爲强。苟强弱得所，則張弓之時如水之順適也。體謂弓體，即幹也。防之謂惟幹爲主，五材皆視幹爲防。中參，居中而兩參之。以幹爲主，引之之時干居中，而五材參輔之。五材之中，惟角尤爲得力，如柱之有党。欲引之而無負弦之病，釋之無所失，其與幹體如環相屬，不可輕也。負弦，辟戾也。

材美，工巧，爲之時，謂之參均。角不勝幹，幹不勝筋，謂之參均。量其力有三均。均者三，謂之九和。九和之弓，角與幹權，筋三侔，膠三鋢，絲三邸，漆三斞。上工以有餘，下工以不足。

勝，去聲。參讀爲三。鋝音劣，又色劣反。斞，羊主反。

材既美，工又巧，爲之又得時，謂之三均。角不可勝幹，幹不可勝筋，三者得法，又爲三均。量其力，幹角筋各有所勝，或一石，或二石三石，又有三均。三三而九，謂之九和。權，平也。侔，等也。鋝，鍰也。邸、斞未聞，蓋皆輕重之名。弓以角幹筋爲主，故相侔，即所謂角不勝幹二句之意。其餘各有差等，上工用之而有餘，下工則拙，則反多費材，故不足。

爲天子之弓，合九而成規。爲諸侯之弓，合七而成規。大夫之弓，合五而成規。士之弓，合三而成規。弓長六尺有六寸，謂之上制，上士服之。弓長六尺有三寸，謂之中制，中士服之。弓長六尺，謂之下制，下士服之。

此據弓形不張而言。郎氏兆玉曰：天子、諸侯、大夫、士之弓分爲四等，以弓之美惡而别。上士、中士、下士之弓分爲三等，以弓之長短而言。上中下泛言人之長短也。

凡爲弓，各因其君之躬志慮血氣。豐肉而短，寬緩以荼，若是者爲之危弓，危弓爲之安矢。骨直以立，忿埶以奔，若是者爲之安弓，安弓爲之危矢。其人安，其弓安，其矢安，則莫能以速中，且不深。其人危，其弓危，其矢危，則莫能以愿中。

荼，依注作舒。中，張仲反。愿音願，一音元。

志慮，平日性情血氣秉質强弱。荼，舒也。危弓弱，安弓强。奔，奮疾也。其人形體豐肉而短、性情寬舒則爲之危弓，其人形體堅瘦、性情激發則爲之安弓。若其人安而弓矢亦安，則不能以速中，即中亦不深。其人危而弓矢亦危，則不能以確中。愿，專慤意。然此特爲君上言耳。君上萬幾，不能時時習射，故視其形體性情而爲之弓矢。若士大夫庶人，弱者可習爲强，不在此例。

往體多，來體寡，謂之夾臾之屬，利射侯與弋。往體寡，來體多，謂之王弓之屬，利射革與質。往體來體若一，謂之唐弓之屬，利射深。

夾，古洽反。臾，音庾。射，食亦反。

往來，張弛也，弛之則弓體往，張之則弓體來。夾臾之弓合五而成規者，王弓合九而成規者，唐弓合七而成規者。司弓矢主頒，故各言所授之人。弓人主爲，故言其所用之利。

大和無灂，其次筋角皆有灂而深，其次有灂而疏，其次角無灂。合灂若背手文。角環灂，牛筋蕡灂，麋筋斥蠖灂。

灂，子肖反。有灂而深之上《石經》有角字。背，補内反。蕡，扶云反。斥，音尺。蠖，於郭反。

賈氏公彦曰：大和，九和之弓。六材俱善，故無漆灂也。其次筋在背，角在隈，皆有灂，但深在中央，兩邊無。其次兩邊亦有，但疏耳，不皆有。其次角無灂謂隈裏無潛，簫頭及背皆有之。弓之表裏潛合處若人合手，背文相應。角環以下又言弓表裏之潛文。角環潛，隈裏潛文如環。牛筋蕡潛，弓背用牛筋漆如麻子文。若用麋，其潛文如斥蠖文。

和弓轂摩。覆之而角至，謂之句弓。覆之而幹至，謂之侯弓。覆之而筋至，謂之深弓。

轂，紀益反。覆，孚屋反。句，音鉤。

和，調也。將用弓，恐角幹辟戾而不和，必先擊摩之使和。覆，詳審也。至，極善也。角善而筋幹未善謂之句弓，弓之敝者也。角善幹善而筋猶未善謂之侯弓，上所謂利射侯者也。角幹善筋亦善謂之深弓，上所謂利射深者也。弓有六材，筋幹角用力多，故特言之。一善者爲敝，二善者爲次，三者全則爲尤良也。

總　論

天道流行，化生萬物，不越乎陰陽闔闢之理。春生夏長，秋收冬藏，何以藏諸？一元之氣，蘊於中黄，生氣閉藏，實以裕乎生生之本，自其外著之迹觀之，則特見其空虚而已。王者法天立政，冬令以安息民生爲義，故其官名司空。而國家凡有興作，皆於此時。蓋嚴冬之時，民常苦寒，勞其筋力，發其陽和；又農工既畢，無事而執公官，以效忠敬之意，義至當也。秦火之後，《冬官》散失，後人以《考工記》補之，然工特藝事之一。御案云司空之職居四民、時地利，其大經大法無一存者，誠篤論也。或當時以授工師，俾有成法。至漢而猶傳其籍，然即工作之法，歷代踵增，亦有不能行於後世者矣。特其文義簡古，猶是先秦文字，姑疏而存之。若執其法以概後來則不可，學者其致思焉。